国家社会科学基金重大招标项目（18ZD044）资助出版

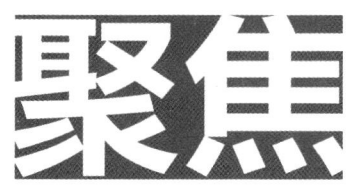

聚焦京津冀协同发展

JUJIAO JINGJINJI XIETONG FAZHAN

武义青 等 著

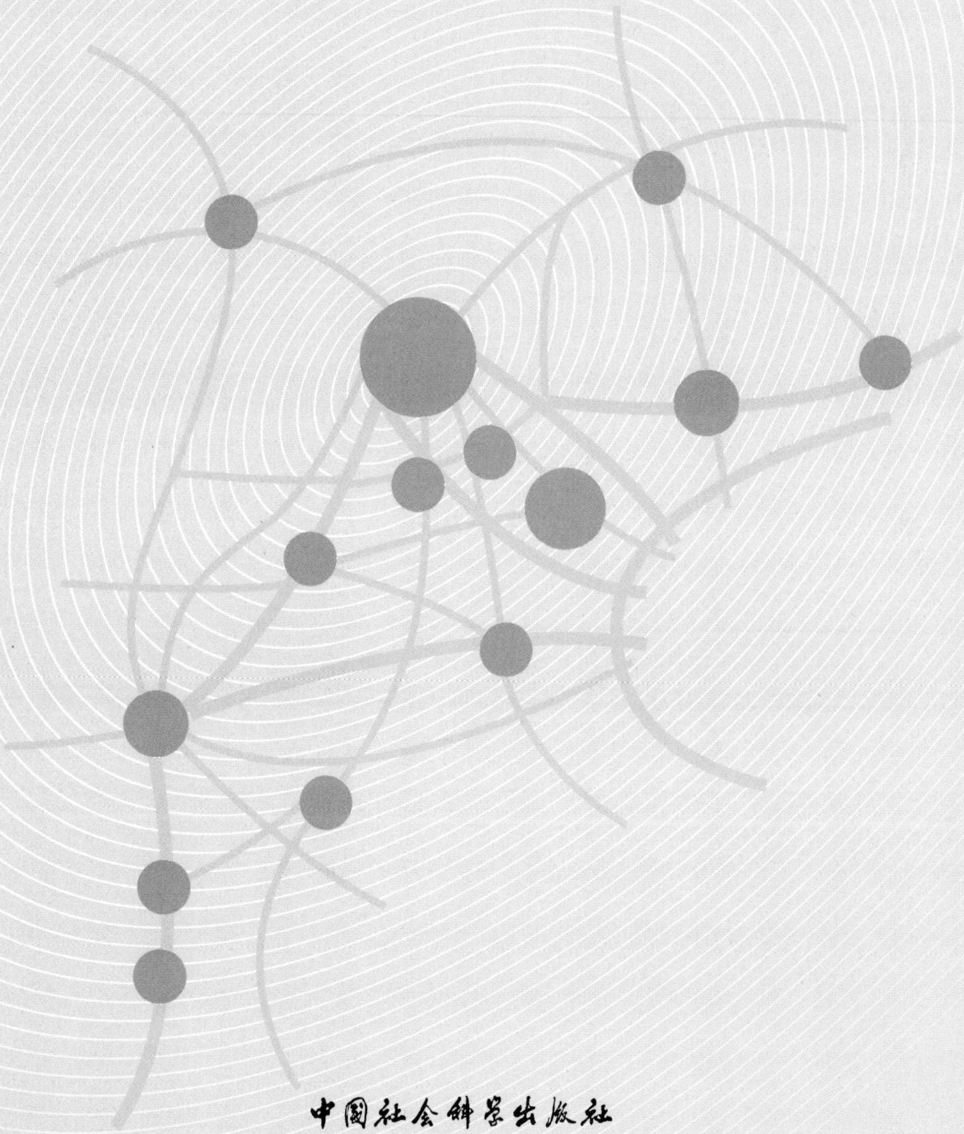

中国社会科学出版社

图书在版编目（CIP）数据

聚焦京津冀协同发展/武义青等著.—北京：中国社会科学出版社，2019.4
ISBN 978-7-5203-4166-0

Ⅰ.①聚… Ⅱ.①武… Ⅲ.①区域经济发展—协调发展—研究—华北地区 Ⅳ.①F127.2

中国版本图书馆 CIP 数据核字(2019)第 044666 号

出 版 人	赵剑英
责任编辑	卢小生
责任校对	周晓东
责任印制	王 超

出　　版	中国社会科学出版社
社　　址	北京鼓楼西大街甲 158 号
邮　　编	100720
网　　址	http://www.csspw.cn
发 行 部	010-84083685
门 市 部	010-84029450
经　　销	新华书店及其他书店
印　　刷	北京明恒达印务有限公司
装　　订	廊坊市广阳区广增装订厂
版　　次	2019 年 4 月第 1 版
印　　次	2019 年 4 月第 1 次印刷
开　　本	710×1000　1/16
印　　张	22.25
插　　页	2
字　　数	376 千字
定　　价	98.00 元

凡购买中国社会科学出版社图书，如有质量问题请与本社营销中心联系调换
电话：010-84083683
版权所有　侵权必究

前言：大力推进京津冀协同发展*

京津冀三地山水相连，推进协同发展有基础、有优势。京津冀总人口1.1亿多，总面积21.6万平方千米，同属京畿重地，地位重要。

北京实力强。2013年，实现地区生产总值1.95万亿元，人均9.5万元；科技、教育、文化、卫生等领域优势明显；中关村、金融街等世界知名，服务业比重达到76.9%。

天津市发展潜力大。2013年，实现地区生产总值1.4万亿元，城乡居民人均可支配收入分别为3.2万元和1.5万元；2013年，天津港货物吞吐量突破5亿吨，世界排名第四位，集装箱吞吐量突破1300万标准箱，世界排名第十一位。

河北省后发优势明显，地理环境优越。河北东临渤海、内环京津，唐山港、黄骅港、秦皇岛港已跻身亿吨大港行列，各类大中小学在校生有1000多万人。

推进京津冀协同发展虽然有一定的基础，但仍然面临不少困难和问题。一是三地的定位不够清晰，分工不够合理。北京聚集的功能太多，因而带来了人口增长过快、交通拥堵、水资源短缺等"大城市病"。二是区域内经济发展水平差异大，经济联系较为松散，产业协同发展的难度大。三是中心城市辐射带动能力弱，京津两市对周边地区的资源存在"虹吸效应"。河北环京津还有许多贫困县和贫困人口，北京人均地区生产总值是周边保定、张家口等城市的3倍以上，教育、医疗等公共服务的水平差距更大。

推进京津冀协同发展需要探讨和解决的问题很多。比如，如何推动市场一体化问题、如何促进公共服务均衡发展问题、如何建立区域生态补偿机制问题，等等。这些问题，我们都应该认真地研究，逐步落实。

---

*作者：陈昌智　十二届全国人大常委会副委员长。原载《经济与管理》2015年第1期。

从长远来看，要完成好京津冀协同发展的战略任务，解决好北京的"大城市病"问题、天津的发展潜力问题和河北的产业发展问题，目前应着重在加强顶层设计、促进产业一体化、加强生态环境保护、构建便捷的交通网络等方面下功夫。

第一，加强顶层设计。由中央层面作出规划，增强规划的刚性，有利于打破自家"一亩三分地"的思维定式，有利于解决规划布局各自为政的不利局面。在总的规划中，应明确京津冀三地的功能定位，发挥各自的比较优势，聚焦自身的历史传统、现有基础和未来潜力，形成发展合力，应明确产业分工、城市布局、配套设施、综合交通体系等重大问题。规划一旦确定，落实是关键，要有一张蓝图干到底的决心。这里的核心问题就是要处理好利益分配，要有舍有得。如果大家都从自身的角度考虑问题，只想保住"蛋糕"，转移矛盾和问题，推进协同发展就会落空。很多经济协作区如长三角经济协作区、成渝经济协作区，要真正变成经济协作区是很难的。因为行政分割，它只能从自身发展的利益去考虑，而且它也没有权力去要求别的省份去做什么或者不做什么。但是，京津冀协作区，我认为，才像一个真正的经济协作区，因为它得益于总书记的重视、得益于国务院的重视、得益于各部委的支持。要是没有中央层面来做规划、来提出和考虑这个问题，京津两市和河北省不可能规划别的省市。因此，这个经济协作区才是一个真正的经济协作区。当然，这里面最难的是，怎么处理好两市一省的全局发展和各自的发展问题，全局要发展，各省市也要发展，这是最难处理的问题，需要由中央统筹考虑。自总书记提出京津冀协同发展要求后，这个经济协作区有很多举措都是顾全大局的，都是朝着真正建立一个协作区的方向发展的。

第二，促进产业一体化。产业一体化是京津冀协同发展的实体内容和关键支撑，这其中又以河北省的产业发展最为关键。因此，京津冀应通过产业链的合理分工，发挥各自的优势，差别化发展，使区域经济深度融合。北京应主动"瘦身"，积极调整疏解转移一部分功能，发挥好科技、人才、国际交往的优势，提高新技术的研发能力和水平，构建"高精尖"的经济结构。河北可以利用好地域空间、资源环境、人力资源等优势，将京津两地更多的科研成果产业化。河北发展新的产业应与现有的产业相结合，积极淘汰落后产能、化解过剩产能，实现产业技升级，使产业结构更加优化。在河北调研时看到，在解决产能过剩问题上，河北省是真正下了功夫的、真正在转变我们一些经济管理上的观念和思维方式，关停并转的力度之大是其他省所没有的，最可贵的不在乎GDP一时半会儿的得失，虽然河北省2014年有的季度位居倒数第一、倒数第二，我认为，这种观念的转变是非常难能可贵的。我们发展速度低一点没关系，因为我们在全世界都是很高的了，关键是我们经济的质量和效益不够好，如果我们再是10%的发展速度，但是，我们质量和效益得不到提高，大家想一想实际上是对资源和能源的一种浪费。我们超过了日本，我们的经济总量位居世界第二，我们自豪、我们高兴，但是，我们也要冷静地想一想，我们的经济的效益和质量能够和日本相比吗？说实话，我们还差得很远，我们的创新能力也差得很远。从数据就可以看出各方面的差距，我们的单位GDP能耗是日本的4倍多，前几年是4.9倍，后来我们得到了改善和发展，我们的单位GDP能耗每年大概会降低4%，到2013年，我们还是日本的4.5倍。也就是说，生产1美元产品，我们要比日本多花3倍以上的能源和资源，而且我们还是世界平均水平的两倍多。大家想一想，我们的经济质量和效益是不是很差，所以说，只是追求速度而没有质量和效益的提高，就是一种对资源和社会财富的浪费。假如我们的速度低一点，我们的效益好一点，这个低速的损失我们靠提高效益和质量就可以把它补偿过来，而且对我们长远的经济发展是有好处的。天津可以利用港口、商贸优势，发展好物流、国际商贸等。要通过产业链上、中、下游的分工，为京津冀协同发展夯实产业基础。

第三，加强生态环境保护合作。长期以来，生态环境建设是京津冀发展的一块"短板"，是最大的"瓶颈"。大气污染、土壤污染、水污染、水土流失、地下水下降等问题，严重制约了三地的经济社会发展。自2014年10月以来，京津冀地区连续出现的雾霾天气，对人民群众的生产生活造成了严重的影响。据分析，京津冀地区的PM2.5中，燃煤贡献了1/3，还有机动车辆、工业、秸秆燃烧、扬尘等所造成的污染。环境污染治理，任何一地都不可能独善其身。在北京APEC会议期间，我们已经感受到了大气污染区域协同治理的好处。因此，三地应紧密携手，加强在能源结构调整、淘汰落后产能、化解过剩产能、机动车污染防治、水资源保护等方面的合作，建立大气污染、水污染联防联控机制，共同构筑起区域生态环境安全防护体系。

  第四，构建便捷的交通网络。交通一体化在功能疏解、产业转移方面，无疑扮演着先行者的角色，是京津冀协同发展的基础，是骨骼系统。这个系统建不起来，人流、物流、信息流一体化也就无从谈起。因此，应加快构建快速、便捷、高效、安全、大容量、低成本的互联互通综合交通网络，为京津冀协同发展提供坚实的基础和保障条件。

目　录

第一章　协同发展新格局 …………………………………………… 1

　　第一节　京津冀大棋局
　　　　　　——京津冀协同发展的战略思考 …………………………… 1
　　第二节　推进京津冀区域协同发展的思路与重点 ……………………… 9
　　第三节　京津冀城镇化与工业化协同发展的战略思考 ………………… 15

第二章　世界级城市群建设 …………………………………………… 23

　　第一节　北京"大城市病"治理与京津冀协同发展 …………………… 23
　　第二节　新常态下促进首都协调发展的战略思考 ……………………… 32
　　第三节　关于首都功能疏解的若干设想 ………………………………… 42
　　第四节　关于京津冀城市协同发展的思考 ……………………………… 49
　　第五节　京津冀城市群经济密度的时空分异研究
　　　　　　——兼与长三角、珠三角城市群的比较 ……………………… 53
　　第六节　京津冀与长三角城市群经济联系动态变化对比
　　　　　　——基于城市流强度的视角 …………………………………… 67
　　第七节　打造京津冀世界级城市群若干重大问题的思考 ……………… 80
　　第八节　京津冀协同发展背景下省会城市提升的战略思考 …………… 86

第三章　产业升级转型 ………………………………………………… 92

　　第一节　基于产业对接与转移的京津冀协同发展研究 ………………… 92
　　第二节　基于生态的京津冀生产性服务业发展探讨 …………………… 106
　　第三节　京津冀物流产业升级路径及对策研究 ………………………… 114
　　第四节　京津冀协同框架下大数据产业差异互补发展研究 …………… 123
　　第五节　关于京津冀机场民航运输协同发展的建议 …………………… 131

第六节　京津冀入境旅游对经济发展的溢出效应分析
　　　　——基于分省面板数据 …………………………………… 139
第七节　京津冀一体化中的产业转移 ………………………………… 148
第八节　促进北京科技成果向河北转化的调查与建议 ……………… 154
第九节　京津冀产业一体化水平测度与发展对策 …………………… 160

第四章　协同创新 …………………………………………………… 172

第一节　以协同论指导京津冀协同创新 ……………………………… 172
第二节　京津冀地区科技创新一体化发展政策研究 ………………… 181
第三节　京津冀协同创新发展比较研究 ……………………………… 192
第四节　京津冀区域创新资源整合的路径研究 ……………………… 202
第五节　加快构建京津冀协同创新共同体 …………………………… 211
第六节　通过协同创新快速融入京津创新体系
　　　　——向价值链和产业链的高端延伸 …………………………… 214

第五章　绿色低碳发展 ………………………………………………… 218

第一节　制定实施加快河北绿色崛起的国家战略 …………………… 218
第二节　京津冀能源消费、碳排放与经济增长 ……………………… 223
第三节　京津冀协同发展复合式区域性碳市场体系研究 …………… 240
第四节　京津冀碳排放的地区异质性及减排对策 …………………… 249
第五节　京津冀碳生产率与经济增长
　　　　——兼与长三角和珠三角比较 ………………………………… 256

第六章　生态环境保护 ………………………………………………… 265

第一节　京津冀治理大气污染的财政金融政策协同配合 …………… 265
第二节　环首都圈大气污染防治的路径选择 ………………………… 274
第三节　政府协同视角下京津冀区域生态治理问题研究 …………… 280
第四节　京津冀协同发展背景下河北主要生态环境问题及
　　　　对策 ……………………………………………………………… 287

第七章　体制机制改革 ………………………………………………… 300

第一节　以体制机制改革推动京津冀协同发展 ……………………… 300

第二节　以深化改革推动京津冀协同发展 …………………… 303
第三节　京津冀协同发展的财税体制创新 …………………… 311
第四节　加快推进京津冀人才一体化的对策研究 …………… 318
第五节　京津冀区域人才特区建设的现实困境与路径选择 … 327
第六节　京津冀医疗卫生事业协同发展的政策建议 ………… 334
第七节　改革户籍附加福利是京津冀协同发展的关键 ……… 340

第一章 协同发展新格局

第一节 京津冀大棋局

——京津冀协同发展的战略思考*

作为一名北京的学者，以往主要是从北京的角度去思考北京的发展。近年来，由于各种原因，有机会考察了天津市和河北省一些城市的经济社会发展状况，听取了地方政府主要领导、政协经济委和各部门对学习落实习近平总书记"2·26"讲话精神，推进京津冀协同发展的意见，同时深入一些企业进行调研。在调研过程中，在各方面不断交流研讨中，对京津冀协同发展不断进行深入战略思考，形成一些新的认识，借此机会，就教各方。主要是三个方面内容：一是破题先要解题，京津冀协同发展应把京津冀概念的内涵搞清楚，分离出"京·津·冀"的新内涵；二是就京津冀的核心内涵，以"京津冀大棋局"的比喻，提出一些战略的构思；三是京津冀协同发展的实现路径。

一 "京津冀"与"京·津·冀"

（一）京津冀的概念解析

京津冀概念，有着不同的内涵：其一，地域的概念，相当于长三角、珠三角；其二，行政区划的集合，以简称概括北京、天津和河北。与其他经济区域的命名不同的是，京津冀以行政区划的称谓代替了经济区域的命名。长三角与"沪、苏、浙"虽然指的是同一地区，但内涵

---

* 作者：文魁　首都经济贸易大学原校长、教授、博士生导师。本节原载《经济与管理》2014年第6期。

显然不同，而"京津冀"却有着双重内涵。为了叙述指向更加清晰，我们这里把"京津冀"理解为地域的概念，而把行政区划意义上的京津冀，在文字表述上，剥离出"京·津·冀"。这样，提到京津冀，就是指相当于长三角、珠三角的经济区域；而"京·津·冀"则是北京市、天津市和河北省的统称。"京津冀"是一个整体、不可分割；而"京·津·冀"则是三个行政区划主体的集合。

（二）京津冀概念背后的深刻矛盾

京津冀概念的解析并不是做文字游戏，而是为了暴露其潜在的深刻矛盾。若干年前，笔者曾以"行政区划与经济区域"为主题，提出："中国的区域经济是行政区划下的区域经济。行政区划是区域经济一体化的制度背景，要跨行政区划消除分割，却又要在行政区划的限制下行事，这就是我们推进区域经济一体化的主要矛盾；由各个行政区划的主体推进跨行政区划的区域合作，是区域经济一体化的主要任务。"区域经济协调发展最大的障碍和阻力是行政区划与经济区域的矛盾。跨界协调发展就是要突破行政区划的樊篱，但中国的区域经济发展又离不开行政区划，京津冀地区最为典型，三个省级行政区划，其中有两个直辖市（两个之一还是国家首都）、各自下属还有三个级别的行政区划。在现行制度背景下，"京·津·冀"行政区划的樊篱是实现"京津冀"一体化面临的主要矛盾，也是最大的难点。

（三）"京·津·冀"：协同发展的体制基础和基本前提

京津冀协同发展这一主题，按照我们前面的解析，现实中，能入手的只能是"京·津·冀"意义上的协同发展。协同，本来就是指不同主体各方相互配合或一方协助他方做某件事。因此，协同的基本前提是不同主体的存在，北京、天津和河北就是协同发展既定的三个主体。习近平总书记力促京津冀协同发展也是先找来三地最高领导听取各自的汇报，再进行战略部署，而落实部署的依靠依然是三地政府。因此，承认三个主体的存在，并依靠三个行政主体是协同发展的体制基础和现实出发点。未来，京津冀协同发展会有新的不同主体，稍后我们会论及。但眼前，三个行政区划是推动协同发展绕不开的主体。"京·津·冀"行政樊篱的存在阻碍着协同发展，但我们必须依靠三个行政主体冲破这种利益樊篱。这里，必须全面、客观地看待政府的作用，同时也要冷静、辩证地认识政府与市场的关系。政府，在三地各自的发展中起着重要的作用，同时也阻碍着跨界的市场发展；市场，有冲破任何樊篱的内在动力，但在更大范围合理进行资源配置同样需要政府的协调和统筹。协同发展既需要市场，也离不开政府。

（四）京津冀：协同发展的自然基础和终极目标

京津冀山水相连、人脉相亲，是这个地区的自然基础和社会基础。在企业层面，我们发现，河北的很多企业与北京、天津已经存在程度不同的联系，虽然还不全面，但有的已经相当深入，年头也已久远。这既让我们看到京津冀协同发展的基础和发展趋势，也使我们对京津冀协同发展的前景充满信心。京津冀作为一个整体，有着悠久的历史。京津冀的边界没有行政区划那样清晰明确，而其内部结构也历经复杂的变化。同样一座城市、一个州、一个县，历史上曾经有过不同的行政归属，甚至多次来回调整，但始终属于京津冀。

同时，京津冀又代表着未来的方向，是"京·津·冀"协同发展的终极目标。"京·津·冀"进一步协同发展存在广阔空间、巨大潜能和互补优势，调查中，我们发现，河北地方很多部门详细计算了土地等资源的开发潜力，展示了与京津合作的潜能和优势。特别是河北每一个城市都有自己独特的资源、生态、产业和文化优势，在京津冀协同发展中，必然得到进一步释放。可以预见，随着"京·津·冀"行政区划的淡化，京津冀协同发展，必然催生出城市、产业、企业新的不同主体之间的协同发展。

二 京津冀大棋局比喻的战略构思

多次实地考察后，对京津冀协同发展有了进一步的新认识和新思考。过去，只是从北京的立场思考和研判；在实地考察的基础上，从其他各方的立场再思考，形成了对京津冀一体化整体的新认识，笔者用棋盘与棋子的关系比喻并解释这些新认识。当然，任何比喻都有其局限性，不可能完全揭示被比喻事物的全部联系。我们只要能借比喻对事物之间的主要联系有新的认识、新的感悟，就可以在认识上有所深化。

（一）京津冀一盘棋，河北大地是棋盘

京津冀的行政区划，不但形成了对实际经济联系的羁绊，而且使人们在理念上也形成了一种根深蒂固的错觉。说起河北的地域，似乎中间就有两个窟窿。而我们看看京津冀的自然地理的地形图，就会发现它的整体性，而雾霾的出现和不断恶化的现实，一再提醒人们以气候为代的京津冀自然地理整体性的存在。如果我们以经济联系和我们所追求的京津冀意义上一体化的终极目标来绘制京津冀区域经济地图，就会发现：京津冀一盘棋，河北大地就是一面大棋盘。在这张棋盘上，北京、天津虽然体量大，但和石家庄、保定、邯郸、邢台等城市一样，都只是棋盘上的棋子。以这样的视角观察京津冀，河北省地图的两个窟窿不见了，取而代之的是两块高地（可以画出一张形象的图示）。北京、天津是坐落在河北大地上的两座特大城市。高地比窟窿更能形象而深刻地说明京津冀之间应有的关系。行政区划可以导致大量的"断头路"，却无法切断天然的河流；利益樊篱可以生成发展阶段的差异和贫富差距，但未能改变共同的山脉。历史上，天津曾经是河北的省会；北京虽为历史上的皇城，但8个远郊区县，也是1958年一年之内，分两次由河北划入北京的。行政区划会对经济发展产生重要影响，但不应人为隔断本来就有的经济联系。京津冀要协作，必须有共同的基础和底盘，河北大地就是自然、历史形成的共同基础和底盘。所以笔者认为，河北必须建立"棋盘"的概念和意识，只有这样，在京津冀协同发展中，河北才能克服在京津冀三角关系中比两个直辖市低人一头的心理，提升自己的功能定位、提升协同发展的自觉自信，主动承担起自己特有的历史使命。

（二）京津冀城市群的棋子功能及其布局

在河北大地这个棋盘上，各个城市犹如棋子一样，组成了京津冀城市群。京津冀协同发展最终会表现为城市群的协同发展。

京津冀的各个城市都有不同的棋子功能。中央政府无疑是棋盘上的"帅"（当然，这个"帅"的功能是全国的统帅，只能居于九宫之内的中军帐之内，所以，首都核心功能是面向全国的功能），北京作为首都，是中央政府所在地，其核心功能就是"士"和"相"的功能，"士"只能在九宫之内走斜线，走斜线可以说是一种特权，但其全部功能就是保卫和服务"帅"，不可离其左右；首都还可以拓展出"相"的功能，"相"比"士"活动空间要大得多，但仍不能过界，其主要功能不能离开保卫和服务"帅"。作为一种比喻，"士"的活动范围不出九宫，好比北京中心城（东城区、西城区）的首都功能核心区（其实，东城区和西城区可以进一步合并，形成首都特别行政区的九宫）；"相"的活动范围则是北京城市功能拓展区（朝阳区、海淀区、丰台区、石景山区）；北京的城市发展新区和生态涵养发展区及北京域外的其他大中小城市，主要承担着非首都核心功能。大中城市承担着"车、马、炮"的功能，小城镇承担着"卒"的功能。北京的"城市病"，就在于中心城区承载了大大超过"士""相"的非首都核心功能，干了过多"车、马、炮"的事。所谓疏解非首都核心功能，我以为，就是疏解"车、马、炮"的功能。这种功能比喻不能绝对化，实际生活的"士"与"相"，也会有部分"车、马、炮"的作用；而京津冀城市群的"车、马、炮"，与其他区域城市不同，也必然有程度不同的"士"和"相"的功能元素，如张家口和承德。但城市的主要功能分工应该是清晰明确的。

（三）大中型城市：提升"车、马、炮"的战斗力

如果我们对京津冀大棋局的比喻成立，那么，天津和河北的大中型城市就是棋盘上的"车、马、炮"。虽然棋局的核心和决定输赢的最终因素在于"帅"，但"车、马、炮"始终是最具战斗力的棋子，不但各自具有自己的竞争力优势，相互配合，还可以衍生出无限奇妙的组合和绝杀。所以，天津和河北的大中型城市，应该放手打造并提升城市的"车、马、炮"功能，使天津和河北的每一座城市都有自己独特的核心竞争力，再加上城市间的合理分工和协作，成为京津冀城市群的主体组成部分，而不必追求"政治副中心"一类的"士"和"相"的功能。天津和河北的大中型城市必须建立"车、马、炮"的理念与意识，而我们考察的几个城市完全具备这样的资源禀赋和发展潜能。所谓承接首都疏解的非核心功能，不应该理解为只是简单地承接北京不要的淘汰产能，而应该把北京的疏解看作是天津和河北的发展机遇。北京限制和控制发展的产业，恰恰可以成为天津和河北新的增长点，天津和河北要积极主动作为，而不能被动地守株待兔；就是接受北京输出的产业，也必须先治理、后疏解，在疏解过程中完成升级换代；北京现在尚无法治理的项目，只能就地淘汰。河北在京津冀协同发展中的目标应该是河北发展方式的转变，河北发展质量的提升，缩小与京津的差距。关键在于高标准制定发展标准，利用北京天津的优势，完成河北在发展方式的转型和产业上的升级换代，提升车马炮的战斗力。

河北的大中型城市在中国城镇化进程中必然进一步发展，应该吸取北京城市发展的教训，该做大的顺应规律做大，但要从自己的资源禀赋出发，划定城市开发边界，制定系列的底线、红线，防止超出资源承

能力的无序扩张；不能做大的，要保持城市的适度规模，做强做精，突出特色；每一座城市都要找准自己在京津冀城市群中的功能定位，与其他城市的协作关系，制定京津冀统筹下的城市发展规划。

（四）小城镇：过河小卒顶大车

京津冀三地发展的共同缺陷是忽视了小城镇（包括小城市）的发展，与长三角和珠三角形成鲜明的差别，也是特大城市出现"城市病"的重要根由之一。棋盘上的小卒，虽然地位不及士、相，但可以越界作战；作用不及车马炮，但数量多，一旦过河，其战斗力不可小觑，堪比大车，特别是两个小卒并肩作战时，更能表现出特有的不可战胜性。北京、天津和河北都应该把小城镇的发展，作为新型城镇化的重要战略安排，打造出各具特色的现代小城镇，在京津冀城市群中，成为耀眼的群星。

（五）城乡一体化：打造升级版棋盘

河北大地作为京津冀城市群的棋盘，是中国东部沿海地区城市群上演改革发展大戏的舞台，是大中小城市生存发展的环境，城乡差距的缩小、城乡关系的和谐是京津冀协同发展的基础。中央要求北京要在全国率先实现城乡一体化，我以为，在京津冀协同发展成为国家战略时，应该明确提出京津冀区域整体应该成为全国城乡一体化的示范。河北在城乡一体化上，尤其要走在前面。北京疏解非首都核心功能，其效果必须体现在人口、交通、资源巨大压力的缓解上。河北把升级版的棋盘打造好，就会使大中小城市、小城镇增强吸引力，不但可以就地吸收农村不断释放出的剩余劳动力，生机勃勃、充满活力的棋盘，还会使已经在京城就业的人口返回家乡发展，使越来越多的高端人才离开京城创业，带动京津冀城市群的整体繁荣，这样，才能真正达到疏解首都功能的目标，实现京津冀协同发展的共赢。

三 京津冀协同发展的实现路径

京津冀协同发展的关键有两个：顶层设计和高端协调。学术界多年呼吁，中央也在紧锣密鼓谋划，在此不再赘述。这里，仅从三地各自对京津冀的协同发展应该采取的态度和着眼点谈一些认识。

响应习近平总书记的号召，首先三地都要打破"一亩三分地"的狭隘思维，为官一任，造福三方，着眼于"三亩九分地"的整体和全局。不必纠缠经济区域的命名，其实，三地可以从各自视角命名，但关注的是同一块地域。以北京为观察点的首都经济圈，要着眼于整个京津冀地区进行布局；以天津为观察点的环渤海经济区也必然囊括京津冀地区；河北的战略设计更应该是京津冀的大棋盘。北京要谋求更大的发展空间，天津和河北则要借助北京的首都优势，为此，提出以下建议：

（一）寻找高于行政区划的区域共同利益

发展京津冀区域经济（或首都经济圈）的共同利益是我们学术界多年的努力方向，也是实现跨区域城市协调发展的根本。笔者认为，首先发现和寻找在这个区域中更高一级的国家利益，可能更容易突破固化利益的樊篱，而且力度更大、阻力更小。然后，以区域中的国家利益带动潜在的区域共同利益，形成跨区域城市协调发展的共识。《中共中央关于全面深化改革若干重大问题的决定》（以下简称《决定》）第五十一条第二款指出："健全国家自然资源资产管理体制，统一行使全民所有自然资源资产所有者职责。完善自然资源监管体制，统一行使所有国土空间用途管制职责。"这就为跨区域发展提供了自然资源共同所有的经济基础和协调使用的管制机制；区域性公共服务作为地方事权。

中央和地方按照事权划分相应承担和分担支出责任。中央可通过安排转移支付将部分事权支出责任委托地方承担。对于跨区域且对其他地区影响较大的公共服务，中央通过转移支付承担一部分地方事权支出责任。又如"建立国家公园体制"（第五十二条），这些财政和其他体制的国家共同利益的制度，为跨区域协调发展的实现打开了通道。

既然是国家的，就不能只服务于本行政区划。首先，要惠及周边。我们应该盘点一下京津冀地区的所有国家级项目，如中关村科技园区等，充分发挥它们对区域的带动作用。同时争取更多、更大的国家项目，像中国（上海）自由贸易区，冠名为中国（京津冀，或北京、天津等）自由贸易区等。其次，要探寻专属京津冀地区的共同利益，取得三方共识。

（二）寻找链接行政"块块"经济联系的介质

有了各方都自愿、自觉维护的国家利益，就有了跨区域协调发展的抓手，但行政区划仍然是我们无论如何也绕不过去的现实制度基础。我们只能在行政区划基础上加强"块块"之间的协调和有机联系，追求由"块块"组成的区域经济一体化的马赛克图画式的整体性和完整性。

我曾把中国的区域经济一体化比作"马赛克艺术"，是指在行政区划经济"块块"的基础上,通过一系列的介质,将彼此割裂的经济"块块"拼装或编织为一个一体化的经济体。这就需要上一级的行政区划给下一级行政区划更多的决策权,而且各级行政区划之间、不同行政区划下的子行政区划之间需要协调。需要一个总体设计、总体指导。中国区域经济一体化实际上是一种马赛克的艺术。

从《决定》中可以发现,我们探索跨区域协调发展介质的线索。特别是中央着眼于全国的系统性、整体性、协同性的改革举措,以及"清理和废除妨碍全国统一市场和公平竞争的各种规定和做法"的决心都可以成为这样的介质。如:"优化行政区划设置,有条件的地方探索推进省直接管理县(市)体制改革。"(第十六条)还提出:"完善设市标准,严格审批程序,对具备行政区划调整条件的县可有序改市。对吸纳人口多、经济实力强的镇,可赋予同人口和经济规模相适应的管理权"。这就为通过行政区划调整为跨区域协调发展、实现区域经济一体化开辟了新的通道。又如,在科技体制改革方面,《决定》第十三条提出:"打破行政主导和部门分割,建立主要由市场决定技术创新项目和经费分配、评价成果的机制。"科技体制的改革,也会催化行政利益的固化。再如《决定》(第三十二条)提出:"探索建立与行政区划适当分离的司法管辖制度,保证国家法律统一正确实施。"不但在司法管辖上为跨界城市协调发展提供司法保证,而且与军队体制改革提出"战区联合作战指挥体系"一样,给我们建立统一的市场体系以深刻的启示。为了保证全国市场的统一性,我们可以探索与行政区划适当分离的区域经济或城市群的协调制度。

(三)搭建京津冀公共平台

在信息化、网络化时代,在京津冀地区搭建多方面共建、共享、共用的公共平台,是京津冀系统发展十分必要的基础平台,也是比较容易实现的互利共赢。我们欣喜地看到,三地已经在教育、医疗卫生、生态文明建设上,为推进《决定》(第四十二条)提出"逐步缩小区域、城乡、校际差距"的方针,对跨区域人才交流提供良好环境。"充分利用信息化手段,促进优质医疗资源纵向流动。加强区域公共卫生服务资源整合。""推动地区间建立横向生态补偿制度。"(第五十三条)"建立陆海统筹的生态系统保护修复和污染防治区域联动机制。"(第五十四条)都开始了跨区域协调发展的积极探索。

我们要充分利用这一难得的历史机遇，以三地公共平台的建设催化利益固化的樊篱，如成立京津冀银行、京津冀协同发展基金、京津冀财政联盟以及在水资源、生态环境、气候等方面以京津冀命名的机构和组织，自觉推动跨区域协同发展的历史进程。

（四）营造京津冀共同文化，提升区域治理能力

文化，既可以自发形成，也可以自觉建设和营造。首先我们应该承认，京津冀虽然地理上紧密相邻，但历史造就了三地显著的文化差异，如北京自古以来的皇都文化、天津近代以来由租借带来的外向文化、河北自身由历史进程和地理位置形成的冀文化，这些文化差异尚需进一步挖掘、总结、概括，但文化差异的存在，是地域协同可以优势互补的重要文化资源。协同还必须发现文化的共同点，京津冀本来就有着共同的北方古老文化传统，收集、整理京津冀文化，在传承中进一步创新，营造新的京津冀文化，一定可以对京津冀协同发展起到不可估量的作用。《决定》（第三十九条）提出："促进文化资源在全国范围内流动。……推动文化企业跨地区、跨行业、跨所有制兼并重组，提高文化产业规模化、集约化、专业化水平。"文化的跨区域发展也会对割裂的利益起到融合作用。建议可以创造一些诸如京津冀运动会、京津冀文化节等不断强化京津冀意识、彰显京津冀精神的文化形式。

《决定》关于"加强干部跨条块跨领域交流"（第五十九条）的决策更是为突破利益固化樊篱、实现跨区域合作、经济一体化发展提供了具有决定性意义的干部保证。建议京津冀加快、加强三地之间的干部交流，为京津冀协同发展做好组织准备和干部储备。

第二节　推进京津冀区域协同发展的思路与重点[*]

中国作为世界第二大经济体，迫切需要建设若干个具有世界影响力的城市群，以加快中国的经济"转型"和经济"崛起"。京津冀城市群

---

[*] 作者：祝尔娟　首都经济贸易大学城市经济与公共管理学院教授、博士生导师，京津冀大数据研究中心主任。本节原载《经济与管理》2014年第3期。

在国家发展战略中具有十分重要的地位，目前正处于产业整合、空间优化、政策对接的重要阶段，能否率先走出一条协同发展、科学持续、合作共赢的新路子，对全国具有重要的示范意义。

一 推进京津冀协同发展的时机已经成熟

雾霾倒逼生态环境治理，必须走区域联防联治之路。根据环境保护部对全国空气质量的监测，京津冀、长三角、珠三角是空气污染相对较重的区域，其中，京津冀区域空气污染最为严重，全国空气质量最差的10个城市中有7个在京津冀地区。雾霾不仅影响人民的正常工作和生活，甚至危害人民的身心健康。严重的大气污染形势使京津冀各城市清醒地认识到，必须在更大的区域范围内联起手来进行治理。在大气环境污染联防联控方面京津冀已经行动。

北京城市功能疏解推动区域产业整合与空间对接。长期以来，北京作为国家首都，凭借其首都优势，集聚了周边乃至全国大量优质资源，这种强大的"虹吸效应"，导致北京与周边地区存在巨大的发展鸿沟，甚至出现了"环首都贫困带"。随着北京城市规模的不断扩张，受自身资源、环境、发展空间所限，过度集聚导致北京交通拥堵、环境污染、水资源紧缺等"大城市病"越来越突出，已经影响到北京首都核心功能的正常发挥和未来发展。这表明，北京的发展已经遇到"天花板"。要想突破发展"瓶颈"，必须寻求区域的支持，在产业转移过程中实现产业升级，在城市功能疏解过程中寻求更大的城市发展空间与动力。首钢搬迁是北京由以"集聚"为主向以"扩散"为主转变的重要标志，意味着北京与周边的关系已发生了重大转折。北京的功能疏解、产业升级和阶段跃升，为区域协同发展带来了重要契机，而周边城市地区发展也迫切需要北京的科技成果、高端人才、金融服务、公共设施等支持，京津冀三地互有需求，为区域协同发展取得实质性进展提供了内在动力。

中央将京津冀协同发展上升到国家战略引发区域合作新高潮。中共十八大以来，以习近平总书记为核心的新一届中央领导班子高度重视和强力推进京津冀一体化发展，做出了一系列重要指示；国家发展和改革委以及京津冀三地政府正在加紧研究首都经济圈发展规划；京津冀三地政府在2013年分别签署了《京津合作协议》《京冀合作协议》和《津冀合作协议》。特别是习近平总书记"2·26"讲话，强调要加强京津冀规划的顶层设计，要建立起科学长效机制，要自觉打破自家"一亩三分地"的思维定式，要走出一条目标同向、措施一体、作用互补、利益相连的路子来。习近平总书记的讲话，为京津冀协同发展指明了方向，提供了强大动力。这一切都表明，从中央到地方已经形成了一股合力，全面推进京津冀区域一体化发展的高潮已经到来，有望在推进区域的战略对接、产业协作、城市分工、空间优化、交通一体化、市场一体化和生态环境保护等方面取得重要进展和重大突破。

二 推进京津冀协同发展的战略意义

第一，打造中国参与全球竞争和国际分工的世界级城市群。中国作为世界第二大经济体，迫切需要建设若干个具有世界影响力的城市群。京津冀城市群是我国最重要的政治、经济、文化与科技中心，拥有完整齐备的现代产业体系，也是国家自主创新战略的重要承载地，其发展目标应当是打造世界级城市群。

第二，构筑中国乃至世界的研发创新、高端服务和"大国重器"的集聚区。京津冀地区是中国自主创新、高端服务、现代制造的核心区域，在加快中国工业化、信息化进程中担负着科技引领、产业支撑的重要使命。

第三，中国未来最具活力的核心增长极和带动环渤海经济圈发展的核心区。环渤海经济圈是中国乃至世界上城市群、产业群、港口群以及科技人才最为密集的区域之一。它的振兴对缩小我国"东西和南北"差距具有特殊重要的意义。京津冀地区的快速崛起，可以进一步激活和带动环渤海经济圈的发展。

第四，带动中国北方向东北亚、西亚、中亚、欧洲全方位开放的门户地区。京津冀地区正处于东北亚经济圈的中心地带和连接欧亚大陆桥的战略要地。加快京津冀地区的快速发展，关系到国家战略安全的大局，有利于实现我国"新丝绸之路"战略下对东北亚、中亚、俄罗斯以及欧洲的全方位开放，扩大中国经济的影响范围，形成以中国为核心的亚欧大陆经济圈，进而降低美国通过海洋通道对中国政治经济的战略钳制。

第五，探索区域空间优化、科学持续、协同发展、互利共赢的示范区。探索京津冀协同发展的新路子，可以在三个方面发挥全国示范效应：一是着力探索跨省份区域治理、"抱团"发展、政府与市场调节相结合的新机制；二是着力探索超大城市通过功能疏解、空间优化、实现中心与外围共生互动的新路径；三是着力探索建设生态友好、环境优美、宜居宜业、社会和谐的新模式，这可为全国跨区域协同发展树立新典范，创造新经验。

三　处理好四大关系是关键

一是中心城市与所在区域共生互动关系。京津冀城镇体系"中心—外围"特征明显，超大城市集聚过度，中小城市发展不足，从而导致超大城市功能难以疏解，"大城市病"难以从根本上消除。处理好中心城市与所在区域的关系，在中心城市功能疏解过程中带动中小城市发展，进而建立合理的城镇体系，是我国当前迫切需要破解的一个重大课题。

二是北京与天津两大核心城市分工合作关系。"双核心"能否形成合力事关全局。北京与河北的合作，由于经济落差较大，更多的是互补性的资源合作、生态合作以及产业链布局的合作。而京津合作，由于经济技术水平接近，产业结构错位，资源禀赋各异，更多的是功能分工、强强联合、互补合作，如金融合作、科技合作、物流合作、海空港合作、生产性服务业与现代制造业合作、教育医疗合作等，合作领域更宽，影响更深远。只有京津联起手来，京津冀才有可能实现打造世界级高端服务业基地、中国科技创新能力最强的科技高地、北方国际金融中心、国际航运中心和国际物流中心等战略目标。

三是经济社会生态协调发展关系。京津冀是一个重化工业占有较大比重的地区，在推进区域协同发展中，能否逐步化解加快经济发展与资源环境承载压力的矛盾、人民群众改善环境的迫切要求与环境治理长期性的矛盾、发展经济和提高收入的迫切要求与淘汰落后产能的矛盾等，是亟待破解的新课题。

四是市场调节与政府引导的关系。京津冀地区既不同于长三角市场化程度较高，又不同于珠三角主要在同一省域范围内进行区域合作，它是在国有企业比重较大、行政干预力量较强、市场发育不足的环境下和现行的财政、税收、行政体制下进行跨省域的区域合作，难度很大。因此，处理好政府和市场的关系，寻求政府行为和市场功能的最佳结合点，直接影响到区域协同发展的成效。

四　创新体制机制是保障

以顶层设计为统领，以体制机制为保障，为全面推进区域协同发展保驾护航。

以首都经济圈规划的顶层设计为导向，推进京津冀三地的战略对接。在明确主体功能区划分、城市功能定位的前提下，立足三地的比较优势，在中央层面做好京津冀城镇布局、产业布局、生态布局、交通体系以及重大跨区域项目等顶层设计，以避免重复建设，无序竞争。

积极探索建立横向与纵向结合、公平与效率兼顾的区域协调机制。横向协商主要表现为地方政府联席会议，通过平等的谈判和协商，共谋发展大计，协调各自利益，促进区域协同发展。纵向协调主要表现为超越地方行政区划的组织架构（如首都经济圈发展办公室），审议区域内城市的总体规划和重大项目的规划安排，协调区域内的重大利益关系，以维护区域公平，保障区域整体利益和长远发展。要积极探索建立税收分享、成本分摊、生态补偿等多种协调机制。推出相关配套政策，如建立特殊的首都财政政策、横向的财政转移支付、投融资体制创新、共同发展基金、碳汇市场等，为推进区域协同发展保驾护航。要创新区域合作模式，如探索构建"你中有我，我中有你"的命运共同体等。

五　找准切入点，增强内驱力

立足比较优势，抓住重大机遇，在利益契合点上率先实现突破。

立足比较优势错位发展，释放区域合作红利。北京的最大优势是首都优势、智力密集、交通枢纽、全国市场，是我国政治、文化和国际交流中心；天津的最大优势在于港口优势、制造业优势和滨海新区先行先试优势；河北的最大优势在于资源优势和重化工业优势。京津冀三地应发挥比较优势，扬长避短，错位发展。应发挥市场在资源配置方面的决定性作用，通过区域产业合作与整合，释放区域合作红利，实现京津冀区域的快速崛起。

寻找三地的利益共同点，增强区域合作的内驱力。寻找京津冀三地的利益契合点是实现区域合作的关键所在。我们认为，可以在以下三个方面去寻找利益契合点。一是从急迫需要解决的重大问题以及区域面临的共同问题中去寻找。如破解"大城市病"，单靠城市自身难以解决，只有在区域范围内，才能得到解决。又如大气环境、生态屏障、交通体系等，必须依靠区域联手，共建共享。二是从三地发展诉求中寻找利益契合点。北京更多的是寻求发展空间，天津最需要的是提升发展质量，河北最需要的是发展机会。城市之间各有优势，也互有诉求，存在合作的内在动力。三是从共同目标上寻找利益契合点。北京建设世界城市、天津建设北方经济中心和河北建设北方沿海大省，与京津冀打造具有国际竞争力的世界级城市群的目标是一致的。根据国家制定的京津冀区域规划的顶层设计，京津冀三地应找准自己的功能定位，将地方发展战略、发展规划与区域的顶层设计进行对接，从中找到各自的发展机遇、发展空间以及实现路径。

六 在全面推进中实现重点突破

全面推进京津冀区域协同发展。按照"优势互补、共赢发展"的原则，闯出一条基础设施相连相通、产业发展互补互利、资源要素对接对流、公共服务共建共享、生态环境联防联控的路子来，打造交通、产业、城镇、生态、社会一体化的新首都经济圈。一是交通体系建设先行。统一部署区域内重大基础设施建设，构建包括铁路、公路、空港、海港、管道、轨道交通的综合交通体系，强化城市间的空间网络联系。二是推进区域内产业的转移、集聚、链接、融合，促进科技成果的产业化，做大做强优势产业链条与集群，实现区域的共同发展。三是优化城镇空间布局，加快推进大都市周边的新城开发与中小城市建设，将其建设成为生态、科技、宜居宜业的新兴城市。四是加强生态环境共建与联防，大力推进绿色生态屏障建设和低碳生态宜居家园建设。五是推进区域社会政策的一体化，完善区域社会保险转移接续、医疗保险异地就医结算、公积金异地互贷等制度，推进区域内基本公共服务等制度规则的对接，逐步实行政策互惠、资证互认、信息互通，创造有利于人才等要素自由流动的社会政策环境。

抓住战略机遇，在推进京津冀协同发展中实现重大突破。近年来，京津冀地区面临着一系列重大机遇，如中央将京津冀区域协同发展上升到国家战略，为京津冀区域发展提供了千载难逢的机遇；北京获批建设首都第二机场和天津获批建设"综合改革创新区"，为京津冀联手共建临空经济区域合作示范区和中国投资与服务贸易最便利地区提供了合作平台和重要契机；北京率先迈向后工业化社会，其产业转移升级、城市功能疏解以及京津冀三地正在进行的空间结构调整，都为京津冀区域协同发展创造了条件和契机。我们应抓住这些重大的战略机遇，面向未来,打造新的首都经济圈,在全国率先走出一条"协同推进基础设施相联相通、产业发展互补互促、资源要素对接对流、公共服务共建共享、生态环境联防联控"的路子来。如以北京新机场建设为契机,共建国家级临空经济合作示范区;抓住天津、河北申报自贸区的机遇,共建中国投资和服务贸易最便利的综合改革创新区;抓住京津冀三地优化空间结构的机遇,共建国家级"京津科技新干线";抓住北京中心城区功能疏解的机遇,共建首都绿色生活圈。

第三节 京津冀城镇化与工业化协同发展的战略思考*

在2014年全国"两会"前夕,习近平总书记在雾霾天气严重之时视察北京,并主持召开了京津冀协同发展工作座谈会,将京津冀协同发展提升到重大国家战略的高度,提出各地要自觉打破"一亩三分地"的思维定式,实现优势互补、良性互动、共赢发展,并就推进京津冀协同发展进行了具体谋划和部署。京津冀协同发展,不仅有利于治理大气污染,保障居民的身体健康,提升生活品质,而且有利于促进京津冀地区产业布局优化与城市功能调整以及人口的合理均衡分布,对推动京津冀地区健康可持续发展具有重要意义。本节以北京和河北为例,在分析京津冀当前发展过程中面临的产业、人口、资源与环境等问题基础上探讨京津冀协同发展的意义,并就如何推进京津冀协同发展提出相应的对策建议。

一 京津冀协同发展的战略意义

当前,京津冀城市群是我国最重要的政治、经济、文化与科技中心,拥有完整齐备的现代产业体系,也是国家自主创新战略重要承载地。[①]但同时,京津冀三地之间发展严重不平衡,造成产业和人口分布

---

* 作者:辜胜阻 全国政协副主席,民建中央常务副主席,武汉大学教授;郑超 武汉大学经济与管理学院硕士研究生;方浪 武汉大学经济与管理学院博士生。本节原载《经济与管理》2014年第4期。

① 首都经济贸易大学课题组:《扎实推进京津冀协同发展》,《经济日报》2014年4月1日。

与地区资源、环境的承载能力不匹配,进而产生了一系列经济、社会、生态问题。北京出现了严重的"大城市病",问题出在城市规划和功能定位上。要害在于城市功能过度集中,既是行政中心又是经济中心、文化中心、教育中心、医疗中心、科技中心,大量优质资源过度集中在北京,造成北京的人口膨胀,每年到北京看病就医的人口就达5000万人次。世界上一些其他大城市,如纽约、伦敦、东京等,都经历过人口快速增长时期。相比这些大城市,北京的人口增长呈现更为明显的"速度快,规模大"的特点。纽约、伦敦和东京三个城市人口规模的快速增长分别持续了50年、50年和20年,人口增量分别为502万、390万和513万,而北京在2000—2013年的13年间,人口增长了752万。[1]人口急剧膨胀也产生了资源紧张、环境污染、交通拥堵、房价高企等"大城市病"。环境污染问题最明显的是当前日益严重的雾霾天气。2013年的监测结果表明,北京市全年优良天数加起来共有176天,尚不足总天数的一半,重度污染以上的天气累计有58天,占全年天数的15.9%,平均6—7天就有一次重度污染。世界卫生组织的数据显示,北京PM10浓度在全球1600个城市中仅排名1461位。北京的大气污染的病因之一是城市功能过度集中所导致的人口过度膨胀,人多导致车多,车多又导致尾气排放多。目前,北京的机动车保有量已经超过500万辆,有研究表明,北京大气污染来源中,在本地污染源中,机动车污染贡献20%以上,是雾霾天气的第一大内部贡献者。资源紧张方面最突出的是水资源短缺。北京是一个水资源比较稀缺的地区,近些年来,随着工业发展和人口急剧膨胀,工业用水和生活用水量持续增加,造成了北京供水持续紧张。近十年来,北京每年形成的水资源量平均只有21亿立方米,而年用水总量达36亿立方米。巨大的用水缺口,只能通过外省调水和超采地下水来缓解。北京人均水资源量减少到不足200立方米,不到全国平均水平的1/10,只有世界的1/40,是极度缺水地区。河北产业发展滞后,城市功能弱,基础设施与公共服务不完善,对产业和人口的吸引力不足,城镇发展严重滞后,形成"环首都贫困带"现象。有数据表明,在京津周围的河北省辖区内,分布着32个贫困县、

---

[1] 李铁、范毅、王大伟:《北京人口调控该往哪走?》,《光明日报》2014年5月27日。

3798个贫困村,贫困人口达到272.6万。① 同时,河北又过度依赖重工业发展,消耗了大量的煤炭资源,造成大量的污染排放,也加剧了京津冀区域的大气污染。

京津冀三地在地理上紧密联系,人口、资源、环境等问题相互交织,要解决三地发展过程中的各种难题,需要三地密切合作,相互配合,实现协同发展。在人口方面,北京一直在努力通过控制人口进入的方式来控制人口规模,但效果并不理想。2010年第六次全国人口普查结果显示,北京市常住人口为1961.2万,提前10年突破了2020年常住人口总量控制在1800万的目标,而且目前人口仍然保持快速增加的势头。因此,治理北京"大城市病"关键在于疏解北京人口,而不是试图通过行政控制的手段阻止人口流入。人口往哪里疏解?这就需要北京周围的河北中小城市来承接。对于河北而言,环首都的大量中小城市如何摆脱贫困?这也需要北京的辐射带动作用,为城市与产业发展提供技术、管理、金融、物流等生产性服务。河北还可以通过合理承接北京的部分产业转移来加快产业发展与产业结构转型升级。

推动京津冀协同发展,加强北京与河北中小城市的联系,发挥北京对河北中小城市的辐射带动作用,促进北京与河北中小城市和小城镇的协调互动发展,有利于构建梯度有序、分工明确、优势互补的区域城镇布局结构体系,促进京津冀三地健康可持续发展。合理有序的城镇体系有利于促进人口在京津冀城市群内的合理均衡分布,实现人口与资源和环境的协调可持续发展,有效地缓解北京因人口过度膨胀而产生的交通拥堵、空气污染、房价高企等"大城市病",并带动河北中小城市集聚人口。合理有序的城镇体系还有利于促进京津冀城市群内大中小城市根据各自的产业比较优势,进行产业链分工合作,形成区域内高效的产业分工体系,促进各城市的产业快速发展和产业竞争力的提升。

二 推动京津冀城镇化与工业化协同发展的对策思考

党的十八届三中全会最大的理论创新是重新塑造政府与市场的关系,使市场在资源配置中起决定性作用,构建"市场主导、政府引导"的发展模式。促进京津冀协同发展需要政府"有形之手"和市场"无形之手"的有效配合。要充分发挥市场在区域资源配置中的决定性作

---

① 天津经济课题组:《京津冀一体化的综述与借鉴》,《天津经济》2014年第4期。

用，促进人流、物流、资金流、信息流等要素流在区域内的自由流动，提高区域资源的利用效率。政府要发挥好协调引导作用，做好区域发展战略与功能定位、产业发展规划、产业环保标准与环保法规制定、基础设施与基本公共服务建设以及相关的协同发展政策的落实等方面的工作，保证市场机制的有效发挥。

雾霾天气是当前京津冀共同面临的最为严重的问题之一，京津冀协同发展要以雾霾治理为突破口。京津冀地区大气污染治理是一项系统工程，治理的难点在于不仅各地自身空气污染情况不容乐观，而且存在日益显著的区域传送和相互影响特点。有数据显示，北京PM2.5主要污染物来源区域输送占25%左右。在特定气象条件下，区域输送可能达到40%左右。因此，在京津冀地区大气污染治理问题上，各地都无法独善其身，必须通力合作，构建京津冀协同发展长效机制，有效治理大气污染。我国大气严重污染的深层次原因在于粗放的工业化消耗了大量能源资源、造成巨量的污染物排放和失衡的城镇化发展模式造成特大城市人口过度膨胀。[①] 推进京津冀协同发展和雾霾治理，要加快区域产业布局和产业结构调整与优化升级，积极淘汰落后产能；要以京津冀城市群建设为载体，促进首都非核心功能向外疏解，优化京津冀城市群空间布局，实现区域均衡发展；构建京津冀协同发展与生态建设的顶层设计及其组织体系，保障大气污染治理行动的顺利推进。

（一）推动京津经济结构高端化，推进首都环境友好型产业向河北转移的同时大力淘汰落后污染产能，使河北产业结构调整有"退"有"进"，带动京津冀整体产业结构优化升级

工业及能源污染一直是京津冀大气污染的重要"贡献者"。京津冀区域内钢铁、水泥、有色金属等重点工业行业是大气污染物排放的重点行业。特别是河北，长期以重化工为主的粗放型发展模式，使其贡献了区域内绝大部分的重工业产值和能源消耗，河北煤炭消费占京津冀地区全年燃煤总量的80%，对京津冀大气污染影响显著，产业升级优化也面临艰巨的挑战。要统筹协调京津冀区域发展及经济定位，转变产业资源过度集中在首都地区的现状，促进首都产业资源合理向外转移。要利

---

① 辜胜阻、郑超、方浪：《城镇化与工业化高速发展条件下的大气污染治理》，《理论学刊》2014年第6期。

用京津冀三地产业发展的梯度差异和资源的互补性，促进区域范围内的资源流动和产业整合，实现京津冀三地产业的错位发展和产业链对接，共同打造京津冀主导优势产业链。[①] 要加快推进产业对接协作，进一步理顺京津冀三地产业发展链条，形成区域间产业合理分布和上下游联动机制，发挥各自产业比较优势，不搞同构性、同质性发展，实现区域产业合理布局与整体优化升级。要逐步改变北京"大而全"的经济体系，应重点发展生产性服务业、高端服务业、高新技术产业，大力推进首都产业的高端化、服务化、低碳化。天津要按照打造北方经济中心、国际航运、国际物流中心的功能定位，充分发挥港口、制造业、滨海新区综合改革先行先试等比较优势，重点发展科技创新、金融及电子信息等产业，打造天津高新技术产业高地。作为首都北京的重要邻省，河北要把淘汰自身落后高污染产能与合理承接首都产业转移相结合，改变原有偏重的产业结构，处理好"退"和"进"的关系。一方面，要严格市场准入制度，遏制地方政府与企业扩张冲动，不得以任何名义、任何方式核准、备案产能严重过剩行业新增产能项目。支持技术先进企业兼并落后企业，对规模小、重复性高的企业进行有效整合；将市场倒逼机制与激励机制结合起来，促进企业加快技术创新和产业升级；要大力支持过剩产能企业走出去，完善激励企业开展海外拓展的扶持机制；完善企业退出机制，加快淘汰产能效率低、污染严重的企业。另一方面，要合理承接首都产业转移，按照"主体产业配套、新兴产业共建、一般产业互补"的思路，利用首都先进的技术条件，发展低能耗低污染的战略性新兴产业，形成环首都高端产业圈，促进产业升级和产城融合。产业项目在转移过程中，要积极寻求转型发展，要通过生产流程再造、生产设备更新等技术、管理手段提高能源资源利用效率，降低污染排放，提高绿色发展水平。这样，河北承接首都产业转移就不会增加新的污染排放，可以避免污染的转入，还有利于促进河北产业转型升级，实现京冀合作共赢发展。河北还应发挥北京高技术产业发展水平高的特点，围绕北京对周边地区的技术外溢，将河北环首都地区逐步发展成为北京的科技成果转化基地和高端制造业基地。要加快推进现代物流、旅游休闲、文化创意、健身疗养及文化教育等高端服务业向环首都地区的疏解，使

---

① 祝尔娟：《京津冀一体化中的产业升级与整合》，《经济地理》2009年第6期。

环首都地区成为满足北京养老、医疗、休闲、教育等服务需求重点区域。

（二）促进首都非核心功能向京外疏解，把疏解人口、疏解产业项目和疏解城市功能相结合，促进京津冀空间布局优化，有效地缓解北京人口过度膨胀，实现区域均衡发展

疏解北京人口必须与疏解城市功能相结合，以功能疏解带动人口疏解。北京要明确其政治中心、文化中心、国际交往中心、科技创新中心的战略功能定位，大力促进首都非核心功能向京外疏解。通过城市群建设，发展大城市的卫星城，吸引人口向卫星城市转移，进而疏解大城市人口压力是一条行之有效的途径，已在很多国家的大城市地区得到推行，像日本、韩国、英国、法国、美国等国家在其首都地区都采取过此措施。例如日本东京，20世纪五六十年代，也遭遇过首都功能过度集中于城市中心区而出现严重的交通拥堵的"大城市病"，其解决办法是在首都周边建设副中心和新城，并通过立法来转移部分政府机构和研究机构，并吸引企业入驻，从而有效地疏解了首都功能，治理了首都的"大城市病"。卫星城市有多种形态，如卧城、工业城、科学城、多功能卫星城等形态。北京也需要立足发展现状，科学发展多种功能形态的卫星城，吸引市区人口向卫星城转移，缓解市区巨大的人口压力。要加快北京的卫星城建设，将紧邻北京的一些河北的中小城市纳入北京卫星城建设范围以内，增强北京对卫星城市的辐射带动作用，既起到疏解北京人口的作用，又能改变环首都"灯下黑"的局面。基础设施特别是交通、通信等基础设施是提高城市之间互联互通水平、强化城市间分工合作的基础。东京发展首都副中心给我们的一个重要启示是：交通基础设施是城市副中心汇聚人气、有效承接主城区部分职能和分担主城区服务功能的最基础条件，特别是对特大城市而言，多条轨道交通（地铁和轻轨）的交叉往往是城市副中心成长的首要推动力。[1] 促进京津冀协同发展也需要完善的交通基础设施作为支撑。目前，北京周边存在的大量"断头路"现象，严重阻碍了北京与河北中小城市的交流与联系，制约了京津冀协同发展。要推进城市群内基础设施全面对接，着力构建

---

[1] 马海涛、罗奎、孙威等：《东京新宿建设城市副中心的经验与启示》，《世界地理研究》2014年第3期。

现代化交通网络系统，把交通一体化作为先行领域，加快构建快速、便捷、高效、安全、大容量、低成本的互联互通综合交通网络。具体而言，要协调京涿（涿州）、京廊（廊坊）、京燕（燕郊）、京固（固安）城市轻轨项目，加快进京、环京高速公路网建设，打造10—30分钟交通圈，引导北京市区人口向周边卫星城镇合理转移和稳定居住，缓和北京市区人口膨胀的压力，并带动卫星城镇聚集人气。在市场经济背景下，人口流动更多的是一种物质和精神利益导向，人口会向工作机会多、发展潜力大，子女教育、医疗、养老等基本公共服务完善的地区流动。京津冀区域人口分布严重失衡的一个重要原因就是北京的就业机会、基本公共服务资源比河北好。因此，要积极推进京津冀地区基本公共服务均等化，使卫星城享受和北京平等的基本公共服务，增强北京卫星城的吸引力。

（三）完善京津冀在协同发展中治理生态环境的顶层设计，重点针对大气污染及水资源短缺问题，构建京津冀大气污染联防联控的高层协调机制，建立节约生产生活用水的激励约束机制，促进京津冀在协同发展中有效解决生态环境问题

治理大气污染是当前京津冀协同发展过程中最迫切的任务之一。京津冀协同治霾过程中会涉及企业和机构在地区之间的转移问题，这会影响到转出地政府的GDP和税收收入，从而降低地方政府合作的意愿与积极性。要促进三地之间的协同合作，必须建立高于三地行政级别的更高组织协调机制，做好大气污染联防联控的顶层设计，统一协调和监督三地的大气污染防治行动。可借鉴德国鲁尔工业区污染治理的经验，由联邦、州和市三级政府共同参与鲁尔区的改造工作，并成立鲁尔煤管区开发协会，作为鲁尔区最高规划机构，统一指挥，形成合力。建议不断完善由中央政府领导牵头、区域内各地人民政府共同参与的京津冀大气污染治理联席会议制度，作为区域空气污染防治工作的最高协商与决策机构，为京津冀及周边地区大气污染防治工作的联动协作提供有效的制度保障。在共同协商的框架下，重点构建区域大气污染任务分担机制与治理监督机制。要按照"共同但有区别的责任"原则，合理确定各地区所承担的大气污染治理任务与实施路线图；依据所承担任务，合理分配对各省市的财政、信贷支持力度。为避免地方政府由于自身发展需求而造成区域环境污染的短视行为，首先，应加大中央政府对地方政府的

监督力度，督促地方政府定期递交空气环境标准的执行细节。其次，完善包括人大、检察机关、法院、公众、公民团体、企业等"第三方主体"监督机制，构建企业、政府与"第三方主体"各司其职的制衡体系，加强"第三方主体"对污染治理的有效监督和约束。要尽快形成区域性空气污染防治法规，对污染排放标准与处罚标准采取统一标准，防止污染企业在区域内转移，采取各省市联合执法行动，统一执法尺度，以此加大对区域内污染违法行为的查处力度和效率。要依据生态补偿机制原理，多渠道扩大京津冀大气污染防治专项资金，发挥政府投入的示范和先导作用，广泛吸纳社会资本，建立多元空气污染防治成本分担机制，支持落后污染产能的淘汰，扶持分流下岗职工再安置和再就业。

针对目前京津冀地区的水资源短缺问题，坚持以水定城、以水定地、以水定人、以水定产的原则，缓解目前经济社会发展需求与水资源储量不匹配的现状。要健全有效的激励和约束机制，实施财税、信贷和政府优先采购等方面的政策措施，鼓励企业采取绿色生产方式，尽可能减少工业用水消耗；对耗水量大的企业生产进行约束，增加其运行成本，倒逼耗水量大企业减少用水消耗。要建立反映环境要素稀缺程度的价格机制，最大限度地利用经济手段，增强全社会节约用水的内生动力。要进一步增强公民节水意识，将节水意识上升为公民意识，将节水行动普及为公民行动。加大对节水产品的补贴力度和信贷支持，鼓励消费者购买和使用节水产品，促进公民逐步树立环保节水消费模式，逐步减少公民生活用水量。

第二章 世界级城市群建设

第一节 北京"大城市病"治理与京津冀协同发展[*]

2014年2月26日,习近平主席在北京专题听取京津冀协同发展工作汇报,将京津冀协同发展提升为国家战略。京津冀区域地缘相接、人缘相亲,地域一体、文化一脉,历史渊源深厚,但是,长期以来,京津冀协同发展困难重重,尚未形成统一的区域规划和协作机制,一体化程度滞后于长三角、珠三角区域。当前,北京"大城市病"问题突出,区域转型发展压力紧迫,都需要从京津冀协同发展战略高度,统筹谋划,协同推进。

一 "城市病"成因及其特点

"城市病"是指在快速工业化和城镇化背景下,由于大量人口和经济活动向城市集聚,带来交通拥堵、环境污染、房价高涨与贫民窟并存等一系列问题的统称,表现为人与自然、人与社会的不协调。

(一)"城市病"形成原因

"城市病"形成的原因有四个方面:

1. 规模过大

规模越大的城市越容易产生"城市病"。一个城市应有合理的规模,规模过小形成不了完整的城市功能体系,规模不经济,但是,城市规模过大,整个城市的管理、组织、运行就会面临很大的困难,所以,

---

[*] 作者:赵弘 北京市社会科学院副院长、中国总部经济研究中心主任、中关村创新发展研究院院长。本节原载《经济与管理》2014年第3期。

大城市容易产生"城市病"。

2. 空间失衡

在一定的人口规模和经济规模下，如果一个城市的空间布局合理，城市的综合承载能力很强，"城市病"产生的时间就会延后；反之，如果城市空间布局不合理，城市规模还没达到一定程度，"城市病"就会提前发生。

3. 城市贫困

特别是发展中国家，在经济发展到一定程度后，各种要素成本提高，政府各种福利支出和整个社会运行成本增加。如果经济体没有持续的创新能力，经济收益大幅减少，支出居高不下，入不敷出，这时社会问题就暴露出来，会产生很多贫民窟和犯罪，陷入"中等收入陷阱"中，难以自拔。现在，有很多国家的城市，如墨西哥城、巴西利亚等城市深陷"城市病"中，实际上是国家陷入"中等收入陷阱"以后表现出的一种形态。

4. 复合原因

各种原因组合在一起，城市规模过大、人文精神失落、城市规划失调、社会矛盾加剧等。

（二）"城市病"的特点

1. 复杂性

"城市病"往往是人口、环境、交通、居住、资源各种要素不能合理配置的一种综合性表现，原因复杂。

2. 阶段性

"城市病"不是一开始就有的，也不是永远持续的，在某个时期，随着要素之间的失调而产生，随着治理也许会消失。

3. 并发性

特别是一些发展中国家，比如在我国，"城市病"与"农村病"并存。"农村病"是由于我国长期存在对于农村不合理的制度所带来的农村发展滞后现象。我国长期存在城乡二元结构、"剪刀差"，广大农民被户籍制度束缚在土地上，不能得到应有的发展。随着市场经济的发展，农民有了机会，就会离开农村。一方面，城市人口人满为患，交通拥堵，房价高涨；另一方面，优质的农村劳动力都离开农村，留守老人、失学儿童、土地荒芜、基础设施失修等"农村病"显现出来。

4. 可治理性

国际上很多世界城市都经历过"城市病"，纽约、伦敦、洛杉矶、东京等国际大都市莫不如此，尤其在工业革命时期。经过治理，这些城市逐步解决了这些问题。今天北京面临的"城市病"不同于墨西哥城和巴西利亚，这些城市贫民窟很多，犯罪率极高，社会治安非常严重，但北京也面临着令人揪心的很多问题如人口过多、交通拥堵、房价高涨，还面临着十分严重的环境问题如蓝天难见、河水断流、地下水超载、地面下沉等。因此，必须下决心治理，不把难题都留给后人。

二 北京"大城市病"之成因分析

北京"大城市病"产生的原因很多，归纳起来，主要有三个方面：

（一）经济发展及其所引致的人口过快增长是造成北京"大城市病"的核心原因

北京人口增长过快主要是由于北京城市功能过于集中，背后核心是经济功能变得越来越强大。从全球来看，首都城市分为两大类：一类是单一功能的首都，像美国的华盛顿、澳大利亚的堪培拉、加拿大的渥太华等，这些首都功能单一，以行政功能为主，往往通过"首都财政"来解决城市的运行问题，首都本身并没有发展经济的压力。另一类是复合功能的首都，像东京、伦敦和巴黎等，这些首都是在一个有悠久历史的城市基础上附加了首都功能，必然是行政、经济、文化、科教等各种功能集中的综合性城市。北京是复合功能首都，承担着政治、文化、国际交往、科技、教育、经济等多重功能，尤其是经济功能过于强大。

近年来，北京常住人口增长很快，但是，在人口增量中户籍人口增长只占23.9%，外来人口增长占76.1%。这就表明依靠原来的户籍制度和行政手段已经难以解决北京的人口增长问题。

北京人口增长的原因很复杂：第一，首都独特的资源优势和行政权力中心的吸引。中国由计划经济向市场经济转型尚未完成，市场经济还不完善，行政力量在资源配置当中的作用还比较大，因此，很多经济主体在北京集聚。第二，北京教育、文化、科技资源很丰富，给人们创造了更多展示才能的机会，很多人怀抱梦想到这里圆梦。第三，北京的经济社会发展水平比较高，对生活性服务业的需求旺盛。北京有30万家政人员，但是，保姆和月嫂依然难找。第四，北京与周边的发展水平落差大，这种落差越大，周边区域人口往北京集聚的动力就越足。第五，住房改革滞后。从1998年年底取消福利分房起，整个房地产进入商品化阶段。在过去北京商品房不限购的情况下，"有钱就到北京"，一大批人到北京置业安家享受北京高品质的生活环境。

这些背后依然是经济问题。可以看到，北京近十年新增的外来人口80%都实现了就业，如果北京没有提供这么多就业岗位，这些人在北京难以持久地生存下去。北京提出了首都经济，要发展服务经济、总部经济、知识经济、绿色经济，这个战略很正确，但是，在现有的体制下，区县和乡镇在经济发展过程中面对规模与质量、速度与效益、经济效益与社会效益、生态效益这些矛盾时，往往选择前者，所以，北京经济发展方式还是比较粗放的，转变发展方式的任务依然艰巨。特别是发展了很多与首都功能不相适应的产业，比如，近十年外来人口集中在批发零售、制造、住宿餐饮和建筑这四个传统产业，占外来就业人口的2/3，尤其是批发零售增加值年均增长17.7%，不但超过了GDP的增速，也超过了第三产业的增速。2012年，北京市批发零售创业人员达到124.6万人，占全市总就业人口的11.6%。

（二）城市规划不科学、不合理，"单中心"格局未能突破

城市规划在引导城市由单中心格局向多中心格局演变中的作用没有充分发挥出来，不是发展跟着规划走，而是规划跟着发展跑，单中心格局没有突破。北京平原面积是东京的3倍，GDP却只有东京的10%。北京的空间结构不合理，综合承载力太小，主要集中在中心城区，郊区县得不到足够的发展。中心城区功能过多，城市六区平原面积占21.3%，经济产出占70%，消费占77%，服务业占80%。同时，由于对特大城市发展规律认识不够，规划建设的边缘集团、卫星城距离中心城区太近，以至于成了"卧城"。2004年提出了"两轴—两带—多中

心"的发展思路①，但是，没有抓住如何从"单中心"走向"多中心"的关键问题，中心数量过多，11个新城都要发展，还设立了8个功能区，这样，将近20个要重点发展的区域，多中心等于没中心，结果十年下来依然是单中心。日本东京发展是分阶段实施副中心战略。经过多年呼吁，北京市委市政府才提出建设通州副中心发展战略。

同时，北京轨道交通体系建设滞后。对于特大型城市，交通载体主要是什么，理论界争论不一，"步行系统论""自行车系统论""公共汽车交通优先论"等观点仍存在。"步行系统"、自行车都不可能成为交通主要载体，北京的空间尺度太大，短距离可以，长距离依然不行。"公共汽车交通优先论"没有抓住关键，无法满足在短时间内大规模人员的高效移动。通过研究国际大都市公共交通建设经验，巨型城市必须要发展大容量、网络化、快速化的轨道交通体系，除此之外，没有第二选择。

东京与北京的区别主要有两条：一是东京分阶段实施副中心战略，把城市形成一个网络化、多中心的空间格局；二是形成一个密集的网络化地铁系统，整个城市2300多千米轨道交通。北京这两个方面的发展都滞后，"大城市病"治理起来难度就大了。换言之，如果北京是多中心格局，地铁很密集，"大城市病"也不会这么严重。

（三）体制机制掣肘

体制机制掣肘是造成北京"大城市病"的最根本原因。

一方面，我们国家采取中央和地方分税制，以行政单位为组织经济发展的单元，在这种情况下，全国各省市都要关注本地的经济发展。北京没有独立的首都财政，要解决这么大规模人口的城市运行和发展问

---

① 2004年2月16日，在北京市第十二届人大二次会议上，时任代市长王岐山作政府工作报告时指出，北京将调整城市空间布局，努力提高城市规划水平。按照"两轴—两带—多中心"城市空间新格局，确保年内完成《北京城市总体规划》修编。"两轴"是指城市传统中轴线和长安街沿线十字轴，这是北京城市的精髓，主要是强化政治、文化与首都经济发展的职能，在其外围构建"东部发展带"和"西部生态带""两带"。"东部发展带"北起怀柔、密云，重点发展顺义、通州、亦庄，东南指向廊坊、天津，与区域发展的大方向相一致，应主要承接新时期的人口产业需求。"西部生态带"与北京的西部山区相联系，既是北京的生态屏障，又联系了延庆、昌平、沙河、门城、良乡、黄村等，应实现以生态保护为前提的调整改造，各级城镇主要发展高新技术、高教园区等环保型产业，为北京建成最适宜人居住的城市奠定基础。"多中心"是指在市区范围内建设不同的功能区，分别承担不同的城市功能，以提高城市的服务效率和分散交通压力，如CBD、奥运公园、中关村等多个综合服务区的设定。

题，就要发展经济，发展产业。而发展经济不可避免地带来人口集聚，人口集聚必然会带来城市基础设施需求增加、公共服务需求增加、能源消耗加大，同时带来生态环境的压力。为了维持城市运行建设和环境治理，又需要更多的财力，需要发展更大规模的产业，这又会带来新的、更多的人口集聚，因此产生恶性循环。这样的体制不仅使北京市承受着这样的压力，而且已经延伸到区县和乡镇。区县、乡镇同样都在拼命地发展经济。财税体制倒逼条件下，这种发展经济的思路使我们陷入更大的困境。

另一方面，北京要改变这种状态极其艰难，需要调控北京的各种资源。但是，北京的资源分为两大类：一类是中央资源，包括国务院单位、中央军委单位以及国家级的大医院、大学、科研机构，北京作为一个地方政府来调控这些资源是很难的，缺乏调控的通道和机制。另一类是地方单位，虽然可以调控，但是，在现有财税体制下，这种调控也很困难。区县发展经济的压力很大，动力也很足，这些发展从每个区县角度看都是合理的，但是，站在全市角度看，这种发展结果就是使北京越发展越陷入"大城市病"。

三 北京"大城市病"的治理思路

第一，明晰城市战略定位，下决心做"减法"。解决北京功能过度集中的问题，核心是要明晰首都城市战略定位，要坚决克服"舍不得"的思想，对不符合首都城市战略定位要求的功能，要下决心"减"，通过非核心功能的疏解，有效地控制人口规模，缓解资源和环境压力。

第二，调控产业，提质发展。现在直接调控人口缺乏法律依据，也不符合公平公正自由的社会道义，通过调控产业，特别是把一些不适合首都功能定位的产业转移出去，进而调控人口。

第三，优化城市空间，重心外移。要"疏堵结合"，建议将中心城区设置为"限建区"，暂时搁置开发。不是不发展，北京中心城区与东京相比，开发程度并不是太高，但是，目前来看已经不具备再开发的条件，未来在轨道交通进一步完善，城市综合承载力提高后，再进行开发。目前要集中建设城市"副中心"，使重心外移，打破单中心格局。

第四，补"短板"，加快轨道交通体系建设。一方面，中心城区加密，按照每500—1000米就能看到地铁口的密度把地铁路网加密；另一方面，要加快城际铁路建设。国际大都市的经验表明，15千米（距离）以内核心区以地铁为主；15—30千米（距离）以快速铁路为主，大站停；30—70千米（距离）以市郊铁路为主，"一站式"到达。伦敦、纽约、东京、巴黎等城市市郊铁路都非常发达，分别达到3650千米、3000千米、2031千米和1867千米，而北京的市郊铁路只有107千米，所以，要加快市郊铁路建设，把"短板"补起来。

跳出北京，大尺度谋划，推进京津冀协同发展。北京与周边有很大的发展落差，原因有多个方面：一是自然因素。京津冀地区有22个国家级贫困县，230多万贫困人口，这些贫困县和贫困人口基本上都分布在西北部山区。这些区域自然条件恶劣，承担着京津冀区域生态屏障、水源涵养等功能。在这种情况下，无论如何努力都不能与长三角、珠三角肥沃土地的产出效率相比。二是市场化程度较低。长三角和珠三角一直是全国经济最发达地区，民营经济很活跃，但是，京津冀地区民营经济落后，即使北京有技术，很多技术成果是"导弹式转化"，越过河北到长三角和珠三角地区转化。三是北京自身发展阶段。北京自身面积很大，中心城区的功能和产业还没有扩散到郊区，郊区县依然比较落后，跨越郊区直接转移到周边的河北地区难度就会更大。四是在我国现行财税体制下，各地区合作都面临同样的问题——制度"瓶颈"。长三角地区也是如此，据调查，上海通过"飞地经济""共建园区"等模式将上海的产业转移到江苏，上海出项目，江苏出地，也面临着制度"瓶颈"，GDP核算和税收分成问题操作起来难度很大。

总体上看，京津冀区域落差大，在很大程度上确实是由于北京行政资源过于强大以及市场发育不充分造成的。正因如此，北京外来人口中155.9万是河北人，占北京外来人口的22.1%，比重最高。同时，周边产业结构相对低端，处在工业化中期，主要产业是钢铁、建材、化工等重工业，这些产业越发展，消耗资源越多，造成的污染越大。京津冀区域每年燃煤3.5亿吨，河北消耗占80%，北京占7%，天津占13%，但是，雾霾扩散是不考虑行政区划的。因此，北京的"大城市病"、河北的产业转型，都要求京津冀必须协同发展。

四 京津冀协同发展

（一）京津冀协同发展的战略价值

京津冀协同发展是解决北京"大城市病"的需要。中央把京津冀协同发展定位为国家重大发展战略的重要原因之一就是要解决北京"大城市病",要通过在京津冀大区域内引导首都城市功能的合理配置,并发挥首都的辐射带动作用,促进京津冀区域转型发展,解决区域发展面临的环境困境。

京津冀协同发展是打造中国经济第三增长极的需要。改革开放以来,长三角、珠三角已经成为中国经济增长的两极。但是,作为中国环渤海区域乃至整个北方区域经济增长引擎的京津冀发展却相对落后。推动京津冀协同发展,就是要实现京津冀优势互补,把京津冀打造成为中国经济的第三增长极,参与全球竞争,形成一个具有更大影响力的世界级城市群。

京津冀协同发展也是国家创新战略的需要。从全球来看,创新地位越来越重要,美国提出创新战略,要放大硅谷的创新效应;日本提出打造以东京、大阪等核心城市为中心的"国际战略综合特区"。我国经济粗放发展道路已经不可持续,必须走创新驱动发展道路,否则难有国际竞争力。实施创新驱动发展战略,需要打造一个引领国家创新发展、参与国际创新竞争的核心区域。京津冀地区具有得天独厚的优势,这里集中了全国1/3左右的国家重点实验室和工程技术研究中心,拥有超过2/3的"两院"院士,聚集了以中关村国家自主创新示范区为代表的14家国家级高新区和经济技术开发区,是我国重要的科技创新源头。习近平总书记到中关村集体学习,希望中关村在中国创新发展中发挥重要引领示范作用。因此,京津冀区域的协同发展,不同于长三角和珠三角区域,要把创新放在重要位置,要打造以创新为导向的世界级城市群。

(二)京津冀协同发展要有顶层设计

体制机制掣肘是京津冀难以协同发展的病根。因此,要加强顶层设计,建议做好以下三个方面的工作:

第一,成立国家层面的京津冀协调委员会。建议由国家领导人担任主任,没有这样高规格的领导机制,这个区域的协同发展不好推进。在这个前提下,要建立一个稳定的推进机制,最好在国家发展和改革委专门设立一个司具体负责推进工作。

第二,设立京津冀财税体制实验区。在这个区域探索财税体制机制创新,比如,探索成立"首都财政",减轻首都发展的经济压力,给津冀承担更多经济功能创造条件。

第三,建立京津冀协同发展引导基金。在市场经济条件下,空间结构调整不能依靠行政命令,要依靠市场机制,可以设立引导基金,对于一些功能疏解和产业疏解给予一定的利益补偿。我们看到,在20世纪80年代北京"退二进三"产业结构调整过程中,工业企业搬迁实践证明是失败的,是违背市场经济规律的。当时的思路是把总部和制造环节全部搬到郊区县或者外地,导致在历史上曾经非常辉煌的北京工业品牌,随着"退二进三"基本上都消亡了。在计划经济时代,企业从一个城市搬到另一个城市是可行的,因为企业员工的户口、住房等都捆绑在单位。但是,在市场经济条件下,择业自由化、住房商品化,如果不具备搬迁条件,企业的搬迁就意味着人才的流失,企业就会坍塌。首钢搬迁的成功,就在于总部留在北京,生产基地迁至河北。同样如此,如果强行命令一些企业总部、大学、医院迁过去,也会付出沉重代价,一流变三流,甚至消亡。因此,要创造软硬条件,硬条件就是加快城际铁路建设,形成便捷的快速交通通道;软条件就是消除北京与周边地区在高考制度、养老制度、医疗制度等方面的制度篱笆,实现公共服务的均衡化、一体化发展。这种落差都需要资金的投入,因此,建立京津冀协同发展引导基金,逐步引导解决这些问题,京津冀区域的协同发展才会水到渠成。

(三)对河北的建议

1. 对接首都城市功能疏解,要整体谋划,重点推进

河北对接和疏解北京城市功能,不是每个城市、每个县都能有所对接,一定要有重点,条件具备的先对接,比如,现在廊坊、固安、涿州和北三县[①]这几个地方区位条件较好,可率先规划建设新一代卫星城,做好基础设施和公共服务设施的对接,为承接北京城市功能疏解做好准备。

2. 承接北京产业转移要强化区域差异化定位

对承接北京产业转移的区域要进行深入研究,要根据各区域的产业

---

① 所谓"北三县",是指河北省廊坊市下辖的三河市(县级市)、大厂回族自治县、香河县。这三个县市行政上隶属河北廊坊市,却被京津包得严严实实,成为河北的"飞地"。特殊的地理位置,让这里成了河北的经济特区,北京最近的"后花园"。

基础和发展条件，进行差异化定位，明确各自承接北京产业转移的重点方向，不要形成内部的恶性竞争。

3. 要严格控制要素价格的飞涨

根据国外经验，周边区域与中心城合作的三个重要条件：一是与中心城市通过便捷的城际铁路实现快速联系（一般不超过1小时）；二是一定要存在要素价格落差，土地、房价和租金等各种要素价格要比中心城价格偏低；三是优越的生态环境。北京与周边区域的城际铁路网络还没有形成，周边区域的生态环境也并不比北京强，如果周边区域的要素价格迅速上升，这将使区域合作条件逐步弱化，严重影响到这些区域对北京产业和人口的吸引力。这样下去，不仅北京"大城市病"难以治理，"大城市病"还有可能演化为"区域病"，后果是灾难性的。

第二节　新常态下促进首都协调发展的战略思考[*]

一　引言

当前，我国经济发展步入新常态，把转方式、调结构放到更加重要的位置，狠抓改革攻坚，突出创新驱动，力促经济平稳健康发展。北京市"十三五"规划纲要提出，牢牢把握首都城市战略定位，深入实施京津冀协同发展战略，加快形成引领经济发展新常态、实现城市可持续发展的体制机制和发展方式。但是，当前北京发展中还面临着一些阶段性矛盾和难题，突出表现为人口集聚过快、交通拥堵严重、资源环境约束强、城市运行管理压力大等"大城市病"问题。

北京的"大城市病"问题与其承担了过多的城市功能紧密相关。北京是综合性首都和超大型城市，承载了国际交往、中央行政办公等首都城市所特有的功能，以及在悠久的历史发展中积淀形成的文化、科技等功能。同时，在现行财税体制下，城市的发展轨迹往往是"发展经济—增强财力—支撑城市建设与运转"，北京也不得不加强经济功能，

---

[*] 作者：赵弘　北京市社会科学院副院长、中国总部经济研究中心主任、中关村创新发展研究院院长。本节原载《经济与管理》2016年第4期。

而经济功能的增强自然会加快人口集聚,进而不得不增加对城市基础设施的投资和公共服务产品的供给,从而对资源、环境带来更大压力;为解决城市基础设施和公共服务供给不足,又不得不进入新一轮经济规模扩张,从而吸引更多人口集聚,结果是陷入循环累积、"大城市病"越发严重的"怪圈"。

未来发展中,北京需要直面"大城市病"挑战,站在统筹人口、资源、环境协调发展的战略高度,准确把握特大型城市发展规律和首都发展的阶段性特征,从推进京津冀协同发展的大局着眼,在更大尺度上进行整体谋划,抓住主要矛盾重点施策,推动首都持续健康发展。

二 北京城市发展面临"大城市病"的严峻挑战

(一)经济功能不断增强引致人口过快增长,同时对资源环境带来较大压力

经济功能的不断增强是造成北京人口膨胀的最主要原因。截至2015年年末,北京常住人口达到2170.5万,其中,常住外来人口为822.6万,占常住人口的37.9%。2001—2014年,北京三次产业从业人员总量增长了500多万。批发零售业、制造业、住宿和餐饮业、建筑业是就业弹性较大的传统行业,也是常住外来人口集中的行业(有2/3的常住外来人口的就业集中于这四大行业),这些行业的发展成为北京人口增量的主要吸纳池。

经济功能的不断增强给北京的资源、环境带来的压力也不容忽视。北京还存在石油加工、化学原料和化学制品制造、非金属矿物制品、金属冶炼加工、电力热力供应业等一些高耗能行业。2014年,共有616家高耗能企业,占全市规模以上工业企业总量的16.7%;综合能耗为1253.2万吨标准煤,占工业能耗的75.4%,占全市能源消费总量的18.6%。[①] 尽管从能源利用效率来看,北京的利用水平在国内领先,但与主要世界城市相比仍然偏低。2014年,北京每万元GDP能耗为0.36吨标准煤,是2007年东京的9.9倍、伦敦的4.9倍、纽约的1.5倍。第二产业的发展为GDP带来贡献的同时,也带来资源的过度消耗(尤

---

① 北京市统计局、国家统计局北京调查总队:《高耗能企业创新求发展创新能力仍待加强——2014年北京市全国企业创新调查系列分析之二》(2015年10月21日),http://www.bjstats.gov.cn/tjsj/zxdcsj/qycxdc/dcsj/201512/t20151214_330834.html。

其是地下水消耗）和污染物的过度集中排放。2014年，工业二氧化硫排放量占全市二氧化硫排放总量的51.1%，工业氮氧化物排放量占42.7%，工业烟（粉）尘排放量占39.6%。污染物的排放一旦超过环境承载力，环境必将恶化且恢复代价极大。

（二）"单中心"格局与功能的空间不匹配，加大城市管理压力

北京"单中心"格局难以突破，所带来的弊端逐步显现。从1983年版总体规划开始，北京就试图打破"单中心"蔓延的发展模式；2004年版总体规划更是明确提出了"两轴—两带—多中心"的构想。但是，城市功能定位的突破非一日之功，代价之大难以计算。增功能，易；去功能，难；增中心，易；减中心，难。"去""减"意味着巨大的沉没成本。因此，经过多年努力，"单中心"格局未能实现根本突破在意料之中。中心城区功能过度集聚，2014年集中了全市70%的地区生产总值和72.7%的城镇单位从业人员。这个集中背后是分工网络的形成，是产业集聚和产业集群的形成，不是说去就可以去的。而且中心城区功能的过度集聚还会变本加厉。中心城区空间过度开发现象严重，首都功能核心区基本饱和，城市功能拓展区建设用地比重已超过70%，但是，局部仍然在不断"扩大"和"摊厚"。比如，位于中心城的CBD、金融街本来就是产业集中、人口密集、交通拥堵的区域，却仍在扩大体量。其中，CBD已完成建筑面积700多万平方米，在建400多万平方米；金融街已完成建筑面积400多万平方米，在建200多万平方米。①

北京不仅面临"单中心"格局难以突破的问题，还面临着居住功能与产业功能、公共服务功能等空间分布不匹配的问题。一方面，居住功能郊区化，根据北京市统计局发布的环线人口分布情况数据，五环以外居住的人口占全市人口的51%。另一方面，产业功能、公共服务功能向郊区转移布局的步伐或配套步伐相对缓慢，市民的就业、就医、就学等仍然主要集中于四环以内，特别是昌平、通州等近郊区，出现显著的职住不平衡现象。2008—2014年，昌平新增常住人口96.6万，是新增就业人口（9.2万）的10.5倍；通州新增常住人口31.7万，是新增就业人口（3.9万）的8.1倍。从街道层面看，天通苑和回龙观仅有不

---

① 寇静、朱晓青：《北京生产性服务业的升级与疏解》，《新视野》2016年第1期。

到20%的居民就近就业，而多达70%的居民是在四环以内就业。① 职住分离带来了早晚"潮汐式"通勤，这是北京交通拥堵的重要原因。根据《中国智能出行2015大数据报告》，北京2015年平均通勤距离达19.2千米，平均通勤时间为52分钟，居全国之首。

（三）轨道交通不能满足城市发展需求，严重影响城市运行效率

实践证明，超大型城市解决交通问题的唯一手段就是建设大容量、网络化的轨道交通系统。超大型城市的通勤问题是重要的城市运营问题。超大型城市空间尺度大，唯有轨道交通才能在短时间内（1小时左右）完成大规模人员输送。长期以来，北京对大容量、高速化、网络化的轨道交通在特大型城市交通体系中的独特地位、独特作用和不可替代性认识不足，没有将其放在应有的战略高度去规划和发展，规划和建设体量远远滞后于城市发展阶段和城市需求。北京轨道交通里程从最初23.6—100千米用了34年。② 经过最近十年建设，截至2015年年底，北京轨道交通运营线路里程为554千米，中心城轨道交通占交通出行（不含步行）的25%，对公共交通的分担率为50%。小汽车出行占31.9%。这与东京轨道交通对公共交通的分担率为90%左右和伦敦轨道交通对公共交通的分担率为75%的水平还有较大差距。此外，北京中心城区与郊区县、周边城市之间的市郊铁路严重不足，目前仅有S2线一条市郊铁路运营，里程为107千米，仅为东京市郊铁路运营里程的1/17、纽约的1/28、伦敦的1/34。③

北京交通结构不合理与城市空间结构不合理是相互关联的，犹如一枚硬币的两面，"单中心"格局难以打破的重要原因就是轨道交通引导城市空间结构优化的作用不充分。一方面，由于没有强有力的市郊铁路体系，使中心城区对周边区域的带动力不强，新增的外来人口只能通过"摊大饼"的方式沿着轨道交通由中心城向外蔓延，而轨道交通覆盖不到的城市外围区域未能得到发展。北京近年来增量外来人口的分布从一

---

① 赵新宇：《逾七成就业者上下班需"长途奔袭"：北京职住失衡解析》，《凤凰周刊》2015年第7期。
② 北京市统计局、国家统计局北京调查总队：《我市轨道交通客运量首超公共电汽车客运量》（2016年5月3日），http://www.bjstats.gov.cn/bwtt/201605/t20160505_348965.html。
③ 北京交通发展研究中心：《北京市交通运行分析报告（2015）》，2016年1月。

个侧面证明了这一点。2006—2014 年,北京新增外来人口 435.3 万,其中,54.4%分布在朝阳、昌平和海淀三个拥有便捷轨道交通的区;而平谷、延庆、门头沟三个区的新增外来人口占 1%,说明目前北京中心城区对远郊区县的辐射带动作用非常有限(见图 2-1)。另一方面,由于北京中心城区轨道交通密度不够、承载力不强,因此,选择小汽车出行就成为无奈的选择,路面交通严重拥堵成为必然,"城市交通病"迟早爆发。

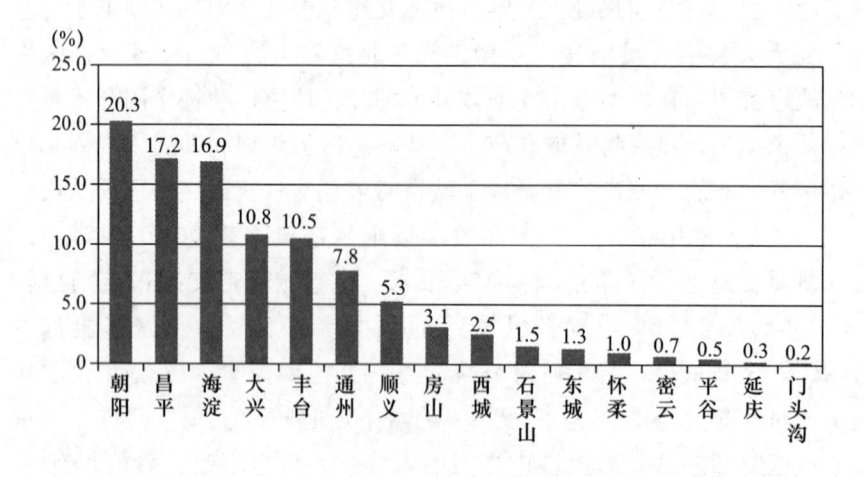

图 2-1 2006—2014 年各区县常住外来人口增量占全市比重

资料来源:根据《北京区域统计年鉴(2015)》和《北京区域统计年鉴(2007)》相关数据计算得到。

(四)资源环境压力日益增大,反过来制约城市建设与经济发展

北京的生态环境问题突出,直接影响到北京的宜居宜业水平,也极大地影响到对海外高端人才和国际组织、跨国总部资源的吸引力。根据咨询公司发布的"2016 年全世界最宜居城市榜单",北京在全球 440 座城市中名列第 118 位。樊杰等(2016)对京津冀城市群中各城市的资源环境承载状态进行了评价,北京属于资源环境严重超载地区。[1]

污染问题是最尖锐、最受关注的问题之一。近几年来,通过采取

---

[1] 樊杰、周侃、陈东:《环渤海—京津冀—首都(圈)空间格局的合理组织》,中国科学院院刊》2016 年第 1 期。

"三高"企业退出、清洁能源改造、控车减油、与周边联防联治等措施，北京的空气质量有所改善。2015年，北京空气质量为优的天数由上年的93天增加到105天，重污染天数由上年的45天下降到42天。但总体来看，北京的空气质量距离中央要求、国家标准和市民期盼还有明显差距。2015年，北京空气中PM2.5的平均浓度值为80.6微克/立方米，超过国家标准1.30倍；二氧化氮的平均浓度值为50.0微克/立方米，超过国家标准0.25倍。[①] 另外，北京水体污染也比较严重，由于污染物排放超出水体自净能力，城市中下游河道普遍出现"有水必污"现象，大清河系和北运河系水质总体较差，劣V类水质河长占监测总长度的比重达70%左右。

（五）与周边区域之间发展落差大，使北京的协调发展面临更大的挑战

北京爆发"大城市病"既有自身的原因，也与周边地区发展滞后有较大关系。2014年，河北人均GDP仅为北京的40%，城镇单位在岗职工平均工资为北京的45%。北京周边还有25个国家和省级扶贫开发工作重点县，涉及贫困人口230多万，形成了集中连片特困地区"环首都贫困带"。较大的区域发展落差，恰恰成为周边城市人口向北京集聚的重要动力。第六次全国人口普查数据显示，北京的常住外来人口中，河北籍的占22.1%，达到155.9万人。根据对霸州、曹妃甸等地科技型企业的调研，由于北京对高端人才的强大吸引力，企业新招人才在两年内已流失70%。

周边区域传统工业仍占主导地位，对首都生态环境产生不利影响。河北处于工业化加速阶段，钢铁、建材、化工等重化工业仍占主导地位。河北生产的粗钢、钢材都超过全国的1/5，在2015年河北省工业百强企业中，黑色金属冶炼及压延加工企业占42家。这样的产业结构意味着河北经济发展的综合能耗大，同时带来严重的环境污染问题。据《河北经济年鉴（2015）》的数据，2013年，京津冀区域燃煤总量约为3.9亿吨，其中，北京消耗量的占5%，而河北消耗的占80%。2014年，河北贡献了京津冀76.8%的化学需氧量排放量和80.5%的二氧化硫排放量。根据北京市环保局发布的北京PM2.5来源解析，区域传输

---

① 北京市环境保护局：《2015北京市环境状况公报》，2016年4月。

贡献占28%—36%，若遭遇传输型的重污染时，区域传输的比重更是超过50%。

三 推动北京人口资源环境协调发展的战略思考

（一）着眼于经济提质增效，缓解经济发展所引致的人口过快增长

治理北京"大城市病"，要从调控经济入手。2014年2月25日，习近平总书记视察北京时明确指出，北京的经济发展必须与城市战略定位相适应、相一致、相协调。北京不是要放弃发展经济，而是要放弃发展"大而全"的经济体系，发展人口集聚少、资源占用少、环境污染小、附加值高的"高精尖"产业，使经济发展更好地服务于城市战略定位。

1. 明确重点发展和坚决淘汰的产业方向，推进产业"瘦身健体"

立足首都城市战略定位及构建"高精尖"经济结构的总体要求，严格贯彻落实新增产业的禁止和限制目录，完善和细化产业准入标准，优先发展服务经济、知识经济、绿色经济和总部经济，加快构建与人口资源环境相协调的高端化、服务化、集聚化、融合化、低碳化产业发展体系。同时，确定全市应当坚决淘汰退出的产业目录清单，明确具体的实施方案和时间表，有序地疏解低端业态和环节，坚决把一般性产业清理出去。在2013—2015年已累计退出1006家污染企业、基本完成150家低端市场撤并清退任务的基础上，争取到2017年年底前推动东城、西城的生产制造业企业全部退出。

2. 发挥好北京的创新资源优势，在全国率先形成以创新为主要引领和支撑的经济体系与发展模式

《京津冀协同发展规划纲要》提出，北京要打造国家自主创新重要源头和原始创新主要策源地。北京应紧抓"科技创新"，以中关村国家自主创新示范区作为强大引擎和主要阵地，凝聚更多的高端创新资源，承载更多的创新成果产业化项目；支持配合国家科学中心、国家重大科技专项和重大科学计划在京实施，取得一批具有国际影响力的原始创新成果；强化企业创新主体地位，形成一批具有国际竞争力的创新型领军企业和创新型产业集群；加快推进中关村科学城、未来科技城和怀柔科学城"三城"建设，形成更强大的创新增长极。同时，北京应大力推动"文化创新"，大力发展文化创意产业，将北京丰富的文化资源优势转化为产业竞争优势，培育一批有国际影响力的文化领军企业和文化

精品。

(二) 优化城市空间布局，形成生产、生活、生态空间的合理结构

空间结构是影响城市协调发展能力的一个非常重要的因素。同样的城市面积和环境容量，如果空间结构合理，就能承载更大的人口规模和经济体量。在这方面，国外大都市有些经验值得北京借鉴：一是"建"，即通过分阶段建设城市副中心或卫星城，来推进城市空间结构由"单中心"向"多中心"转变。如瑞典首都和第一大城市斯德哥尔摩分两批建设了6座具有独立功能的卫星城，分担了市区50%的人口；东京分三个阶段，建设了新宿、临海等七个副都心，形成"一主七副"的城市空间格局。二是"限"，即通过出台各种限制中心城过度开发建设，引导城市中心区功能有效疏解的政策措施，促进城市空间优化。比如，韩国首尔从20世纪90年代开始对工厂、学校、公共大厅、职业培训所等所谓"人口集中诱发设施"的新建、扩建进行总量控制；[1] 巴黎市政府于1959年宣布禁止在市区内建造1万平方米以上规模的办公大楼。三是"联"，即同步推进大容量、网络化、高速度的轨道交通体系建设，联通市中心与副中心及城郊。如东京修建了环绕区部的山手线，依托各交通枢纽把多个副都心串联起来，提升了城市整体综合承载力。

借鉴国际经验，未来北京应力推城市空间结构优化。采取"疏堵结合"的策略，严格控制城市边界，防止城市无序蔓延，形成集约高效的生产空间、宜居适度的生活空间和山清水秀的生态空间，促进土地集约节约利用。一方面，要限制中心城区的再开发，禁止大型商业项目、公建项目、住宅项目等的开发建设，防止中心城区继续"摊大"和"摊厚"，避免人口、产业等向中心城的再集聚。同时，加快疏解非首都功能，积极引导中心城区的医疗、教育等公共服务资源以及大型长途公交枢纽等部分搬迁。另一方面，要引导城市发展重心全面转向城市"副中心"和新城。集中精力加快通州城市"副中心"建设，坚持功能导向，突出重点，主要承载行政办公、文化旅游、商务服务等功能；在内部超前规划建设轨道交通网络，合理配置地面公交线路，形成以公共交通为主导的交通系统；积极承接中心城优质公共服务资源疏解，大力

---

[1] 朴光玄：《首尔都市圈管制政策创新研究》，博士学位论文，中国社会科学院研究生院，2011年。

吸引一批国际化的公共服务资源进入，提高对产业和人口的吸引力；走"精致高效"发展模式，避免走老城"摊大饼"的老路。

（三）加快补足轨道交通建设的"短板"和"欠账"，提高城市运行效率

北京要缓解交通拥堵问题，长远之计是建立起以轨道交通为骨干的城市公共交通体系，实现两个"主导"：公共交通在城市交通中占据"主导"地位，轨道交通在公共交通中占据"主导"地位。

1. 加密中心城轨道网络，着手规划主要轨道线路的复线建设

着眼于中心城区域，进行轨道交通路网加密，争取实现由居住小区、办公集中区步行500—1000米到达地铁站点。探讨开发建设地铁复线，通过采用"大站快车"方式，有效地提高轨道交通运行效率。在地铁线路设计和换乘车站设计时，尽可能通过多线路同站台换乘、平行线路多站台换乘等方式，实现换乘便捷化、高效化和人性化。

2. 加快规划和建设市郊铁路，在更大范围内引导城市空间格局优化

未来，北京应加快建设大站式、大容量、高速度的市郊铁路，带动怀柔、密云、平谷等远郊新城以及固安、燕郊、涿州等北京周边地区发展，促进中心城区的居住功能、产业功能在更大范围得到有效疏解。

（四）多举措强化生态保护与环境治理，建设绿色低碳生态家园

国家"十三五"规划提出，绿色是永续发展的必要条件和人民对美好生活追求的重要体现。北京要实现可持续发展，必须加快建设资源节约型、环境友好型社会，形成人与自然和谐发展的新格局。

1. 推动京津冀生态环境联防联治

在国家大气污染防治工作领导小组的领导下，建立区域联防联控长效机制，在煤炭消费总量控制、联合执法监管、规划及重大项目环境影响评价会商、环境信息共享等方面加强合作。在京津冀区域，开展节能量、碳排放权、排污权、水权交易制度等试点工作，探索跨地区、长效化的生态补偿机制。建立跨区域水质改善目标管理制度，共同推进北运河、永定河等跨界流域联合治理。共建区域生态屏障，北京与张家口、承德共建生态功能区，谋划构筑北京与廊坊、北三县之间的绿化隔离带，加快野三坡—百花山、海坨山、雾灵山等环首都国家公园体系建设。积极争取国家层面支持，在京津冀区域，参照耕地保护政策，建立

林地红线制度、绿地保护红线制度，对城市林地、绿地实施"先补后占、占补平衡"政策，执行与耕地相同的惩罚与问责制度。

2. 实行水资源、能源、建设用地总量和强度"双控制"

强化"以水定人""量水发展"，实施最严格水资源管理制度考核办法，对各区进行开发利用控制红线、用水效率控制红线和水功能区限制纳污红线"三条红线"考核，促进生产用水负增长、生活用水控制增长、生态用水适度增长。成立专门的能源效率管理部门，新建项目实行能效控制，实现重点行业、重点用能单位能源消费实时监测，逐步推进农村地区集中供热，提高能源利用效率。探索土地"减量发展"的新路径，严格限制中心城区土地供应，提高城市"副中心"、新城、市级重点产业功能区等区域土地供应比重；盘活低效存量用地；建立有利于乡镇集体建设用地整合的利益机制，扩大集体经营性建设用地区域统筹。

（五）深入实施京津冀协同发展战略，推动首都城市功能跨区域配置

东京、纽约等世界城市都通过在更大腹地范围内进行功能配置来缓解"大城市病"。北京治理"大城市病"同样需要通过扩大腹地来解决，需要放在京津冀范围内统筹考虑，协同考虑，以建设首都为核心的世界级城市群建设为目标，统筹考虑在更大的范围内疏解北京非首都功能，配置资源和城市分工，破解人口资源环境矛盾，提高京津冀区域竞争力。

1. 加强区域产业对接合作，构建跨区域产业链

在制造业方面，依托京津、京保石、京唐秦等主要通道，加快一般制造业及高端制造业的生产环节沿轴向转移，打造跨区域优势产业链。

在服务业方面，加快北京物流基地、专业市场等一般性服务业向周边区域转移；提升北京金融、信息等生产性服务业的辐射带动能力，服务大区域发展；整合三地旅游资源，推动建立京津冀大旅游格局；探索养老服务合作模式，建立跨区域养老保险对接制度，鼓励北京市新建养老院、养老基地等选址在周边区域。

在农业方面，加快推动区域农产品产销一体化建设，共建"菜篮子"产品生产基地，推动环京津一小时鲜活农产品物流圈建设。

2. 加快建设几个卫星城（微中心），形成非首都功能疏解的集中承接地，形成示范

非首都功能疏解不宜过于分散，要"点面结合、以点为主"，选择几个距离适宜、规模适中、发展基础较好的区域重点对接，集中疏解包括公共服务在内的非首都功能，可以在较短的时间内提高承接地的公共服务水平，增强疏解吸引力，尽快形成疏解效果。综合考虑高铁技术以及周边城市空间区位、资源条件、城市配套等因素，可以在北京周边50—90千米范围内，特别是沿着铁路干线，选择宝坻、燕郊、霸州等基础较好的3—5个区域集中对接，打造一批承接北京功能疏解的特色新城、卫星城或称作"微中心"。[①]在其建设过程中，要优先规划建设大容量、便捷高效的市郊铁路，配套做好教育、医疗、文化、商业等公共服务设施建设，以形成对人口、产业等的吸引力。

第三节　关于首都功能疏解的若干设想[*]

北京功能疏解涉及京津冀区域功能重构，城市、产业、交通、生态布局需要进行重大调整。必须把首都功能疏解作为一次重大机遇，认真研究、科学布局，拿出一个经得起历史检验的规划，为京津冀科学发展提供长远保障。

一　重构区域功能

最近，北京进一步明确了"全国政治中心、文化中心、国际交流中心、科技创新和金融管理中心"的城市性质功能。也就是说，与此关系不太密切的功能有可能疏解到河北。适应从"首都北京"向"大首都地区"转变的要求，需要在河北现有功能区划分基础上，调整区域功能，形成首都功能发展区、津冀沿海发展区、冀北生态发展区、冀中重点发展区，促进区域协同发展和互补共赢。

---

[*] 作者：陈万钦　河北省人民政府研究室工交贸易处处长。本节原载《经济与管理》2014年第2期。

[①] 樊杰、周侃、陈东：《环渤海—京津冀—首都（圈）空间格局的合理组织》，《中国科学院院刊》2016年第1期。

（一）调整首都南部、东部、河北地区功能

重点开发"京津保大三角"，推动北京南向及东向、河北周边地区从优化开发区域调整为重点开发区域，从工业和农业功能区调整为以服务业为主、制造业和农业为辅的功能区，从发展一般制造业向承接首都服务业、高新技术产业转变。探索国家部委直属服务机构、重点医院、重点大学在该区域建设的可行性。

（二）增强首都协作区支撑服务功能

把承德、张家口和秦皇岛三个城市纳入首都协作区，重点强化三个城市的生态涵养、休闲旅游、康复疗养功能，同时布局部分科研功能、文化功能、先进制造业功能，在优化首都圈功能中发挥重要作用。

（三）强化河北沿海地区经济带动功能

对于尚处于起步阶段的河北临港地区来说，应作为重点开发区域加快建设，两个新区在过去规划的大钢铁、大石化、大装备等重工业基础上，应更多地吸纳新材料、新能源等战略性新兴产业及轻工业，使沿海地区成为产业比较先进，并能保证京津冀区域主要工业品供给的地区，成为京津冀未来发展的重要引擎。

（四）适度调减农业功能区规模

河北属于资源性严重缺水地区，粮食生产应大体维持在自给有余的水平。在提高粮食综合生产能力、保障京津蔬菜和畜牧产品供应基础上，应适度调减耕地面积，增加建设面积、绿化面积，保证首都功能疏解和沿海临港区等重点开发区域建设的需要。

二 优化城市布局

京津冀区域现有城市格局是京津"双核"，以石家庄和唐山为中心的冀中南和冀东"两翼"，以京津塘、京广、京哈复合交通干线为主的"三轴"，以河北众多中小城市和县城为特征的"多点"。按照大首都地区和城市群发展理念，未来需要在现有格局下优化城市布局，培育和壮大中等城市，形成布局合理、分工明确、大中小协调发展的城市格局。

（一）建设京津保世界级都市连绵区

推动首都区由"北京一极集中"，向以北京为主，以通州、廊坊、保定、秦皇岛等为副的"一主多核"转变，拉大首都框架，推动廊坊、保定等设区市和部分环首都县市与北京同城化发展，通过首都功能疏解，形成一批50万人左右的组团城区或卫星城，建成北京"大都市地区"。

（二）发展沿海城市带

未来天津滨海新区和河北曹妃甸区、渤海新区，利用港口优势，通过与中心城市互动以获得快速发展，与秦皇岛和北戴河新区相连，形成沿海城市带。

（三）完善城市结构体系

继续推进石家庄、唐山两大城市扩容升级，在两大区域中心城市周围形成城市组团。重点发展中等城市，培育一批20万人以上的县级城市，形成大中小协调配套的梯度发展格局。

三 调整产业布局

现有产业格局是北京以高新技术产业和新兴服务业为主，天津以先进制造业和战略性新兴产业为主，河北以一般制造业和农业为主。将来的调整方向是：促进产业区域合理布局，上下游产业合理分工，形成新兴产业、先进制造业、现代服务业和现代农业相结合的现代产业体系。

（一）面向全球和未来布局京津冀地区产业

将来京津冀不再是独立的三个地区，而是世界第二甚至第一大经济体的首都经济圈。面向全球布局产业，一方面，我们已经有了良好的基础，北京电子信息产业开始成为可与美国硅谷抗衡的世界级高新技术产业；河北钢铁产量现在是日本、美国钢铁产量的总和。另一方面，也需要面向全球进行产业定位，在国际产业分工中赢得主动。具体到河北，就是充分利用北京的科技优势，发展一批战略性新兴产业，提高产业的智能化、低碳化水平；与天津合作，建设具有国际竞争力的临港产业群，做到与京津真正意义上的协同发展。

（二）促进区域产业水平布局

借鉴国际首都圈发展经验，充分考虑地理、交通、风向、产业基础等各种影响因素和产业布局规律，打破京津冀界限，进行三大调整：第一，按照生态环境影响进行布局。把无污染的产业放在都市区中间层，把能耗高、排放大的原材料加工业，在改造升级后向沿海和经济圈边缘地区布局。北京一些存在污染的企业通过在曹妃甸、渤海新区建设分厂，逐步转移产能、改造升级。第二，按照分类集聚原则布局。把高新技术产业、战略性新兴产业和先进制造业相对集中布局，促进企业间的技术交流与传播，提高企业创新能力和规模效益。第三，按照港口和腹地互动规律进行布局。港口和腹地实行错位发展，在构建的产业链条中形成产业互动。

（三）推动产业上下游垂直分工

由北京研发设计，河北加工制造，共同打造几条技术链、产业链和价值链，促进京津冀从产业分工向产业内部环节分工转变，形成自研发设计至终端产品的高端产业链。

（四）统筹区域服务业与工业园区布局

目前，"京津保大三角"主要是工业园区，将来需要建设一批服务业园区。应认真研究服务业布局规律，科学布局医疗、健康、金融、物流、商务、科技、信息等高端服务功能。同时，还应做好服务业园区与工业园区的协调发展，如涿州市，现在以工业园区为主，将来如果发展医疗、养老功能区，就要限制和取消工业区发展，做到各种功能相互协调。

（五）建立京津冀区域相对完整的产业体系

在滨海新区、曹妃甸区和渤海新区引进空调、冰箱、洗衣机家用电器等与群众生活密切相关的轻工业，满足京津冀市场的巨大需求。区域产业体系相对完整，减少跨区域双向大规模运输，符合产业发展规律特别是节能环保要求。

四 完善交通布局

京津冀现有交通体系是以北京为中心、以人流为主的放射型综合交通体系，北京城市交通呈封闭状态，河北与北京交通是城乡对接关系。未来调整的方向是：重点建设都市圈内部以轨道为主的综合交通体系，发展东出西联物流大通道、远海航运大通道、京津冀区域中远程快速交通体系。

（一）建设同城化、公交化的"大首都地区"交通体系

首先建立以北京为中心，覆盖北京郊区县与河北廊坊、保定及环首都县等"大都市区"的快速电车系统，服务半径150千米，把北京与河北周边市县连接成一个有机体，形成都市区快速轨道交通网络，打造同城效应。建设北京—秦皇岛高速铁路，把秦皇岛纳入一小时交通圈内。

（二）疏通东出西联大通道，建立以港口为原点、以物流为主的放射型陆路交通体系

利用华北、西北现有铁路，整合成从河北、晋北、陕北、宁夏、甘肃、新疆，西连中亚、欧洲、伦敦，东接北京的陆上"丝绸之路"北通道，开辟东西向贫困地区大动脉。打通从曹妃甸—乌兰巴托的铁路交

通，把唐山港建成蒙古国的出海口，把蒙古国建成我国煤炭和金属矿等能源资源战略供应地。积极拓展"海上丝绸之路"，增强能源、原材料运输保障能力，建成秦皇岛港、唐山港、黄骅港与天津港分工合作的世界级港口群。

（三）建设京津冀区域中远程快速交通体系

建设河北各市与京津、与省会、与周边省城市联通的高铁和客运专线，形成环北京"一小时交通圈"、以石家庄为中心的"两小时交通圈"。发展通用航空，首先谋划建设三河公务机场，根据形势，逐步在更多城市设立公务机场，不断适应高端人士采用通用航空进行商务活动的需求。

五　扩大生态空间

目前比较重视自然生态空间，忽视城市规划建设不合理对生态环境恶化的影响。今后调整方向是：按照生态优先理念，开展森林绿化和生态区建设，同时规划建设生态型城市，做到生态环境和城市环境同样优美。

（一）建设一批生态屏障区和生态功能区

重点建设坝上高原防风固沙生态屏障区、燕山及冀西北丘陵山地涵养水源生态屏障区、太行山保土蓄水生态屏障区、冀中及东南平原多效综合生态屏障区、冀东沿海抵御风暴生态屏障区，形成点、线、面结合的森林生态网络体系。白洋淀、衡水湖承担了维护华北生态系统平衡、补充地下水、保护生物多样性等重要功能，应确保"华北之肾"功能作用的逐步恢复和良性发挥。

（二）积极把环首都贫困带建成环首都生态经济区

通过培训，促进青年转移就业，减少人口和经济活动，建立适宜的产业体系、城镇体系、资源开发管理体系、环境保护体系和生态工程体系，一并解决贫困和生态问题。

（三）按照生态城模式开展城市建设

按照最新理念规划，将来"大首都地区"的功能区和城市区可能不是团状的，而可能是按照轨道交通进行的线状布局；可能是一些组团式城市，而不是一些传统概念的特大城市。组团城市形成多功能于一体的综合社区，工作、居住、生活就近解决，减少机动车交通量和废气排放量；组团之间用绿化带隔开，促进城市废气散发，保障空气清新。

六 布局重点功能区

河北承接首都功能转移,必须落实到具体产业、具体城市和园区。初步谋划一些承接和延伸首都产业的功能区。

在保定谋划建设具有综合功能的"东市区"。保定市主城区现有人口 100 多万,作为承接首都功能疏解的主要城市,未来城市人口有可能增加到 300 万。将来有必要在保定东部谋划建设一个新城区,承接北京部分高校和新兴产业转移,形成保定北市区、南市区、新市区之外的东市区。

在涿州与北京新机场之间谋划建设大型医院区。依托涿州市和 301 医院保障基地建设医院区,吸引北京各医院优势学科在此设立分院,形成全国最大最全、技术水平最高的医疗中心。利用北京新机场和京广、京九、京沪、京哈铁路,把全国各地到北京医治疑难杂症的病人截留在医院区,避免给北京造成大的拥堵。

在秦皇岛北戴河新区谋划建设大型科研院所区。秦皇岛作为海滨城市,环境宁静,气候良好,特别适合开展科研工作。如果在北戴河新区开辟一个"国家科研院所区",把北京需要新建和扩建的科研院所放在这里,既能提高科研效率和创新能力,又不会对南戴河的旅游环境造成污染,还会带动河北产业水平的提升。

在廊坊建设国际会展区。会展业占地多,影响北京城市交通,将来需要外迁。廊坊会展业现在有一定基础,今后应扩大会展中心规模,提升会展设施水平,承接北京大型会展转移,将来逐步代替北京承担起我国北方大型会展的功能。

在廊坊、三河、涿州建设大型物流区。仓储物流业占地多、效益低,且影响交通,将来需要从北京向周边疏解。应在廊坊和保定的物流节点建设物流基地,成为保障首都需要的物流转换枢纽。

在白沟新城建设小商品批发功能区。白沟新城形成了以箱包为主、多种小商品为基础的商业结构,市场辐射周边几百千米。今后应提高档次,扩大规模,承接北京部分批发市场的转移,建成能够满足京津地区小商品需求的商贸区。

在保定、廊坊、秦皇岛建设服务外包产业区。依托三地高铁车站和开发区,吸引在北京无法充分就业的服务外包技术人员到三地就业创业,独立或在北京总包下承担分包业务,促进服务外包产业不断发展壮大。

在张家口建设装备制造业和体育比赛功能区。发展包括汽车制造、零部件配套于一体的"国际汽车城",生物医药基地,循环经济示范区等,培育产业支撑。高标准建设冬季奥运比赛场所,高品位打造冬奥特色小镇,为与北京合作承办冬奥会创造条件。

在承德建设部分服务业、战略性新兴产业承接功能区和高端休闲生活区。建设承接北京文化、科研等公共服务设施疏解基地;与央企京企合作推动电子信息、新能源、新材料、节能环保等领域科技创新和成果转化,打造承接北京高端产业转移的聚集区。发挥自然生态优势,建设承接北京高端人群休闲消费的生活区。

在曹妃甸区、渤海新区建设北京制造业承接区。北京规模以上工业企业仍有3700多家,客观上需要把一些制造业向外转移,对于投资不足的曹妃甸、渤海新区来说,吸引北京部分制造业企业在改造升级的基础上重建,不失为积聚力量的一条现实途径。

在廊坊建设金融产业延伸区。在发展金融后台服务基地基础上,吸引国内外银行、保险、证券等各类金融机构进驻,为河北开展多种形式的金融服务。

在秦皇岛建设数据产业基地。以中国科学院计算技术研究所、秦皇岛数据产业研究院等为依托,扶持发展数据产业,开展大数据储存和分析,为经济社会发展提供量化引导服务,不断提高数据产业效益。

发展石家庄生物医药产业园区。在依靠自身研发力量的同时,注重承接北京转基因药物、新型疫苗与诊断试剂等高端生物医药产品的成果转移,建设华北药物研发测试服务中心和产业化基地。

在唐山合作建立机器人园区。与中国科学院自动化研究所、北京重点高校自动化研究院合作,在现有专用焊接机器人、矿用抢险探测机器人、建筑清洗机器人等产业基础上,瞄准未来需求,发展航空航天、生物、医疗、服务等各种领域机器人,引领家政服务机器人等进入家庭,形成中国最大的机器人基地。

在环首都地区谋划一批新材料基地。依托京津科技资源,在保定、怀来,重点发展第三代半导体材料;在涿州发展金属新材料及非晶材料;在廊坊重点发展电子信息材料,兴隆发展钒钛新材料,滦平发展钼材料,曹妃甸发展高强度合金钢和超纯合金等耐磨金属材料、钛基复合材料和特种陶瓷等复合功能材料,渤海新区发展新型化工材料。促进相关新材料企业聚集发展,提高河北省新材料产业发展水平。

在曹妃甸建立科技型中小企业孵化基地。发挥北京科技孵化器的优势,京唐联合培育科技型中小企业,形成曹妃甸合理的大中小企业生态和高成长前景。

在北京周边建设一批现代农业园区。顺应人民对绿色、无公害食品的需求,利用北京的技术、人才、资金、市场,河北的土地、劳动力,建设一批绿色无公害蔬菜生产基地、鲜奶供应基地、畜禽养殖基地,保障北京高品质副食供应。

首都功能疏解需要一个科学的规划。有些规划从长远看科学,但从短期看不一定合理,还需要做到长远规划与短期建设的平衡和衔接。如北京批发市场向外转移,从长远看,可能在白沟形成一个商业集中区比较科学,但当前如果没有合适的交通条件,批发市场由于达不到人流规模,商户很可能转向其他市场。因此,做好一个千年都不落后的规划是重要的,但考虑一些切实可行的疏解方案也是非常必要的。

第四节　关于京津冀城市协同发展的思考[*]

京津冀同属一个地理单元,地缘相接,人缘相亲,地域一体,文化一脉,各具发展优势,经济互补性很强,各个城市在经济、社会、资源环境等方面有着千丝万缕的密切联系。当前,京津冀协同发展已上升为国家战略,区域协作具备了天时、地利、人和等各方面的有利条件,对三地来讲,是一个千载难逢的重大历史机遇。如何推动三地朝着目标同向、措施一体、作用互补、利益相连的路子走下去,真正实现"1+1>2"或"1+2>3"的效果?基于当前的新形势、新背景、新目标,本节拟从北京建设世界城市、产业分工、空间架构、交通体系建设、体制机制创新等方面谈点思路与想法。

一　北京建设世界城市需要京津冀协同发展

改革开放近40年来,我国综合国力和国际地位迅速上升,已经成

---

[*] 作者:邢天河　河北省住房和城乡建设厅原副总规划师。本节原载《经济与管理》2014年第5期。

为世界第二大经济体，虽然经济与人口总量上领先，但是，始终没有形成具有全球影响力的世界级城市。国际经验表明，具有全球影响力的首都地区都是世界级城市群。北京提出建设世界级城市，京津冀地区依托首都北京的国际职能、世界影响力、创新能力、高端产业和高端人才集聚以及天津、河北的空间资源、劳动力资源、交通区位等方面的优势，承担国家门户地区的战略地位日益突出，具备了构建世界级城镇群、参与国际竞争与合作、承担更多全球事务管理的条件和基础。纵观国外世界城市以及伦敦、巴黎、东京等首都圈的发展历程，可以发现世界城市的建设仅靠一个核心城市难以完成，必须强化外围区域和核心城市的"对接"与"协调发展"，共同构筑一个密切互动的一体化发展格局来实现。空间功能组织呈现多中心网络结构，表现形式由圈层分布向轴带扩展的发展规律，一般在50千米范围内为首都核心地区，50—200千米范围内依托主要交通走廊串联产业基地及专业化城市。城市群内各个城市根据各自优势进行职能分工，中心城区强化高端服务功能，远郊地区发展制造业。通过功能疏解，遏制中心城区人口过于集中、规模过度膨胀、交通过分拥挤、环境不断恶化的状况。

目前，京津冀地区面临巨大的挑战，综合竞争力不强，区域发展不协调、不平衡，发展模式不可持续等问题比较突出。要完成国家赋予的重大任务，实现北京建设世界城市的梦想，京津冀地区必须走协同发展、合作共赢的发展道路，加强区域分工与合作，优化空间布局，加快产业结构调整和升级，构建开放的支撑体系，破解区域生态安全难题，共同打造具有全球影响力的世界级城市群、国家对外交往的门户地区、全国科学发展的引领区和首都地区区域一体化示范区。

二 突出比较优势，实现区域合理分工

京津冀应立足于区域生态环境承载力和各自优势资源条件，明确产业分工，实现区域产业错位、协调发展。一方面，区域内要严格控制生态脆弱和环境敏感地区建设高污染、高耗能产业项目，积极引导钢铁、石油化工等重化工产业向沿海地区转移，高新技术产业与高端服务功能向中心城市集聚。另一方面，从两市一省的发展重点来看，北京市定位为四大中心，即全国政治中心、文化中心、国际交往中心和科技创新中心，全力打造和谐宜居之都。北京随着城市功能的转型，应把现代服务业、高新技术研发、电子信息、金融保险、总部经济、文化创意产业等

作为重点发展方向，石油化工等重化工业应向沿海转移，部分制造功能、服务功能应加速向周边区域转移。天津市定位为北方经济中心、金融创新和运营中心、国际航运和物流中心、生态宜居的滨海城市。天津应重点发展装备制造、海洋经济、现代物流等产业，努力建成北方经济中心以及现代化工业基地。河北省应围绕"对接"与"服务"做足文章，积极承接非首都核心功能的疏解与转移，大力打造京津高技术产业和先进制造业研发转化及加工配套基地、现代服务业基地、绿色农产品供应基地。在制造业和高新技术产业领域做好产业链、价值链上下游的合作与分工。

其一，随着非首都核心功能疏解与产业的优化升级，借力北京人才和技术密集优势，促进创新要素和产业项目向河北省聚集，推动北京科研成果在首都周边地区实现商品化、产业化，形成区域内研发、科研成果孵化、生产一条龙的产业协同发展格局。

其二，在服务业领域做好前台与后台的分工、消费与服务的分工、需求与市场的合作与分工。瞄准京津巨大的消费市场，大力发展观光农业、绿色农业、生态农业等都市型、城郊型现代农业，面向京津提供更多的优质农副产品。立足于承接转移、优化布局、拓展领域，大力发展休闲旅游、现代物流、保健康复、服务外包、商务会展等现代服务业，与京津形成更加紧密的协作机制。[①]

其三，对现有的钢铁、建材等重化工业搞好结构调整、转型升级和优化布局，既要保护好生态环境，又要提升经济发展的质量和水平。

三　重构区域功能，构筑空间新格局

借鉴国外城镇群空间演变规律，未来京津冀地区城镇空间布局将由圈层布局走向轴带拓展，由行政分割走向区域城镇融合发展，由点状发展走向有机联系的城镇群体发展。京津冀地区应综合考虑区域城镇的区位条件、职能分工、历史渊源和相互联系等因素，按照"核心带动，轴带发展，节点提升"的整体思路，强化区域功能重构，构筑"一轴两翼四区多支点"的空间结构。其中，"一轴"是指以京津为核心的发展主轴。"两翼"是指以石家庄、唐山两个区域中心城市为中心的京津冀区域的冀中南和冀东两翼。"四区"是指中部核心区、沿海优化发展

[①] 姜石良：《河北省环首都地区与北京协调发展研究》，《城市规划》2011年第9期。

区、冀中南功能拓展区和西北生态功能区。"多支点"是指保定、邯郸、廊坊、秦皇岛、沧州、张家口、承德、邢台、衡水区域中心城市和若干新兴区域中心城市。

根据北京、天津提出调整优化城市功能，河北省应围绕京津两大核心，充分发挥保定和廊坊非首都核心功能疏解及首都核心区生态建设的服务作用，形成京津保核心功能区。进一步强化石家庄、唐山在京津冀区域中的两翼辐射带动功能，增强区域中心城市及新兴中心城市多点支撑作用。依托重要交通干线，培育壮大重点城镇发展轴（带），促进发展要素向城镇集聚。[①]

四　完善交通网络，构筑交通支撑体系

以快速骨干交通网为骨架，构建完善、便捷的京津冀一体化综合交通网络体系，进一步缩短区域时空距离，实现北京周边地区到北京中心城区出行时间不超过半小时，各主要城市到北京的出行时间不超过一小时，各主要城市之间出行时间不超过两小时。一是完善环首都区域多元化、多层次公共交通体系。加快推动北京快速轨道交通向廊坊、三河、香河、大厂、固安、永清、涿州、高碑店等地区延伸；大力推进北京与涞水、涿鹿、怀来、赤城、兴隆、丰宁、滦平之间的快速公交系统建设。二是共建便捷高效的城际铁路网，城际铁路和高铁城际区段与既有国铁线路一起作为京津冀地区城际交通的主骨架，承担县城、新城、新区与中心城市之间，以及相互之间的通勤出行，实现区域间快速通达。重点建设北京—张家口、北京—唐山—曹妃甸客运专线、天津—保定客运专线等城际铁路。三是完善高速公路网布局，加快京昆（北京段）、京新等国家高速公路建设；推进北京大外环高速公路，减轻北京过境交通压力。四是完善机场和港口体系，加快推进北京新机场建设，协调京津冀港口分工，将天津港、唐山港、秦皇岛港、黄骅港共同打造成为京津冀的沿海国际门户，加快港口集疏运通道建设。

五　创新体制机制，推动区域协调发展

"京津冀一体化"概念的提出已经有许多年，但是，由于行政体制障碍等诸多因素影响，京津冀协同发展进程较为缓慢。因此，不管

[①] 中共河北省委、河北省人民政府：《关于推进新型城镇化的意见》，《河北日报》2014年4月11日。

是首都经济圈建设，还是京津冀协同发展，应强化体制机制的创新，打破行政障碍，建立共赢、一体的发展格局。一是建立河北与京津对接的组织机构，从资源配置、产业互补，到促进跨行政等级的区域对话协调等方面发挥核心作用。避免多头对接和城市间恶性竞争。二是完善区域空间规划管控机制，共同编制京津冀一体化空间发展规划。加强顶层设计，合理确定河北各城市的职能定位、产业分工，在此基础上形成产业、城镇布局、综合交通、生态环境、水资源和能源利用等专业协调机制。三是推进京津冀生态保护、生态补偿、大气污染治理长效机制，将京津冀地区生态建设上升为国家战略。四是争取扶贫支持政策。重点推进燕山—太行山、黑龙港流域两大集中连片特殊困难地区加快发展；对燕山—太行山连片特困地区贫困县争取实施国家西部大开发政策。五是搭建京津冀协作发展平台，建立区域合作试验区。京津冀可围绕北京新机场、廊坊北三县等优势地区搭建区域合作平台，创新区域合作模式。如京冀合作共建北京新机场空港新区，统筹廊坊中心城区、固安空间资源，与大兴共建首都南部副中心，打造面向国际和区域的新增长极。整合廊坊北三县空间资源，与通州共建首都东部副中心。六是创新对外开放机制。积极推进设立曹妃甸自由贸易区、渤海新区综合保税区，争取尽快获得国家审批。积极寻求国家优惠政策的延伸，通过适当的方式，将北京中关村、天津滨海新区等拥有的政策优势，争取延伸到河北省域内重要的产业园区，营造一体化的发展环境，扩大京津冀对内对外开放。

第五节 京津冀城市群经济密度的时空分异研究

——兼与长三角、珠三角城市群的比较[*]

一 引言

《2009年世界发展报告：重塑世界经济地理》从经济密度、距离和

---

[*] 作者：武义青 河北经贸大学副校长，京津冀一体化发展协同创新中心执行主任；李泽升 河北经贸大学经济研究所硕士研究生。本节原载《经济与管理》2015年第3期。

分割三个维度系统描述了全球经济格局及其发展规律[①]，经济密度的分布在经济发展中的重要作用开始引起人们的广泛关注。然而，在不同的国家和地区，经济密度则表现出了一系列不平衡的特征：地区之间差异过大。这种不平衡已经成为影响经济繁荣与社会稳定的一个重要因素。中国地区之间发展不平衡，差异过大是近年来中国经济快速发展中的一个突出问题。尤其是在京津冀地区，行政壁垒严重制约着京津冀协同发展。2015年《政府工作报告》明确提出了推进京津冀协同发展，在交通一体化、生态环保、产业升级转移等方面要率先取得实质性突破。面向未来，京津冀协同发展应把打造以首都为核心的世界级城市群作为长期目标。

古典经济学认为，土地是支持经济增长的基础要素之一，而土地的利用效率和产出水平则被认为是经济结构和发展状况的最直观反映。陈良文、杨开忠（2007）利用1996年、2000年和2004年我国各地级市的数据，分析了城市生产率与城市规模、城市劳动生产率与经济密度的关系，得出城市规模与经济密度对城市生产率的影响都显著为正。沈体雁（2011）等运用地理信息系统和空间计量经济学等手段，对我国经济密度的分布进行多尺度、多维度与跨时间段的系统研究，刻画出了中国经济密度分布特征，并分析了其动力机制与政策效应。国内学者对经济密度的研究主要集中在沿海等发达地区，而对京津冀城市群经济密度差异的研究几乎没有，也没有做出进一步探究。因此，本节运用变异系数和泰尔指数等指标进行定量分析，评价京津冀城市群经济密度差异特征及变化趋势，并为缩小京津冀差异，推动一体化提供建议。

二 研究区域界定和数据来源

（一）研究单元

京津冀城市群位于东北亚中国地区环渤海的心脏地带，土地总面积约21.9万平方千米，常住人口1.09亿，包括2个直辖市和11个地级市。2013年，京津冀城市群国内生产总值达到62172.13亿元，是中国北方经济规模最大、最具活力的地区。本节以京津冀城市群13个城市作为区域经济密度分析的基本单元，选取近十年即2004—2013年的数

[①] 世界银行：《2009年世界发展报告：重塑世界经济地理》，清华大学出版社2009年版。

据进行分析。

(二) 概念界定及数据来源

经济密度是指单位面积土地上的经济发展水平和经济集中程度,反映了城市经济活动中集聚效应与规模经济的重要性,已经成为协调区域发展和制定经济政策的重要依据。鉴于指标与数据的可得性和完整性,本节选取京津冀城市群的国内生产总值和面积作为基础数据,国内生产总值计量单位为亿元,土地面积计量单位为平方千米,经济密度单位为亿元/平方千米,原始数据来源于《中国城市统计年鉴》和《中国统计年鉴》。

三 京津冀城市群经济密度的差异及其变化趋势

根据原始数据计算得到2004—2013年京津冀城市群13个城市的经济密度及京津冀整个地区的经济密度,由于篇幅所限,只列出了2004年与2013年的数据(见表2-1)。

表2-1　　　　　京津冀城市群经济密度　　　单位:亿元/平方千米

	2004年	2013年	2013年/2004年
北京	0.3676	1.1883	3.23
天津	0.2610	1.2059	4.62
石家庄	0.0973	0.3069	3.15
唐山	0.1210	0.4544	3.76
秦皇岛	0.0603	0.1554	2.58
邯郸	0.0768	0.2538	3.31
邢台	0.0509	0.1285	2.52
保定	0.0540	0.1288	2.39
张家口	0.0100	0.0357	3.57
承德	0.0076	0.0322	4.23
沧州	0.0551	0.2144	3.89
廊坊	0.0848	0.3022	3.56
衡水	0.0537	0.1214	2.26
京津冀	0.0829	0.2868	3.46

2013年,京津冀地区平均经济密度为0.2868亿元/平方千米,其中,5个城市的经济密度高于平均水平,依次是天津、北京、唐山、石家庄、廊坊,这5个城市的面积占京津冀地区总面积的29.66%,但生产总值却占到了75.54%;低于京津冀平均经济密度的城市有8个,依次是邯郸、沧州、秦皇岛、保定、邢台、衡水、张家口、承德,这些城市的面积占京津冀总面积的70.34%,而国内生产总值却只占24.46%(见图2-2)。

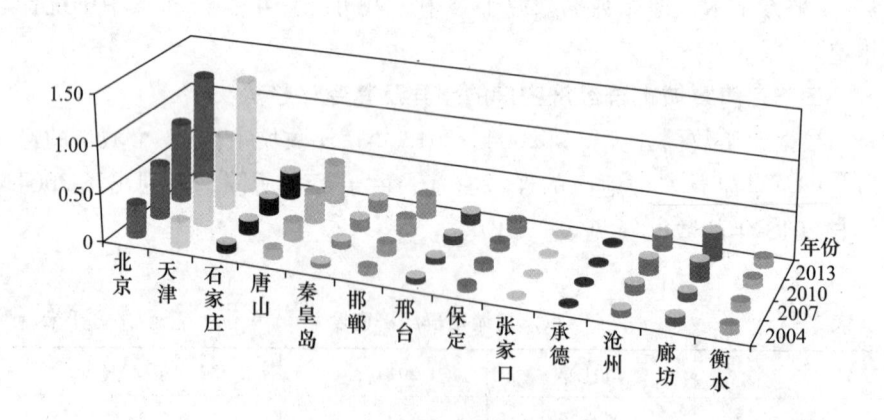

图2-2 京津冀城市群经济密度

虽然京津冀城市群的经济密度均呈上升趋势,但是,京津冀区域内部差距非常明显:2013年,承德的经济密度不到北京的1/3,即使最高的唐山也只有北京的1/3多一点,而省会石家庄则只有北京的1/4(见表2-2)。

表2-2　　　　　　河北主要城市与北京经济密度的比值　　　　　单位:%

	2004年	2013年
石家庄/北京	26.46	25.83
唐山/北京	32.91	38.24
承德/北京	20.70	27.10

(一)绝对差距:极差分析

在这里,我们用京津冀13个城市经济密度最大值与最小值之差,也就是极差,来反映京津冀经济密度的绝对差距,其变化趋势如图 2 - 3 所示。图 2 - 3 显示,京津冀经济度极差呈上升趋势,由 2004 年的 0.3600 上升到 2013 年的 1.1737,增加了 226.03%。

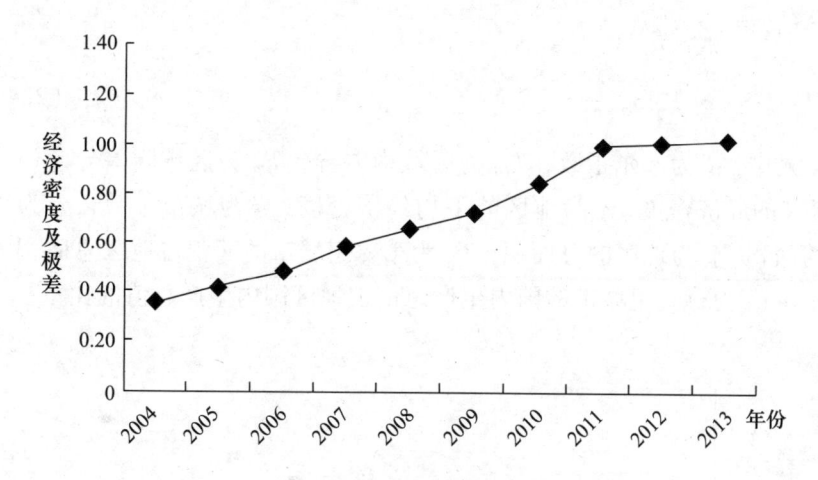

图 2 - 3 京津冀城市群经济密度极差变化

(二) 相对差距:变异系数、泰尔指数分析

1. 经济密度变异系数分析

变异系数用样本数据的标准差与均值之比来表示,可以反映出样本数据的离散程度,其计算公式如下:

$$c_v = \frac{1}{y}\sqrt{\frac{1}{n}\sum_{i=1}^{n}(y_i - y)^2} \qquad (2.1)$$

式中,c_v 为变异系数,y 为京津冀地区的平均经济密度,y_i 为城市的经济密度,n 为城市个数。

计算得出 2004—2013 年京津冀 13 个城市经济密度的变异系数,其中,京津冀经济密度的变异系数在 2007 年略有波动,但是,总体上呈上升趋势,由 2004 年的 1.1944 上升到 2013 年的 1.4057,增加了 17.69% (见图 2 - 4)。

2. 经济密度泰尔指数分析

泰尔指数作为衡量地区不平衡度的指标,被经常使用,可以反映各个城市经济密度与区域总体平均水平的离散状况。将区域的总体差异分解成区内差异和区间差异,进而可以揭示区内差异与区间差异对总体差异的贡献率。其计算公式①如下：

$$T = \sum_{i=1}^{n} \frac{p_i}{p} \log \frac{y}{y_i} = T_{WR} + T_{BR} \quad (2.2)$$

$$T_{WR} = \sum_{R=1}^{G} P_g T_g \quad (2.3)$$

$$T_{BR} = \sum_{g=1}^{G} P_g \log \frac{p_g}{V_g} \quad (2.4)$$

式中，T 为泰尔指数，T_{WR} 为区域内差异，T_{BR} 为区域间差异，y_i 为城市 i 的经济密度，y 为地区的平均经济密度，n 为城市个数，p_i 为城市的面积，p 为地区的总面积，P_g 为第 g 组城市的面积占地区总面积的比重，V_g 为第 g 组城市的国内生产总值占地区国内生产总值的比重。

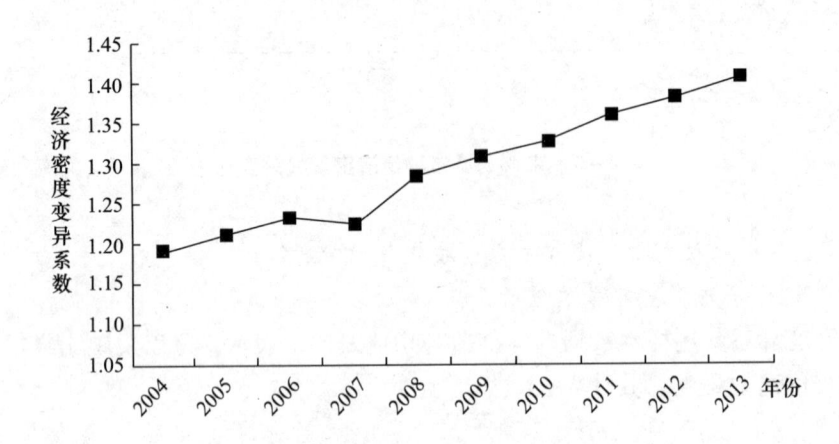

图 2-4　京津冀城市群经济密度变异系数变化

根据泰尔指数的分解特征，京津冀城市群的整体差异由北京、天津和河北三个地区之间的差异以及河北的 11 个城市内部差异构成（在进行总体差异分析的时候，将北京和天津作为均质单元，因此，北京和天津的内部差异为0）。2004—2013 年，京津冀 13 个城市经济密度的总差异呈扩大趋势，由 2004 年的 0.3103 上升到 2013 年的 0.3208。区内差异也就是河北省内部 11 个城市的差异呈缩小趋势，从 2004 年的

---

① 贝涵璐、吴次芳、冯科等：《土地经济密度的区域差异特征及动态演变格局——基于长江三角洲地区的实证分析》，《自然资源学报》2009 年第 11 期。

0.1702 逐渐下降到 2013 年的 0.1566，说明河北省 11 个城市经济密度的差距在不断缩小，城市发展趋于平衡。而区间差异，也就是北京、天津和河北三地之间的差异从 2004 年的 0.1400 上升到 2013 年的 0.1642，在 2013 年区间差异超过了区内差异，说明京津冀三地之间经济密度的差异呈扩大趋势（见图 2－5）。

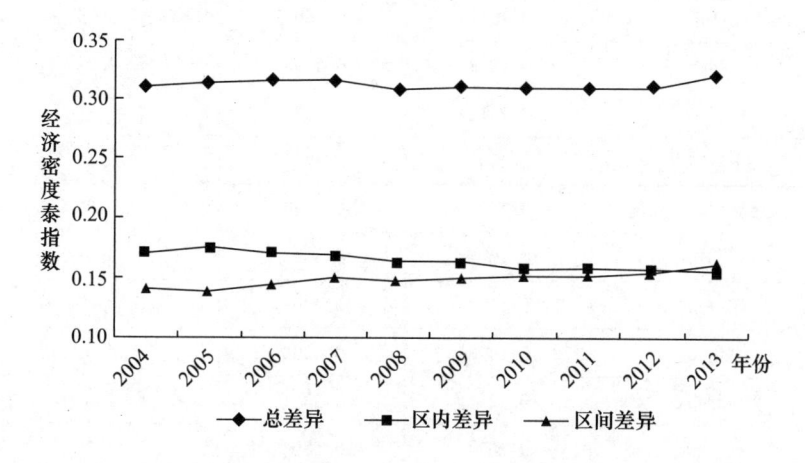

图 2－5　京津冀经济密度泰尔指数及区内差异、区间差异比较

四　京津冀城市群经济密度与长三角、珠三角城市群比较

为了有所对比，我们还计算了长三角与珠三角城市群的经济密度（见表 2－3 和表 2－4）。长三角经济密度由 2004 年的 0.2624 亿元/平方千米上升到 2013 年的 0.8896 亿元/平方千米；珠三角经济密度由 2004 年的 0.5035 亿元/平方千米上升到 2013 年的 1.8297 亿元/平方千米。数据显示，近十年来，京津冀经济密度一直低于长三角和珠三角，且差距呈扩大趋势（见图 2－6）。

表 2－3　　　　　长三角城市群经济密度　　　单位：亿元/平方千米

地区	2004 年	2013 年	2013 年/2004 年
上海市	1.1749	3.4067	2.90
南京市	0.2902	1.2163	4.19
无锡市	0.4908	1.7441	3.55
常州市	0.2516	0.9975	3.96

续表

地区	2004年	2013年	2013年/2004年
苏州市	0.4065	1.5334	3.77
南通市	0.1532	0.6298	4.11
扬州市	0.1188	0.4934	4.15
镇江市	0.2031	0.7609	3.75
泰州市	0.1218	0.5196	4.27
杭州市	0.1515	0.5035	3.32
宁波市	0.2304	0.7263	3.15
嘉兴市	0.2683	0.8040	3.00
湖州市	0.1015	0.3098	3.05
绍兴市	0.1591	0.4805	3.02
舟山市	0.1472	0.6398	4.35
台州市	0.1247	0.3351	2.69
长三角	0.2624	0.8896	3.39

表2-4　　　　珠三角城市群经济密度　　　单位：亿元/平方千米

地区	2004年	2013年	2013年/2004年
广州市	0.5986	2.1272	3.55
深圳市	2.1926	7.2610	3.31
珠海市	0.3268	0.9643	2.95
佛山市	0.4304	1.8458	4.29
江门市	0.0875	0.2104	2.41
肇庆市	0.0263	0.1115	4.24
惠州市	0.0615	0.2361	3.84
东莞市	0.4687	2.2317	4.76
中山市	0.3389	1.4792	4.36
珠三角	0.5035	1.8297	3.63

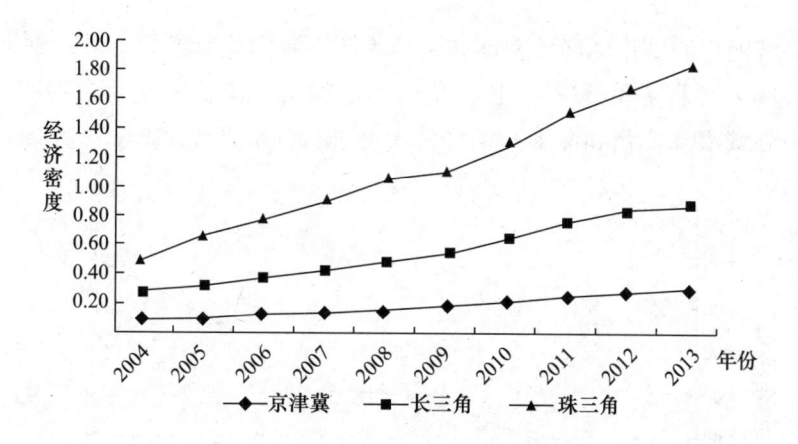

图 2-6 京津冀、长三角、珠三角经济密度比较

为避免个别城市极端值的影响,我们还统计了三大城市群经济密度的中位数,其变化趋势如图 2-7 所示,得出的结论与上述结果一致。

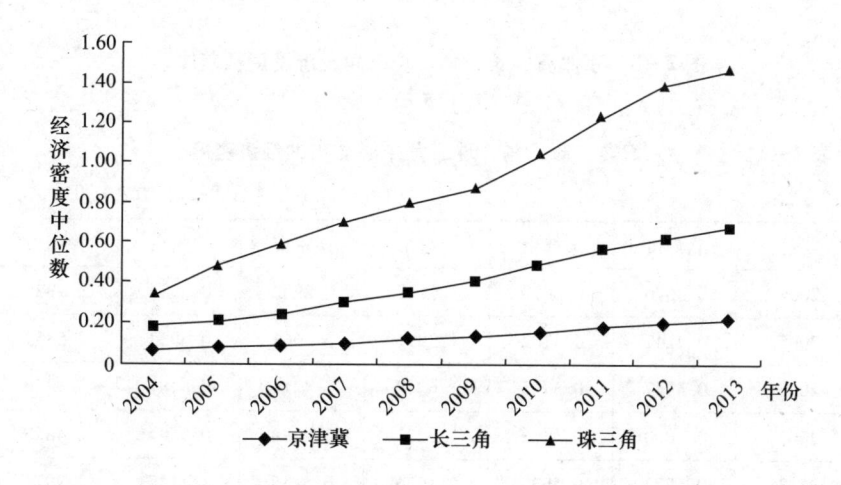

图 2-7 京津冀、长三角、珠三角经济密度中位数比较

(一)绝对差距:极差比较

在这里,我们加入长三角、珠三角城市群的经济密度极差,与京津冀城市群进行对比,其变化趋势如图 2-8 所示。图 2-8 显示,虽然京津冀经济密度极差呈上升趋势,但是,远远小于长三角和珠三角。

可以看出,京津冀的经济密度极差小于长三角和珠三角,原因与三大经济圈中心城市的经济密度有关。因此，我们选取近十年来京津冀的中心城市（北京和天津）、长三角的中心城市（上海和南京）、珠三角的中心城市（广州和深圳）的经济密度进行分析（见表2-5）。

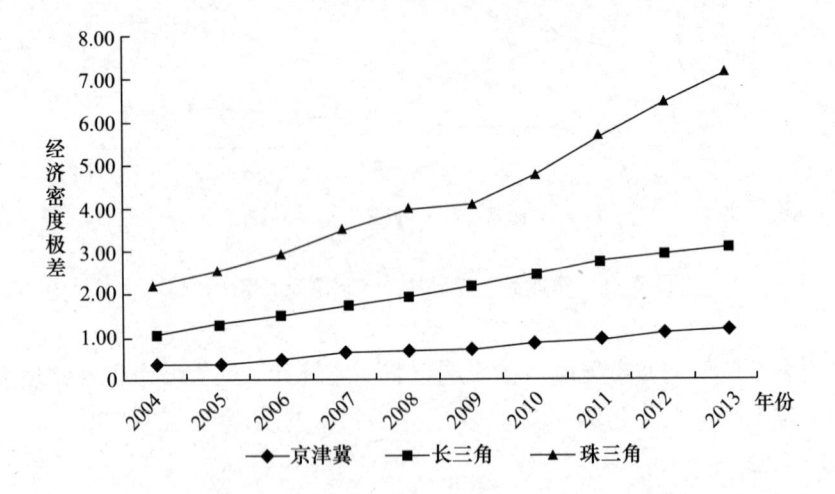

图2-8 京津冀、长三角、珠三角经济密度极差比较

表2-5 京津冀、长三角、珠三角中心城市的经济密度

单位：亿元/平方千米

年份	北京市	天津市	上海市	南京市	广州市	深圳市
2004	0.3676	0.2610	1.1749	0.2902	0.5986	2.1926
2005	0.4247	0.3102	1.3991	0.3663	0.6933	2.5351
2006	0.4947	0.3745	1.6348	0.4214	0.8181	2.9770
2007	0.6000	0.4408	1.9225	0.4989	0.9604	3.4828
2008	0.6773	0.5638	2.1606	0.5735	1.1147	3.9974
2009	0.7405	0.6396	2.3733	0.6427	1.2541	4.1172
2010	0.8600	0.7741	2.7076	0.7789	1.4750	4.8100
2011	0.9903	0.9488	3.0277	0.9330	1.7049	5.7759
2012	1.0895	1.0820	3.1706	1.0933	1.8694	6.4848
2013	1.1883	1.2059	3.4067	1.2163	2.1272	7.2610

从表2-5分析可得，2004年，北京的经济密度是南京的1.27倍，到了2013年是南京的97.70%，近十年来，北京的经济密度由高于南京变为低于南京，差距呈扩大趋势；2004年，北京的经济密度是广州的61.41%，到2013年是广州的55.86%，近十年来，北京与广州的经济密度差距呈扩大趋势。2004年，天津的经济密度是上海的22.21%，到2013年是上海的35.40%；2004年，天津的经济密度是深圳的11.90%，到2013年是深圳的16.61%。近十年来，天津经济密度与上海和深圳经济密度差距均呈缩小趋势，但目前其经济密度却是上海的1/3、深圳的1/6多。由此表明，京津冀中心城市北京和天津与长三角、珠三角中心城市的经济发展仍有较大差距。

（二）相对差距：变异系数、泰尔指数对比

1. 经济密度变异系数对比

计算得出2004—2013年京津冀城市群经济密度的变异系数呈下降趋势，由2004年的0.9736下降到2013年的0.8447，下降了13.24%。京津冀城市群经济密度差异与长三角城市群的经济密度差异相比，其差距由2004年的1.23∶1扩大到2013年的1.66∶1（见图2-9）。

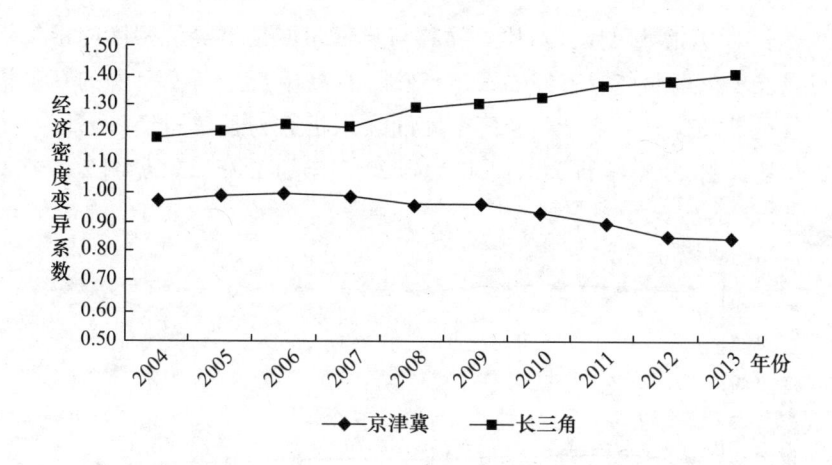

图2-9 京津冀、长三角经济密度变异系数比较

2. 经济密度泰尔指数对比

（1）长三角城市群经济密度泰尔指数。计算得出2004—2013年长三角城市群经济密度的泰尔指数，如图2-10所示。可以发现，近十年

来，长三角城市群经济密度的总差异是不断缩小的，由 2004 年的 0.1032 缩小到 2013 年的 0.0959。其中，江苏省的内部差异有所缩小，浙江省的内部差异略有增加；而江苏、浙江与上海三地之间的差异在明显缩小，由 2004 年的 0.0702 缩小到 2013 年的 0.0657。

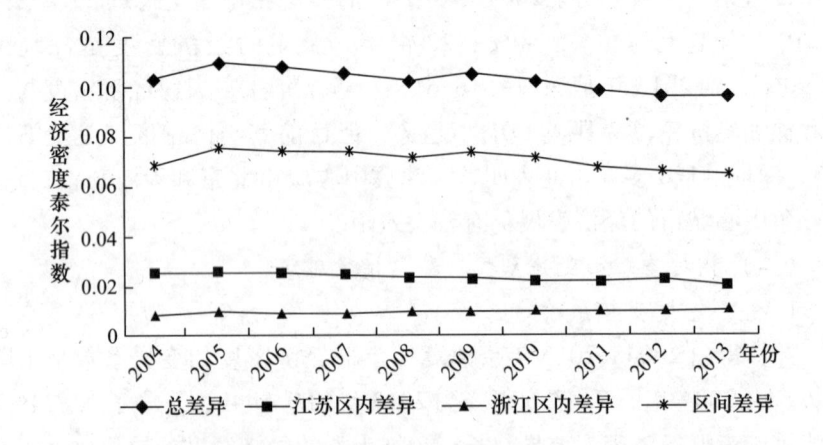

图 2-10　长三角城市群经济密度泰尔指数及区内差异、区间差异比较

（2）泰尔指数对比。对比京津冀与长三角城市群经济密度的泰尔指数可以发现，京津冀城市群的泰尔指数一直高于长三角城市群的泰尔指数，且呈扩大趋势，京津冀经济密度的泰尔指数与长三角经济密度泰尔指数相比，由 2004 年的 3.01∶1 扩大到 2013 年的 3.35∶1（见图 2-11）。

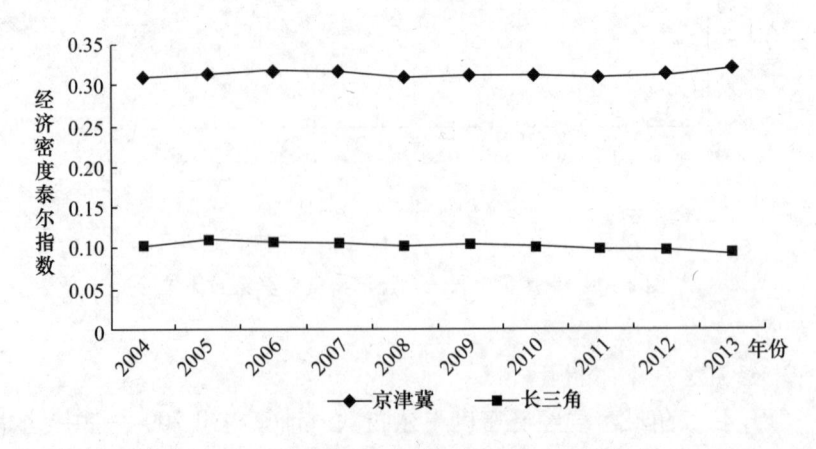

图 2-11　京津冀、长三角经济密度泰尔指数比较

(3) 泰尔指数区间差异对比。对比京津冀与长三角经济密度泰尔指数的区间差异可以发现，京津冀的区间差异一直高于长三角的区间差异，即京津冀地区北京、天津和河北三地之间经济密度的差异远远高于长三角地区上海、江苏和浙江之间的差异，且京津冀区间差异与长三角区间差异相比，呈扩大趋势，由 2004 年的 1.99∶1 扩大到 2013 年的 2.5∶1（见图 2-12）。

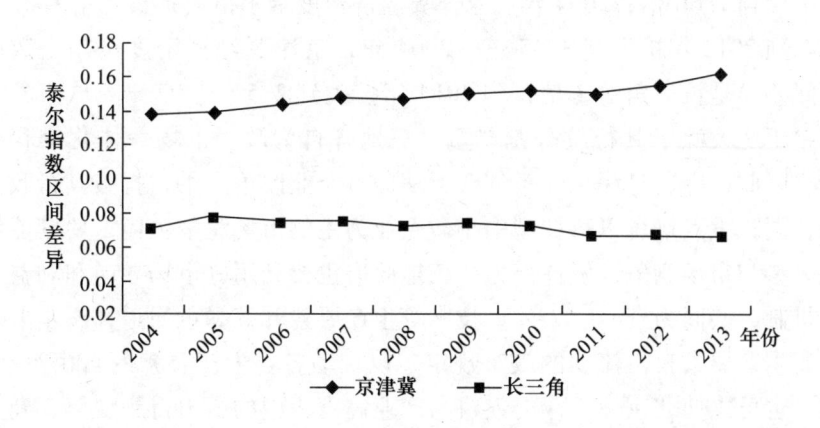

图 2-12　京津冀、长三角经济密度泰尔指数的区间差异比较

五　结论及建议

通过以上分析，可以得出以下结论及建议：

（一）京津冀城市群经济密度较低

2004—2013 年，京津冀经济密度呈上升趋势，但是，与长三角和珠三角相比，经济密度是最低的。2004 年，京津冀的经济密度是长三角的 31.59%、珠三角的 16.46%；到 2013 年，京津冀的经济密度是长三角的 32.24%、珠三角的 15.68%；京津冀经济密度不到长三角的 1/3、珠三角的 1/6，差距显著。京津冀 13 个城市中，河北 11 个城市的经济密度较低，而作为京津冀城市群中心城市的北京和天津的经济密度与长三角城市群中心城市的上海及珠三角城市群中心城市的广州相比，还有很大差距，这也正是京津冀城市群整体经济密度低于长三角和珠三角的重要原因。在中国已经成为世界第二大经济体的背景下，京津冀协同发展的未来目标应该是建设以首都为核心的世界级城市群，只有加速京津冀城市群的整体发展，才能进一步提升中国在世界的影响力和竞争

力。因此，应加快体制机制创新，推进科技体制改革，围绕重点产业，支持龙头骨干企业建立协同创新共同体，如新能源汽车、智能机器人、生物制药、新材料、高端装备等产业共同体，通过协同创新推动协同发展，加速京津冀城市群发展。

（二）京津冀城市群内部经济密度差距较大

2004年，京津冀经济密度变异系数是长三角的1.23倍，到2013年扩大到1.66倍；2004年，京津冀经济密度泰尔指数是长三角的3.04倍，到2013年扩大到3.35倍；2004年，京津冀经济密度泰尔指数的区间差异是长三角的2倍，到2013年扩大到2.5倍。京津冀城市群内部差距之大源于其行政分割严重，三地各自为政，市场一体化进程缓慢。因此，应通过深化改革创新，从国有企业改革入手，打破其行政垄断，同时重点培育以科技型中小微企业为主的市场竞争主体，使其能够充分参与市场竞争，发挥潜力；三地政府也要利用好市场导向和利益调节机制，共同为资金、人才、技术等生产要素开辟绿色通道，逐步取消有碍生产要素自由流动的政策规定，以推动各类生产要素的自由流动，同时也可以使北京、天津的人口与产业高度集中的压力得到缓解，建立开放、竞争、有序的统一市场，缩小地区间的差距。

（三）京津冀城市群经济密度差距呈扩大趋势

2004—2013年，京津冀经济密度变异系数增加了17.69%，而同期长三角的经济密度变异系数则下降了13.24%；2004—2013年，京津冀经济密度泰尔指数增加了3.38%，区间差异增加了17.29%，而同期长三角经济密度泰尔指数则下降了7.07%，区间差异下降了6.41%。基本公共服务差距过大是导致人才单向流动，进而造成京津冀经济密度差距拉大的重要原因。以河北省会石家庄为例，2013年，石家庄的人均GDP是北京的1/2，但人均地方财政预算收入却不到北京的1/5，公共服务水平的差距远远大于经济发展水平的差距。在日本，政府在全国范围内进行财政转移支付后，最富地区与最穷地区的财政能力之比由6.8∶1降为1.56∶1。因此，应通过顶层设计和推动，优化资源配置，不断加大对落后地区财政转移支付的力度，在医疗、教育、养老等方面进行协调与引导，逐步实现基本公共服务均等化，地方无差别待遇，人才自由流动，防止差距继续扩大。

第六节 京津冀与长三角城市群经济联系动态变化对比

——基于城市流强度的视角*

一 问题的提出

城市群是指由一个或几个特大城市为核心，通过现代交通网络和综合运输网络的通达性将地域相邻的、分散的若干个城市联系在一起，构成一个相对完整的城市综合体。城市流是指在城市群区城市间的人流、物流、资金流、技术流、信息流和空间流在城市群内所频繁发生、双向或多向与经济发展有关的物质流动现象。[①]城市群是城市地域空间组织的一种架构形态，城市流描述了城市群内各生产要素流的流动与碰撞，通过城市流的分析可以看出城市群内空间联系的紧密性与协调性。

国外学术界对城市流的研究不局限于定性分析和静态描述，更注重城市群内部经济联系的动态分析，分析方法强调定量模型的运用。威廉（William）选取美国人口较多的56个大城市，通过对比分析城市市区内从事批发贸易工人数量与零售贸易工人数量比例的方法，分析了城市群内城市与其周边腹地间联系的紧密程度。[②]布莱克·威廉（Black William）在介绍并矢量因子分析对区域商品流描述效用的基础上，构建并矢量流矩阵对美国1967年24对地区间商品流进行并矢量因子分析，在主成分分析计算得分的基础上绘制出各主成分的网络图。[③]穆勒（Muller）以美国北部为研究区域，通过增长模型分析城市间交通运

---

* 作者：李慧玲　中央财经大学经济学院博士研究生；戴宏伟　中央财经大学经济学院教授、博士生导师。本节原载《经济与管理》2016年第2期。

① 张虹鸥：《珠江三角洲城市群城市流强度研究》，《地域研究与开发》2004年第6期。

② William, R. S., "Wholesale – Retail Ratios as Indices of Urban Centrality" [J]. *Economic Geography*, 1961, 37: 124 – 132.

③ Black, W. R., "Toward a Factorial Ecology of Flows" [J]. *Economic Geography*, 1973, 49 (1): 59 – 67.

输网络、物流和人流的流动性变化对经济增长的影响。[①] 迈耶（Meyer）提出城市体系的动态演化模型，并把美国边远城市纳入整体以城市体系中进行实证分析，认为区域间联系是美国城市演化形成的重要动力，大城市的出现都是在持续区域联系作用下形成的。[②] 肖（Shaw）通过分析20世纪70年代在大多数国家出现的过剩人口迁移问题，认为城市化进程中大城市的住宅建设是对人流吸引的重要拉力，随之而来人流的带动增加物流，增加就业。[③] 约翰·洛威（John C. Lowe）基于美国的制造业、商业、服务业乃至办公业向郊区转移的城市郊区化现状，分析大城市通勤的空间扩散模式，对通勤模式、通勤趋势、劳动力就业模式、交通结构网络扩散特征与大城市的空间变化进行了研究。[④] Hidenobu Matsumoto 使用基于城市间国内生产总值、距离、人口、经济量等指标的基本重力模型分析国际航空港城市客运流和货运流强度，进而分析国际航空运输枢纽城市的交通网络特征。[⑤]

我国学者对城市流的研究始于20世纪90年代，运用城市流强度模型对区域空间联系进行分析，研究区域主要集中在长三角经济区[⑥]、珠

[①] Muller, E. K., "Regional Urbanization and the Selective Growth of Towns in North American Regions" [J]. *Journal of History Geography*, 1977 (3): 21 – 39.

[②] Meyer, D. R., "A Dynamic Model of the Integration of Frontier Urban Places into the United States System of Cities" [J]. *Economic Geography*, 1980 (56): 39 – 120.

[③] Shaw, R. P., "Bending the Urban Flow: A Construction – Migration Strategy" [J]. *International Labour Review*, 1980 (4): 467 – 479.

[④] Lowe, J. C., "Patterns of Spatial Dispersion in Metropolitan Commuting" [J]. *Urban Geogranphy*, 1998, 19 (3): 232 – 253.

[⑤] Matsumoto, H., "International Urban Systems and Air Passenger and Cargo Flows Some Calculations" [J]. *Journal of Air Transport Management*, 2004 (10): 241 – 249.

[⑥] 李平华、陆玉麒：《长江三角洲空间运输联系与经济结构的时空演化特征分析》，《中国人口·资源与环境》2005年第1期；李娜：《长三角城市群空间联系与整合》，《地域研究与开发》2011年第5期。

三角经济区[①]、京津冀城市群[②]、东北地区[③]、中部地区[④]、西部地区[⑤]、"丝绸之路经济带"[⑥] 等。从研究方法来看，这些研究主要采用城市流强度模型，维度相对简单，缺少时间动态分析。从研究区域来看，研究主要集中在长三角等发展水平较高、内部联系紧密的单体区域内，缺少总体的横向对比分析。本节以上述研究为基础，运用城市流模型动态对比，分析京津冀城市群和长三角城市群2004—2013年经济联系动态变化。

长三角城市群和京津冀城市群作为华东、华北的区域中心，是中国最具活力、最具代表性的经济区域，对区域经济社会发展有着举足轻重的影响。长三角城市群作为中国最大的城市群，区位优势明显、经济基础较强，致力于在世界经济的节点中发挥重要影响力。2015年2月，中央提出"京津冀协同发展""京津双城联动发展"，也将京津冀一体化概念上升为国家战略，建立以首都为核心的世界级城市群。京津冀和长三角城市群作为我国区域经济发展的代表性区域，近年来，两大城市

[①] 张虹鸥、叶玉瑶、罗晓云等：《珠江三角洲城市群城市流强度研究》，《地域研究与开发》2004年第6期。

[②] 刘建朝：《基于城市联系强度与城市流的京津冀城市群空间联系研究》，《地域研究与开发》2013年第2期；鲁金萍、孙久文、刘玉：《京津冀城市群经济联系动态变化研究——基于城市流的视角》，《经济问题探索》2014年第12期。

[③] 宋飓、王士君、冯章献：《东北地区城市群组城市流强度研究》，《东北师大学报》（自然科学版）2007年第1期；姜博、修春亮、陈才：《辽中南城市群城市流分析与模型阐释》，《经济地理》2008年第5期；陈园园、李宁、丁四保：《城市群空间联系能力与SOM神经网络分级研究——以辽中南城市群为例》，《地理科学》2011年第12期；韩增林、郭建科、杨大海：《辽宁沿海经济带与东北腹地城市流空间联系及互动策略》，《经济地理》2011年第5期；王士君、宋飓、冯章献等：《东北地区城市群组的格局、过程及城市流强度》，《地理科学》2011年第3期。

[④] 陈群元、宋玉祥：《基于城市流视角的环长株潭城市群空间联系分析》，《经济地理》2011年第11期；徐慧超、韩增林、赵林等：《中原经济区城市经济联系时空变化分析——基于城市流强度的视角》，《经济地理》2013年第6期；吴继华、赵林：《中原经济学城市流强度时空变化分析》，《辽宁师范大学学报》2013年第1期。

[⑤] 袁晓玲、范玉仙：《城市流强度时空动态分析——以陕西省为例》，《城市问题》2012年第8期；薛宗保：《西部大开发战略下的成渝经济区研究——基于城市流强度模型》，《统计与信息论坛》2010年第2期；董瀚蓉、张宇硕、石培基：《兰州—西宁—银川城市带城市流强度分析及优化建议》，《干旱区资源与环境》2011年第12期；程贵、姚佳：《基于城市流强度模型的甘肃省城市发展研究》，《西北人口》2015年第2期。

[⑥] 高新才、杨芳：《丝绸之路经济带城市经济联系的时空变化分析——基于城市流强度的视角》，《兰州大学学报》2015年第1期。

群在经济发展水平和对外开放程度、区域协作方式及程度等方面既有一定的相似性，也呈现出各自不同的特征。本节运用城市流模型动态对比分析两大城市群十年间空间经济联系动态变化的异同，以期为两大城市群可持续健康发展提供对策建议。

二　研究区域、数据来源和分析方法

（一）研究区域

本节以京津冀城市群和长三角城市群作为研究区域。京津冀城市群主要涵盖北京、天津和河北省的石家庄、承德、张家口、秦皇岛、唐山、廊坊、保定、沧州、衡水、邢台、邯郸13个城市。以北京和天津为核心的京津冀城市群，主要以北京和天津的外向型服务业、制造业和河北省的能源重化工产业为主，是主要的高新技术产业、服务业、重工业基地之一，将是影响世界经济的重要大城市群之一，是世界性的信息流、资金流、物流、人流等"流"的重要节点。

本节研究的长三角城市群（依据2010年国务院批准实施的《长江三角洲地区区域规划》）主要是上海、江苏和浙江两省一市的地域空间，地域上涵盖上海、无锡、宁波、舟山、苏州、扬州、杭州、绍兴、南京、南通、常州、湖州、嘉兴、镇江、泰州和台州16个城市。长三角城市群主要是现代服务业、先进制造业、国际经济金融贸易航运中心，是我国最具活力和最有竞争力的城市群。

（二）数据来源

本节中数据均来自2005—2014年《中国城市统计年鉴》，可以保证数据的科学性和计算的严密性。借鉴国内外相关学者对城市流强度的研究，本节选取第二产业内具有较显著外向性的制造业和第三产业主要外向型服务业的从业人数作为衡量城市外向服务功能的基础数据。本节涉及的15个外向型行业分别为：制造业，交通仓储邮电业，信息传输、计算机服务和软件业，批发零售贸易业，住宿餐饮业，金融业，房地产业，租赁和商业服务业，科研、技术服务和地质勘查业，水利、环境和公共设施管理业，居民服务和其他服务业，教育业，卫生、社会保险和社会福利业，文化、体育和娱乐业，公共管理和社会组织业。选取各城市年末单位从业人员数、各行业从业人员数和市辖区国内生产总值等指标来进行城市流强度相关指标的测度和分析。

(三) 分析方法

城市流强度是指区域内城市间经济联系的紧密程度和城市的外向性功能（包括集聚与扩散）的影响程度，是衡量城市与周边区域联系密切程度的重要指标。城市流指标主要包括区位熵、城市功能效率、外向功能、城市流强度和城市流强度结构等。

区位熵（Location Quotient，LQ），又称专门化率，它由哈盖特（P. Haggte）首次提出并将其应用于区域分析中。区位熵用来判断某部门在某城市中是否具有外向服务功能及其外向服务功能的大小。

区位熵 LQ_{ij} 的计算公式为：

$$LQ_{ij} = (G_{ij}/G_i)(G_j/G) \tag{2.5}$$

式中，LQ_{ij} 为 i 城市 j 部门区位熵，G_{ij} 为 i 城市 j 部门从业人员数，G_i 为 i 城市总从业人员数，G_j 为区域内 j 部门从业人员数，G 为全区域总从业人数。

如果 $LQ_{ij} > 1$，则表明 j 部门在 i 城市的集聚程度高于区域内平均水平，j 部门对 i 城市称为基础性部门。因为 j 部门除满足 i 城市自身经济发展需要外，还能为区域内其他地区提供经济服务，从而具有外向功能。反之，如果 $LQ_{ij} < 1$，则表明 j 部门在 i 城市的集聚程度低于区域内平均水平，不具有外向功能。

外向功能量 E_{ij} 的计算公式为：

$$E_{ij} = G_{ij} - G(_iG_i/G) = G_{ij} - G_{ij}/Lq_{ij} = G_{ij}(1 - 1/Lq_{ij}) \tag{2.6}$$

根据上述 LQ_{ij} 的定义，可以看出，当 LQ_{ij} 为 1 时，$E_{ij} = 0$。i 城市总的外向功能量 E_i 为 m 个部门外向功能量之和：

$$E_i = \sum_{i=1}^{m} E_{ij} \tag{2.7}$$

用所有从业人员的人均 GDP 来表示城市功能效率 N_i：

$$N_i = GDP_i/G \tag{2.8}$$

城市流动强度 F 可由城市功能效率 N_i 和城市总的外向功能量 E_i 得到：

$$F_i = N_i \cdot E_i = (GDP_i/G_i) \cdot E_i = GDP_i \cdot K_i \tag{2.9}$$

式（2.9）中，K_i 定义为城市流倾向度，表示单位从业人员提供的外向功能量，反映该城市总功能量的外向程度。

城市流强度结构是指包括城市流强度影响因素之间的一种相对的数

量比例关系。由式（2.9）可知，城市总体经济状况和城市流倾向度构成对城市流强度的直接量化，两者间的比例关系可以反映城市流强度的大小，由此可得城市流强度结构公式为：

$$GDP'_i = GDP_i / GDP_{imax} \tag{2.10}$$

$$K'_i = K_i / K_{imax} \tag{2.11}$$

式（2.10）和式（2.11）中，GDP'_i 和 K'_i 分别为各城市 GDP 与城市流倾向度的标准化值，GDP_{imax} 和 K_{imax} 分别为区域内各城市 GDP 与城市流倾向度的最大值。

三　京津冀城市群和长三角城市群动态变化对比

（一）外向型部门区位熵对比分析

区位熵的大小不仅反映了城市在所在城市群中专业化水平的高低，还表明该部门外向型水平的强弱。由式（2.5）可计算出两大城市群中 29 个城市在 2004—2013 年 10 年间的区位熵数值，表现出如下特征：

1. 总体水平较高，长三角城市群区位熵平均水平略高于京津冀城市群

总体来看，京津冀城市群和长三角城市群区位熵水平总体水平较高，十年间波动不明显。就两大城市群区位熵平均水平来看，长三角城市群的平均值为 0.907，略高于京津冀城市群的平均值 0.862。从区位熵的具体数值来看，除区位熵值大于 1 的城市外，区位熵值小于 1 的大部分城市都集中于 0.5—0.9，小于 0.5 的城市不足 15%。

2. 核心城市的产业优势明显，长三角城市群"单核"结构、京津冀城市群"双核"结构特征明显

虽然 10 年间 29 个城市的基础性部门稍有变动，但整体波动不大。城市群中核心城市始终保持较明显的产业优势，但北京在城市群中的产业优势不如上海凸显。长三角城市群中以上海为中心的优势十分明显，上海的区位熵大于 1 的产业部门数量由 2004 年的 9 个增加到 2013 年的 12 个，在城市群中的产业优势十分凸显。京津冀城市群中北京的区位熵大于 1 的产业部门数量保持在 8—9 个，天津和石家庄略低于北京。

3. 都存在外向型产业发展不平衡现象

京津冀城市群在制造业，金融业，水利、环境和公共设施管理业，教育业，卫生、社会保险和社会福利业，公共管理和社会组织业具有较高的专业化程度，而在科研、技术服务和地质勘查业，居民服务和其他

服务业，信息传输、计算机服务和软件业，住宿餐饮业的专业化程度较低。长三角城市群在金融业，租赁和商业服务业，教育业，卫生、社会保险和社会福利业，公共管理和社会组织业具有较高的专业化程度，而在交通仓储邮电业，信息传输、计算机服务和软件业，居民服务和其他服务业专业化程度较低。在城市群里，专业化程度较高的这些产业，多于一半城市的区位熵大于1，而专业化程度较低的产业，其区位熵大于1的城市不足城市总数的20%。

另外，通过区位熵的大小可以进一步判断各城市外向型行业中的优势部门。若某部门的区位熵值略大于1，则该部门具有并不凸显的相对优势，若部门的区位熵远大于1甚至大于2，则表明该部门具有十分凸显的竞争优势。例如，天津的居民服务和其他服务业、秦皇岛的交通仓储和邮电业、承德的公共管理和社会组织业、舟山市的公共管理和社会组织业等区位熵均大于2，说明上述部门是这些城市对外联系的重要部门。

（二）总外向功能量动态变化对比

依据式（2.6）和式（2.7）可计算得出两大城市群29个城市的总外向功能量（见表2-6）。

表2-6　　　　　两大城市群29个城市的总外向功能量

城市	2004年	2005年	2006年	2007年	2008年	2009年	2010年	2011年	2012年	2013年
北京	57.90	59.20	64.32	68.42	73.02	79.41	83.95	97.62	103.82	103.84
天津	25.69	27.15	29.01	28.47	29.75	31.84	33.93	48.23	56.07	60.30
石家庄	7.09	7.40	7.78	7.87	8.51	8.14	8.78	7.85	6.32	6.19
唐山	3.74	3.76	3.98	5.10	5.36	5.93	6.16	5.74	8.43	5.03
秦皇岛	3.68	3.87	3.99	4.13	4.88	5.26	5.48	5.53	4.87	4.59
邯郸	0.60	0.85	0.80	1.51	0.85	1.77	1.87	1.58	0.97	1.31
邢台	0.48	0.43	0.46	0.49	0.71	0.69	0.77	1.10	0.95	1.18
保定	3.27	3.67	3.81	4.82	5.19	4.90	5.35	5.24	5.53	4.80
张家口	3.00	2.70	2.77	2.94	3.12	2.88	3.02	2.51	2.47	2.30
承德	1.46	1.43	1.69	1.75	2.15	2.30	2.57	2.52	2.55	1.76
沧州	1.16	1.18	0.69	0.72	0.84	1.04	1.37	1.92	1.57	3.29
廊坊	1.73	1.80	1.71	1.70	2.09	3.35	4.92	4.74	4.67	4.10

续表

城市	2004年	2005年	2006年	2007年	2008年	2009年	2010年	2011年	2012年	2013年
衡水	1.63	1.71	1.83	1.73	1.81	2.00	1.99	1.98	1.88	1.98
上海	23.00	47.59	32.62	33.70	37.64	42.79	44.92	44.40	42.82	45.92
南京	6.72	10.08	7.62	9.67	10.71	9.80	9.38	10.61	13.70	21.43
无锡	5.47	7.26	5.88	6.18	7.95	8.08	8.22	10.53	11.87	18.99
常州	3.32	4.19	3.21	2.78	3.28	3.79	4.14	2.79	5.68	8.42
苏州	10.33	13.86	16.10	18.30	16.68	16.92	19.44	18.10	21.05	24.08
南通	3.55	3.39	2.22	1.90	2.29	3.35	3.72	4.26	3.82	0.75
扬州	0.24	0.85	0.79	0.98	1.98	1.99	2.06	3.50	3.64	0.10
镇江	0.63	1.22	1.13	1.33	1.27	1.49	1.63	1.99	2.03	2.35
泰州	0.55	0.93	0.64	0.72	1.58	1.30	1.53	1.89	1.73	0.71
杭州	6.69	6.49	5.25	4.77	5.24	5.65	8.19	11.71	13.19	11.39
宁波	2.21	4.37	6.98	6.79	9.92	12.47	14.15	16.24	14.95	19.43
嘉兴	1.80	4.74	4.84	4.47	4.05	4.14	4.39	4.46	3.65	6.85
湖州	0.66	2.25	1.42	1.53	2.00	1.67	1.07	0.61	0.27	1.23
绍兴	0.33	0.14	0.21	0.24	0.29	0.43	0.30	0.20	0.21	0.31
舟山	0.61	1.29	1.27	1.29	1.16	2.04	2.16	2.08	3.09	3.30
台州	7.06	1.96	1.73	1.22	0.89	1.16	1.42	1.08	1.19	2.21

　　两大城市群29个城市的总外向功能量总体上处于不断增加的趋势，且在城市间呈现显著差异。总外向功能量最大的城市依次是北京、上海和天津，十年间的排序没有变化，表明城市群的核心城市具有明显的集聚效应。而总外向功能量最小的城市依次为绍兴、邢台、沧州、镇江和扬州，总外向功能量平均为1万人左右。

　　从整体来看，京津冀城市群总外向功能量平均水平高于长三角城市群总外向功能量。但是，如果剔除核心城市（京津冀城市群排除北京和天津市、长三角城市群排除上海市），这时京津冀城市群总外向功能量平均水平又低于长三角城市群。说明京津冀城市群内部城市间差异较大，尤其是北京市的总外向功能量太凸显。

　　从城市内整体结构来看，长三角城市群相对优于京津冀城市群。京津冀城市群内，总外向功能量平均值介于10—20的城市为0，也就是说，除北京和天津两大核心城市外，其余城市的总外向功能量都在10

以下，排在第三位的石家庄的总外向功能量平均值为 7.6。在长三角城市群内，总外向功能量平均值介于 10—20 的城市有 3 个，分别是南京、苏州和宁波。可以说，京津冀城市群的次级区域中心表现不突出，结构上存在"断层"现象。

(三) 城市流强度动态空间变化对比

城市流强度用来衡量城市与其周围外部区域间联系的密切程度，城市流强度越大，表明其与外部区域的联系越紧密；反之则相反。选取两大城市群 2004 年、2007 年、2010 年和 2013 年城市流强度值，对比分析可以看出两大城市群呈现出明显特点和差异。

从两大城市群结构呈现出的动态变化来看，京津冀城市群的"双引擎"结构凸显，天津城市群强度增加较快；长三角城市群中次级中心城市的城市流强度在不断增强。京津冀城市群的整体空间格局呈现出"双引擎"的结构，天津的核心地位不断增强。首都北京经济总量大、发展水平高，在弱化经济中心的定位后，又提出成为世界级城市的定位，其实质仍然以经济建设为中心，其核心城市的地位"岿然不动"；天津工业经济实力雄厚，被定位为北方经济中心，加之滨海新区作为新的经济增长极的龙头带动作用，天津整体经济发展较快，经济实力明显增强，核心城市地位得到巩固。从城市流强度动态演变来看，天津的城市流强度增速最快，2004 年天津的城市流强度是北京的 74.3%，2013年天津和北京基本是"并驾齐驱"的状态。长三角城市群中次级中心城市的城市流强度在不断增强。主要表现为南京、苏州、无锡、宁波几个城市的城市群强度在不断增强，在城市群表现出较快的增长，成为长三角城市群内的次级区域中心。

从两大城市群的中心与外围梯度差动态变化来看，京津冀城市群的中心的城市的集聚现象较为明显，而长三角城市群则呈现出向外围扩散的趋势。

京津冀城市群中各城市流强度总体呈上升趋势，但以北京和天津增长最为迅猛，从 2004 年的 492.67 亿元和 366.04 亿元增加到 2013 年的 2754.32 亿元和 2925.3 亿元，分别增长了约 5.6 倍和约 8 倍。邯郸、邢台、张家口、承德、沧州、廊坊和衡水的城市流强度呈缓慢增长之势，但增幅远不及京津两市。石家庄、唐山、秦皇岛和保定的城市流强度总体呈上升之势，在 2013 年表现略有回落。以石家庄和邯郸为例，

2004年，北京的城市流强度值是石家庄、廊坊的约5.6倍、约22倍增加到2013年的约14.5倍、约28.3倍。

长三角城市群中各城市流强度总体呈上升趋势，除上海和南京外，苏州、无锡、宁波和常州的增速较为明显，同时有南通、扬州和泰州的城市流强度呈现略有下降趋势。从城市间城市流强度差距来看，总体呈现出缩小的趋势。以无锡和泰州为例，2004年，上海的城市流强度值是无锡、泰州的约2.7倍、约45.3倍变为2013年的约1.7倍、约44.1倍。

再从两大城市群的核心城市北京和上海的城市流强度来看，北京的城市流强度值总体高于上海市，且增速远快于上海。2004年，北京的城市流强度值492.67亿元与上海的518.59亿元相差不明显，到2013年，北京的城市流强度值增加至2754.32亿元远高于上海1613.85亿元的水平。

这都表明，京津冀城市群内城市间的城市流强度差距呈扩大趋势，城市间经济联系向核心城市集中的趋势增强。同时，河北的次级中心城市带动力有限，与京津两市的发展水平差距显著，接受核心城市经济辐射能力有限，核心城市与其他城市间联系薄弱。在长三角城市群中，次级中心城市的较好发展使城市间联系形成了以上海为中心的圈层网络空间结构，城市间联系紧密又有一定的梯度，圈内经济发展水平和城市化程度基本上呈梯次扩散。

区位条件对城市流强度影响明显。随着时间的变化，城市群自身空间组织的结构分布、交通区位条件对城市流强度值有很大的影响。

京津冀城市群总体空间结构为点—轴发展模式，即以城市为主要节点、以交通线路和产业发展带为轴线形成的空间网络结构。京津冀城市群交通网络以核心城市为中心向外放射，区域内高铁、快速交通发展滞后，这很大程度上制约了城市间经济联系的传递和扩散。由于京津核心城市的带动作用不明显，加之河北各城市经济水平不高且没有较明显的梯度，与核心城市落差较大，接受核心城市经济辐射能力有限，使城市群边缘地区很难分享中心城市的发展成果，加之由于行政体制的差异、有效协调机制的缺乏，使京津冀城市群结构不合理，城市间发展差距较大。

长三角城市群总体空间结构为以上海为中心，南京、苏州等为次级中心的圈层网络空间结构，圈层内城市间经济发展水平和城市化程度形成一定的落差，总体呈现梯次扩散。长三角城市群内完善的水、陆、空三大交通网络，构成了运输系统的基本特征。随着各城市产业结构的不断调整，城市群内的产业分工趋势将得到不断增强，这种区域内的空间紧密联系将最大限度地实现资源的优化配置，避免资源的不合理流动，消除区域内市场壁垒。

（四）城市流强度结构分析

城市流强度结构用城市流强度影响因素之间的比例关系来衡量，反映城市总体经济水平和代表城市外向服务功能的相对水平，并绘制出两大城市群城市流强度结构图。为了便于分析，将两大城市群各个城市2004—2013年的GDP′和K′取平均值，结果如图2-13和图2-14所示。

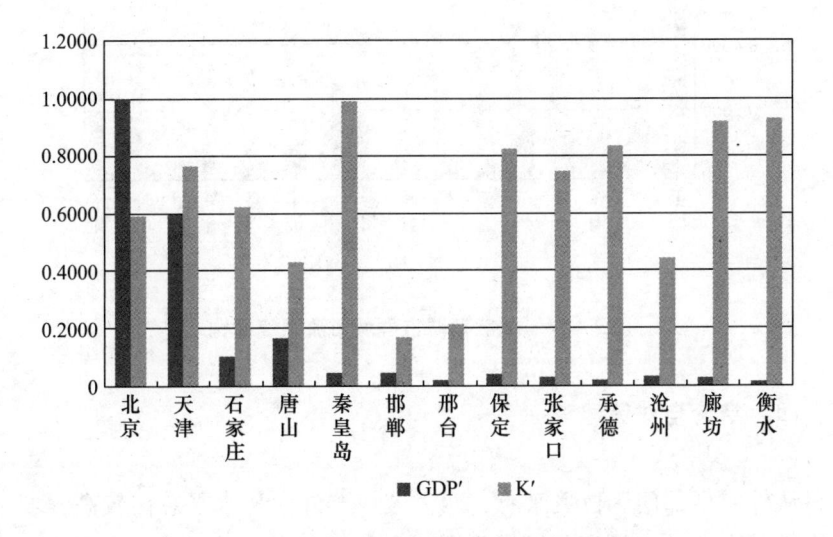

图2-13 京津冀城市群城市流强度结构

从图2-13和图2-14可以看出两大城市群城市流强度结构的异同。

首先，从核心城市来看，核心城市表现为经济实力强于外向服务功能，其城市流倾向度与GDP水平较不协调，表明其靠经济实力来拉动对外经济联系。从城市群内不发达城市来看，不发达城市表现为经济实力弱于外向服务功能，其城市流倾向度也与GDP水平较不协调。

其次，从两大城市群结构来看，京津冀城市群中城市（除邯郸、邢台）在城市流倾向度和 GDP 水平上突出表现为"你强我弱、你弱我强"的交替格局，而长三角城市群中则表现出一定的"阶梯"结构。这表明京津冀城市群内城市间差距较大，除北京和天津两大核心城市外，其他城市的经济实力相对较弱，而外向服务功能则表现得较为凸显。与此相比，在长三角城市群中城市间差距相对较小。

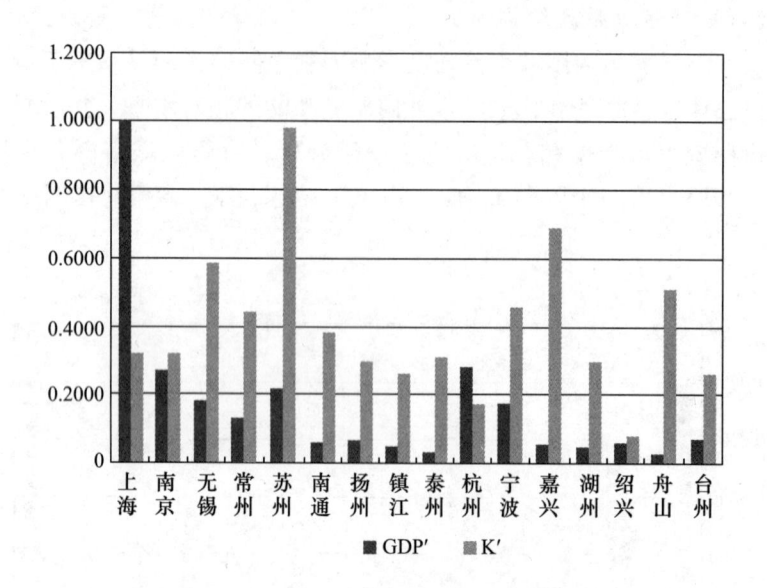

图 2-14 长三角城市群城市流强度结构

四 结论与对策建议

（一）结论

从外向型部门区位熵来看，两大城市群外向型水平总体较高，城市群内部都存在外向型产业发展不平衡现象，其中，长三角城市群区位熵平均水平略高于京津冀城市群。

从总外向功能量动态变化来看，两大城市群 29 个城市的总外向功能量处于总体上不断增加的趋势，且在城市间呈现显著差异。从整体来看，京津冀城市群总外向功能量平均水平高于长三角城市群。从城市内整体结构来看，长三角城市群相对优于京津冀城市群。其中，京津冀城市群的次级区域中心表现不突出，从结构来看，存在"断层"现象。

从城市流强度动态空间变化图来看，两大城市群结构呈现出的动态变化为：京津冀城市群的"双引擎"结构明显，天津的城市群强度增加较快；长三角城市群中次级中心城市的城市流强度在不断增强。两大城市群的中心与外围梯度差动态变化为：京津冀城市群的中心城市的集聚现象较为明显，而长三角城市群呈现出向外围扩散的迹象。京津冀城市群总体空间结构为点—轴发展模式，即以城市为主要节点，以城市群内外主要交通线路和产业带为主轴形成的空间结构。长三角城市群总体空间结构为以上海为中心，南京、苏州等为次级中心的圈层网络空间结构，圈内经济发展水平和城市化程度形成一定的落差，基本上呈梯次扩散。

从城市流强度结构来看，两大城市群中核心城市表现为经济实力强于外向服务功能，其城市流倾向度与 GDP 水平较不协调，表明其靠经济实力来拉动对外经济联系。从两大城市群结构看，京津冀城市群中城市（除邯郸、邢台）在城市流倾向度和 GDP 水平水平上突出表现为"你强我弱、你弱我强"的交替格局，而长三角城市群中则表现出一定的"阶梯"结构。

（二）对策建议

1. 协调城市群内区域合作的战略思路

两大城市群都需要以城市群整体功能定位和城市群内各城市间相对错位发展为前提，以企业和市场的自发力量为主体，以政府的引导推动为主导，以产业合作发展为主线，挖掘优势，释放潜能，实现多层次全方位的融合发展，以实现城市群的整体发展。可以通过以下措施来促进：建立城市群内政府层面合作协调小组，制定区域经济合作政策，确立区域内产业发展规划，设立城市群内行业协会联合会等。

2. 调整城市群内城市间结构不协调现象

核心城市表现出较强的集聚现象，而扩散效应并不明显，京津冀城市群表现更为明显。可以通过发挥本地优势、合理分工、加快核心城市的产业向外转移或扩散、政策倾斜等方式加强落后区域的发展，积极培育京津冀城市群次区域中心，以实现整体城市群协调发展。

3. 建立健全利益协调机制平衡各方利益

通过搭建协商共议平台、建立各方"讨价还价"的协调机制来协调各方的利益，以充分调动各方的积极性，使城市群内城市间形成合作优先于竞争的关系。协调中，城市群内各城市不论行政级别、经济水平强弱，均作为平等主体围绕协调合作内容进行协商。要按照城市群总体的战略定位和功能，对各方地位和功能进一步细化，对于做出"牺牲"的城市，可以根据其所付出的成本及其将要获得的收益，依据等价原则进行协商补偿。建立健全各方的利益协调是城市群总体实现合作共赢的基础。

4. 改善城市群内的城市流强度结构

针对城市群内城市经济实力与外向服务功能不协调的现实情况，应根据实际情况，采用不同的措施加以改善。尤其对于邯郸、邢台、绍兴等城市流倾向度较低、经济实力较弱的中小城市，主要通过大力发展第二、第三产业中的优势产业，以提高城市的外向服务功能和经济实力。

第七节 打造京津冀世界级城市群若干重大问题的思考[*]

城市群是现代社会生产力发展的主体形态，京津冀协同发展的定位和目标之一就是打造世界级城市群。随着《京津冀协同发展规划纲要》的出台，协同发展的重心已从"顶层设计"转向"全面实施"。在这样的大背景下，加快京津冀城市群建设，应更多地研究当前和今后一个时期"需要做什么"和"应该怎样做"两个重大问题，通过抓住并解决这些重大问题来推动全局。

一 紧紧围绕完善世界级城市群布局，把石家庄打造成京津冀协同发展的第三极

对于京津冀世界级城市群要义，笔者理解有三点：一是世界级的，就是应放眼全球城市群，这一区域的城市群是举足轻重的；二是以"群"的形态存在的，大中小城市相得益彰；三是人口聚集和产业聚集适应现代社会要求，布局合理优化，既宜居又宜业。在京津冀城市群这个大棋盘上，北京、天津两大城市都处于区域的北部，而在冀中南广阔的空间里缺少一个带动、引领其加快发展的龙头。以石家庄目前的发展

---

[*] 作者：宋文新 中共河北省委副秘书长、省委政策研究室主任、省委改革办主任。本节原载《经济与管理》2015 年第 5 期。

水平，还无法支撑和引领该区域的发展，这是京津冀协同发展区域内的一个短板，极大地影响了京津冀区域发展的平衡性和稳定性。

因此，把石家庄作为京津冀第三极来打造，使其承担起带动冀中南发展的国家使命，是完成京津冀城市群战略布局必须考虑的问题。

（一）石家庄是增强京津冀区域三角结构稳定性的"重子"

从京津冀经济区位度来看，2000—2013年，北京和天津的经济区位度都有较大上升，且远远高于其他城市。与北京、天津相邻的廊坊和唐山的经济区位度也有所上升。而距离北京、天津较远的城市，如石家庄、邢台、邯郸的经济区位度却在近几年不升反降。这反映了北京和天津两市的极化效应依然明显，区域内不平衡性还在加剧。无论从京津冀一体化的大局着眼，还是从弥补短板加快冀中南地区发展出发，加快把石家庄打造成与北京、天津对称呼应的第三增长极，对于带动冀中南地区加快崛起，缩小京津冀区域发展落差，增强区域内经济发展的平衡性、协调性，都有着重要的现实意义。

（二）疏解非首都核心功能把石家庄作为集中承载的重点地区

疏解非首都核心功能是京津冀协同发展的重点之一，这已达成共识。但是，非首都核心功能都有什么、往哪疏解、谁来承接，应考虑一个定性和定量的问题。笔者认为，疏解首都非核心功能应保持合理半径，如果只是就近疏解，将疏解出来的功能放在北京周边地区，那么从长时间看和现在的"摊大饼"模式没有区别，照样会出现人口和资源环境的突出矛盾，形成第二次"摊大饼"。因此，应从长远出发，把疏解出来的总部、技术创新功能放在北京周边，将北京一些产业功能和教育、医疗资源一步到位地拉出来，应疏解到离首都较远的地区，能摆放在石家庄的尽量摆放在石家庄，这样，不仅有利于北京非首都核心功能的集中疏解，也有利于优化京津冀空间布局，形成京津冀协同发展新的战略支点。

（三）把石家庄正定新区提升为国家级新区

为加速石家庄的发展，应抓住京津冀协同发展的机遇，可以考虑把正定新区上升为国家级新区。自1992年上海浦东新区成立后，天津滨海新区、重庆两江新区、浙江舟山群岛新区、甘肃兰州新区、广州南沙新区、陕西西咸新区、贵州贵安新区、青岛西海岸新区、大连金普新区和四川天府新区相继成立，2015年4月，国家又批准设立了湖南湘江新区，使全国国家级新区总数达到12个。这些新区的总体发展目标、发展定位等由国务院统一进行规划和审批，相关特殊优惠政策和权限由国务院直接批复，在辖区内可以实行更加开放和优惠的特殊政策，进行各项制度改革与创新的探索。河北应参考中关村、滨海新区等国家级新区的做法，积极争取把正定新区纳入国家级新区行列，从而为正定新区量身打造一套支持政策，为石家庄的发展注入新动力，使之成为石家庄发展的强大引擎。

另外，从长远来看，调整石家庄行政级别也可以作为促进京津冀协同发展的重要举措来考虑。目前，全国有15个副省级市，东北地区有哈尔滨、长春、沈阳、大连，华东地区有济南、青岛、南京、杭州、宁波、厦门，华中地区有武汉，华南地区有广州、深圳，西南地区有成都，西北地区有西安，华北地区尚无副省级市。从环渤海湾地区来看，除京津两个直辖市外，辽宁和山东都有副省级市、计划单列市，并且副省级市、计划单列市的经济社会发展都很快。借鉴先进省市做法，应向中央积极争取，适当时机把石家庄升格为副省级市，缩小与北京、天津的层级差，这样，更便于打造京津冀第三极，有利于整合资源、统筹规划京津冀城市群建设，带动冀中南地区发展。

二 加强政策引导，打造河北高地，为城市群建设营造良好环境

公共服务和经济发展政策上的差距，既是造成河北与京津发展落差的关键因素，也是制约京津冀城市群未来发展的主要障碍。实施京津冀协同发展战略，应坚持问题导向，审视河北与京津之间公共服务和经济发展两方面政策的差距，坚持政策拉平和政策创新一齐抓，搞好向河北倾斜政策的顶层设计，着力破解制约河北发展的公共政策"瓶颈"，更好更快地弥补河北发展的"短板"，为京津冀城市群崛起提供强大的政策动力。

（一）公共服务政策应逐步填平补齐

公共服务政策差距包括收入、医疗、教育、社保、养老等方面，拉平三地之间的差距需要用改革的办法不断弥合，逐步填平河北与京津的政策落差，从而促进各类要素的自由流动。填平补齐不可能一步到位，它有一个过程。应坚持三条：一是逐步拉平。如对职工收入，可采取"高停低涨"或"高慢涨低快涨"的办法，先逐步缩小差距，最终实现收入水平大体相当。在这方面，国家应加大对河北的一般转移支付力

度。二是能做先行。调整公共服务政策，涉及三地民众的切身利益，应按照难易程度和轻重缓急，把能够做的先做起来，优先解决异地养老、医疗、上学等问题。三是老人老办法、新人新办法。为减轻阻力，应找准改革的切入点，适当保护既得利益者的利益。比如户口问题，保留京津现有市民户口附着的利益，取消新进人员户口附着的利益。

（二）经济发展政策应量身定做

经济发展政策包括产业扶持、科技创新、区域突破、生态保护以及财政、税收等方面，这类政策的平衡不能统一化，我们要从"跟着要"转到"量身争"，从河北实际需要出发，根据自身的资源禀赋、区位条件、发展阶段等加强政策创新，通过争取国家支持来制定差异化的发展政策。当下，依据国家在京津冀大格局中给予河北的功能定位，着眼打造河北经济大厦的四梁八柱，加快形成若干个支撑河北发展的增长极，应支持河北成为七个"试点省"：

一是成为"全国产业转型升级试点省"。推进产业转型升级，构建现代产业体系，是实现京津冀地区可持续发展，建设全国第三增长极的前提。在京津冀三地中，河北产业转型升级的任务最重，成为"全国产业转型升级试点省"顺理成章。

二是成为"全国科技成果转化试点省"。科技创新是推动转型发展的重要支撑，但河北科技水平较低，综合科技进步水平指数排在全国第25位，北京科技成果到河北转化的仅占1%左右。整合区域创新资源，推动形成京津创新研发、河北应用制造的产业链条，成为"全国科技成果转化试点省"的有效举措。

三是成为"全国生态环境人工修复试点省"。京津冀地区生态环境不断恶化，大气、水、土壤均遭受了不同程度的污染，河北是京津冀地区的生态屏障，成为"全国生态环境人工修复试点省"应是人心所向。目前，党中央、国务院出台了《关于加快推进生态文明建设的意见》，时机很好。福建、贵州两省已被批准为国家生态文明先行示范区，它们的经验也可借鉴。

四是成为"全国清洁能源应用试点省"。京津冀地区大气污染十分严重，其中燃煤排放是重要因素之一，成为"全国清洁能源应用试点省"恰逢其时。

五是成为"全国食品质量安全试点省"。河北是京津的菜篮子，生产的蔬菜一半以上供应京津，肉、蛋、奶在京津市场上也占有很大比例，成为"全国食品质量安全试点省"意义重大。

六是成为"全国水资源节约试点省"。京津冀地区是资源性缺水地区，虽然南水北调等引水工程缓解了缺水状况，但是，随着工农业生产的发展和居民生活水平的提高，对水资源的需求将会不断增加，节水是今后一个时期解决水资源短缺的治本之策，成为"全国水资源节约试点省"，既切合了国家的要求，又符合京津冀各方的利益。

七是成为"全国优势产能'走出去'试点省"。河北是传统产业相对集中的省份，特别是钢铁、水泥、玻璃等产业富余产能大，非常契合国家"一带一路"倡议的要求。河北传统产业优势产能"走出去"，不仅有利于河北经济的转型发展，也有助于京津冀生态环境的改善，还会对拓展同"一带一路"沿线国家合作提供产业支撑。

可以说，上述这七个方面，既符合中央在京津冀大格局中对河北的定位要求，也符合京津两市愿望和河北实际，最有希望得到国家的支持。如果能争取到的话，将会极大地推动城市群建设，加快弥补河北发展的"短板"。

三 瞄准创新驱动，把产业生态化、生态产业化作为城市群发展的根本方向

发展世界级城市群，以创新为目标，生态要优先，产业是支撑。着眼于提升京津冀地区在全世界的综合竞争力，应紧紧围绕创新驱动，处理好生态与产业的关系，不仅要建立生态补偿机制，更重要的是，做好生态和经济相结合、促进生态经济发展的大文章。在京津冀协同发展顶层设计中，国家赋予京津冀"生态修复和环境改善示范区"的定位，同时，也赋予河北"京津冀生态环境支撑区"的定位。要把京津冀打造成世界级城市群，应根据京津冀各自的功能定位，以"产业生态化、生态产业化"作为产业发展的原则，将生态保护和经济发展协调统一，以经济发展带动生态保护，以生态开发推动经济发展，实现经济发展与生态文明互促共赢。在"生态产业化"方面，立足生态等自然资源优势，围绕建设国际标准旅游休闲度假地目标，大力发展以健康、旅游、会展为代表的现代服务业。在"产业生态化"方面，充分利用技术手段，改造提升现有钢铁、水泥、玻璃等传统产业，同时大力发展电子信息、高端装备制造等战略性新兴产业，增强经济发展后劲。

当前,最急迫的是通过技术创新,推动产业升级。在经济下行压力加大的背景下,应按照"以长带短"的政策思路,把推进产业升级与稳增长结合起来,优先实施那些对短期增长有效果的长期转型政策。一是"有中生新",加快传统产业转型升级。传统产业是我国经济发展的重要支撑力量,也是河北财政的主要来源,是吃饭产业。只有夕阳产品,没有夕阳产业,传统产业无论什么时候都会存在。农业是传统产业,但运用现代工业技术、信息技术可以改造为现代农业。工业也是传统产业,但运用现代技术可以将传统工业改造为现代工业,比如传统制造业在信息技术的武装下演变为现代制造业。服务业也在升级,除传统服务业以外,不断发展出许多新兴服务业。产业升级无止境,出路在于不断"有中生新"。加快产业升级,关键是推进技术进步,通过技术创新、产品升级,传统产业完全可以成为高技术含量、高附加值、高竞争力的新型产业。

二是"无中生有",大力发展战略性新兴产业和现代服务业。战略性新兴产业是以重大技术突破和重大发展需求为基础、对经济社会全局和长远发展具有重大引领带动作用的产业。从经济增长的长周期来看,世界范围的结构性变革都是伴随着科技产业革命展开的,每一次科技产业革命都会引起新的主导产业的出现,以及新技术对原有产业的渗透和提升。应顺应世界科技产业革命的发展趋势,准确识别新兴产业发展的领域,更好地发挥市场规律的作用,启动和发展战略性新兴产业以构筑先发优势。服务业具有涉及领域广、带动就业多、消耗资源少、拉动增长作用强等特点,应把发展服务业作为战略重点,积极发展面向民生的服务业,加快发展生产性服务业,拓展新型服务领域,不断培育形成服务业新的增长点。

四 适时推动河北县级行政区划调整,为形成京津冀城市群提供体制保障

城市群建设需要不同规模和梯次的城市来支撑。河北省县多县小,经济实力不强,带动力薄弱,造成县城发展缓慢。建议:第一,把环绕北京的县如廊坊北三县、北京新机场周边县、张家口怀来和崇礼、保定涿州等作为环首都小城镇发展的重要节点来打造;第二,尽快解决设区市市县同城问题,推进县改区,为设区市发展拉开框架空间;第三,在总结经验基础上,择机继续扩大省直管县规模,推进县改市;第四,出台引导性措施，鼓励规模较小的县相向发展、协同发展、一体化发展；第五，对一些发展快、潜力大、前景好且可能成为小城镇节点的重点镇，进一步扩大其发展权限；第六，积极创造条件，待时机成熟时合并一批小县，从根本上解决河北县多县小的问题。

第八节　京津冀协同发展背景下省会城市提升的战略思考[*]

一　提升省会城市是京津冀协同发展的要求

京津冀协同发展是否成功要看河北的发展，河北发展的关键要看省会城市。京津冀三地的经济社会发展很不平衡，河北与京津两个直辖市的发展落差非常大。河北发展落后的原因有很多，大家抱怨最多的是，京津大都市对周边要素资源吸附的"极化效应"，俗称"大树底下不长草"。但作为省会城市的石家庄综合实力相对太弱，缺乏对河北省经济的带动力，是一个不争的事实。

近些年，石家庄的自身发展速度还是很快的，但是，和其他26个省会城市比较起来仍然落后，尤其是在沿海地区的省会城市中明显是一个发展洼地。根据2013年的统计数据，石家庄人均GDP水平不足京津（1.5万—1.6万美元）的一半（49%—46%），在全国27个省会城市中，排第24位，仅高于兰州、西宁和南宁。从经济总量来看，石家庄GDP排第13位，而河北省总量在全国一直稳定在第6位，若加上副省级和计划单列市或地级以上城市，石家庄的排位更后移。再从省会城市经济占全省的比重或称"经济首位度"来看，石家庄的经济首位度仅为17.19%，在全国排在第24位。因此可以说，石家庄的发展关乎河北的发展，"小马拉大车"的局面必须改变。

所谓"协同发展"或"一体化"，最重要的是使落后地区的发展尽快跟上来，缩小内部发展的差距。在这个过程中，北京要做减法，要疏解非首都核心功能，要有部分产业外移；河北主要做加法，要提高人均

---

[*] 作者：陈耀　中国社会科学院工业经济研究所研究员。本节原载《经济与管理》2015年第2期。

水平（当然，淘汰落后产能的减法也要做）；石家庄要做乘法，就是要有比全省水平更高的发展，资源配置、要素投入和经济产出要能够产生乘数效应，石家庄对河北的带动作用更强更大。笔者认为，只有这样，才可能真正实现京津冀的协同发展。

二　举全力打造京津石核心区第三极

京津冀协同发展上升为重大国家战略为石家庄打造京津冀核心区的第三极提供了难得的历史机遇。石家庄要利用这样的一个特别的重大机遇，加快提升自身发展水平。中央经济工作会议在谋划2015年经济工作时，提出了优化经济发展空间格局的三大战略，一个是"一带一路"倡议（"丝绸之路经济带"和"21世纪海上丝绸之路"），一个是京津冀协同发展战略，一个是长江经济带战略。京津冀协同发展战略是由习近平总书记亲自抓的一号工程。石家庄要抓住这样一个战略机遇，要把石家庄的提升放到一个关乎京津冀协同发展的重要战略位置去思考。

石家庄应该成为京津冀都市群的第三极，这也是省会城市的历史责任和使命。石家庄提出了要打造京津冀协同发展的第三极，实际上，如果从城市群的角度看京津冀区域，无论打造还是不打造，石家庄本来就是第三极，也当仁不让地应该是第三极，从经济地位、政治地位、人口、地理位置等方面综合来看，其他城市都不能成为第三极。但这个第三极与京津相比方方面面差距太大，还不能和京津实现三足鼎立。作为省会而言，石家庄要在河北发展中起到更大的引领和带动作用，使石家庄市能够成为真正的第三极，这是省会的责任和使命。

石家庄大的发展战略，笔者的思考主要有两点：

第一点必须在京津石核心区上做文章，打响"京津石"这张牌。从三地关系来看，京津冀协同发展战略只靠"京""津"这样的两核还是不够的。过去有的提"京津唐（山）"，有的提"京津保（定）"，意指把唐山市或保定作为京津冀核心区中的第三极，应该说都有一定的道理，唐山的经济总量在河北最大，保定距离北京最近，但是，仅考虑经济总量和地理邻近性是不够的，作为第三极，更重要的是，考虑它能够对河北省起到引领带动作用。总体而言，石家庄成为第三极的相对优势比较明显，除了它是省会中心城市和河北省的政治文化中心，从地理交通看，它地处冀中南，辐射带动面广，自古是燕晋咽喉，与山西能源基地、中原城市群和山东半岛城市群相连，腹地辽阔，可利用资源的机会多。如果考虑到带动河北省作用的话，笔者认为，还是把"京津石"作为京津冀地区的核心区，作为京津冀协同发展的核心比较合适。也就是说，要打造一个三足鼎立的核心区，当然，现在还不可能达到三足鼎立的水平。石家庄现在还达不到三足鼎立一方的水平，但是，一定要朝着这个方向去努力。石家庄的人均GDP只相当于京津的不足50%，这一条腿比较短。要把这条腿拉长，拉长到什么程度呢？同京津齐头并进是比较难的，但是，经过相当长时间的努力，将这一指标提高到70%是有可能的。按照欧盟的经验，达到70%就达到了均质。低于这个指标才是援助和支持的地区。因此，从GDP水平比较来看，石家庄经济还有很大的提升空间。

把石家庄打造成高端都市型产业基地和北方商贸物流电商中心。考虑石家庄战略的第二点就是要在打造第三极的目标下，做好产业发展定位。从产业发展战略来讲，石家庄的产业发展，笔者认为，可以考虑两个定位。即把石家庄打造成为高端都市（而非都市高端）型产业制造基地和北方商贸物流电商中心。这里讲的"高端都市型产业"而非"都市高端型产业"，意指两者是不同的，"高端都市型产业"是指产品和服务主要是满足国际大都市、特大城市、首都等高端都市需求的产业，而"都市高端型产业"则是指产品和服务主要是满足都市中高端需求的产业或者是附加值高的产业或者是高大上的产业。

石家庄紧邻北京、天津这样的3000多万高端消费人群的高端都市，它们对都市型农产品、工业品、服务业产品有着庞大的需求，这些需求为石家庄的发展和河北的发展提供了很大的市场空间。石家庄自身的产业基础也不错，比如农产品加工业、制药、医疗器械制造等，这些产业可以直接面向高端都市需求。当然，除满足大都市加工制造品的需求外，还可以大力发展面向京津大都市的生产性服务如研发设计、文化创意和大都市消费人群的健康服务、家政保安服务等消费性服务业。产业发展规划可以这样去引导。

另一个产业定位是北方商贸物流电商中心。这是从石家庄独特的交通地位来考虑的，石家庄西连山西能源大基地和太原为中心的城市群，南连中原地区及其城市群，东连山东半岛及其城市群，交通地位独特。石家庄要把自己打造成为连接南北东西的一个商贸物流电商中心，尤其是电子商务发展迅猛，要抢抓这个新兴业态。为此，石家庄要抓紧规划建设连接这些都市群的基础设施，形成更快捷更广泛地综合交通运输网络和信息网络，包括高铁、高速公路、地铁、城际铁路、宽带网、物联网等，提升与这些地区的联结性和通达性。正好国家在这些方面投入力度比较大，也是一个机遇。一个地区的经济发展水平和它与其他地区的联结性有很大关系，联结性和通达性实际上决定着一个地区的竞争力。根据华为的一项联结竞争力研究结果，联结性（联结竞争力的主要指标）每提升1个百分点，则GDP提升1.4—1.9个百分点。今后在物理上的联结和信息或信息通道上的联结，将来会决定一个城市的发展。石家庄作为一个火车跑出来的城市，具有很多城市不具备的发展商贸物流电子商务中心的条件和难以取代的地位。

三 推动省会城市提升的战略举措

（一）积极争取国家政策支持

发展要依靠自己，但是，要提升地位恐怕还是要争取得到国家政策的支持。石家庄设立省会城市比较晚，很长时期以来，河北省的发展重点不是在环京津地区就是在沿海地区，特别是没有国家层面的战略惠顾。如果还是在现有体制下，离开了上级政策的积极支持或扶持，石家庄要打破发展洼地格局，恐怕还是非常困难的。那么，需要在哪些方面获得国家特殊政策的支持呢，可以有几个方面的考虑：

第一是城市升格。石家庄市就是一个普普通通的省会城市，要同京津开展合作对话是非常困难的，因为对话规格差别太大。现在有人提出把石家庄市升格变为直辖市，如果这样，对话就容易得多，实现京津石三足鼎立的概率就要大得多，对协同发展要有利得多。这算是一种思路。还可以有其他的思路，比如像大连、青岛这样一些副省级城市、计划单列市。总之，借助京津冀协同发展战略可以围绕提升石家庄行政地位做一些工作。

第二是争取国家级层面的战略支持。这些年，石家庄好像还没有任何国家级战略，在京津冀协同发展的机遇下，应该争取到一些国家层面的战略支持。最有可能的就是争取正定新区成为国家级新区。截至2014年10月，国家已批准设立了11个国家新区，仅2014年一年就批准设立了5个国家级新区，力度比较大。前些年已经传出不再批新区，但是，没想到2014年一下子又批了那么多个，而且这些都是积压很长时间了，包括西部四川的天府新区、陕西西安的西咸新区，东部大连的金普新区、青岛的西海岸新区。正定新区好像热点不在这个上面。但是，笔者认为，还是需要这么一个新区，而且也是有条件争取的。为什么要争取批设国家级新区呢？因为国家级新区是一个地方或城市在开发开放上的新增长极，享有一系列新政策，影响力大。一般的国家级新区都是要再造一个城市规模，规划面积一般在1000平方千米以上，可供用的土地也都在500多平方千米。这对一个城市、一个省区的发展非常有利。笔者比较赞成石家庄最近开展的行政区划调整，这个调整是比较成功的。调整行政区划在全国应该说是一个可做不可说的事情。石家庄这次调整行政区划，把三个县城（市）合并进来，城市主城区扩大近4倍，人口规模扩大近1倍，这是提升石家庄省会城市的重要举措，但是，这还不够。还应该有一个国家级的战略来支撑，对于石家庄来讲非常重要，它有利于吸引国内外投资和海内外人才，有利于优化省会中心城市乃至河北省的产业结构和空间格局。正定古城历史悠久，也是习近平总书记曾经工作过的地方，正定的品牌价值和影响力较大，要在古城保护的基础上谋划好新区建设，同时要比照国家级新区的要求积极地推动申报工作，使新区成为省会城市提升和河北发展的一个重要抓手，成为一个新的增长极。

（二）把创新作为第一驱动力

中国经济发展进入新常态，经济发展动力由资源驱动、投资驱动向创新驱动转换。石家庄作为一个省会城市，毫无疑问，也应在创新驱动上做文章。当然，创新驱动也要有一些抓手。李克强总理在国务院常务会议上明确指出，要加快推进国家自主创新示范区建设，进一步激励大众创业、万众创新；在东中西部一些地方再建设一批国家自主创新示范区，使先行先试政策在更大范围更多地区发挥效益。具备建成示范区的高新区要加强培育指导，这也是一个契机。石家庄创新驱动发展应该跟北京对接，尤其是和中关村对接。中关村的科技成果需要产业化，需要转化基地。"中关村"已成为创新的标志。现在中关村已经不只是北京的一区16园了，它已走出北京，落户其他地方，如贵阳的中关村科技园、湖北十堰市已成为中关村科技成果转化基地。对接中关村，石家庄的条件应该更优越。可以像苏州昆山承接上海的辐射与产业转移一样，采取"星期日工程师"等各种形式利用大都市人才。昆山人把行业领军企业的领军人物建立一个数据库，然后有重点地对接，这种方法非常值得我们去学习。高铁时代使我们的交流更加便捷。引才用才方式有多种，不求拥有但求所用。北京的人才和天津的人才都可以为我所用。在创新上还是要有一个基地为依托，石家庄还是要争取设立国家自主创新示范区。自主创新示范区可以依托高新区，也可以将一个城市作为自主创新示范区。现在国家批复设立了6个（北京中关村、武汉东湖、上海张江、深圳、苏南、长株潭）国家自主创新示范区，深圳是第一个以城市为基本单位的国家自主创新示范区。石家庄可以选择以高新区为主体，申请设立国家自主创新示范区；也可以选择以石家庄市为单位，申请设立国家自主创新示范区，在这一方面要做努力。不管批不批，都要和中关村搞对接，对接程度决定着石家庄的创新程度。当然，这不是说就依赖于中关村，而是目前的这样一个阶段首先还是要重视借助外部的创新资源。

（三）建立与京津协同发展的对接机制

对接机制有好几层，国务院有专门的领导小组（国务院京津冀协同发展领导小组组长为国务院副总理张高丽），省部级也有，具体到省会石家庄也应该有一个京津石对接机制。对接还是要发挥多方面的作用，除了政府，还应有民间包括商会协会这些方面的对接。民间的对接正在进行并发挥作用，如北京的河北企业商会已经建立了一个京津冀产业联盟。今年的石洽会上已看到北京的大批优质企业出现，要做好这种形式的对接。另外，京津冀三地合作设立论坛也是一种很好的对接合作形式。

第三章 产业升级转型

第一节 基于产业对接与转移的
京津冀协同发展研究*

产业与区域是密切关联的,产业是区域的产业,区域是产业的区域,产业的组织必须依托于特定的区域,而区域的发展则离不开产业的支撑。因此,如何正确对待产业转移,对其进行必要的引导和调节,从而保持和提升区域竞争力,已成为各区域普遍关注的问题。

一 产业对接与转移相关文献述评

亚当·斯密和大卫·李嘉图提出的绝对利益理论和比较成本理论,为产业转移理论研究奠定了基石。阿瑟·刘易斯分析了发达国家将劳动密集型产业转移到发展中国家,并从后者进口劳动密集型产品的现象。[1]许多学者从国际贸易和国际投资角度揭示了产业转移的动力。弗农(Vernon)认为,发端于创新的产品及其生产技术的生命周期变动导致了产业梯度转移。[2]赤松要认为,后进国家遵循"进口—国产—出口"的雁行模式进行产业更替和转移。[3]小岛清依据日本的实践,提出对外

---

*作者:张贵 河北工业大学经济管理学院教授,京津冀发展研究中心常务副主任;王树强 河北工业大学经济管理学院教授、经济学博士;刘沙 河北工业大学经济管理学院硕士研究生;贾尚键 河北工业大学经济管理学院硕士研究生。本节原载《经济与管理》2014年第7期。

[1] 阿瑟·刘易斯:《国际经济秩序的演变》,乔依德译,商务印书馆1984年版。
[2] Vernon, R., "International Investment and International Trade in the Product Cycle"[J]. *Quarterly Journal of Economics*, 1966, 80 (2): 190-107.
[3] 赤松要:《我国产业发展的雁行形态——以机械仪表工业为例》,《一桥论丛》1956年第36期。

直接投资应从投资国已经处于或即将处于比较劣势的产业即边际产业依次进行。[1] Raul Prebisch 提出的中心—外围理论认为，常常发生贸易恶化的发展中国家会实施进口工业品的进口替代，带来工业品的产业转移。[2] 邓宁（Dunning）从微观角度分析发现，国家的对外投资倾向取决于其所处的经济发展阶段及其所拥有的所有权优势（O优势）、内部化优势（I优势）和区位优势（L优势）。[3]

国内学者针对我国地区间的产业转移进行了深度分析。卢根鑫认为，发达国家和欠发达国家在一定时期内存在着技术构成相似的重合产业，当产业深化不能抵消别国相对较低的成本优势时，重合产业的转移就会发生。石东平、夏华龙将梯形产业转移和升级定义为发达国家或地区不断向发展中国家或地区转移已经失去比较优势的产业，从而推动后者的产业升级。石奇通过对企业间相互协调来组织生产与交易现象的观察，提出集成经济理论来解释产业转移现象。张可云认为，区际关系协调与区域经济布局优化是产业转移的动力。[4] 刘友金、吕政通过实证分析发现，承接地的转移梯度陷阱与产业升级阻滞常常阻碍大规模产业梯度转移的发生。[5] 郑鑫、陈耀分析了产业转移的实现条件和形式，发现地区生产成本的相对变化并不必然导致产业转移的发生，运输费用的下降是产业转移的主要动力，而且产业集中式转移的经济效果大于分散式转移。陈建军认为，产业转移通常是指由于资源供给或产品需求条件发生变化后，某些产业从某一国家或地区转移到另一国家或地区的一种经济过程。这些观点是本节研究的有益借鉴。

上述文献的分析角度虽然不同，但均以市场机制为基础，分析了产业转移的自发过程。本节认为，在产业转移中，市场起决定性作用，但政府推动不可或缺，区域政府应充分调动各种有利因素，排除阻碍产业转移的障碍，构建新型区域产业转移协调机制（见图3-1），促进产业

---

[1] 小岛清：《对外贸易论》，周宝谦译，南开大学出版社1987年版。
[2] Prebisch, R., "The Economic Development of Latin America and its Principalproblems" [J]. *Economic Bulletin for Latin America*, 1962, 7 (1): 1-22.
[3] Dunning, J., "The Paradigm of International Production: Past, Present and Future" [J]. *Journal of International Business Studies*, 1988 (1): 1-31.
[4] 张可云：《区域大战与区域经济关系》，民主与建设出版社2001年版。
[5] 刘友金、吕政：《梯度陷阱、升级阻滞与承接产业转移模式创新》，《经济学动态》2012年第11期。

转移的顺利进行。

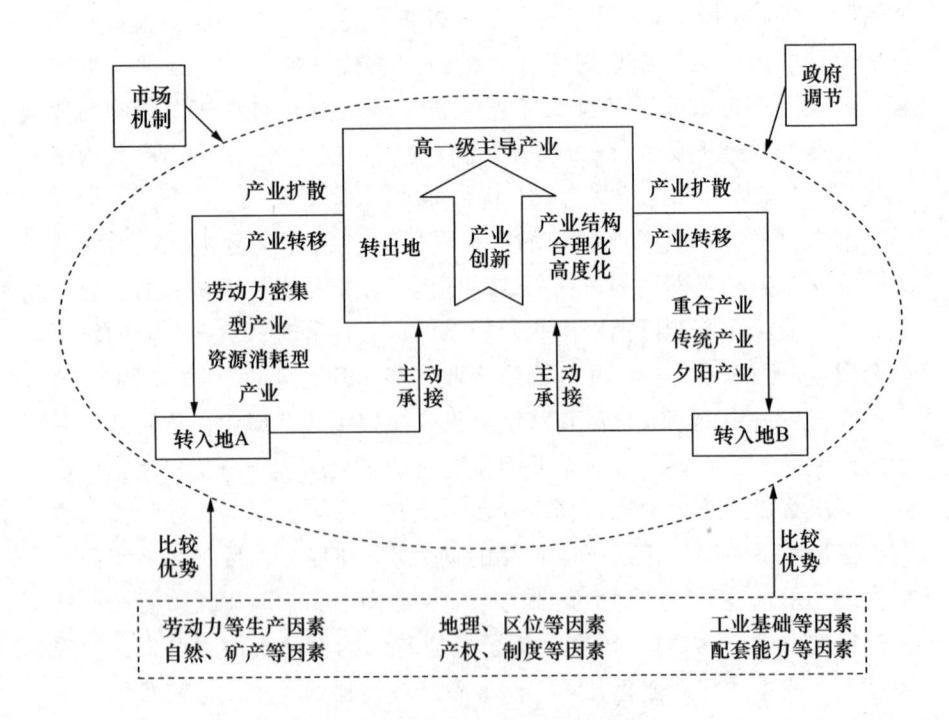

图 3-1 新型区域产业转移协调机制

二 京津冀产业转移的综合现状分析

（一）京津冀产业转移现状

目前，随着京津冀三地环保政策和中央有关京津冀协同发展政策的落实，京津冀区域内产业转移逐步加快，这种产业转移既有北京向津冀转移，也有京津向河北转移。

北京向天津的转移，是京津冀一体化中的重头戏。自 2013 年 3 月以来，天津出台了"借重首都资源促进天津发展"的行动方案，从 16 个方面全方位对接首都，标志着京津合作跨入了新的历史起点，京津合作取得丰硕成果。2013 年，天津新引进北京项目 847 个，到位资金 971.2 亿元，增长 7.81%，占天津到位资金的 31%。天津各区县共开展借重首都资源活动 806 场，走访企业商会等组织 6336 家，洽谈对接项目 4207 个，其中已签约项目达 1277 个，签约协议额 4762.76 亿元；聘请招商顾问 583 人。

在转出地经济结构调整过程中，一些缺乏比较优势的产业，特别是一些成熟的传统制造业和"三高一低"工业，如钢铁业等，从20世纪90年代开始，京冀已经开始进行梯度转移，如首都钢铁公司炼钢厂、北京焦化厂、第一机床厂铸造车间等一些大型企业已经或整体或将部分生产环节迁移到了河北的周边地区。至今产业转移仍在进行，如自2011年开始，位于河北张家口的怀来新兴产业示范园区已经招商签约52家企业，大部分是中关村中小企业；2013年12月26日，由北汽集团投资100亿元兴建的华北（黄骅）汽车产业基地竣工，主要生产微卡、轻卡、中重卡、越野车、轻型客车、微型客车等乘用车及相关配套零部件；2014年3月13日，石家庄市政府与北京首都农业集团有限公司在京签约，确定将在新乐境内新建以生产婴幼儿配方乳粉和液态奶为主的河北三元工业园，该集团旗下的北京三元食品股份有限公司目前已在河北石家庄和唐山、天津静海等地建有乳制品加工销售一体化工厂；2014年4月16日，央企新兴际华集团下属子公司、国内原料药碳酸氢钠生产龙头企业——北京凌云公司整体搬迁至河北省邯郸武安市；2014年2月和4月，北京市经信委公布了2014年首批和二批调整退出工业企业的奖励名单，一部分将落户河北，其中作为北京的明星企业首钢股份有限公司（第一线材厂）将搬迁到河北迁安。

津冀的产业转移呈现双向互动。2013年5月20日，天津市与河北省签署合作框架协议，明确提出支持天津企业在河北环津地区建立天津产业转移园区。2013年5月18日，河北保定、安国与天津天士力控股集团签署协议，双方将共同建设安国中药都。2011年8月25日，河北长城汽车位于天津滨海新区的重要生产基地——天津基地正式启用，规划整车产能达40万辆。2011年3月，位于保定的英利集团投资100亿元在天津宁河建设光伏产业基地。

（二）影响京津冀产业转移的经济因素

影响产业转移的因素有很多，主要包括自然条件、经济因素、制度环境、偶然性事件。本节主要从经济因素的角度进行探讨。

1. 区域经济发展阶段

从产业结构和人均收入比较，京津冀之间存在着明显的产业梯度，京津处于高梯度，河北处于低梯度。2012年，津冀第二产业产值占其GDP比重均超50%，说明天津是一个典型的工业城市，河北也具有较高的工业化水平,但河北第一产业比重明显高于京津,降低了其工业化的位次。北京的第二产业虽然只占 GDP 的 22.7%,第三产业却占到 74.5%,比天津高出 29.4 个百分点,比河北高出 41.1 个百分点。另外,从人均 GDP 来看,北京与天津相当,是河北的 2.4 倍。可见,北京已经进入后工业化阶段,而津冀还处在以"二三一"为标志的工业化阶段。

2. 区域产业结构趋同与相似度

从 2012 年京津冀产值前八位的工业行业排序结果(见表 3-1)及其相互间的相似系数(见表 3-2)可以看出,京津和津冀间工业组成相似,说明京津和津冀间存在严重的产业趋同现象,其竞争倾向较高。京冀间相似系数较低,产业差异明显,其协作倾向较强。

表 3-1　　　　2012 年京津冀产值前八位的工业行业　　　　单位:亿元

序号	北京 产业名称	产值	天津 产业名称	产值	河北省 产业名称	产值
1	电力、热力生产和供应业	3018.06	黑色金属冶炼及压延加工业	3757.32	黑色金属冶炼及压延加工业	11811.3
2	汽车制造业	2521.49	通信设备、计算机及其他电子设备制造业	2558.62	电力、热力生产和供应业	2723.5
3	通信设备、计算机及其他电子设备制造业	2054.87	汽车制造业	1728.84	黑色金属矿采选业	2522.8
4	石油加工、炼焦及核燃料加工业	886.34	石油和天然气开采业	1391.46	石油加工、炼焦及核燃料加工业	2320.0
5	煤炭开采和洗选业	811.49	化学原料及化学制品制造业	1204.39	化学原料及化学制品制造业	2065.4
6	电气机械和器材制造业	669.68	煤炭开采和洗选业	1187.33	金属制品业	2059.9
7	医药制造业	543.33	石油加工、炼焦及核燃料加工业	1181.60	农副食品加工业	1904.4
8	通用设备制造业	524.74	金属制品业	1032.24	非金属矿物制品业	1791.2

表 3-2　　　　　　　　　　京津冀区域相似系数

	北京与天津	北京与河北	天津与河北
相似系数	0.917	0.264	0.400

3. 区域产业结构专业化

京津及河北各市三次产业的区位商差异明显（见表3-3），说明三地的比较优势明显不同，存在明显的产业梯度，产业转移的可能性较大。京津的第一产业处于劣势，第三产业优势明显。河北的第一产业优势较大，第二产业处于支柱地位，第三产业明显落后，而且第二产业和第三产业的技术层次明显低于京津。

表 3-3　　　2012 年北京、天津、河北三地三次产业区位商比较

地区	第一产业	第二产业	第三产业	地区	第一产业	第二产业	第三产业
北京	0.08	0.50	1.71	秦皇岛	0.14	0.83	1.36
天津	0.13	1.14	1.05	唐山	0.70	1.99	1.21
石家庄	0.05	0.57	1.65	廊坊	0.52	0.87	1.24
承德	0.19	1.29	0.88	保定	0.12	1.46	0.73
张家口	0.25	1.14	1.02	沧州	0.10	1.13	1.07

从京津冀工业细分行业的区位商比较（见表3-4），北京的优势产业集中在生活服务业和技术、资本密集型的现代制造业；天津的优势产业集中在设备制造和现代制造业；河北的优势产业主要是资源加工型、劳动密集型产业。显然，三地存在工业转移的基础条件。进一步分析可知，京津和津冀优势产业的重合度较高，京冀产业的重合度较低，因此，京冀产业梯度大于京津和津冀，近些年来，京冀间产业转移的数量和规模确实高于京津间和津冀间。

4. 技术水平

技术进步是推动经济增长的动力，主要由教育水平、投入和科研投入决定。河北的整体高等教育水平，在全国仅列中等，与京津差距较大。从科技水平比较来看，按照 2013 年综合科技进步水平指数排序，京津处于高于全国平均值 60.3% 的区间，河北处于 30%—40%；按照

表 3-4　　2012 年北京、天津和河北区位商大于 1 的行业

排序	北京 行业	区位商	天津 行业	区位商	河北 行业	区位商
1	电力、热力生产和供应业	3.42	石油和天然气开采业	4.73	黑色金属矿采选业	6.22
2	汽车制造业	2.94	黑色金属冶炼及压延加工业	2.08	黑色金属冶炼及压延加工业	3.56
3	医药制造业	1.87	铁路、船舶、航空航天和其他运输设备制造业	1.50	皮革、毛皮、羽毛及其制品和制鞋业	1.85
4	通信设备、计算机及其他电子设备制造业	1.74	通信设备、计算机及其他电子设备制造业	1.44	金属制品业	1.52
5	煤炭开采和洗选业	1.42	金属制品业	1.41	石油加工、炼焦及核燃料加工业	1.27
6	石油加工、炼焦及核燃料加工业	1.34	煤炭开采和洗选业	1.38	电力、热力生产和供应业	1.11
7			汽车制造业	1.34		
8			石油加工、炼焦及核燃料加工业	1.19		

2013 年全国科技进步环境指数排序，北京、天津分列第 2、第 3 位，河北列第 24 位；按照 2013 年科技活动投入指数排序，北京、天津分列第 3、第 4 位，河北列第 19 位；按照 2013 年科技活动产出指数排序，北京、天津分列第 1、第 3 位，河北省列第 26 位；按照 2013 年高新技术产业化指数排序，天津、北京分列第 1、第 3 位，河北列第 27 位；按照 2013 年科技促进经济社会发展指数排序，北京、天津分列第 2、第 8 位，河北列第 22 位。[①]

综上分析，京津冀存在明显的产业和技术梯度，京津居于高梯度，

---

① 《2013 全国及各地区科技进步统计监测结果》（一）、（二），上海科技统计网，2014 年 6 月 26 日，http://s3hsts.stcsm.gov.cn/home/news.aspx?FunId=19&InfoId=630&ModuleID=5。

河北居于低梯度。从分行业比较，京津、京冀和津冀之间存在不同的梯度差异，但总体分析，京津的技术和资金密集型产业占优势，河北的劳动和资源密集型产业占优势，最终形成京津冀产业梯度转移的动力。

5. 影响京津冀产业转移的其他因素

（1）自然条件因素。第一，地理区位条件。京津冀区域是我国经济由东向西扩散、由南向北转移的重要枢纽，是我国最重要的政治、文化中心。从区域内部来看，京津冀呈嵌套结构，地域相连，交通网络发达，相互间的交易成本和生产要素结合成本低廉。河北环抱京津，直接受到京津的经济、科技和信息辐射，同时又位于环渤海地区的中心地带，还是华东、华南和西南等区域连接"三北"（东北、西北、华北）地区的纽带。另外，津冀均属于沿海地带，港口条件得天独厚，天津港、黄骅港、京唐港、秦皇岛港和正在建设的曹妃甸港构成重化工业的物流基地，其中，曹妃甸是渤海海域唯一不需要开挖航道和港池即可建设多个30万吨级大型深水泊位的天然港址，为京津冀区域内产业转移提供了巨大的推动力。第二，资源条件。京津冀区域水资源相对匮乏，2011年人均水资源量分别为147.84立方米/人、115.74立方米/人、203.70立方米/人，远低于全国平均水平，但河北相比京津略具优势。京津冀区域土地资源紧缺，人均土地面积分别为0.08公顷、0.08公顷、0.27公顷，低于全国平均水平，其中河北土地资源相对丰富，且未利用土地占土地总量的21.05%，远高于京津，有利于承接京津的产业转移。河北矿产资源丰富，人均占有量高于全国平均水平，是我国重要的铁矿石和煤炭基地；京津矿产资源匮乏，不利于资源消耗型产业的生存。

（2）制度环境因素。随着国家"十二五"规划对区域统筹的推进，京津冀协作成为三地发展规划的重要内容。中央对京津冀协作也极为重视，2014年2月26日，习近平总书记在听取京津冀协同发展专题汇报时强调"优势互补、互利共赢、扎实推进，努力实现京津冀一体化发展"，并提出了"抓紧编制首都经济圈一体化发展的相关规划、着力加大对协同发展的推动、着力加快推进产业对接协作、着力调整优化城市布局和空间结构、着力加强生态环境保护合作、着力构建现代化交通网络系统、着力加快推进市场一体化进程"七点要求，为京津冀区域内的产业调整及产业转移营造了良好的政治和政策环境。

(3) 功能定位和发展规划约束。随着首都功能定位"去经济化"的逐步落实，多年以来，北京已多次出台城市规划和产业政策，引导非核心功能产业向周边转移。同时，随着我国产业转型的加快，淘汰落后产能、节能减排、环境治理等政策，加速了京津传统制造业向周边地区的产业转移。

(4) 人文环境。京津冀文化相近，血脉相连，民间往来历史悠久，民众信奉相同或相近的价值观念和道德标准。移入企业能够很快与接受地各类行政和社会组织充分融合，与员工、政府、金融和社区等相关利益群体能够很容易建立互信。因此，京津冀区域内转移具有优于域外转移的天然优势。

（三）京津冀产业转移的主要特征

京津向河北进行的传统制造业转移符合梯度转移和增长极扩散特征。长期以来，北京对周边地区具有明显的经济虹吸作用，造成人口和产业大规模集中和城市规模的过度扩充，其资源集中带来的规模经济开始超过过度聚集所致的冲突成本，导致环境污染、交通拥挤、资源和能源紧张、地价和房价飙升、工资上升，产业转移成为必然。

1. 转移产业以传统制造业为主

目前，京津向河北转移的产业主要集中在钢铁业、有色金属冶炼、化工、设备制造业、纺织业、食品加工业等传统制造业。从数量上看，劳动密集型产业居多，这些产业的资本有机构成低、对资源和劳动力依赖性强、技术装备水平低、技术创新能力弱。根据邓宁理论，所有权优势和内部化优势虽然是企业对外直接投资的动力，但只是其必要条件，而非充分条件，而区位优势则决定了企业对外直接投资的空间，是充分条件。河北人口资源和自然资源相对丰富，吸收这些传统制造业较京津具有更强的区位优势。

2. 转移企业多为资源消耗型

无论是20世纪90年代首都钢铁公司炼钢厂、北京焦化厂、第一机床厂铸造车间，还是近期转移至武安的北京凌云公司、计划转移至迁安的首钢股份有限公司（第一线材厂）等都是一些对矿石、煤炭、水、土地等自然资源消耗很大的大型企业，均属资源消耗型企业，它们能耗高、投入高、污染多，其优点是技术装备水平高、资本密集。京津土地短缺，环境容量有限，水资源严重匮乏，矿产储量稀少，已没有容纳这些产业的优势。它们落户土地约束相对较低、劳动力和矿产资源相对丰富的河北,既能提高河北各市县的技术装备水平和管理水平,又能增加当地的就业率,同时又为京津高端制造和服务业的发展留出空间,可以将京津冀一体化推向更高的梯度和层次。当然,产业转移应先升级后转移,保证只转移资本和技术,不能转移污染,不能危及河北业已脆弱的环境和水资源。

3. 转移主要集中在较近的城乡边缘区

自京津迁出的企业在河北的接受地主要集中在唐山、廊坊、保定、沧州、秦皇岛、张家口、承德等北京周边地区和有特殊地理优势或特殊资源的地区。这些区域多为距转出地较近城乡边缘区,具有港口、矿产资源、产业基础、土地、劳动力等方面的比较优势,是市场机制这只"无形之手"进行现场指挥的结果。同时,政府这只"有形之手"也已走向前台,河北省政府与北京市政府已签订合作协议,河北的重点城市也已于北京市政府或与北京市内的科研与教育机构建立了协调沟通机制。河北应注意对接京津的顶层设计,统一协调各地市对接工作,避免无序竞争和生态破坏,注意发挥项目布局的规模经济效应,争取"引入一个大企业、带出一个产业集群"。

4. 由梯度转移为主向转变城市功能为主的新阶段

伴随着北京、天津城市功能的重新定位,京津冀之间的产业转移也由梯度转移为主向以城市功能转变为主演变。北京城市功能定位的调整自1983年就已开始,在1983年《北京城市建设总体规划方案》中就已不提"经济中心"和"现代化工业基地",1993年再次明确北京是"全国的政治中心和文化中心,是世界著名的古都和现代国际城市",2005年将定位调整为"国家首都、国际城市、文化名城、宜居城市"。2010年,新增了"国家创新示范区"功能。功能定位的调整和落实是城市的经济、社会、政治功能的全方位调整。自20世纪90年代以来,"三高一低"和劳动密集型产业的转移实质是首都功能"去经济化"的梯度转移过程,近期逐步演变为首都功能全面疏解过程的一部分,此阶段高端制造业以及医疗、教育、社会管理等社会公益事业会进入转移序列(如301医院正在施工兴建涿州后勤保障基地)。

5. 产业创新、产业分工和产业转移并行

随着经济转型步伐的加快以及所面临的资源、能源和环境压力的与日俱增，京津正在逐步改变彼此的经济发展模式，而产业创新是京津产业转型的根本途径。通过产业创新，可以提升产业结构转化和升级能力，可以把现存和潜在的生产要素优势转化为较高的市场占有率。张贵、李靖认为，缺乏产业创新，会无法形成替代传统产业的高新技术产业，造成产业链短缺和产业空洞。产业创新过程是突破既定已结构化的产业约束，培育核心竞争力和构建新产业的过程。产业创新具有不可复制性和不可替代性，如果其他地区想代替某地区成为新的经济中心，就必须创新出高一级主导产业。

产业创新是历史赋予京津冀的重大使命。在京津产业转出过程中，两地的产业创新和新高一级主导产业也在孕育和成长，作为主要产业转入地的河北在承接产业转移过程中也实现了产业升级。这种双向互动扩大了区域分工的深度与广度，推进了区域经济一体化。需要强调的是，当前地域分工体系也呈现出新特点，随着国际分工程度的深化，传统的部门间分工逐渐向产品间分工和产业链分工过渡，逐步形成了以工序、区段、环节为对象的产业链分工体系。于是出现了京津主要发展研发、整机（整车）组装、现代服务等，河北部分地区主要发展配套和零部件生产的分工趋势。上述产业创新、产业分工和产业转移的并行，必然萌生一种新型的产业分工格局。

三　京津冀地区产业对接与转移的对策建议

（一）加快推进京津冀产业对接协作的总体思路

京津冀产业对接协作应以技术"进链"、企业"进群"、产业"进带"、园区"进圈"为主线，以"缺链补链、短链拉链、弱链强链、同链错链"为思路，形成"项目带动、企业拉动、集群驱动、产城互动、区域联动"的新格局。

1. 以项目建设为抓手，打造京津冀产业对接协作新亮点

天津应加强与驻京部委、央企和公司总部对接，积极谋划和实施一批以新兴产业为主体的大型优质项目；河北应抓住京津结构调整和增量扩充的机遇，积极与京津的央企和大型企业对接，大力引进和推动若干大型制造基地项目，合力打造京津冀合作的重要支点和纽带。

2. 以企业合作为重点，夯实京津产业对接协作新根基

产业对接，企业为主。企业是项目建设和运营的支撑及载体，政府和行业协会是企业合作的黏合剂，政府应制订长期协作计划，并构建协

调组织机构，行业协会要建立企业协商平台，降低产业转移的信用风险和信息不对称。

3. 以园区共建为主线，拓展京津冀产业对接协作新空间

积极鼓励"基地围园、企业入园、项目扩园、园区入圈"，充分发挥企业聚集的外部经济性和产业集群的规模经济效应。鼓励基层政府、高校、企业之间通过各种渠道、采取各种方式合作共建园区，促进园区跨区域合作，构建"点—线—网络"园区一体化格局，带动区域间人才、资产、技术流动的共赢模式。

4. 以基层政府协作为主体，构建三地产业对接新机制

作为项目实际承接地的基层政府是项目的直接管理组织和受益单位，在三地高层统一协调下，构建三地间各市区县产业对接平台，有助于提高对接效率，降低对接风险。河北各市县、天津各区县应找准定位，积极与北京各区县进行接洽，切实以区位优势互补、对接收益共享为基本目标，充分平衡产业对接中的各利益相关方利益平衡机制，在人员安置、损失补偿、公共福利接转、生态补偿等方面进行制度创新。

5. 以城镇功能区体系为载体，提升京津冀产业对接品质

在国家主体功能区划指引下，合理调整和完善环首都经济圈城市功能体系，建设大中小城市、小城镇相依托和经济、社会、生态功能互补的高水平城市群，实现人、产、城融合，生产、生活和生态"三生共生"的良性互动。强化北京的首都功能和全国中心城市地位，提升天津的北方经济中心功能，完善河北各市的区域中心城市功能和重要节点城市功能，培育中小城市和特色小镇体系。以公共服务和基础设施配置均衡化为着力点，加速交通设施、市政设施、医疗卫生、教育机构等软硬件服务能力的末端延伸，营造规范有序的产业对接支持环境。

（二）京津冀地区产业对接与转移的对策

1. 形成以链织带、以带联区的产业对接新模式

在产业对接协作方面，应由易到难，分层次推进，着力打造若干产业链和产业带。

连接天津滨海新区、河北秦皇岛和唐山，形成滨海观光休闲度假带；连接秦皇岛、唐山乐亭和天津东疆港，形成滨海度假带；串接张家口桑洋河谷、秦皇岛昌黎、天津滨海新区茶淀，形成葡萄酒文化休闲区。

将天津南港石化聚集区、南港轻纺工业园、大港石化园区与唐山滦南、沧州海兴盐化工、沧州精细化工相连接，做实并延伸化工产业链。

沿渤海湾打造集研发、制造、维修于一体的船舶制造产业带；与该产业带呼应，在冀中南构筑船舶配套供应链。

沿渤海西岸构筑高端装备产业集群，并连接天津、廊坊、保定，打造汽车配套及装配产业链。

以京津高科技共同体为龙头，舞动中关村、亦庄科技园区、秦皇岛数据产业基地、廊坊润泽国际信息港、唐山软件产业及动漫游戏产业，最终将京津与河北的廊坊、唐山和秦皇岛互联，并串接至辽宁沈阳和大连，构筑电子信息产业带。

将天津光伏、风电、高端电池产业链串接保定、邢台、唐山等新能源项目及其装备制造，形成新能源产业带。

实现京津与冀东、冀中、冀中南物流通道畅通，打造物流产业链。

连接石家庄、保定、衡水，形成传统制造业产业群，连接邯郸、邢台、天津、唐山，形成钢铁产业带。连接张家口、承德和秦皇岛，构建生态休闲产业带。

2. 以京津冀多层次、全方位一体化为战略指引，系统推进京津冀产业对接

京津冀产业对接是京津冀一体化推进系统的组成要素，除经济目标之外，还要充分综合权衡历史、文化、生态、城市布局、承载力等系统目标。这就要求产业转出地要系统地考察产业移出对经济、社会、文化的影响，产业承接地不能过度追求短期利益而任意承接产业，应根据城市功能定位、历史和文化传承需要、生态保护要求和综合承载力，优选承接产业。据此，北京应依据功能疏解目标，移出大型摊群批发市场、"三高"行业、医疗、高等教育等公共事业部门、金融和贸易总部及其分支、部分央企总部等。天津也应关停并转低附加值产业。

（三）坚持以市场机制为主导、政府调节为补充，创新京津冀产业对接协作机制

1. 创建公平公正的市场竞争机制，完善市场交易体系

（1）清理散布在各级政府文件中限制商品、人员、资产、技术等要素在区域间自由流动的条款和规定，彻底清除地方保护主义；取消财政、金融、投资审批和各类行业准入规则中对非国有资本特别是民营资

本的各种歧视性政策，加速政府的公共服务模式改革，加快京津冀统一大市场建设，促进商品和生产要素的有序流动，以竞争换效率。

（2）加快国有资产管理体制改革步伐，对改进国资管理的新方法、新机制争取在京津冀先行先试，尽快推出国有企业高层决策者的职业经理人选聘方法，切实减少国有企业的特权，弱化国有企业的社会职能，增强其经济职能，在项目招投标、企业兼并重组、融资条件方面营造针对民营资本无歧视政策和法律环境，使不同所有制企业公平公正地竞争，争取通过市场化手段，组建一批有实力的跨区域企业集团，提高生产要素的跨区域整合效率。

2. 创新区域生态定价及补偿机制，充实产业转移动力

环境压力是产业转移的主要动力，产业转移的目的是污染转移，造成了产业梯度转移的合理梯次紊乱。构建产业的绿色转移机制是实现产业转移健康长效的关键。

绿色转移，市场为先。树立环境资源的商品化、资本化和股权化观念，构建公平公开的市场交易机制，加快建立健全主要污染物排放权交易平台，在北京环境交易所、天津排放权交易所、河北省能源环境交易所基础上，建立联动统一的排污权交易和碳交易市场，实现环境资源的合理定价，加快京津冀三地大气和水环境污染源解析工作，科学测定三地间污染的交叉影响和治污的溢出效应，依据环境资源的定价标准，进行地区间的排污收费和生态补偿额度，以利润机制为基础，大力吸引民营资本进行治污投资。

3. 创新京津冀协同发展的沟通和协调机制，破除产业转移中的制度障碍，降低信用风险

在政府层面，建立京津冀协调工作委员会，委员会主任和副主任应由国务院主要领导和京津冀党政一把手组成，委员会设立办事机构，负责京津冀功能区划和经济社会发展规划的编制及其落实监督工作。建立专项工作小组，根据功能区划和发展规划，对具体的产业对接和转移项目进行专项审核、协调和服务。

在企业层面，充分发挥行业协会的中介和信息服务作用，推进三地企业的交流与沟通。引导区域内大中企业实行强强联合，协助高校、研究机构和企业组建技术、研发、创新协作联盟，寻找三地企业合作的"引爆点"。

第二节　基于生态的京津冀生产性
服务业发展探讨[*]

2015年4月中央发布《京津冀协同发展规划纲要》，强调京津冀协同发展是国家重大战略，核心是有序疏解北京非首都功能。环保、交通和产业升级转移是京津冀协同发展的三个重点领域，而作为京津冀协同发展重要内容之一的服务业协同发展，在京津冀区域的发展定位、产业优化和优势互补等方面都起着重要的促进作用，可以有效地推动京津冀协同发展。基于生态发展的视角，依据产业生态系统，分析探讨京津冀区域生产性服务业的发展策略，有着很重要的理论意义和实际价值。

一　京津冀服务业发展

（一）京津冀服务业协同发展需求

随着《京津冀协同发展规划纲要》的公布与实施，京津冀协同发展将建构以生态廊道和交通干线为纽带的立体空间网络，北京、天津与河北廊坊市、保定作为中部的核心功能区，重点承接北京非首都功能的疏解。按照这一布局，京津冀服务业也需要协同发展，并主要解决以下问题：一是在战略规划与顶层设计层面，尚未形成协调发展的现代服务业发展战略规划；二是在技术与标准体系层面，构建京津冀一体化的现代服务业标准体系；三是在生产性服务业及其商业模式创新层面，京津冀需要整体优化、空间分布整体均衡等。因此，京津冀服务业协同发展与创新，一方面有其现实紧迫性，另一方面存在大量的需求：京津冀区域协同发展的重大需求、首都北京现代服务业发展战略规划与顶层设计的重大需求、环渤海经济圈现代服务业协同创新的重大需求等。

（二）服务业发展综述

当今世界正由工业经济向知识经济过渡，国家的发展水平与核心竞争力主要表现在知识应用与科技创新能力上。现代服务业是在现代管理理念上依托现代信息技术发展起来的。进入21世纪以后，现代服务业

---

[*]作者：李剑玲　北京联合大学商务学院副教授；李京文　中国工程院院士、北京工业大学经济与管理学院名誉院长。本节原载《经济与管理》2016年第2期。

在国内生产总值中所占的比重不断上升,其发展程度已经成为衡量一个国家现代化发展程度的重要标志之一。科学技术尤其是信息技术对现代服务业发展起着重要支撑与先导作用,是服务型经济快速发展的重要推动力量。世界银行《世界发展报告》显示,1960—2000年,美国服务业占国内生产总值的比重由58%上升到74%,英国由54%上升到70%。2000年,全球服务业增加值占GDP的63%,主要发达国家达到71%,中等收入国家达到61%,低收入国家达到43%。2014年,中国服务业占GDP的48.2%,低于世界平均水平。[①] 中国服务业发展水平与国外相比还有较大差距。目前在我国,中央和各级地方政府都高度重视现代服务业的发展。

二 生态视角的服务业

(一)产业生态系统

基于生态视角,从自然生态系统中获得启发,针对产业(主要是工业)活动及其对自然系统的影响,通过比拟生物新陈代谢及生态系统结构、物质流及能量流运动规律,提出了产业生态系统。产业生态位主要是指特定产业与其他相关产业在产业经济互动中形成的相对地位与产业价值。按照生态学的基本原则,产业生态学系统中的成员可以分为生产者、消费者和分解者。分解者是把工业企业的副产品和"废物"进行处理转化及再利用。

把经济看作类似于自然生态系统的循环体系,其中的一个体系要素产生的"废物"被当作另一个体系要素的"营养物",各个企业像自然生态一样,利用彼此的副产物作为原料。所以,产业生态系统主要是由制造业企业和服务业企业组成的,它通过资源问题与管理环境的合作,来共同提高经济社会效益和生态环境质量,实现效益优化,提高整体效益。产业生态系统是一个开放的体系,它遵循耗散结构原理,通过物质流与能量流的多层次利用来减少熵值,从而达到产业与环境的协同发展。[②]

[①] 陈岑:《现代服务业特征及发展趋势简析》,《市场周刊》2013年第7期;Lu Ndquist, K. -J., Oiander, L. -O., "Producer Services: Growth and Roles in Long – term Economic Development" [J]. *The Service Industries Journal*, 2008, 4 (128): 463 – 477.

[②] 鲍泳宏:《产业生态系统中的政府职能》,《经济论坛》2007年第10期。

(二) 生产性服务业

用生态系统思维来引导和促进生产性服务业发展，进而促进产业结构调整优化升级。生产性服务业又称生产者服务业，是相对于消费性服务的，是与制造业直接相关的配套服务业，是指可以用于商品和服务的中间投入服务。它依附于制造业企业，是从制造业内部发展起来的新兴产业，是加速第二、第三产业融合的关键环节。生产性服务业的空间发展模式主要是向大城市集聚。国外学者研究发现，生产性服务业一般是一个地区产业活动的主要代表，而且其产业本身也具备规模报酬递增性质。布朗宁和辛格尔曼（Browning and Singelman）于1975年提出了生产性服务业的概念，并对服务业进行了功能性分类。把服务业分为生产性服务业和消费性服务业是由胡巴德和纳特（Hubbard and Nutter）等提出来的。我国学者也进行了相关研究，钟韵、闫小培（2005）认为，生产性服务业不直接参与生产或者物质转化，而是为了生产制造、商务活动和政府管理提供的。[①]

总体来说，国内外研究学者和一些科研机构大都认为，生产性服务业是一种中间需求的服务业，而在生产性服务业的外延上至今还没有达成一致看法。我们主要依据《中华人民共和国国民经济和社会发展第十一个五年规划纲要》中有关生产性服务业外延的分类，认为生产性服务业是知识密集型产业，它可以为其他产品或者服务生产提供市场化的中间服务。

三 京津冀生产性服务业发展

（一）发展现状

京津冀区域协同发展是国家重大发展战略，有助于京津冀的可持续发展，是区域经济结构优化、生态环境和社会发展的内在需求，也是中国区域经济发展的重要部分。京津冀区域，由京津唐工业基地发展而来，京津冀位于东北亚环渤海地带，是全国主要的高新技术和重工业基地，是中国北方经济规模最大的地区。大力发展现代服务业，既符合国家经济社会发展的战略导向，又契合京津冀协同构建"创新驱动、改革推动、品牌带动、消费拉动、区域联动"现代产业体系和产业空间

[①] 王子先：《中国生产性服务业发展报告》，经济管理出版社2008年版。

布局的总体思路。① 国务院曾经对加快生产性服务业的发展做出了指导意见及全面部署。生产性服务业主要包括制造维修服务、农业服务、信息服务、金融服务、物流服务、租赁服务、商务服务、科技服务、教育服务及环保服务等。第三产业是指不生产物质产品的行业，即服务业。京津冀地区生产总值三次产业情况如表3-5和表3-6所示。

表3-5　　京津冀地区生产总值三次产业情况（2013年）　　单位：亿元

地区	第一产业	第二产业		第三产业					
		工业	建筑业	交通运输仓储	批发零售业	住宿餐饮业	金融业	房地产业	其他
北京	161.83	3536.89	815.41	883.58	2372.43	374.75	2822.07	1339.52	7194.08
天津	188.45	6678.60	598.08	725.05	1902.52	241.34	1202.04	519.37	2314.71
河北	3500.42	13194.76	1567.34	2377.59	2163.95	415.18	1033.55	1041.28	3007.34

注：本表绝对数按当年价格计算，指数按不变价格计算。
资料来源：《中国统计年鉴（2014）》。

表3-6　　京津冀地区生产总值三次产业比例（2013年）　　单位：亿元

地区	地区生产总值	构成（地区生产总值=100）			指数（上年=100）			
		第一产业	第二产业	第三产业	地区生产总值	第一产业	第二产业	第三产业
北京	19500.56	0.8	22.3	76.9	107.7	103.0	108.1	107.6
天津	14370.16	1.3	50.6	48.1	112.5	103.7	112.7	112.5
河北	28301.41	12.4	52.2	35.5	108.2	103.5	109.0	108.4

注：本表绝对数按当年价格计算，指数按不变价格计算。由于四舍五入，表中三次产业之和有时不等于100%。
资料来源：《中国统计年鉴（2014）》。

由表3-5和表3-6可以看出，北京第三产业在地区生产总值中占比最大为76.9%，第一产业在地区生产总值中占比最小为0.8%。天津第二产业在地区生产总值中占50.6%，略大于第三产业的48.1%。河北第二产业在地区生产总值中占52.2%，第三产业在地区生产总值中

① 李京文、李剑玲：《京津冀协同创新发展比较研究》，《经济与管理》2015年第2期。

占 35.5%；第一产业在地区生产总值中占 12.4%，远大于北京的 0.8% 和天津的 1.3%。也就是说，北京服务业发展比较好，河北服务业发展相对最差，所以，要充分发挥北京的辐射作用来带动河北的服务业发展，疏解北京非首都功能。同时还可以看出，第二产业在地区生产总值中也占有很大的比例，对京津冀地区生产总值起着很重要的作用。同时，从表 3-5 和表 3-6 可以看出，京津冀地区生产总值的相对指数与其第三产业的相对指数几乎相同，也就是说，京津冀地区生产总值主要由第三产业的发展来决定，即京津冀区域服务业的发展决定了其地区生产总值，所以说，京津冀区域服务业的发展至关紧要。总体来说，生产性服务业在京津冀区域协同创新发展中发挥着非常重要的作用，需要很好地引导和发展。

（二）长三角生产性服务业的启示

区域经济发展水平是一个很重要的生态因子。全国大部分区域，生产性服务业的最大影响因子是生产性服务业规模。长三角区域统计年鉴中涉及的生产性服务业主要包括邮电业、交通业、软件业、金融业、信息业、房地产业、商务服务业、科技服务业等。生产性服务业发展在某种程度上反映了一个区域的综合竞争力。在城市体系中等级越高，其生产性服务业发展水平就越高。长三角区域的生产性服务业发展水平在全国排在前列，但与国际城市相比还有很大差距。

为规划产业空间发展，更好地推动区域产业调整，提升长三角区域竞争力的关键是促进生产性服务业与现代制造业的联动发展，推进生产性服务业的集聚式发展，优化产业发展空间结构布局。依据盈利边际理论，当服务需求达到一定规模并能满足其发展要求、服务企业能够达到盈利边际时，才可以作为独立的新兴产业门类来发展。而且，服务业内部结构与城市规模结构有很大关系，高附加值生产性服务业常常与城市规模联系在一起。长三角可以在内部具备条件的区域形成生产性服务业集聚式发展，主要是通过一些大城市的集群化发展来加大生产性服务业的发展规模及集聚效应；在其他区域，可以通过扶持中小型生产性服务企业发展，来提高生产性服务企业的服务水平。[1]

---

[1] 沈玉芳、刘曙华、张婧等：《长江三角洲生产性服务业的空间分布特征分析》，《资源开发与市场》2010 年第 3 期。

四　京津冀生产性服务业发展策略

（一）加大政府政策支持引导，构建生态视角的"三位一体"模式

基于生态视角，在生态和经济社会大环境中，构建政府部门、行业企业、社会组织的"三位一体"模式，如图 3-2 所示。京津冀区域就需要一些催化剂来促进产业生态系统的成长，此时，政府就凸显出很重要的作用。适度的政府支持是系统发展的环境条件。企业的发展离不开政府的政策支持，政府的管理直接影响到企业的运营效率、交易成本及投资者信心，所以，政府要营造一个积极向上的和谐环境，以便使整个系统不断扩大。[①] 政府逐渐意识到产业生态系统在提高区域竞争力方面的重要作用，并且可以有效地促进区域经济、社会、环境的和谐发展，同时推动产业生态系统的可持续。政府可以营造良好的软硬件环境，它是联结行业企业和社会组织之间的纽带，在推动区域生产性服务业发展方面发挥着很重要的作用。

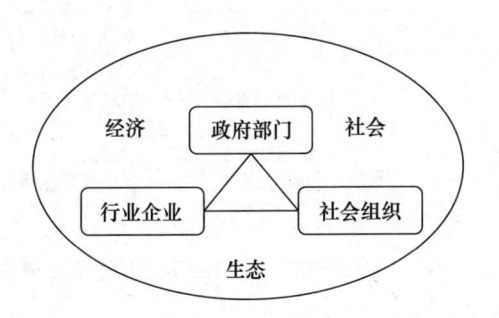

图 3-2　生态视角的"三位一体"模式

（二）加强产业关联生态化，构建生产性服务业与制造业的联动机制

生产性服务业发展可以提高生产制造业竞争力，是供需关系把生产性服务业与生产制造业联系在一起。生态化建设是要加强京津冀制造业企业与生产性服务业之间的合作，构建与工业、农业和服务业之间的物质循环及能源利用等经济链，逐步形成三大产业循环圈，构建生产性服

[①] 张可云、蔡之兵：《京津冀协同发展历程、制约因素及未来方向》，《河北学刊》2014年第6期。

务业与制造业的联动机制,如图3-3所示,在宏观层面上发展循环经济的同时也促进了企业自身的生态建设。生产性服务业与制造业在空间上可以互相分离,基于产业关联生态化的产业圈主要由农业圈、工业圈和服务业圈三大基本圈构成,其中还包括生产性服务业亚圈与生产制造业亚圈。生产性服务业亚圈可以促进三大产业圈的融合协调发展,生产性服务业是现代服务业的一个重要组成部分,促使经济发展形成一个有机整体。随着社会分工的细化,生产制造业为了保持其核心竞争力,实行服务活动外包,形成生产性服务业。依托信息技术的更多投入来支持制造业升级,这样就拉动了生产性服务业的发展。生产性服务业提供知识和技术投入,降低了制造业的生产成本,提高了其生产效率和竞争力,推动了制造业升级,促进制造业与生产性服务业的协同发展。

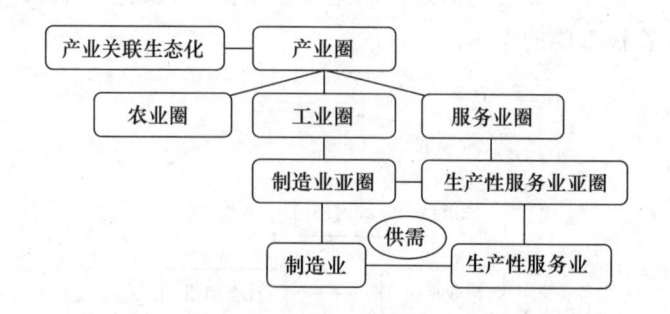

图3-3 基于生态的生产性服务业与制造业联动

(三) 优化产业生态空间布局,推进生产性服务业的集聚式发展

生态位的构成要素是生态因子,生态因子有外生性生态因子和内生性生态因子之分。产业集群的外生性生态因子是影响集群的外部环境因素,有生产要素、基础设施和市场。产业集群的内生性生态因子是影响集群的内部因素,有集群的构成要素和集群结构。集群的构成要素有企业和相关服务机构;集群结构是集群内的产品结构、市场竞争结构及企业间分工合作关系等。产业集群的生存与发展主要受主导生态因子的作用。各种生态因子和发展空间都以一定的方式和形态存在于环境中,这些生态因子紧密结合,形成一个生态空间。服务业产业生态位竞争优势的形成在于它具有的独特资源结构和空间结构。产业空间布局是区域经济和社会发展特征的空间体现。产业空间布局的优化和城市空间的重组

体现出产业结构升级和经济转型发展,如图3-4所示,科学规划生产性服务业的功能区,以功能区与集聚区为载体促进生产性服务业发展。

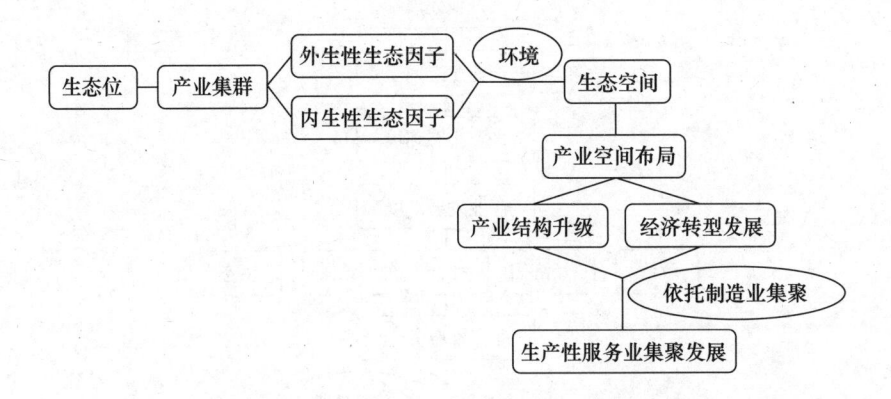

图3-4 基于生态位的生产性服务业集聚发展

(四)加强区域协调,构建基于产业生态因子的"五位一体"模式

生态因子是指对生物有影响的各个环境因子,构成生物的生态环境,将影响企业或产业的发展。产业发展受生态因子的影响和作用,其中,主导因子影响着产业的正常发展。产业生态因子随着时间与空间的改变而变化,在一定条件下,主导因子与次要因子可能会相互转化。产业生态环境是多个生态因子的综合体现,各个生态因子之间是互相促进、互相作用的。所有生态因子构成了产业发展环境,如图3-5所示。加强区域规划与区域协调,健全市场机制,探索区域发展的利益协调机制。京津冀区域协同创新发展,河北的定位是依托京津发展自身,加快河北的传统产业改造与升级,同时加快北京高新技术产业向周围扩散,在京津冀区域形成以科技带动工业、以工业反哺经济的发展态势,加强生产性服务业发展,带动北京周边的联动创新发展。

京津冀协同发展是国家重大战略,京津冀区域服务业协同发展,可以有效推动京津冀协同发展。本节基于生态视角,用生态系统思维引导生产性服务业发展,依据产业活动及其对自然系统影响的产业生态系统,探讨京津冀区域生产性服务业发展策略,加大政府引导和区域协调,构建了生态视角的"三位一体"和"五位一体"模式,加强产业关联生态化,构建生产性服务业与制造业联动机制,优化产业生态空间布局，促进生产性服务业发展，加快京津冀区域协同创新发展。

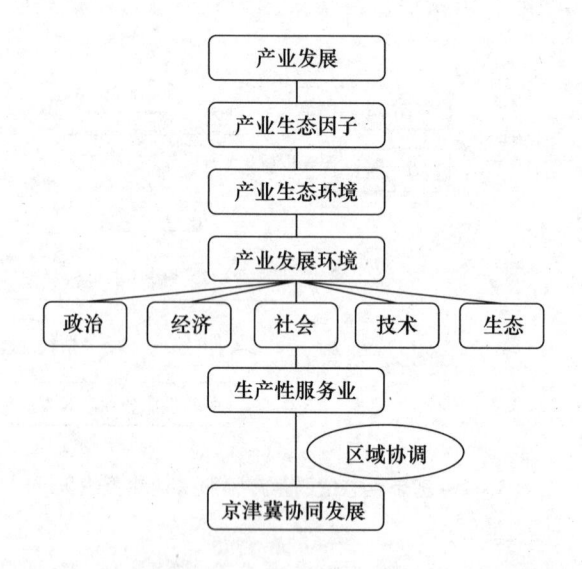

图 3-5　基于产业生态因子的"五位一体"模式

第三节　京津冀物流产业升级路径及对策研究[*]

区域内物流产业作为区域经济发展的支撑产业，如果能突破市场壁垒，实现一体化运营，对调整区域产业结构，促进产业链的发展，进而提升区域内产业整体发展水平，强化区域内部联系会起到非常重要的作用。在京津冀协同发展、打造世界级大都市圈开局之时，在区域协同战略下布局物流产业的发展与升级，推动区域物流一体化的实现，具有重要意义。

一　区域物流一体化相关文献回顾

在对区域经济与物流一体化发展关系研究中，学界普遍认为，区域

---

[*]作者：刘东英　河北经贸大学商学院教授；程姿　河北经贸大学商学院硕士研究生。本节原载《经济与管理》2015 年第 4 期。

经济与物流是相互依存的统一体。刘辉（2008）[①]认为，物流一体化是区域经济一体化的动力保障。罗自琛等（2014）[②]认为，区域经济是区域物流产生和发展的原动力，其规模、发展水平和产业结构决定着物流的发展水平及层次，没有区域经济的支撑，物流业就没有充足的发展理由和动力。而服务于经济发展的现代物流是区域经济发展的强大动力、利润源泉和不可或缺的纽带，是区域经济一体化的内在要求和动力保障。总体来看，区域经济一体化必然对物流一体化提出要求，但是，从实践发展来看，物流一体化的实现还存在障碍。张韬（2013）[③]指出，长三角地区无论是物流基础设施建设还是物流总体规模都在区域一体化进程中取得了较大发展，但是，从区域一体化进程与区域物流协作的角度来看，长三角地区的物流发展尤其是在区域协作方面仍存在问题，如区域之间的物流运输缺乏有效衔接、物流协调发展的环境有待改善、物流业的独立性不高、专业的第三方物流发展缓慢等。刘宗羽（2014）[④]认为，虽然珠三角物流合作发展基础良好，业务量发展迅速，但物流业发展仍比较粗放，并且缺乏有效的资源整合。在推动区域物流的发展途径方面，刘辉（2008）[⑤]认为，物流节点的整合对于完善区域物流网络来说至关重要；刘宗羽（2014）[⑥]提出了加强管理机制协同和整合、加强区域基础资源整合、建立一体化的物流体系等方案。张韬（2013）[⑦]认为，培育区域范围内的大型第三方物流企业十分必要。另外，物流园区的合理布局也是区域物流发展的一个重要方面，沈玉芳等（2011）[⑧]认为，针对长三角地区物流发展态势，在物流园区的类型上，应加快专

[①] 刘辉：《长江三角洲物流一体化的实现途径研究》，硕士学位论文，苏州大学，2008年。

[②] 罗自琛、耿明斋：《基于区域经济一体化的中部地区现代物流发展策略研究》，《物流技术》2014年第1期。

[③] 张韬：《区域经济一体化下的物流发展研究——基于长三角地区的经验》，《物流技术》2013年第10期。

[④] 刘宗羽：《珠三角区域物流合作发展路径选择研究》，《物流科技》2014年第2期。

[⑤] 刘辉：《长江三角洲物流一体化的实现途径研究》，博士学位论文，苏州大学，2008年。

[⑥] 刘宗羽：《珠三角区域物流合作发展路径选择研究》，《物流科技》2014年第2期。

[⑦] 张韬：《区域经济一体化下的物流发展研究——基于长三角地区的经验》，《物流技术》2013年第10期。

[⑧] 沈玉方、王能珊、马仁锋等：《长三角区域物流空间布局及演化特征研究》，《经济地理》2011年第4期。

业服务型物流园区的建设，以避免产业雷同带来的资源浪费，特别是中小城市应该重点发展专业性的物流节点，以此推进长三角物流业的融合进程。惠英等（2008）[①]在分析长三角地区物流发展背景与趋势的基础上，对长三角物流园区的区域协调发展提出了网络化布局、专业化分工和适度规模控制等对策建议。

国内对于区域经济背景下物流产业发展的大部分研究成果都集中于长三角和珠三角地区。这两个地区发展较早，区域经济融合程度高，其物流业发展速度处于全国领先地位，它们的经验可以为后发地区提供参考。京津冀协同发展将是新一轮改革中区域经济发展的最大亮点，认真学习长三角和珠三角地区的先进经验，积极发展物流产业，充分发挥后发优势，是推进京津冀物流一体化的题中应有之义。

二 京津冀协同发展背景下物流产业发展的新机遇

（一）交通建设投资加快，物流基础条件将迅速改善

京津冀协同发展的第一个突破口是区域交通一体化。事实上，京津冀区域的交通已经比较发达，但距离一体化目标还有差距，就拥有广阔腹地的河北来说，近年来，交通基础设施不断完善，京港澳高速公路改扩建工程提前通车，正定国际机场、邯郸机场改扩建工程投入使用。2014年，河北交通基础设施建设完成投资909.5亿元，新增通车里程269千米，营业性道路货运量和周转量分别居全国第5位和第2位，全省高速公路通车总里程达到5888千米，跃居全国第2位，仅次于广东。港口建设投资共计完成171亿元，新增生产性泊位25个，共计183个；货物通过能力达到9.2亿吨，跃升为全国第2名，集装箱通过能力达到295万标准箱。河北港口货物吞吐量共完成9.5亿吨，同比增长6.7%，稳居全国第5位。随着京津冀协同发展不断深入，交通建设投资加快，物流基础条件将有更快的改善。目前，河北已谋划了"二环八通四联八港八枢纽"的综合交通运输网络布局。而北京、天津也都在规划国道、省道、铁路和港口、机场的交通布局，研究高铁、城际、市郊和地铁的互联互通，"京津第二高铁"已经启动。2015年4月，京津冀三地政府、中国铁路总公司成立京津冀城际铁路投资有限公司，这无疑将会在交通基础设施方面对物流业的快速、大规模发展形成有力支撑。

[①] 惠英、舒慧琴：《长三角物流园区规划布局分析》，《城市规划学刊》2008年第3期。

（二）园区布局加速调整，物流产业集聚程度将不断提高

2009年物流产业振兴规划出台以后，全国加快了物流产业发展步伐，其中的一个重要方面就是物流园区建设。以河北为例，经河北省政府批准设立的32个省级物流产业聚集区，已有24个批准了总体规划并进入建设运营阶段。获批的物流产业聚集区总规划面积326.54平方千米，正在建设中的起步规划面积72.79平方千米。物流产业聚集区已初显物流业服务支撑功能和带动辐射作用，对当地经济发展起到了明显的促进作用。京津冀协同发展为河北物流业带来了机遇与挑战，围绕为区域经济发展新目标服务的物流园区布局调整将表现在以下三个方面：一是园区发展规模的重新评估；二是新机会下新增园区的选址和定位；三是以园区推动产业集聚的服务功能的完善。在产业转移、对接协作过程中，传统商品交易市场的搬迁将率先实施，大红门批发市场、动物园批发市场、新发地农产品批发市场将最先疏解出北京，为之服务的生活资料物流也将随之转移和拓展。目前正在加紧建设的石家庄乐城·国际贸易城是石家庄长安区承接北京批发市场功能疏解的重要平台。该项目总建筑面积2600万平方米，体量相当于3个义乌、12个南三条+新华集贸，或者10个大红门+动批市场，分为市场交易、商务配套、仓储物流和产业加工四大组团。项目建成之后，将成为亚洲服务功能最全、经营规模最大、辐射半径最广的超级商贸物流中心，将大大提升石家庄乃至河北在世界商贸物流格局中的地位。在河北范围内，经过长期的发展积累，有很多市场具有承接北京批发市场搬迁的能力，借此之际，促进河北批发市场的转型升级，完善物流配套服务设施，对促进区域内物流资源的有效衔接，实现区域物流一体化意义深远。

（三）物流功能不断拓展，物流综合服务能力将大大提升

京津冀区域内物流产业通过不断拓展服务功能、提升综合物流服务能力，获得了快速发展，在协同发展的大背景下，也迎来了进一步优化服务功能的新机遇。京津冀协同发展战略的实施，有利于打破行政界线，推动大都市圈产业结构不断优化与融合，对物流服务的需求将表现出以下变化：第一，要求服务内容更加丰富。除传统的运输、仓储等基本物流功能之外，为分工深化提供保障的流通加工功能、服务外包功能等将成为物流产业升级的重要方面。第二，要求物流综合服务能力更加强大。在此要求下，第三方物流的发展将成为物流产业组织创新的重要

内容，在降低整体物流成本、提高企业服务效率方面有所突破。第三，要求冷链物流形成一定的产业规模。在京津冀协同发展战略下，京津农产品市场会进一步向河北开放。河北不仅是重要的现代商贸物流基地，还是新型城镇化与城乡统筹示范区，华北平原巨大的农业生产和供应能力将因此得到更好的开发利用。冷链物流作为农产品现代化流通的重要保障条件必须得到长足发展，以提高农产品流通质量，保障农产品流通安全。

三　区域内物流产业发展存在的问题

总体来看，目前京津冀区域内物流业发展不平衡，大部分企业规模较小，以传统功能为主，综合化服务的供给水平比较低，无法对接区域内外的高端物流需求，区域内企业对物流服务需求不足。总之，物流产业与其他产业发展之间的良性循环尚未建立起来。

（一）区域交通发展不均衡

交通条件是物流产业发展的基础条件，京津冀地区是全国路网密度最高、交通运输最繁忙的地区之一，但也是最不均衡的地区之一。河北在路网密度、路面等级、建设水平、推进力度等方面都远低于京津。河北的高速公路密度仅为北京的1/2、天津的1/3，二级以上公路里程比例分别低8%和19%，公路密度每百平方千米分别低44千米和42千米；河北还存在不少"断头路""瓶颈路"，"北京吃不下，天津吃不饱，河北吃不到"的发展不均衡局面急需打破，补齐"短板"是目前河北在交通基础设施建设方面首先要做的事情。

（二）物流产业集群发展缓慢

虽然京津冀协同发展的思想由来已久，但之前实质性的融合并没能实现，京津特别是北京，在区域内各方面的巨大虹吸作用给河北的发展带来了不同程度的挑战。物流产业的发展也是一样，物流服务企业都倾向于把市场重心布局在北京，特别是一些有实力的第三方物流企业、冷链物流企业、"三通一达"等快递企业基本上不可能围绕河北谋划布局，形成目前北京物流资源过度膨胀、津冀区域物流发育不良的窘境。河北拥有广阔的腹地，但从河北现有物流产业园区的发展来看，规划和建设统筹考虑不够。在物流产业振兴规划出台之后，河北各地都制定了相关规划，但从整体来看，存在不少重复建设、重复投资的资源浪费现象。已经建成的物流聚集区，总体质量不高，周边交通基础配套设施不到位，特别是一些由专业市场转型而来的物流园，其内部交通设施因陋就简的很多，缺乏整体规划和布局，极大地影响联运效率。而新建物流聚集区因为用地指标问题、园区内用地价格问题，首先导致项目引进受阻，因为物流企业对用地价格的承受能力，影响了物流企业入园发展，物流产业集聚发展缓慢。同时聚集区还存在多部门行政造成的低效率。

（三）没有形成高效的物流网络

有无高效的物流网络可以从以下两个方面来衡量：一是物流资源的保有量与配置是否合理。具体来说，就是仓储、运输、配送中心等资源的规模和利用水平是否与经济发展相适应。目前，京津冀地区仓储条件不均衡，库场设施设备资源闲置与重复配置矛盾突出，还缺乏现代化的物流中心、配送中心，与周边地区相衔接的跨境物流条件还不健全。二是物流运行与管理的科学化水平如何。京津冀区域内规模较大的物流企业主要在京津布局，河北省内的物流企业发展层次偏低，初级基础物流服务较多，高端物流发展滞后，高端增值物流服务较少，综合物流功能较弱，供应链管理水平较低，物流运行远未达到科学化水平。总之，无论从资源配置来看还是运行管理来看，京津冀区域内的高效物流网络尚未形成。

四 区域内物流产业升级路径

随着京津冀协同发展战略的不断深入，区域物流一体化进程将加快，作为物流产业发展短板的河北在区域物流产业升级中的任务最重。

（一）构建现代化交通系统

抓住京津冀协同战略中把交通一体化作为先行领域的大好机遇，加快构建快速、便捷、高效、安全、大容量、低成本的互联互通综合交通网络。一是加快既有交通规划的实施，快速完成区域内主干线路的建设与完善；二是进一步延伸扩展快速交通网络，完成区域内县级城市之间的高速交通网络，实现村级公路的全面互通和质量提升，保证城乡之间双向物流通道的顺畅、快捷；三是充分发挥区域内四大港口的国际交通枢纽作用，保证港口与腹地之间物流通道的畅通；四是保证交通规划与物流规划的相辅相成，交通建设与仓储设施、物流中心、配送中心的建设统筹设计、同步推进，对未来京津冀物流体系的长远发展一定会有事半功倍的效果。

（二）科学布局，形成高效物流网络

现代物流园区作为一种新型业态，一方面通过发挥现代物流功能，

完成对生活消费服务的改进和推动；另一方面通过产业集聚效应，充分发挥生产服务功能，引导各类产业的集聚。因此，要科学布局物流园区，形成物流产业与优势产业集聚发展、联动发展的格局。京津冀三地要共同谋划物流园区布局的总体方案，推动物流资源共享。特别是要按照区域内一小时经济圈、两小时经济圈的需求布局，保证物流为经济服务功能的实现。在物流园区建设开发上，应综合考虑经济开发区模式、大型物流企业引导开发模式等，并加强用地保障、税收优惠等政策扶持。力争基本形成布局合理、规模适度、功能完善、集聚集约、绿色高效的物流园区体系，打造具有区域竞争力的国家级示范物流园区体系。物流园区的发展，要加强规划引导，依据城市发展基础和产业特点，科学界定，合理分工。严格执行规划，避免重复建设，少走弯路。要实行政策倾斜，支持物流园区尽快做大做强，加速对接京津，形成高效物流网络。

（三）加强物流技术改造，提高物流产业现代化水平

现代物流产业区别于传统物流产业很重要的一点就是信息技术的影响。建设覆盖河北的智慧物流信息平台，积极推进物联网、云计算、3G、4G、移动互联网等高新技术在物流产业的开发应用，在物品可追溯、在线调度管理、全自动物流配送以及智能配货等领域，提升信息化与智能化水平。信息平台的建设以及物联网技术的发展无疑会大大降低物流成本。新兴信息技术在物流领域的应用，不仅包括一些软硬件技术的研发，还包括物流需求分析、创新盈利模式等问题，这需要信息化与物流在理论与实践上的深度融合。

（四）提高供应链管理水平，开拓乡镇市场

京津冀协同发展带动新型城镇化建设，城市化进程将加快步伐。在城市化过程中，居民的生活消费从内容、方式到消费水平都将发生很大变化，社会化需求大大增强，这必将为物流产业带来巨大机会。随着市场容量的增加，谋划仓储中心、配送中心在乡镇领域的布局与建设，不断开拓乡镇市场，无疑是完善物流网络的必由之路。与此同时，要用供应链管理的模式，推进工业、农业、流通业、建筑业的产业升级，压缩库存，加快周转，减少环节，节能减排，降低成本，提高仓储利用率，提升市场竞争力。要有效地推进城市供应链、产业供应链、企业供应链战略实施，实现京津冀供应链的最优化。

（五）发挥港口优势，布局更广区域的物流发展

港口是打造现代化交通网络系统的前沿阵地，京津冀区域内，共有天津港、秦皇岛港、京唐港、曹妃甸和黄骅港五大港口，这一港口群是其他区域无法比拟的，发挥好区域内港口群的服务和支撑作用对京津冀协同发展意义重大。一定要全力打造环渤海第一大港口群和重要港口商贸物流枢纽，在更大范围、更广领域、更高层次参与经济全球化。京津冀三地要充分利用港口资源优势，深化合作，谋划建设向北、向西的国内乃至国际大通道，打造首都乃至三北地区以及"新丝绸之路"的最便捷出海口，大力拓展水—水中转业务，完善港区之间相互衔接、相互支撑、高效通畅的航线布局。密切港口与腹地经济联系，拓展货物配送、分拨、集运功能，加快推进重大交通基础设施项目建设，形成海陆空配套、延伸至腹地、汇聚到港口、连通海内外的集疏运体系。

五 区域内物流产业升级的对策建议

物流业的发展是一个地区经济发展的重要支柱。京津冀都市圈物流发展水平尚存在很大差异，特别是河北物流发展水平处于相对落后的地位，这不利于京津冀都市圈协调发展，也不利于京津冀物流一体化进程。选好了物流产业的升级路径，还需要有政策的大力支持。

（一）用好税收政策，加快物流保税区建设

要加大财税等政策支持力度，切实落实国家已出台的促进物流发展的物流业相关税收优惠政策。完善曹妃甸综合保税区功能，加快石家庄综合保税区建设，保证境内货物在保税物流中心享受出口退税政策。从境外进入保税物流中心内的货物，除法律、法规另有规定外，予以保税。强化保税物流中心的流通加工功能，保证保税区内的企业与企业之间，在提供加工服务或者进行货物交易中，能够享受增值税、消费税方面的减免优惠。

（二）用好土地政策，加快物流园区及物流设施的合理化布局

做好物流园区布局规划，做好现代化物流中心、配送中心、现代化仓库等用地项目的发展规划，既要适应经济发展保证用地规模、数量，又要避免重复建设；既要寻求用地支持，又要坚持集约节约用地。[①] 物

---

① 高詹：《中原经济区城市物流效率与经济重心演变分析》，《商业研究》2014年第2期。

流产业是用地大户，在以往的发展过程中，以建设物流园区为名，圈占土地的情况时有发生，在京津冀协同发展过程中，各类产业的发展将互为支撑、共成系统，一定要有土地资源十分宝贵的基本概念，严审规划，严格标准，切实保证土地投入产出强度的提高，提升建设用地利用效率。

（三）用好财政政策，加大物流基础设施投入

在物流产业振兴规划出台以后，各地在财政支持物流产业发展方面都采取了投资补贴、项目补贴、产业基金等政策，对物流产业的快速发展起到了重要作用。从目前来看，财政投入要重点放在两个方面：一是对现代化的物流仓储、配送设施建设的支持。按照圈层与节点相结合的布局原则，在农产品产地，建设一批具有保鲜、调温等功能的现代化仓库，保障农产品物流；在制造业基地附近，建设一批具有强大流通加工功能的物流中心和配送中心，保障工业品物流。同时，要支持对现有基础设施的整合，盘活存量。二是对物流信息系统建设的支持。支持的重点包括搭建物流信息平台、对物流企业的信息化建设所进行的软硬件投入予以补贴等。通过基础设施建设和信息化建设，着力提高物流设施的系统性、兼容性，提高管理的科学性。

（四）用好产业政策，加快培育物流产业集群

要培育物流产业集群，促进集约发展。一方面，要鼓励大型物流企业做大做强，提升区域竞争力和国际竞争力；另一方面，要扶持中小物流企业发展，引导产业集聚。在这一前提下，第一，要集中力量，支持第三方物流企业的发展，鼓励生产企业和流通企业将内部物流资源整合、剥离，将物流业务社会化，实现与第三方物流企业的良性互动，为吸引知名第三方物流企业在区域内布局创造良好的发展环境；第二，支持现有小规模物流企业进行整合、兼并、重组，通过功能整合和服务延伸，加快向现代物流企业转型；第三，鼓励竞争，放宽准入条件，为社会资本进入物流领域创造良好的市场环境。

＊作者：陈滢　天津社会科学院城市经济研究所副研究员。本节原载《经济与管理》2015年第3期。

① ［美］阿尔文·托夫勒：《第三次浪潮》，黄明坚译，中信出版社2006年版。

第四节 京津冀协同框架下大数据产业差异互补发展研究*

一 引言

京津冀协同发展是一项重大国家战略。习近平总书记指出，实现京津冀协同发展，是面向未来打造新的首都经济圈、推进区域发展体制机制创新的需要，是探索完善城市群布局和形态、为优化开发区域发展提供示范和样板的需要，是探索生态文明建设有效路径、促进人口经济资源环境相协调的需要，是实现京津冀优势互补、促进环渤海经济区发展、带动北方腹地发展的需要，要坚持优势互补、互利共赢、扎实推进，加快走出一条科学持续的协同发展路子。

2015年的《政府工作报告》指出，要推进京津冀协同发展，在交通一体化、生态环保、产业升级转移等方面率先取得实质性突破。

大数据是信息产业的重大技术突破，具有非常广阔的发展前景。1980年，著名未来学家阿尔文·托夫勒便在《第三次浪潮》一书中，将大数据赞颂为"第三次浪潮的华彩乐章"。[①] 从2009年开始，大数据成为互联网信息技术行业的流行词汇。

无论是国外还是国内城市都对大数据市场寄予了巨大的希望。我国2015年的《政府工作报告》也指出，要制订"互联网+"行动计划，推动移动互联网、云计算、大数据、物联网等与现代制造业结合，促进电子商务、工业互联网和互联网金融健康发展，引导互联网企业拓展国际市场。

京津冀在发展大数据产业方面具备自身的优势，但也存在一些局限，在京津冀协同发展的大框架下，就需要优势互补，共同协作。

二 大数据产业的内涵及特点

大数据，或称巨量数据、海量数据，是指由数量巨大、结构复杂、类型众多的数据构成的数据集合，是基于云计算的数据处理与应用模式，通过数据的集成共享、交叉复用形成的智力资源和知识服务能力。

维克托·迈尔-舍恩伯格和肯尼斯·库克耶编写的《大数据时代：生活、工作与思维的大变革》中，大数据是指不用随机分析法（抽样调查），而是采用所有数据进行分析处理。①

大数据具有"4V"特点，即大量（Volume）、高速（Velocity）、多样（Variety）和价值（Value）。这些特点恰恰体现了大数据对信息技术的超高要求。

（一）大量

大数据所包含的数据量巨大。美国互联网数据中心曾指出，互联网上的数据每年将增长50%，每两年就翻一番，而近90%的数据都是近几年产生的。仅以百度为例，根据公开的信息，作为全球最大的中文搜索引擎，百度每天响应来自138个国家和地区的数十亿次请求，每日新增数据10TB，要处理超过100PB的数据。而互联网中产生的数据仅是大数据构成的一部分，其余来自工业、商业等领域的数据更是不计其数。例如，仅国家电网，全国能够采集获得的数据总量也是上10个PB级别的。据统计，2013年，中国产生的数据总量超过0.8ZB（相当于8亿TB），两倍于2012年，相当于2009年全球的数据总量。预计到2020年，中国产生的数据总量将是2013年的10倍，超过8.5ZB。

（二）高速

大数据对数据处理速度要求高。各种数据的产生与更新速度非常快，如腾讯QQ目前拥有8亿用户，4亿移动用户，每日新增数据200TB—300TB，平均每秒新增数据2.37GB—3.56GB，可谓瞬息万变，分秒间处理出的结果已是千差万别，因此，大数据具有鲜明的时效性，大数据的挖掘要求在秒级时间范围内给出分析结果，这也是大数据处理技术和传统的数据挖掘技术最大的区别。

（三）多样

大数据的类型繁多，数据来源于各种各样的渠道。除数据庞大的互联网之外，电信、金融、保险、电力、石化系统、公共安全、医疗、交通领域、气象、教育、地理、政务、商业销售、制造业、农业、物流和流通等其他领域都包含着规模庞大的数据。据推算，目前国内银行和金融系统每年产生的数据达到数十PB；整个医疗卫生行业，一年能够保

---

① ［英］维克托·迈尔-舍恩伯格、肯尼斯·库克耶：《大数据时代：生活、工作与思维的大变革》，周涛译，浙江人民出版社2013年版。

存下来的数据就可以达到数百 PB；交通方面，航班往返一次能产生的数据就达到 TB 级别，列车、水陆路运输产生的各种数据视频、文本类数据，每年也在百 PB 级别。[①]

（四）价值

正因为数据数量如此庞大，而来源又如此繁杂，因此，真正能够产生价值的数据比例不高。大数据具有数据价值密度低、商业价值高的特点。大数据的特点也决定了大数据产业链所必须包含的组成部分。大量与多样的特点决定了产业链中应包含数据来源及存储部分；而速度和价值的特点则决定了产业链应包括快速数据处理挖掘和应用部分。因此可以说，大数据产业链主要包含四个层面：第一层，数据来源层，包括互联网、移动互联网、运营商、政府部门、工业、商业等领域；第二层，数据存储层，包括云服务平台、云存储设备商等；第三层，数据分析与挖掘层，包括各综合及专业服务部门，负责数据分析及共享等；第四层，数据应用层，包括互联网、政府部门、商业部门等多个领域。

三 京津冀大数据产业发展的优势比较

（一）信息业发展基础比较

大数据是信息技术发展的高阶段，信息业的发展也是大数据产业发展的基础。在信息业发展中，北京在京津冀三地中处于绝对的领先地位。2013 年 1—12 月，北京软件和信息服务业实现营业收入 4900 亿元，这与政府的重视和财力、物力的大量投入密不可分。如图 3-6 所示，2013 年，北京信息传输、软件和信息技术服务业固定资产投资 209.74 亿元，是河北的 1.8 倍、天津的 2.8 倍。完善的基础设施和高速发展的信息业也吸引了更多的专业技术人员从事这一行业，如图 3-7 所示，2013 年，北京信息传输、软件和信息技术服务业从业人员达到 73.2 万人，远远领先于河北的 19.8 万人和天津的 7.98 万人。因此，在京津冀三地中，北京具备更加完备的信息业发展基础，拥有更多的专业人员。

[①] 《大数据史记 2013：盘点中国 2013 行业数据量》，http://www.36dsj.com/archives/6285，2014 年 2 月 24 日。

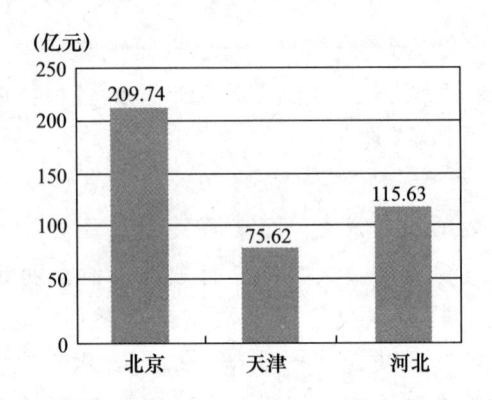

图 3-6　2013 年京津冀信息传输、软件和信息技术服务业固定资产投资比较

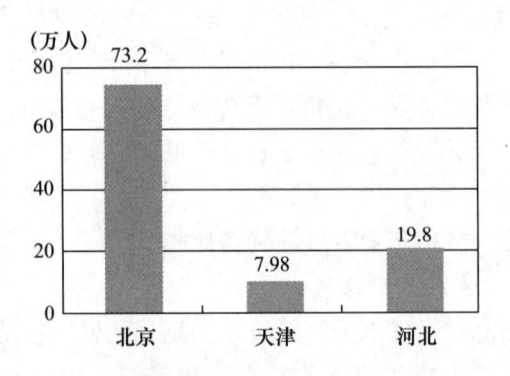

图 3-7　2013 年京津冀信息传输、软件和信息技术服务业从业人员数量比较

(二) 软件产业总体发展状况比较

软件是大数据产业发展的核心，大数据产业发展的各个环节都离不开专业技术软件。相比较起来，京津冀三地的软件产业发展差距也比较大。从软件企业数量和软件业务收入两个指标来看，北京均居于京津冀三地之首。如图 3-8 所示，至 2013 年年底，北京有软件企业 1956 家，天津京津冀有 560 家，河北有 264 家。在软件产品数量上，北京的增长量也很大，2013 年，北京新认定软件产品 8783 件，同比增长 34.2%，软件业务收入 4210.63 亿元，远远高于天津的 711.39 亿元和河北的 134.23 亿元（见图 3-9）。总体来说，北京的软件产业比天津和河北发展速度更快，产业规模更大。

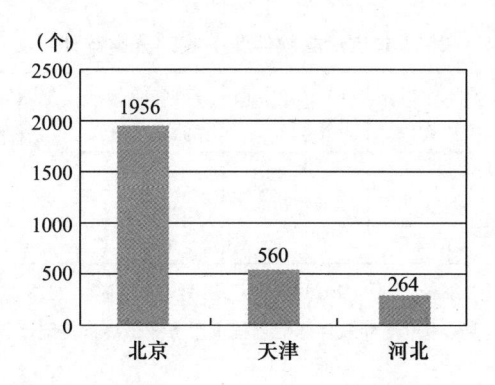

图 3-8　2013 年京津冀软件企业数量比较

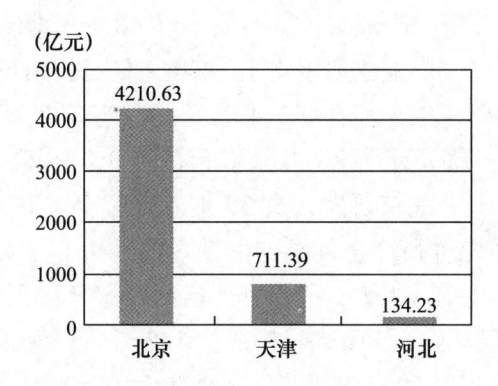

图 3-9　2013 年京津冀软件业务收入比较

(三) 软件产业项目分类比较

虽然北京的软件产业发展水平远远领先于天津和河北,但从软件产业的细分类来看,京津冀三地对于软件产业的侧重点有所不同。如表3-7 所示,北京的信息系统集成服务收入、信息技术咨询服务收入、数据处理和存储服务收入这三项收入都很高,甚至其中两个项目是其他两个地区的十余倍;而天津的嵌入式系统软件收入和集成电路设计收入则都高于其他两个地区,特别是嵌入式系统软件收入这一项,相当于北京同类项目收入的 15 倍;而河北的软件产业发展相对较弱,除信息系统集成服务收入与天津相当外,其余的项目均远远低于其他两个城市。

表3-7　　　　　　2013年京津冀软件业务收入分类统计　　　　　单位：亿元

	软件产品收入	信息系统集成服务收入	信息技术咨询服务收入	数据处理和存储服务收入	嵌入式系统软件收入	集成电路设计收入
北京	1554.50	1052.19	298.69	1216.44	7.470	81.35
天津	205.01	89.28	83.17	99.06	112.66	122.21
河北	35.86	90.64	5.34	0.97	1.240	0.18

资料来源：《北京统计年鉴（2014）》《天津统计年鉴（2014）》《河北经济年鉴（2013）》、河北省统计局、《2013年软件和信息技术服务业最终核实统计数据情况》。

（四）科技研发基础比较

大数据属于高科技产业，因此研发水平的高低对于产业发展有着至关重要的作用。首先，从研究与试验发展（R&D，以下简称"研发"）经费上来看，2013年，北京研发支出1200.7亿元，相当于地区生产总值的6.2%；天津研发支出约402.4亿元，占地区生产总值的2.8%；河北研发支出290亿元，占全省生产总值的1.0%。其次，从专业人才方面来看，2013年，北京研发人员35.1万人，全市有56所普通高校和80个科研机构培养研究生，研究生教育招生9.1万人，在学研究生26.6万人，毕业生7.3万人；天津有普通高校55所，全年招收研究生1.7万人，在学研究生5.1万人，毕业生1.5万人；河北研究生教育招生1.3万人，在学研究生3.8万人，毕业生1.1万人。

综合以上数据分析可知，北京研发支出数额与占GDP的比重都高于其他两个地区，且无论是现有专业人才还是后备人才也比其他两个地区数量更多，因此说，三个地区相比，北京具有更雄厚的科技研发基础，天津其次，河北相对较弱。

（五）土地资源比较

与许多产业相同，大数据产业对土地资源也有一定的需求，其后续的扩充也需要广阔的发展空间。从地理位置来看，京津冀同处环渤海心脏地带，地域相邻。但三地的土地面积和人口密度却具有很大差别。其中，北京土地面积1.64万平方千米，2014年年末全市常住人口2151.6万人，人口密度约为1312人/平方千米；天津土地面积1.19万平方千米，2014年年末全市常住人口1516.81万人，人口密度约为1275人/平方千米；河北省18.88万平方千米，2014年年末全省常住人口7383.75万人，人口密度约为391人/平方千米。从以上数据可以看出，与京津地区相比，河北土地面积大，人口密度小，具有更大的空间发展潜力。

（六）人力资源成本比较

无论任何产业，人力资源都是产业发展的根本，而拥有更低的劳动力成本，会为企业节约更多的资源，更有效地提高企业竞争力，推动企业良性运转，从而推动整个产业的发展。据统计，2013年，北京城镇居民人均可支配收入为40321元；天津为32658元；河北为22580元。从以上数据中可以发现，河北拥有更低的劳动力成本，天津次之，北京最高。

四 推进京津冀大数据产业差异互补发展的对策建议

（一）京津冀合作构建差异互补的大数据产业链

大数据产业涉及领域广泛，涉及内容细致繁杂，所需存储空间庞大，数据收集涉及多个部门，仅靠一个省市构建完善的大数据产业链所需投入的人力、物力、财力较大，且根据以上的比较可以看出，北京、天津、河北三地在大数据产业建设基础条件上各有优劣，单个地区可能在基础设施、研发能力、土地资源、人力资源等许多方面受到制约。因此，应充分运用三地的现有优势，设计适合三地发展并能实现合作共赢的产业规划，在京津冀协同发展战略引导下，共同构建京津冀大数据产业链，让三地在产业链上的布局分配及侧重点上有所差别，取长补短，实现差异性、互补性发展。

（二）建立统一共享的大数据平台

数据的收集是大数据产业链的开端，也是数据挖掘、分析的前提，充足全面的数据可以使数据分析更加客观准确，得出的结论更具参考价值。目前三地的政府、产业界、互联网站都积累了大量的数据资产，但由于受观念制约，或对数据资源的获取能力和整合能力不足，许多数据并不能完全实现共享，得不到充分利用，造成了大量数据资源的浪费。因而建议京津冀建立统一的大数据平台及数据库，让三地数据实现互传共享，从而最大限度地挖掘数据价值，提高数据利用率，创造出更大的社会和经济价值。

（三）建议在北京建立大数据技术研发中心及应用中心，侧重于大数据的研发及应用

大数据产业的发展需要不断地以更新提升的高新技术作为支撑，特

别是面对目前国内科技创新能力不强的问题，急需具备软件开发能力的软件企业及具有自主创新能力的研发力量。根据以上的比较可以看出，北京的软件产业发展最快，软件企业最多，软件业务的收入也最高。而且，北京还有相对于其他两个地区更为雄厚的技术研发基础，因此建议，在北京建立大数据研发中心，负责大数据新技术的研发。另外，鉴于北京信息产业整体发展领先于其他两地，且北京又是许多国内外大企业总部的集聚地，因此建议，将大数据应用中心设于北京，以便将经过挖掘与处理的数据更好地投入应用。

（四）建议在天津建立相关设备生产基地和云计算中心，侧重于相关设备生产及数据分析

从以上数据可知，天津的嵌入式系统软件收入和集成电路设计收入都高于其他两个地区，而嵌入式系统是综合了计算机软硬件、传感器技术、集成电路技术、电子应用技术为一体的复杂技术。它在物联网中承担着分析、管理、处置信息的核心作用。物联网产业也是天津着力发展的产业之一，而且天津的云端服务器、存储器、路由器生产也居国内先进水平。因此建议，在天津建立物联网与云计算设备生产基地，为大数据产业提供硬件支撑。

在天津建立云计算中心，则是依托天津滨海新区云计算产业基地，以国家超算天津中心为基础，借力"天河一号"应用平台，结合计算性能达到百万亿次的天河·天腾系统；包含 128 个 Intel-EX5675CPU 的天河·天翔系统；包含 24 个节点共计 96 个 CPU 的天河·天驰系统，提供高质量、高性能的计算与分析服务。

（五）建议在河北建立云存储基地，侧重于数据收集及存储服务

通过以上分析可知，河北相对于其他两个城市，具有土地资源及人力资源成本优势。而大数据的存储中心恰恰由于受土地和劳动力成本的制约而不适合建在中心城市，但又由于招商及维护等方面原因，不宜离中心城市过远。因而河北便可充分利用它毗邻京津的地域优势，建立云存储基地，侧重于大数据的搜集及存储服务。

但也应注意，由于河北下设多个城市，城市之间可能会因为总体规划不明确而出现城市大数据产业规划雷同，产品服务同质化，严重的甚至会出现恶性竞争。这就需要河北在省内统一规划大数据产业布局，结合各地优质资源集中谋划，在全省内形成协作互利的大数据存储网络。

第五节　关于京津冀机场民航运输协同发展的建议[*]

一　京津冀机场民航运输协同发展中存在的问题

目前，京津冀三地拥有北京首都、北京南苑、天津滨海、石家庄正定、邯郸、秦皇岛山海关、张家口宁远和唐山三女河八座民航机场，其中，北京首都、天津滨海和石家庄正定三大机场的业务量占99%以上。京津冀民航运输协同发展的核心是这三个机场民航运输之间的协同，但这三个机场发展失衡现象严重。

（一）首都机场的"马太效应"显著，区域间资源协同配置难以实现

首都机场是国内最繁忙的机场。2013年，北京首都机场旅客吞吐量、货邮吞吐量、起飞架次分别为8371.24万人次、184.37万吨、56.78万次，在全国193个民航机场中分别排名第一、第二、第三。如果按照分钟换算，不到1分钟（0.92分）就起降一次飞机。由于距离北京较近，首都机场的规模优势、虹吸效应明显，造成天津滨海、石家庄正定机场旅客、货邮吞吐量一直较小。2013年，两机场的旅客吞吐量分别为1003.58万人次、511.05万人次，货邮吞吐量分别为21.44万吨、4.30万吨，起降架次分别为10.07万次、5.20万次，与首都机场差距较大。

首都机场的设计能力是年旅客吞吐量8262万人次，目前已经达到了超负荷运转的程度，每天约有400个航班时刻需求由于机场保障能力不足而被拒绝。而天津滨海机场和石家庄正定机场的扩建工程已接近完工。这些工程完工后，天津滨海机场和石家庄正定机场的设计能力将分别提升到年旅客吞吐量3000万人次和2000万人次。即使根据天津滨海机场和石家庄正定机场的"十二五"规划，到2015年年末，两地机场的年旅客吞吐量分别增长到1700万人次和1000万人次，两机场的设计

---

[*] 作者：董维忠　天津港保税区管委会研究室主任。本节原载《经济与管理》2014年第6期。

能力利用率也只有57%和50%。由于地理位置和历史原因，再加上缺乏沟通与协调，致使京津冀三地机场航空运输服务产品缺少差异化，天津滨海机场、石家庄正定机场自然无法与北京首都机场竞争。"北京吃不动，天津吃不饱，河北没得吃"，北京首都机场航班时刻成为极其稀缺的资源，而天津滨海机场和石家庄正定机场航班时刻资源相对丰富，机场保障能力没有得到充分利用。

（二）首都机场距真正的国际航空枢纽还有较大差距

从全球看，北京首都国际机场，飞机起降架次全球排名第六，旅客吞吐量全球排名第二，货邮吞吐量全球排名第十三。但国际旅客吞吐量和国际货邮吞吐量均没有进入全球30强。目前，北京首都国际机场的增长速度很低，国际航空运输业务较弱。

现代意义上的大型国际航空枢纽，一般具有国际航班多、航班密度大、国际中转旅客比率高等特点。2013年，迪拜机场有150家航空公司运营，通航城市239个，全年起降架次37万次，旅客吞吐量6643万人次，货邮吞吐量244万吨。迪拜国际机场旅客吞吐量全球排名第七，货邮吞吐量全球排名第五。迪拜国际机场全年飞机起降架次低于北京首都国际机场，但国际旅客吞吐量和国际货邮吞吐量均排名第二，且持续保持两位数高速增长。在这方面，北京首都国际机场与上海浦东机场、香港机场，以及周边国家的新加坡樟宜机场、韩国首尔机场都有差距。例如，在中转旅客比率方面，北京首都国际机场仅为10%左右，远远低于大型国际航空枢纽一般在30%以上的标准。

（三）京津冀地区空域紧张

空域紧张是国内多数干线机场面临的共同难题，在最为繁忙的北京首都国际机场表现得尤为突出。北京首都国际机场共3条跑道，高峰小时容量经常达92个航班，但由于空域制约，一个小时实际上只有88个航班。

中国仅20%的空域为民航使用，而在美国、日本等国家，民航可以使用80%的空域。虽然机场可以通过新建或扩建航站楼、增加跑道的方式扩容，但最终都会受到空域限制。2011年12月，华北地区空域进行了一次微调，在空域优化方案实施后，北京首都国际机场每周航班量增加近600架次，平均每小时增加5架次。但仍未解决空域紧张的难题。

（四）北京新机场建成后，京津冀机场民航运输的不均衡可能会更加突出

北京新机场位于永定河北岸，北京市大兴区榆垡、礼贤和河北廊坊广阳区之间，距北京首都机场约 68 千米。西距天津市中心约 74 千米，距廊坊 24 千米、保定 86 千米、石家庄 225 千米、张家口 199 千米、沧州 131 千米、唐山 151 千米、承德 218 千米、秦皇岛 276 千米。

北京新机场即将开工建设。北京新机场 2020 年的旅客吞吐量预计达到 4500 万人次，2025 年达到 7200 万人次，远期达到 1 亿人次。

随着北京新机场的建成，北京新机场的虹吸效应将会更加明显。北京新机场投入使用后，势必将有大量航班时刻放量，届时不但会进一步加剧北京空域的紧张程度，而且可能导致天津、石家庄等地机场时刻放量的收减和旅客分流，北京、天津、河北机场民航运输间不均衡发展的趋势将会更加明显。

二 北京新机场建成前，京津冀机场民航运输协同发展的建议

（一）民航管理部门应强化京津冀地区机场民航运输协同发展

应对北京首都机场、天津滨海机场、石家庄正定机场科学定位、合理分工。北京首都机场全力打造世界一流的国际航空枢纽，天津滨海机场建设具有优质服务品牌的区域性航空枢纽，石家庄正定机场着力发展低成本航空，共同为京津冀地区的各类民航用户提供更加多样化、更加便捷的航空运输服务。

首先，在航班时刻的分配上，北京首都机场优先向国际航线倾斜。天津滨海机场和石家庄正定机场通过主动承接北京首都机场的溢出需求，增加联通的国内外城市和航班频次，进一步优化航线网络。再加上河北省的多个支线机场，将为京津冀地区航空用户提供一个联通全国和全世界的高效的航空运输网络。

其次，调整北京首都机场的航线航班结构，有计划地将北京首都机场航班转至天津滨海机场、石家庄正定机场。通过调整航班结构与挖掘内部潜力，北京首都机场的时刻使用效率进一步提高。天津滨海机场逐步发展成为辐射东北、华北的环渤海地区的区域性航空枢纽。石家庄正定机场通过发展低成本航空服务实现超常规发展，步入千万级机场的行列。

最后，发挥航空公司的作用，服务国际航空枢纽机场建设。韩国为

了打造仁川机场的国际航空枢纽，韩国的航空公司一直在通过不计成本的低价、良好的服务以及优惠的过境免签政策吸引中国乘客，甚至中国的航空公司也成为其输送欧美客源的载体。

（二）加快空铁联运步伐，改善津冀机场分流北京首都机场旅客的通达条件

空铁联运是世界航空业发展的普遍趋势，大型机场与高铁车站紧密衔接，构建起空铁联运的硬件基础，大幅度扩大机场的吸引范围。天津滨海机场 T2 航站楼于 2014 年 8 月底投用，地下交通中心建设稳步推进，京津城际铁路支线也将延伸至天津机场，从北京到天津滨海机场预计只用 45 分钟，同时连接天津站和天津滨海机场的地铁 2 号线也将通车。城市地铁、城际交通、高速公路引入天津滨海机场后，旅客可通过"高铁＋地铁"、"高铁＋大巴"等方式经天津滨海机场进出北京，京津之间构建起更为完善的现代交通网络体系。石家庄正定机场的空铁联运政策也使北京等地旅客免费乘坐高铁到石家庄乘机。

推动以京津冀机场为中心的综合交通枢纽建设，建立起航空运输与高速铁路、高速公路、城市轨道交通等多种运输方式协同运营的工作机制，逐步形成货运无缝连接、客运零距离换乘的综合交通运输体系，使京津冀三地机场的"地盘界限"淡化，市场越来越融合在一起。旅客可以在北京首都机场、天津滨海机场、石家庄正定机场选定航班，方便出行。

（三）协调解决京津冀机场航空运输的空域紧张问题

空域是重要的国家资源，应当得到合理、充分、有效的利用。在军民航各单位的共同努力下，我国空域资源利用效率有所提高，运行管理环境有所改善。建议继续推动空管体制改革，逐步建立国家统一管制雏形。从各国空域管理实践来看，实施空管体制改革，统筹划设相对固定的军民航使用空域和临时航线是提高空域使用效率的重要措施。

京津冀机场航空运输协同发展，无法回避空域问题。从根本上改变空域紧张的状况，需要三地政府和国家民航管理局向国务院申请，在空域管理体制上进行改革或调整。在兼顾军航和民航利益、确保空防安全前提下，给民航更多的空域。而空域紧张等一系列问题的解决，将直接关系到未来三地机场航空运输协同发展的现实格局。

建议以京津冀航空资源一体化为出发点，统筹考虑空域资源的合理

分配。在京津冀地区实施大终端管制，结合空域扇区的重组，将北京周边的石家庄正定机场、天津滨海机场、唐山三女河机场等统一归并到北京地区的管制终端之中，以更好地协调各机场的航班运行。

全力支持杨村机场迁建，以彻底解决杨村机场与天津滨海机场的飞行矛盾，改善首都地区军民航飞行环境。在现有空域条件下，实现天津管制区内进、离港航线的初步分离，待周边军航空域调整后，实现进、离港航线的完全分离。

（四）大力发展低成本航空服务

低成本航空是通过降低航空服务成本来降低运价水平，从而刺激更多航空运输需求的一种航空公司经营模式。自1971年美国西南航空公司首创这种经营模式以来，低成本航空在全球范围内得到极大的发展。例如，英国伦敦的斯坦斯特德机场通过发展低成本航空，成为欧洲客运业务增速最快的机场，2011年，旅客吞吐量达到1805万人。同时，该机场也成为英国主要的货运机场，近年来，机场全货机运行数量超过希思罗机场的两倍。

大力发展低成本航空，以天津滨海、石家庄正定、邯郸、秦皇岛山海关、张家口宁远、唐山三女河等作为环渤海低成本航空圈，打造区域低成本航空市场，强力辐射两小时左右飞行圈的华南市场、西南市场等境内市场，以及日本、韩国、中国台湾等境外市场。根据国际航空市场经验，两小时以内飞行辐射圈是低成本航空发挥相对优势的区间市场，因此，特别是要打造石家庄、唐山及天津与大连一小时飞行辐射圈。

根据低成本航空公司的运营特点，要形成低成本航空服务品牌，应该重点抓好以下三项工作：（1）降低机场运营成本，打造机场收费价格优势。（2）优化机场服务流程，提高机场运营效率。（3）强化市场营销，吸引更多低成本航空公司驻场运营。目前，除了正定机场中国联合航空基地、河北航空本地基地航空，以及天津滨海机场的天津航空外，还可以吸引更多的低成本航空公司进驻。

（五）津冀两地机场应大力发展通用航空运输

目前1万米以上的空域非常拥挤。为此，天津、河北两地机场应该侧重发展通用航空。通用航空主要使用4000米以下的空域。随着空管部门放开低空领域，通用航空将迎来最好的发展阶段。

按照《通用航空经营许可管理规定》（民航总局令第176号）的规

定,通用航空共四大类34项。作业项目覆盖了农、林、牧、渔、工业、建筑、科研、交通、娱乐等多个行业。2012年,全世界约有通用飞机36万架,占所有民用飞机的90%。其中,美国拥有通用飞机22.3万架,占世界总量的61.9%。随着中国经济的发展,公务飞行、商用飞行、空中游览、私人驾照培训,正受到越来越多人的青睐,有了足够大的市场需求。

国家民航总局下发《关于加快通用航空发展的措施》,构建功能完善的通用航空体系,到2020年年初具规模,2030年发展环境根本改变。未来十年,中国通用航空飞机需求量复合增长率超过20%。

京津冀三地警方于2014年4月23日签订了《警务航空合作机制框架协议》。《警务航空合作机制框架协议》主要建立了京津冀地区警航合作日常指挥机制和重大安保期间联勤指挥机制、北京警航协助津冀公安机关在津冀地区执行警务飞行任务和开展社会救援工作机制五大合作机制。警务飞行合作是利用通用航空的合作。京津冀地区机场应围绕低空空域管理改革、促进通用航空市场发展、通用航空引入等进行协商,共同促进津冀通航产业发展。

(六) 将天津滨海机场建成北方航空物流中心

机场的另一核心任务是航空货运。我国国内大型航空货运枢纽少,目前货邮吞吐量超过百万吨的大型机场只有上海浦东机场和北京首都机场。民航"十二五"规划明确提出,引导形成环渤海地区以北京、天津为主,大连、青岛、济南、石家庄为辅的国际航空货运枢纽群。要统筹考虑京津冀地区机场分工协作,充分发挥天津机场的优势,最大限度地吸纳首都机场因流量饱和带来的货物,努力将天津滨海机场建成北方航空物流中心。

将北京首都机场宝贵的时刻资源留给国际和国内的优质客运航线航班,建议将高峰时间段的货运航班分流到天津滨海机场。目前,天津滨海机场现有7.4万平方米的货库,年货运保障能力为60.5万吨。至"十二五"末期,天津滨海机场的货库面积将达到13.4万平方米,年货运保障能力为110万吨。货运保障能力远未得到充分利用,完全有条件承接北京首都机场分流的货运航班。应将全货机航空公司向天津集中,强化重要货源地的远程大型货机始发运营网络。加强与快递公司的合作,加快货运转运中心建设。支持扩大天津航空枢纽航线网络覆盖面,增加国内外货运航线,构建以天津为中心的航空物流网络。

建设天津航空物流园,要促进航空物流的信息化。天津航空物流区位于天津滨海国际机场西侧,总规划面积7.5平方千米,目前,已有中外运、海航物流、中远空运、康捷空、顺丰等众多知名物流企业入驻。引导建立航空物流公共信息平台,支持航空公司建立货运信息系统和电子商务平台,支持航空运输企业加快物流信息化步伐,全方位提高信息化水平,以信息化实现集约化,以信息化支撑航空物流的现代化。实现对物流各环节进行适时跟踪、有效控制和全程管理。

整合机场、航空公司、物流企业信息资源,按照统一规范的数据交换标准,构建航空枢纽物流信息平台。推进物流信息平台与海关、检验检疫、金融等部门信息系统互联互通,为国际货运枢纽的高效运营提供有力支持。

以自贸区带动航空物流发展。《中国(上海)自由贸易试验区总体方案》中与航空运输和机场相关的改革试验任务有近20项。天津自贸区的批准,将在包括机场增加国际中转货运航班,转变口岸监管模式,促进航空货运枢纽建设,探索海空联动的航运运作模式,鼓励跨境贸易电子商务发展,鼓励飞机融资租赁,境内外高技术、高附加值的维修业务发展等方面获得更多的政策,进一步改善通关环境,提升通关效率,优化功能布局,为货航、集成商、货代、货主在天津滨海机场发展提供政策服务。

(七)建立权威的组织领导机构

国内外经验表明,跨区域的多机场协同运营经常会遇到各种矛盾,需要建立权威的组织领导机构,负责指导各机场的协同运营,协调各个方面的关系。建议由国家民航总局牵头,地方政府、相关机场、航空公司、空管等单位参加,设立负责协调京津冀主要机场协同运营的组织领导机构。

京津冀三地政府和民航管理部门共同介入机场的协同发展。三地政府应介入航权协议、航线增辟和代码共享等的直接谈判,协调改善机场条件,共同促进机场的费用降低。

应推动京津机场实行过境免签政策。2013年1月,72小时过境免签政策在北京首都机场实施。而东京成田机场早已经实行过境3日免签,香港机场7日免签,新加坡机场4日免签,韩国仁川机场则为30日免签。建议放宽免签政策,实行京津机场过境7日免签政策,增强北京首都机场作为国际航空枢纽的竞争力。

三 北京新机场建成后，应建立京津冀多机场系统共同发展的互补模式

北京新机场建成之后，在北京形成北京新机场、首都国际机场"一市两场"的格局。在京津冀范围内形成北京新机场、首都国际机场、天津滨海机场、河北石家庄机场"三地四场"的格局。京津冀机场民航运输协同发展，关键是处理好北京新机场与首都国际机场、天津滨海机场三者如何分工协作的问题。

北京新机场与首都国际机场距离 68 千米，与天津滨海机场距离 92 千米，也就是说，以北京新机场为中心 100 千米范围内布局了三个大型机场。应突出北京新机场的区域引擎作用，继续发挥北京首都国际机场优势，用好天津滨海机场。并在此基础上，形成优势互补、资源高效利用的京津冀机场群，建立京津冀多机场系统的运行模式。

京津冀多机场系统的协调发展模式应是互补模式。即其中的一个或者几个机场为主导机场，其他机场各有分工，功能定位不同，对主机场在功能上起辅助作用。这种模式的优点主要是有利于资源的有效利用，最大限度地满足旅客对航空运输的需求。伦敦机场系统是比较典型的"一主多辅"模式的机场系统。各个机场在系统中的功能定位各不相同，实现了机场功能之间的协调和互补，是比较成功的多机场协调发展的案例。在整个机场系统中，希思罗机场是主机场，是整个英国最繁忙的机场，也是世界范围内比较繁忙的机场之一。希思罗机场主要服务于国际长途旅客和中转旅客，盖特威克机场定位于部分国际旅客和长途运输、包机及低成本业务，斯坦斯特德机场主要服务于低成本航空运输以及航空货运，卢顿机场主要定位于低成本航空公司、包机、商务以及私人飞行业务，而伦敦城市机场则主要用于商务旅客及私人飞行。这五个机场统一由英国机场管理集团管理，方便实现机场之间功能的清晰定位，交错互补，避免了重复建设以及资源浪费的现象，同时规避了恶性竞争。在航班时刻和航线网络等方面统一合理规划，加上地面交通的无缝衔接，满足了最大限度地利用资源满足旅客的航空需求，方便旅客快速便捷的出行要求，是比较成功的多机场系统协调运营的案例。

在已建立起的京津冀机场民航运输协同发展的基础上，形成京津冀多机场系统的协同发展的互补模式，需做好以下三项工作：

一是做好北京新机场和首都国际机场的分工。由于两个机场最终都将成为国际枢纽机场,考虑到枢纽机场对中转联程的需求,应该是一个机场以国际运输为主兼营部分国内运输,另一个机场以国内运输为主兼营部分国际运输。

二是京津冀机场在分工协作上,应在已形成的优势上进一步放大。同时,应将以洲际网络、区域和低成本为主体的三种航空公司布局在不同的机场,使天津机场和河北机场,与北京新机场和首都国际机场错位发展。

三是新机场建成后,建议在首都国际机场、天津机场和北京新机场之间建设互通的轨道交通线路。应在政府的引导支持下,修建并形成比较完善的轨道交通和高速公路等地面交通系统,不但将机场紧密地联系起来,同时机场与市区的交通连接也要十分方便。

同时,建议应将在北京新机场建设国家级"临空经济区域合作示范区",列入国家京津冀协同发展战略的国家级新区。

第六节 京津冀入境旅游对经济发展的溢出效应分析

——基于分省面板数据[*]

一 引言

"十二五"旅游发展规划确立了把旅游业培育成战略性支柱产业的目标。随着国民收入的持续增长以及民众旅游意识的进一步提高,近几年来,我国旅游业发展迅速。入境旅游作为衡量一国或地区旅游业国际化水平以及产业成熟度的标志,其是旅游业的重要组成部分。京津冀是我国的政治文化中心,是继珠三角、长三角之后我国今后强力发展的第三极;同时也是我国北方最大和发达程度最高的经济核心区,因此,实现三地区协同发展是实现可持续发展的必然选择。

关于入境旅游与经济增长,许多学者已进行了相关研究并得出诸多

---

[*]作者:李双成 河北经贸大学数学与统计学学院教授;王俊霞 河北经贸大学数学与统计学学院硕士研究生。本节原载《经济与管理》2016年第6期。

结论。严伟宾等（2013）通过对国外游客入境旅游消费与地区经济增长构建面板数据模型，发现不同地区的外国游客入境旅游消费对经济增长具有不同的溢出效应，这种溢出效应能促进北京、河北、内蒙古、安徽、广东和四川等省份的经济发展，但却恶化了天津、上海、重庆、云南和陕西等省份的经济发展。① 庞丽等（2006）分析了入境旅游发展的区域差异，发现在东部地区入境旅游是经济增长的格兰杰原因，但是，对于全国和中西部地区来说，两者之间却不存在显著的因果关系。② 厉新建等（2015）通过计算京津冀入境旅游经济实际分布与理论分布的差距 SKLD 值，来测度三地之间的一体化水平；经计算发现，京津冀入境旅游经济的 SKLD 值从 1995 年的 1.820 下降到 2013 年的 0.201，京津冀入境旅游经济一体化的实际分布与理论分布差距缩小，一体化水平提升。③ 邓丽芸（2013）对京津冀三地入境旅游经济和入境旅游消费结构两个方面的发展概况进行了对比分析，指出了三地入境旅游消费结构发展存在的差异与问题，并掌握了京津冀三地入境旅游各消费项目的发展趋势和优劣程度，进而明确了未来的调整方向。④

综上所述，前人主要是对我国不同地区国际旅游收入差距进行分析，或对入境旅游发展影响因素进行研究，或者用截面数据以全国入境旅游为对象进行宏观研究；而对京津冀地区入境旅游的研究还不多，运用定量方法对其进行实证分析的研究更是少见。因此，本节选取京津冀三地区近年来国际旅游消费与经济增长的面板数据，同时考虑时间与截面信息，对其建立面板模型，分析并对比京津冀三地区入境旅游对经济发展的效应，以更好地把握京津冀地区入境旅游与经济发展整体的关系。

二 现状分析

近年来，京津冀地区的国际旅游产业发展迅速。2013 年，河北接待入境游客 133.8 万人次，创汇 5.86 亿美元，分别比 2012 年增长

---

① 严伟宾、张运：《入境旅游对中国区域经济发展的溢出效应分析》，《中国农学学报》2013 年第 2 期。
② 庞丽、王铮、刘清春：《我国入境旅游和经济增长关系分析》，《地域研究与开发》2006 年第 3 期。
③ 厉新建、宋昌耀、张飞飞：《京津冀入境旅游经济一体化水平测度及提升策略》，《燕山大学学报》（哲学社会科学版）2015 年第 2 期。
④ 邓丽芸：《京津冀入境旅游消费结构动态差异分析及优化对策研究》，硕士学位论文，燕山大学，2013 年。

3.4%和7.5%。天津的旅游市场繁荣活跃，2013年，全年接待国际旅客264.54万人次，国际旅游外汇收入25.91亿美元，分别比2012年增长13.0%和16.4%；其中，外国游客242.03万人次，增长13.3%。继而北京2013年入境旅游者人数和国际旅游外汇收入分别为450.1万人次和47.95亿美元，但与2012年相比却分别下降了10.1%和6.9%。

我们利用2004—2013年京津冀地区入境游客人数和国际旅游外汇收入的数据分别做了折线图，以便于更清楚地观察近十年来这三地区入境旅游的发展情况。

从图3-10可以看出，近十年来，北京的入境游客人数在三地区中一直居于首位，但呈现出较大波动的趋势，2004—2007年，其入境游客数近似呈直线上升趋势，而之后开始下降，2008年之后又开始上升，直至达到2011年的最高点后又呈现下降趋势。天津的入境游客人数在三地区中居于第二位，且一直呈现一个较稳定的上升趋势。近十年来，河北的入境游客人数在三地区中居于末位，其变化趋势与北京有些相似，也呈现波动趋势，其中，2004—2006年，其入境游客数呈上升趋势，而之后其入境游客人数开始下降，2008—1012年呈直线上升趋势之后又开始上升，之后又急速下降。

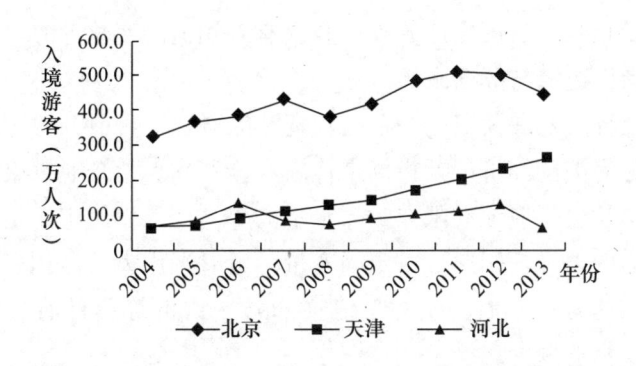

图3-10 2004—2013年京津冀地区入境游客人数变化

从图3-11可以看出，近十年来，北京的国际旅游外汇收入在三地区中一直居于首位，与其入境游客人数变化趋势相类似，也呈现波动趋势，2004—2007年，其近似呈直线上升趋势，而之后开始下降，2009—2011年呈现上升趋势，而之后又开始呈现下降趋势。天津的国际旅游外汇收入在三地区中一直居于第二位，在 2004—2013 年呈现较稳定的近似直线上升趋势。近十年来，河北的国际旅游外汇收入在三地区中一直居于末位，但也呈现略微波动，2004—2007 年，其国际旅游外汇收入呈缓慢上升趋势，而经过 2008 年这一下降转折点后，2009 年其又呈现上升趋势。

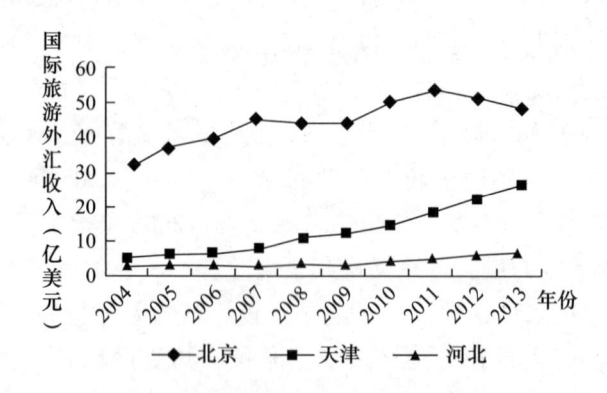

图 3–11　2004—2013 年京津冀地区国际旅游外汇收入变化

综合图 3–10 和图 3–11，我们可以看出，京津冀三地区的入境游客人数的变化与各自国际旅游外汇收入有着相似的变化趋势。

三　指标选择与数据来源

地区经济的发展其实是一个比较宽泛的概念，目前，还没有一个权威而且十分完美的经济统计指标来代表或诠释它。而且通过旅游业所拉动的经济增长也不应该局限在收入水平的提高上，而更应该是可持续经济整体实力的上升。因此，对于因变量，暂时选用大致能代表地区经济增长水平的指标——地区生产总值（gdp），这也符合目前大多数学者关于经济指标选取的思维。

关于自变量国际旅游消费的指标，选用入境旅游者人均消费额，由国际旅游外汇收入（tour）与入境游客人数的比求得。再根据当年人民币对美元的平均汇率将入境旅游者人均消费数据的单位由美元/人折算为人民币元/人。

因此，本节选取京津冀三地区 2006—2013 年的地区生产总值和入境旅游者人均消费额的面板数据，建立面板模型，来分析京津冀入境旅游与经济发展的关系。为了消除异方差和数据波动带来的影响,对原序列 gdp 和 tour 分别取自然对数,得到较平稳的序列,记为 lgdp 和 ltour,这样便于进行弹性分析。数据来源于历年《中国统计年鉴》和《中国旅游统计年鉴》。

四 实证研究

(一) 单位根检验

在进行协整分析及建立模型之前,必须对数据进行单位根检验来判断其平稳性。对面板数据的单位根检验可分为两大类,分别是相同根情形下和不同根情形下的单位根检验,每一类又有各自的检验方法。为了保证结论的可靠性,本节采用两种检验方法:相同根情形下 LLC (Levin – Lin – Chu) 检验和不同根情形下 Fisher – ADF 检验、Fisher – PP 检验。如果两种方法均显示拒绝"存在单位根"的原假设这一结果,则此序列是平稳的;反之则不平稳。

由表 3 – 8 可知,对原序列 lgdp 和 ltour 进行检验,在 5% 的显著性水平下三种方法都显示接受"存在单位根"的原假设的结果,则两个变量是非平稳的;当对一阶差分序列 Δlgdp 和 Δltour 进行检验时,三种检验方法的结果中,只有一个可以拒绝原假设,则其是非平稳的;当对二阶差分序列 Δlgdp 和 Δltour 进行检验时,三种检验结果显示,全部拒绝原假设,则 Δlgdp 和 Δltour 是不存在单位根的。因此,判定序列 lgdp 和 ltour 同为二阶单整过程,则接下来可以对其进行协整分析。

表 3 – 8　　　　　　　面板单位根检验结果

	检验方法	\multicolumn{6}{c}{p 值}
		lgdp	ltour	Δlngdp	Δltour	$\Delta\Delta$lgdp	$\Delta\Delta$ltour
相同根	LLC 检验	0.8376	0.7384	0.0146	0.0563	0.0000	0.0000
不同根	Fisher – ADF 检验	0.9938	0.9863	0.1588	0.4986	0.0002	0.0136
	Fisher – PP 检验	0.8434	0.9998	0.1450	0.5407	0.0001	0.0031

(二) 协整检验

面板数据模型的协整检验方法也有两种,分别是由 E—G 两步法推广而成的检验方法(如 Pedroni 协整检验法和 Kao 协整检验法)和由约翰森迹统计量推广而成的检验方法。

本书采用 Pedroni 检验和 Kao 检验，其检验结果如表 3-9 所示。由表 3-9 可知，Kao 检验结果中，p 值为 0.0523；在 Pedroni 检验结果中，有四个统计量的 p 值小于 0.05，因此，可以认为在 5% 的显著性水平下，lgdp 和 ltour 存在协整关系。

表 3-9　　　　面板数据 lgdp 与 ltour 协整性检验结果

检验方法	检验假设	统计量名	p 值
Kao 检验	H_0：不存在协整关系（$\rho=1$）	ADF	0.0523
Pedroni 检验	H_0：$\rho=1$	Panel v 统计量	0.0484
		Panel rho 统计量	0.3567
	H_1：$(\rho_i=\rho)<1$	Group PP 统计量	0.0196
		Panel ADF 统计量	0.0126
	H_0：$\rho_i=1$	Group rho 统计量	0.7837
		Group PP 统计量	0.3550
	H_1：$\rho_i<1$	Panel ADF 统计量	0.0400

（三）模型选择

1. 面板模型概述

设有因变量 y_{it} 与 $k\times1$ 维解释变量 $X_{it}=(x_{1,it}, x_{2,it}, \cdots, x_{k,it})'$，满足线性关系

$$y_{it}=\alpha_{it}+X'_{it}\beta_{it}+u_{it},\ i=1, 2, \cdots, N \tag{3.1}$$

式（3.1）是考虑 k 个经济指标在 N 个截面成员以及 T 个时间点上的变动关系。其中，N 为截面成员的个数，T 为每个截面成员的观测时期总数，参数 α_{it} 为模型的常数项，β_{it} 为对应于解释变量向量 X_{it} 的 $k\times1$ 维系数向量，k 为解释变量的个数。随机误差项 u_{it} 之间相互独立，且满足零均值、等方差为 $\sigma^2 u$ 的假设。

根据截距项向量 α 和系数向量 β 中各分量的不同限制与要求，将式（3.1）所描述的面板模型划分为无个体影响的不变系数模型、变截距模型和含有个体影响的变系数模型。[①]

[①] 高铁梅：《计量经济分析方法与建模 EViews 应用及实例》（第二版），清华大学出版社 2009 年版。

2. 模型形式设定检验

在对面板模型进行估计时，使用的样本数据包含截面、时期和变量三个方向上的信息。若模型形式选择有误，则估计结果将会与所要模拟的经济现象的现实偏离甚远。因此，在建立面板模型之前，必须进行模型形式设定的检验，避免由于模型的选择错误而导致参数估计无效。目前，经常使用的方法是协方差分析检验，它主要检验以下两个假设：

$H_1: \beta_1 = \beta_2 = \cdots = \beta_N$

$H_2: \alpha_1 = \alpha_2 = \cdots \alpha_N$

$\beta_1 = \beta_2 = \cdots = \beta_N$

在以上两个假设下，构造检验统计量 F_1 和 F_2，其都服从 F 分布，即：

$$F_1 = \frac{(S_2 - S_1)/[(N-1) \times k]}{S_1/[NT - N(k+1)]} \sim F[(N-1)k, N(T-k-1)] \quad (3.2)$$

$$F_2 = \frac{(S_3 - S_1)/[(N-1)(k+1)]}{S_1/[NT - N(k+1)]} \sim F[(N-1)(k+1), N(T-k-1)] \quad (3.3)$$

其中，S_1、S_2 和 S_3 分别为变系数、变截距和不变系数模型的残差平方和，k 为解释变量数，n 为横截面数，T 为时期数。①

根据前面构造的统计量，我们利用形式设定检验方法（N = 3, k = 1, T = 8），还利用 Eviews 8.0 软件求得：S_1 = 2.679964，S_2 = 3.897544，S_3 = 13.84719，由式（3.2）和式（3.3）计算得到两个 F 统计量分别为 F_1 = 0.60879，F_2 = 18.75119。查 F 分布表，在给定 5% 的显著性水平下，得到相应的临界值为：F(12, 18) = 3.555，F(24, 18) = 2.928。因为 F_2 > 2.928，则拒绝假设 H_2；又 F_1 > 3.555，所以，也拒绝假设 H_1。因此，本节中模型采用变系数的形式。即形式如下：

$$lgdp_{it} = \alpha_i + \beta_i \times ltour_{it} + u_{it}, \quad i = 1, 2, 3, \quad t = 1, 2, \cdots, T \quad (3.4)$$

（四）模型估计结果

京津冀三地的国际旅游外汇收入与 GDP 间存在协整关系；根据上

---

① 于璇：《基于面板数据模型的辽宁省域旅游消费影响因素研究》，《综合论坛》2013 年第 10 期。

述模型形式设定检验的结果，应选择变系数模型对三地的国际旅游收入和经济增长关系进行估计，结果见表 3-10。

表 3-10　京津冀国际旅游收入与经济增长关系估计结果

地区	系数	t 统计量值	p 值
北京	0.938233	70.32826	0.0000
天津	0.958847	68.48071	0.0000
河北	0.798885	62.32484	0.0000

由表 3-10 可知，t 统计量的 p 值为 0.0000，均小于 0.05，说明系数均显著。从估计结果看，入境旅游收入的系数均大于 0，说明京津冀三地的入境旅游收入对 GDP 均存在正向拉动作用，但其作用系数存在差异。其中，北京的入境旅游收入每增长 1 个百分点，其 GDP 将增长 0.938233 个百分点；天津的入境旅游收入每增长 1 个百分点，GDP 将增长 0.958847 个百分点；而对于河北来说，其入境旅游收入每增长 1 个百分点，其 GDP 将随之增长 0.798885 个百分点。

从国外旅游收入来看，京津冀三地的入境旅游消费确实能在一定程度上带动当地经济的发展，这从侧面反映了三地的入境旅游发展大体还是不错的，说明其政府和旅游部门对入境旅游的规划也较为科学合理，且地区政府能够积极引导入境旅游发展模式，并通过吸引外国游客来拉动本地区的旅游消费。

五　结论及建议

本节以入境旅游者人均消费额与地区生产总值作为旅游经济效应的衡量指标，通过对京津冀地区 2006—2013 年面板数据的协整检验以及面板模型的构建，分析京津冀三地旅游经济效应的差异与特征，主要得出以下结论与建议：

第一，尽管京津冀三地入境旅游者人均消费额和经济增长的原时间序列及其一阶差分序列均不平稳，但其二阶差分序列趋于平稳；协整检验表明，京津冀三地入境旅游者人均消费额和经济增长（GDP）之间存在长期稳定的比例关系，即协整关系。

第二，由面板数据模型的构建可以看出，京津冀三地的入境旅游者人均消费额对 GDP 的系数均大于零，说明入境旅游者消费对其地区经济增长均存在拉动作用。因此，政府可以通过促进入境旅游的发展来带动地区经济的增长。京津冀三地在大力发展国内旅游的同时，其政府部门还应积极制定发展入境旅游的相关政策，进一步开拓国际旅游市场，提升京津冀三地对外国游客的旅游吸引力，进而增加其国际旅游收入，并通过国际旅游消费对地区经济增长的拉动作用来促进京津冀本地区经济发展。[①]

第三，由京津冀面板模型的结果可知，北京、天津和河北三地区的入境旅游者人均消费额对 GDP 的系数分别为 0.938233、0.958847 和 0.798885，从中可以看出，京津冀三地的国际旅游收入对 GDP 的拉动作用存在明显的差异，即天津的国际旅游收入对 GDP 的拉动作用最大，北京次之，而河北的国际旅游收入对 GDP 的拉动作用最小，且与其他两地区相差较大。可见，河北入境旅游经济效应较弱，对经济的带动力度不够大，这说明目前河北的国际旅游发展还不足，其旅游业的发展可能更加依赖于国内旅游部分。基于此，应深入了解河北入境旅游客流的消费结构，进而合理调整旅游产品，促使旅游消费由不合理状态逐渐趋于合理。另外，河北的旅游服务项目要不断创新，在国家有关宏观政策的引导下，要逐步开发农业旅游、森林旅游、生态旅游、扶贫旅游等多类型的旅游项目，以吸引外国游客的到来。[②]

第四，京津冀三地在加强各自旅游发展的基础上，还应推进地区间国内外旅游业的交流和协作。我国应进一步加强文化上的沟通，促进与国际组织以及部门间的交流与协作，消除隔阂与偏见，从而促进京津冀整体形象的确立与改善。交流能加深彼此之间的了解，还可以学习一些国外旅游发展的先进模式，进而促进本地区国际旅游的发展，可以促使入境旅游溢出效应小的地区向效应大的方向前进。最终达到通过入境旅游对国内地区经济发展的正向溢出效应来带动京津冀整体经济增长的目的。

[①] 张娜、佟连军：《基于面板数据的黑龙江省旅游经济效应分异研究》，《经济地理》2013 年第 2 期。

[②] 赵东喜：《中国省际入境旅游发展影响因素研究——基于分省面板数据分析》，《旅游学刊》2008 年第 1 期。

第七节　京津冀一体化中的产业转移*

京津冀都市圈的概念早在 2006 年就提出了，但是，实质性的推进却很少。北京对周边地区的聚集作用太强，其自身发展已遭遇房价过高、淡水紧缺、交通拥堵等"大城市病"带来的问题。天津与北京在经济功能上存在的潜在性冲突，使天津参与京津冀合作的积极性和支持度一直都不高。由于雾霾所引发的各种问题，使河北重化工业也到了非转型不可的时候。面对如此诸多棘手的问题，2014 年 2 月，习近平总书记提出，将京津冀协同发展上升到"国家战略层面"，习近平总书记就推进京津冀协同发展提出七点要求中强调："京津冀要加快推进产业对接协作，理顺三地产业链，形成区域间产业的错位发展、合理布局和上下游联动机制，做好产业规划，避免产业同质化和同构化。"由此可见，"产业转移"已然作为战略实施的关键环节。

一　京津冀产业发展现状

北京、天津、河北三地在经济发展上存在很大差异，尤其是河北与北京、天津在 GDP 和产业结构方面的差距尤为明显。从 2014 年人均 GDP 来看，天津为 101692 元，位居全国第一，北京为 99995 元全国排名第二，而河北只有 40783 元，低于全国平均水平，仅相当于天津的 40.1%，北京的 40.8%。从产业发展来看，京津冀三地形成了三个发展层次：北京、天津和河北分别处于经济发展高端、中端和低端。

在产业结构方面，2014 年，北京以其 0.7∶21.4∶77.9 的三次产业结构比例，标志其已步入后工业化时代，以现代服务业为主的发展模式不仅构成北京经济发展基础，也是未来北京产业发展的主要方向。天津以其中国北方国际港口城市和科教发达城市著称，2014 年，三次产业结构比例为 1.3∶49.4∶49.3，该结构源于其经济发展以对外开放和研发转化为基础，推动其从工业化向后工业化的转变。河北作为京津外围圈，承担着京津冀地区的大部分生态保护、水源供给、农产品保障、能源供应、工业

---

*作者：周毕文　北京理工大学管理与经济学院副教授；陈庆平　北京理工大学管理与经济学院硕士研究生。本节原载《经济与管理》2016 年第 3 期。

品支持等责任,在诸多责任之下,也使河北发展必须以工业为主,保障自身发展和对京津的资源供给;2014年,三次产业结构比例为11.7∶51.1∶37.2,具有完整的工业体系和雄厚的工业实力,处于工业化中期,今后工业主导型模式仍将是经济发展的重要方向。因此,从宏观角度来看,由于战略定位、区域发展条件和区域发展基础的不同决定着京津冀区域的经济差异。①

二 京津冀一体化产业转移与规划部署

(一)京津冀一体化产业转移现状

在产业转移中,据计划,在2014年年底前,北京将有500家"两高"(高污染、高排放)企业撤出北京,此外,包括铸造、化工、家具、建材等在内的六大行业也将退出北京。除"两高"企业和相关行业疏解退出外,北京和天津也将其他产业和部门进行疏解。一是劳动密集型产业链上游产业,如动物园批发市场、大红门和新发地等商贸流通市场的搬迁;二是非市场因素决定的公共部门和部分央企基地,如中央和北京市的高端医疗卫生资源、优质高等教育资源等;三是高新技术产业有较大搬迁空间;四是"三高"企业退出,如中石化燕山分公司、东方石油化工有限公司、首钢总公司等有疏解空间。②

在产业转移输出的过程中,由于河北综合实力与京津差距悬殊,形成了京津冀特有的二元结构特征和北京、天津区域发展"双核"现象。长期以来,由于"中心"的"集聚效应",包括资源、资本、人才等优质要素都被京津城市所吸收,而同时对河北的扩散效应不足,使京津对河北的溢出效应为负。再加之行政区划的分割,在环京津周边形成了一条众人瞩目的"环京津贫困带"。在河北62个贫困县中,北京周边就有13个,这种"大树底下不长草"的现象就是明证。为此,此次京津冀一体化中产业转移更凸显的是京津城市向河北的产能输出与产业对接,尤其是以北京向河北的产业转移为工作重心。

(二)产业转移结构的规划部署

对于京津冀产业转移与对接,不同的专家学者以及相应的政府部门

---

① 刘奇洪:《北京应向外转移哪些产业》,《中国经济报告》2014年第5期。
② 张云、窦丽琛、高钟庭:《"京津冀协同发展:机遇与路径学术研讨会"综述》,《经济与管理》2014年第2期。

都做了合理的布局规划，有些学者指出，河北的产业对接发展需要围绕京东新区，建成现代服务功能承接示范区；围绕京南新区，建成首都产业转移承接示范区和央企对接合作先导区；围绕京北新区，建成首都圈生态经济示范区和中关村科技成果转化示范区；同时建设和发展曹妃甸等新区，使其成为辐射带动区域经济增长的新增长极。[1] 有关政府部门在京津冀产业转移规划中提到北京、天津和廊坊，要重点发展现代服务业和高端创新技术产业；以石家庄为次级中心与沧州、保定依附京津资源重点突出现代制造业；天津、唐山和秦皇岛依托其港口和临海优势，加强重化工业的优化和升级；张家口和承德两地区禀赋生态属性，突出其生态环保产业。

此次产业转移中，京冀间的转移无疑是工作重心，政策在扶持原有的中等城市比建设环首都新城上来得有效，河北应有针对性地扶植涿州、三河等地，吸引北京的外迁企业的对接。[2] 河北产业转移计划指出，作为京津水源地的张承地区侧重于对接以旅游、太阳能、特色农牧业等绿色产业、高新技术产业；秦唐沧沿海地区特别是曹妃甸和渤海新区，既发挥秦皇岛休闲度假产业，更侧重于承接天津先进钢铁、石油等重化工业和装备制造业；廊保地区侧重于承接新能源、装备制造以及电子信息产业；冀中南地区侧重于承接战略性新兴产业和高端产业制造环节的整体转移，以作为京津冀产业转移与整合过程中的纵深与腹地。[3] 前文提到产业转移的各种方案和国家的"京津冀协调发展区域规划方案"相辅相成，在京津冀不同产业机构梯度下，充分实现资源互补，实现产业转移的无缝衔接。

三 产业转移中的困境与问题

（一）产业转移中环境污染与绿色发展间的矛盾

对于产业转移而言，以往很多二、三线城市对能带来产值的项目，都是来者不拒。而今面临京津冀地区日益严重的能源消耗、环境污染、雾霾治理等问题却有了更多对绿色发展的理念，地方政府在承接搬迁企

---

[1] 张云、窦丽琛、高钟庭：《"京津冀协同发展：机遇与路径学术研讨会"综述》，《经济与管理》2014年第2期。

[2] 同上。

[3] 李正豪：《京津冀产业协同思路初定，污染项目迁往冀中南》，《中国经营报》2014年5月5日。

业和项目来刺激当地经济腾飞的同时,更要注重后期环保目标。作为我国污染最严重的经济区域,京津冀在产业转移中既要保障节能减排,又要延续产业发展。与此同时,由于地区发展程度的差异、产业结构的不同等多种因素,使各地区对产业转移中"哪些产业迁出去、哪些产业引进来"的问题显得尤其重要。京津冀产业转移,绝对不能是污染源的转移。

(二)京津冀地区呈现产业异构与趋同

京津冀地区呈现产业异构和趋同两种趋势。一方面,产业异构明显未能建立紧密的内在联系。北京资本服务化、技术精尖化趋势明显;天津趋于高端化产业,航空航天、石化、电子信息等八大优势突出,其产业总产值达规模以上工业的90%以上;河北以工业为主导的优势产业中,"两高一低"(高能耗、高污染和低附加值)的传统产业居多,再加上产业异构因素未能有效地建立紧密的产业关联机制,从而形成各自隔离、互相独立的产业分工体系,区域产业协调效益不显著。

另一方面,由于缺乏战略层面的总体规划,使京津两地产业趋同发展。京津两地城市地位相近,发展目标相似,引发其各自在产业政策上都追求自我效益最大化,导致产业结构以自我为中心、自我封闭,结构同质加重,重复建设与恶性竞争降低资源效益。[1] 京津间负值经济增长相关系数,也说明京津间的经济增长没有合作性和互补性,而是充满竞争性和冲突性。[2] 两个直辖市相对河北各市的经济有着极大的优势,却因各自资源配置不够优化、产业依赖性不强,而尚未产生足够的扩散效应来影响、带动河北各地区的经济发展。北京的首都政治优势,天津的港口物流优势及河北的资源优势的协同效应远不如预期,使区域综合实力低于长三角地区和珠三角地区。如何避免产业雷同的趋同发展,又协调好互通有无的异构发展,也是京津冀产业转移中必须重视的问题。

(三)京津冀区际利益的冲突

京津冀一体化中,由于地区行政划分壁垒导致的市场割裂和等级化管理,使京津冀三地分别拥有各自不愿舍弃的局部利益。在马丁和罗杰

---

[1] 赵钊:《京津冀协同发展关键在产业合作》,《国际融资》2014年第5期。
[2] 张可云、蔡之兵:《京津冀协同发展历程、制约因素及未来方向》,《河北学刊》2014年第6期。

斯（1995）提出的自由资本模型指出，产业活动的重新布局源于产业中流动要素的布局，这种新布局会使不同区域受益或受损，最终产生区域经济利益冲突[①]，为此，产业转移是局部利益博弈的过程。加之京津间产业的竞争性和冲突性，也加剧了地方利益冲突。[②] 利益冲突阻碍了项目的生产力布局、资源的合理分配、公共资源的分配、财政转移支付、区域性生态建设和保护，而这些环节都是产业转移中重要的组成部分。

四 京津冀一体化产业转移的前瞻性对策建议

产业转移不是"平面复制"，而是提升式转移，也是合理规划产业分工体系、优化产能空间布局的有效途径。其意义，一是能加速迁出地区产业转型和升级；二是能推动产业承接地区工业化和城镇化的新发展。其内涵并非简单的企业空间搬迁，而是追求企业和产业自身发展的可持续性。产业转移路径需要按照产业自身发展规律、市场运行规则以及区域经济发展优势来推进，让市场起决定性作用，其核心应以企业为主体，强市场、弱政府，由市场定位。

推动京津冀协同发展，要追求绿色经济，注重生态环境建设。在做好顶层设计的同时，更重要的是，需要围绕京津冀三地进行产业升级和产业的有机协同。因此，必须打破各自"一亩三分地"观念，注重产业协同发展和资源合理配置，顶层统筹规划三地利益，发挥金融资本作用推动产业升级。

（一）重视生态环境建设，绿色发展

在京津冀产业转移升级中，既要着重考虑各地区产业的互补性，也要注重产业发展的生态性，尤其是对于京津冀地区严重的大气污染问题，发展循环经济显得尤为重要。第一，要注重农业用地的合理使用，因地制宜地开发生态绿色的农业产业；第二，要依据可持续发展原则，科学规划地区内的生态空间；第三，要深化研究和落实环保的具体环节，如环境规划、联动执法，以及重污染日的应急措施联动等；第四，要重视不可再生资源的开发利用和环境保护，促进京津冀的经济效益、

---

① Martin, P., Rogers, C. A., "Industrial Location and public Infrastructure" [J]. *Journal of International Economics*, 1995 (39): 335-351.

② 张维迎、栗树和:《地区间竞争与中国国有企业的民营化》,《经济研究》1998年第12期。

社会效益及环境效益的和谐统一。

（二）产业协同发展，资源合理配置

1. 合理分工，形成"错位发展"

基于京津冀各自突出的比较优势，形成一个完整体系，即北京以服务业为主导，天津以加工业为主导，河北以资源型为主导。京津冀三地生产要素优势和成本差别大，要协调整合三地的土地、人才、市场和科技等发展要素，实现要素高度互补、功能定位准确、产业衔接到位。如河北可凭借其廉价的土地、劳动力等生产要素和拥有广阔的海岸线和内陆区位优势，在沧州等沿海地区发展先进制造业，内陆地区建设相应的配套设施，开发潜在市场；天津进入后工业化时代，生产要素优势位于三者中间，可以在强化先进制造业的同时发展科技研发、文化娱乐等现代服务业，加之天津自贸区的确立，也可突出贸易、信息技术等产业；北京则凭借发达的现代服务业，通过金融、高新技术和文化娱乐等附加值高的产业来带动津冀产业发展。

2. 市场调节，推进软硬件建设

产业转移应由市场引导，要让市场发挥资源配置的决定性作用，而不是行政命令式的干预。在充分考虑社会效益的同时，也要为企业效益着想。政府强行干预命令式的产业转移阻碍其效益，按市场规律办事，由市场引导，才会有事半功倍的效果。在市场引导下，政府需要大力推进软硬件协同建设，来保障京津冀一体化中的产业转移与升级。硬件方面，要强化公共领域间的区域合作，推进京津冀产业转型先进；基础设施建设方面，要加大投资力度，不仅要实现基础设施互联互通"物理连接"，更要发挥现代化交通体系的通达性，最终实现区域资源的互利共享。软件方面，要实现人才和技术的互动，尤其是京津地区需要积极配合，建立人才交流中心和技术成果共享平台，为各地人力资源匹配和技术支持提供保障，推动产业转移。

政府能做的就是创造政策环境，更多的是充当服务者的角色，创造硬条件和软条件，通过市场机制实现资源的合理配置，而不是文件式、命令式的干预。通过制定产业转移规划，成立中央京津冀地区一级管理机构，减少三地行政摩擦；适当疏解北京教育、医疗等优质服务资源，降低区域交易、合作成本，解决三地发展的共性问题。让资本转移遵循效益最大化原则，各地区产业链发展根据资源禀赋自由配置。

(三) 统筹规划三地利益,并且发挥金融资本作用

1. 加强统筹规划

政府要从战略层面对京津冀地区协同发展做统一部署,均衡利益博弈。强有力的统一规划和顶层设计的缺失,会导致部分地区经济发展出现追求"多快好省"的现象,如地方政府根据自己理解的"一体化",进行炒地卖地、推高房价,完成政绩目标。三地产业定位规划要破除区域内产业异构和趋同问题,应以产业互补、融合为目标,制定国家层面的京津冀规划文件,特别是注重对特殊区域和重要产业的规划部署,如河北经济落后地区的重工业引进规划;制定相应规章制度实现市场有序运作、规范竞争、保证公平,完善监督制度,建立和谐的区域关系。

2. 发挥金融资本作用,定位金融角色

金融在产业转移中起到了重要的杠杆作用。京津冀协同发展应加强金融创新,积极引入市场资本和尝试财政改革,推动国家新型城镇化的发展。[①]既要建立类型完整的金融市场,以满足证券、基金、债券等各金融需求,也要建立功能完善的金融市场,充分发挥区域内资本运营的聚敛功能和调节功能。此外,各地的金融角色定位也很重要,未来可将北京定位为金融决策中心,天津重点发展保理、融资租赁等金融业;河北廊坊处于天津和北京之间,避免功能交叉,可发展金融人力资源培训和职业金融教育等领域起支持桥梁作用。

第八节 促进北京科技成果向河北转化的调查与建议[*]

2013年、2014年、2015年前三季度北京向河北转化的成果,分别占北京向外转化成果的1.14%、2.1%、2.8%。河北一方面进步不小,另一方面比重偏低。我们对清华大学2012—2014年科技成果转化情况进行了问卷调查,回收有效样本40份,其转化成果中仅有1项转化到

---

① 贾若伦:《京津冀协同发展:发挥金融资本作用,推动产业升级》,《国际融资》2014年第5期。

*作者:陈万钦 河北省人民政府研究室工交贸易处处长;本节原载《经济与管理》2016年第4期。

河北。虽然调查问卷回收样本较少，但反映的情况值得重视。我们又对浙江、安徽、江苏等地吸引外部成果转化进行了调查，其做法值得河北学习。

一　清华大学专利调查问卷分析

清华大学三年来专利调查有效样本共 40 个。从专利类型来看，发明专利 24 个，实用新型专利 16 个。从专利领域来看，环保技术及设备专利 10 个，工程结构 10 个，计算机、通信和大数据技术 4 个，新材料、新能源 2 个，化工医药 3 个，工业技术 1 个。从可转化程度来看，达到 100% 的有 19 个，90%—95% 的有 8 个，达到 80% 的有 4 个，60%—70% 的有 2 个，未回答的有 7 个。从实际转化情况来看，已经转化的有 5 个，占 12.5%；未转化的 35 个，占 87.5%。在转化的成果中，仅有 1 个转化到河北。在是否愿意向河北转化中，有 34 个同意，1 个未想过。在转让价格要求中，要求 1000 万元、100 万元、15 万元、10 万元的分别有 2 个、2 个、5 个、15 个，未提要求的 11 个，除极少数专利外，多数价格并不是太高。

二　清华大学成果向河北转化案例分析

（一）成功案例

承德万利通实业集团在清华大学设立工程研究中心促进成果转化。2009 年，由承德万利通公司出资 1000 万元，与清华大学联合成立液流电池工程研究中心。目前，该中心在钒电池关键膜材料、电解液材料技术方面取得突破性进展，成功地开发批量制造钒电池专用质子传导膜装备、液流储能电池工装设备；所研发电堆能量效率高于 70%，在近千次充电/放电循环测试中，能量效率与内阻性能稳定。清华大学原有 6 件专利技术向该公司进行了转移，项目执行期间新申请和授权专利 12 项，负责和参加制定液流电池技术标准 4 项。这些成果全部在企业进行了转化，推动了钒电池材料、部件、设备与制造工艺技术进步。

（二）不成功案例

清华大学低温余热发电项目转化不顺利。现在炼钢厂余热发电能利用 180℃ 以上的水蒸气，而 90℃—180℃ 的温水被白白浪费。清华大学低温余热发电项目，采用五氟丙烷等低沸点有机工质，可以利用 90℃—180℃ 的水温进行发电。以河北某钢厂 3200 立方米高炉为例，过去 90℃ 冲渣水未能利用，如果安装 2650 千瓦低温发电机组，每年可发电 1908 万千瓦时，回收资金 1116 万元，相当于 2—3 年收回成本；相当于每年节煤 6811 吨，减排二氧化碳 17846 吨、二氧化硫 57.9 吨、氮氧化物减排 50.4 吨。从投资方式看，国有钢铁企业既可以自己投资建设，清华大学也可以采取 BOT 方式投资，项目运行满 20 年后产权无偿转移给企业。对于民营钢铁企业，清华大学担心企业停产关闭不愿意采用 BOT 方式。这是一个很好的节能减排技术成果，但清华大学推广并不顺利。原因是：国有企业如果"一把手"不感兴趣，成果很难落地；民营企业在当前形势不好的情况下，不愿意或无能力投资节能项目。

两个案例说明，如果企业有需要攻关的技术难题，与大学合作研究会收到良好效果；加强对北京专利的转化，关键是引导企业提前与北京高校和院所进行对接。

三　浙江、安徽、江苏转化外地成果的经验做法

（一）发展线上线下差异化技术市场

浙江把科技信息研究院大楼改造成"展示、交易、交流、合作、共享"五位一体的科技大市场，选择引进了 35 家从事技术转移、咨询评估、投资融资、知识产权等方面的科技中介服务机构入驻，形成一站式的创新服务链；实行实体技术市场与网上技术市场并行互补，建成省、市、县及企业联网的网上技术市场，使技术市场功能更加完备。浙江各地根据自身重点产业需要，发展差异化技术市场。如诸暨把袜业、环保装备、珍珠三大领域作为技术市场发展重点，牵头建设"大唐袜业保险单设计中心"，引进中国美术学院、西安工程大学纺织研究院等 12 家单位，形成了强大的袜业设计创新力量。

（二）积极培育技术中介机构

浙江以省科技信息研究院、省科技开发中心两个单位作为国有出资控股，吸收阿里巴巴、华数、浙大网新、杭州科畅、杭州中新力合 5 家企业，共同组建了浙江伍一技术公司，由其作为市场主体运营浙江科技大市场，以解决技术市场体制机制不顺畅问题。在首批 26 家科技大市场试点单位中，以公司化运作的运营主体达到 18 家，占近 70%。浙江已培育重点科技中介机构 102 家，从业人员 3090 人，促成技术转让和技术开发项目 7400 多项。

（三）定期举办技术成果拍卖会

浙江积极探索竞价拍卖方式，加速省内外成果转化。浙江每年组织

2场，目前共组织了5场技术成果拍卖会，累计521项科技成果成功竞拍。总起拍价6.68亿元，成交价9.09亿元，溢价幅度达33%，成为国内交易规模最大、成果种类最多、影响面最广的技术交易活动。据不完全统计，在521项通过竞拍的成果中，单项技术实现产业化的有204项，新增销售88.16亿元，实现利税5.67亿元。

（四）在转化中突出成果优选和要素整合

安徽注重从国家重大科学工程、科技重大专项、"863"计划项目捕捉优势成果，优先支持并尽快让其落地。同时，对涉及成果转移转化的资金、人才、信息、管理、政策、空间载体、基础设施、市场等要素进行整合，不因为一两个环节缺失而影响成果转化。2014年，安徽认定登记的技术合同7000项，成交额170亿元。

（五）成立产业研究院完成从实验室到孵化器环节任务

江苏省产业技术研究院是省政府批准成立的产业研发组织，实行理事会领导下的院长负责制，下设17个研究所。研究院围绕结构调整需求，采取一所两制、合同科研、项目经理、股权激励等新型运作模式，以产业应用技术研发为重点，着力破解高校院所不愿做、企业不会做、政府不能做的问题，完成从实验室成果到孵化器之间的转换，努力建成全国功能独特、实用性最强的产业技术创新中心。

四 北京科技成果向河北转化的影响因素

（一）北京市政府

在京津冀协同发展中，北京最大的期待就是对北京科技创新能力的疏解。北京聚集了我国大量科研资源，拥有较大研发优势，但目前各种资源已经非常紧张的北京难以完全消化这些成果，迫切需要向外地转化。

（二）北京科研单位

成果转化总体不理想。一是现有科技体制下有些专利是为评聘职称而取得的，研究目的不是为了转化，因而可转化度差；二是高校教师获得专利，实现创新就完成了任务，马上把精力投入到新课题研究中，有些成果虽然有转化价值，但与转化有距离也无法实现转化；三是成果方多是高校教师和科研人员，本身与企业接触不多，很多成果因为没有企业联系而束之高阁。

（三）河北省

对政府来说，比较重视吸引北京企业转移，但对成果转化的认识有待于进一步提高；对企业来说，主动与北京科研单位联系少，缺乏联系渠道；从体制来看，缺乏技术交易市场和中介队伍；从转化经费来看，在购买高性价比专利时由于实力不足而无法与发达省份企业竞争。

（四）江浙地区

许多设区市市长常年拜访在京的科研院所，很多企业派代表长时间在中关村收集信息，看到市场转化周期短、效益高的成果，在项目立项时就买到手，造成中关村大量高性价比科研成果被南方企业转化。如江苏省外地转移落地的科技成果中有85%来自中关村。

五 促进北京科技成果到河北转化的建议

2015年9月，河北省委、省政府出台了《关于深化科技体制改革加快推进创新发展的实施意见》（冀发〔2015〕14号），对河北省科技创新、产业创新、体制机制创新提出了全面系统的政策措施。在此基础上，结合省外经验，有必要在以下六个方面进一步做细做实。

（一）分类考核引导各地更加重视引进科技成果

在京津冀协同发展背景下，把技术交易作为各级政府的考核目标，引导各级干部把注意力从单纯的GDP转到引进技术、科技进步上来。对于各级科技管理部门来说，应把引进成果转化作为一项重要任务和考核内容。对于企业来说，根据转化成果评选科技型企业，根据认定新产品给予政府采购和推广应用等政策优惠，以鼓励更多企业吸收外部成果转化。同时，细化不允许领导干部经商办企业的规定，把"领导干部"严格限定在党政系统，允许高校和科研院所领导干部领办科技型企业和技术中介机构。

（二）重大课题研究与在京科研单位提前对接合作

第一，找准河北企业的合作单位。选择北京科技大学、北京理工大学等专业与河北产业结构相适合的高校重点对接；争取一批在京国家重点实验室、工程技术研究中心到河北设立分支机构。

第二，由科技部门定期征集企业重大技术需求，精选河北企业无法解决的技术难题，面向全国特别是京津科研单位进行网上难题招标和项目委托，帮助技术供需双方选择伙伴，合作开展研究。对于中标企业，补助一定科研经费。

第三，加强科技部门与在京科研单位的联系，及时发布北京立项、在研的课题，引导河北企业提前介入，提供部分研发经费，形成紧密型合作关系。避免有价值的成果获批专利后，被资金实力更强的单位转化。

（三）建立成果二次开发中心加强科技成果转化

高校很多专利可转化度在50%—90%，并不是这些成果没有转化价值，而是从实验室专利到孵化器还有很大距离。解决这个问题，需要借鉴江苏设立产业研究院的做法，完成从实验室成果到孵化器阶段的开发任务。具体操作办法是：第一，培育几家以成果转化为目标、半科研机构半企业性质的二次开发中心，列为民营科研机构，享受政府资助、税收等优惠政策。第二，招收一批具有科技、产业、市场素质的人才，对全国没有转化的专利进行分析，从中发现有二次开发价值的专利。第三，洽谈购买半成品专利，同时把高校、科研院所专利持有人的毕业研究生引进来工作，在原导师指导下进行产业化研究开发。第四，对二次开发的成果进行小试、中试，成功地进行生产或转让。最终形成一个包括各个专业、各类成果开发的大园区，把大量不能转化的成果变成可以转化的成果，用较小的投入换取较大的科研效益，并在二次开发中形成新的专利，达到事半功倍的效果。

（四）培育技术中介机构

针对河北技术中介机构和队伍总体比较弱小的实际，采取措施，扶持其快速壮大：第一，实行优惠政策，促进技术中介机构发展。对于一定年限内纳税超过一定数额的技术中介机构，实行财政奖励，对龙头中介服务机构，再加大奖励力度。符合高新技术企业条件的科技中介服务机构，经认定后，可享受高新技术企业相关税收政策。第二，注重不同行业、不同领域技术中介机构均衡发展。重视技术中介机构的专业性，更好地发挥对各行各业的中介作用。第三，鼓励中介机构建立技术数据库。建立包括科研院所、专家、项目、成果、价格和企业、规模、效益、技术需求、产业前景等详细信息的动态数据库，为企业提供精准信息和对接服务。

（五）建立科技成果交易市场

借鉴浙江做法，从四方面着手：第一，建立科技中介场所。省建立起比较规范的技术市场，鼓励每个市、直管县建立技术市场，对培育期的省级综合市场，财政给予适当补贴。按照技术市场特点进行功能布局设计,设立科技成果新媒体展示推介和交易拍卖场所,满足科技成果交易和拍卖的需要。第二,办好网上技术市场。学习浙江做法,精心设计技术交易网站和支持系统,为在线展示、在线洽谈、在线交易、信用评价等提供数据分析和技术保障。第三,促进技术市场与中介机构互动。以省情报研究院和京津冀协同创新中心为市场主体,吸引不同领域技术中介机构和金融投资、咨询评估等服务机构入驻,共同运营河北省技术交易市场,以理顺市场运作机制。第四,与京津共建技术市场。以中国技术交易所河北分中心、北京国际技术转移中心河北分中心为主节点,以共建、托管、设立分站等形式,建立联通京津、贯通各市的技术市场,促进京津科技成果在河北落地生根。

(六)组织企业、科技和金融三方对接活动

科技成果转化离不开金融支持,现在很多金融机构把"科技金融"作为发展理念,非常重视"金融+科技+企业"。如北京银行设立了"科冀贷",专门支持科技型企业贷款。因此,今后政府应更多地组织高校、院所、中介、金融、投资等机构和企业的对接活动,支持各市建设科技支行、科技担保机构、科技创业投资机构、科技保险机构等科技金融专营机构,把涉及科技成果转化的主体和要素聚合到一起,形成以企业为主导的成果转化利益共同体,提高科技成果转化成功率。

此外,河北还应办好专门承接北京科技成果的园区,重点抓好秦皇岛北戴河新区、京南科技成果转化试验区、白洋淀科技城等承接平台,引进一批带技术、带成果、带项目的产业创新团队到河北重点园区、产业基地、企业长期或临时落户,促进北京科技成果向河北省转化。

第九节　京津冀产业一体化水平测度与发展对策[*]

一　研究背景

改革开放以来,我国通过不断倡导国内区域经济一体化来推动国内

---

[*] 作者:蓝庆新　对外经济贸易大学国际经济研究院教授;关小瑜　对外经济贸易大学国际经济研究院硕士研究生。本节原载《经济与管理》2016年第2期。

各地区间的协同发展。作为中国经济发展的引擎,长三角、珠三角等地通过区域内产业整合、市场整合等方式已基本达到了一体化水平。而京津冀地区却未能实现区域内整合发展。事实上,京津冀一体化的构想由来已久。早在20世纪80年代中期,国家计划委员会和北京市就提出了包括廊坊、唐山等城市在内的"首都圈"或京津唐地区的协作发展规划。步入2006年,在"十一五"规划中,"推进京津冀区域经济一体化发展,打造首都经济圈"已被提上日程。2014年,京津冀区域协同发展上升为国家战略。2015年4月30日,《京津冀协同发展规划纲要》经中共中央政治局审议通过。《京津冀协同发展规划纲要》指出,京津冀地区应以产业升级转移、生态环保等领域改革为突破口,带动其他领域整合发展。但是,由于京津冀地区的城市、产业和人口分布不平衡,城市群发育不完善,三地缺乏紧密的产业关联等,已成为阻碍京津冀一体化,尤其是产业一体化发展的突出问题。虽然京津冀不断加快区域内部一体化的进程,但与长三角、珠三角相比,其产业联系和经济合作还不尽如人意,一体化进程还有待于进一步提高。同时,近年来,由于京津冀产业转移和合作问题突出,由此造成的京津冀区域环境日益恶化等现象也不断凸显。因此,加强京津冀地区间的产业关联、链接和整合十分必要。

二 京津冀产业一体化的发展条件

(一)产业发展的资源与要素的互补性

北京作为京津冀都市圈的核心,拥有独有的政治、信息、科技和人才优势,在高级人才的培养、科研的投入和产出、科技开发和应用等方面都位居全国前列,这将为京津冀都市圈的发展奠定良好的科技和教育优势。

天津自然资源分布广泛。天津矿产资源、水资源、海洋资源等要素丰实。矿产资源中,已探明金属矿包括锰硼石、锰、金等10余种,非金属矿也具有较高的开采价值。海洋资源如滩涂资源、海水资源、海洋生物资源、海洋油气资源等储量也非常可观。[①] 另外,天津拥有丰富的土地资源,滨海新区有待开发的1200多平方千米的土地,将为发展海

---

① 孙久文、张红梅:《京津冀一体化中的产业协同发展研究》,《河北工业大学学报》(社会科学版)2014年第3期。

洋及石油化工提供广阔的空间。

作为全国矿产资源大省，河北各类矿产资源云集、资源体系完整。其中，探明储量的矿产达 70 余种，储量居全国大陆省份前 10 位的有 45 种，石油、天然气等资源也十分丰富。①

因此，北京突出的科技教育优势及天津、河北丰富的自然资源凸显了三地在要素上具有较强的互补性，这将为京津冀三地进行产业整合和分工协作奠定基础。

（二）区位条件的优越性

首先，京津冀都市圈拥有无可比拟的区位和交通优势。北京拥有四通八达的现代化、立体交通网络，具有联结东北、华北、西北乃至全国的枢纽性区位。天津是华北、西北等省区的重要出海口，拥有天津港、曹妃甸港等天然优良港口及全国最大的集装箱码头，同时铁路、公路四通八达，拥有完善的道路交通网。河北内环京津，外环渤海，在京津冀区域交通体系上作用也十分明显。因此，三地现代化的空港海港，衔接南北，贯穿东西的公路网和铁路网为京津冀都市圈一体化奠定了基础。

其次，京津冀地区的腹地十分广阔，具有巨大的市场潜力，将带动京津冀地区的要素流动。同时，京津冀地区的辐射区位明显，其生产资料可辐射到东北、华北、西北和华中的内陆地区，带动内陆地区产业升级和经济发展，这都将为三地间的经济合作提供有利的条件。

最后，京津冀地区现有基础设施建设较为完善，有利于三地之间的产业转移与合作。同时，京津冀地区大都地处平原，也便于三地之间进行资源整合，开展基础设施建设。

（三）产业体系相对完整，初步形成了产业结构梯度

从三大产业比重、三大产业对 GDP 的贡献度上看，京津冀之间存在明显的产业梯度。具体而言，作为我国的政治、文化和经济金融决策管理中心，北京拥有全国最优质的人才和最先进的技术管理经验，同时拥有特有的发展特权和高度集中的资源配置权，由此产生了强烈的虹吸效应。因此，北京在产业结构转型方面最先取得成功。近十年来，北京第二产业占比不断缩小，第三产业占比持续增大，北京已成功从工业主导型城市转变为服务业主导型城市，形成"三二一"的产业格局，见

---

① 常兴华：《京津冀都市圈发展的 SWOT 分析》，《经济研究参考》2007 年第 8 期。

表 3 – 11。

表 3 – 11 2005—2014 年京津冀三次产业国内生产总值比重 单位:%

	年份	2005	2006	2007	2008	2009	2010	2011	2012	2013	2014
北京	第一产业	1.3	1.1	1.0	1.0	1.0	0.9	0.8	0.8	0.8	0.7
	第二产业	29.1	27.0	25.5	23.6	23.5	24.0	23.1	22.7	22.3	21.4
	第三产业	69.6	71.9	73.5	75.4	75.5	75.1	76.1	76.5	76.9	77.9
天津	第一产业	2.9	2.3	2.1	1.8	1.7	1.6	1.4	1.3	1.3	1.3
	第二产业	54.6	55.1	55.1	55.2	53.0	52.4	52.4	51.7	50.6	49.4
	第三产业	42.5	42.6	42.8	43.0	45.3	46.0	46.2	47.0	48.1	49.3
河北	第一产业	14.0	12.7	13.3	12.7	12.8	12.6	11.9	12.0	12.4	11.7
	第二产业	52.7	53.3	52.9	54.3	52.0	52.5	53.5	52.7	52.1	37.2
	第三产业	33.3	34.0	33.8	33.0	35.2	34.9	34.6	35.3	35.5	51.1

资料来源:2005—2014 年北京、天津、河北国民经济和社会发展统计公报。

天津作为海港城市,具有明显的沿海优势。同时,作为我国老工业城市之一,天津拥有航天航空、电子信息、石油化工等优势支柱产业。因此,天津的主导产业仍为第二产业。而第三产业的发展相对缓慢,第三产业占47%,这一数字远远低于发达国家的平均水平(70%),也和北京(77.9%)、上海(62.2%)相比差距较大。2013 年,天津三次产业的比重分别为1.3%、50.6%、48.1%。因此,天津仍为工业主导型城市,并呈现"二三一"的产业格局。

作为我国重要的粮食主产区和国家能源、原材料生产基地,河北近年来不断进行产业转型升级,实现跨越式发展。在产业调整的过程中,第一产业的比重不断下降,第二、第三产业的比重呈上升趋势。但与北京、天津相比,其第一产业所占比重仍然较大(12.4%),而第三产业的发展相对平缓,缺乏强劲动力。因此,河北为工业主导的省份,其产业结构为"二三一"结构,产业结构有待于进一步优化。

依照美国经济学家西蒙·库兹涅茨的研究,依据三次产业的GDP构成份额,可将工业化进程划分为工业化初期、中期和后期三个阶段。第一阶段即初期阶段,第二、第三产业的比重不断上升,第一产业比重不断下降。工业化进入中期时,第二产业比重持续上升,超过第三产业占据 GDP 最大份额，且第一产业比重降为 20% 以下。进入工业化后期时，第二产业比重稳定上升，达到最高值，并保持稳定或有所下降，而第一产业比重持续降为 10% 以下。[①] 根据此标准，北京已经进入了工业化后期，天津处于工业化中后期阶段，而河北则处于工业化中期阶段。

总之，京津冀已具备丰富的要素资源、良好的区位条件、相对完善的产业体系等一体化条件。利用京津冀一体化的优势条件，优化其产业结构，继而带动整个区域竞争力的提升已成为京津冀一体化的现实要求。

三　京津冀产业一体化实证分析

（一）京津冀产业结构和经济增长计量分析

1. 变量与数据选取

在研究京津冀产业结构和经济增长的关系时，主要选取以下四个指标：以京津冀三省市的地区生产总值 GDP 之和表示经济增长指标，采用第一、第二、第三产业的产值结构作为产业结构的代表变量，分别以 GDP_1、GDP_2、GDP_3 表示。所有数据来自北京、天津、河北三地统计年鉴。

该模型的样本区间为 1995—2014 年。为消除可能存在的异方差，对相关的经济指标进行自然对数处理，记为 $\ln GDP$、$\ln GDP_1$、$\ln GDP_2$ 和 $\ln GDP_3$，在分析中，假定除三次产业以外的其他因素对经济增长影响不变，一般的模型可以表示如下：

$$\ln GDP = u + \beta_1 \ln GDP_1 + \beta_2 \ln GDP_2 + \beta_3 \ln GDP_3$$

2. 结果的估计与分析

运用 Eviews8.0 对上式进行估计，结果如下：

$\ln GDP = 0.8407 + 0.1382 \ln GDP_1 + 0.4540 \ln GDP_2 + 0.4278 \ln GDP_3$

　　　　　(46.2429)　(10.5427)　　　(24.4534)　　　(36.5267)

　　　　　$R^2 = 99.99\%$　　$DW = 1.4016$　　$F = 453889.6$

从上面的回归分析可知，模型的可决系数为 0.9999，说明该模型的拟合优度较高，也就是说，京津冀经济增长（被解释变量）绝大部分差异可以通过第一、第二、第三产业的实际增加值（解释变量）做出解释。但是，DW 统计值为 1.4016，小于 2，说明模型的残差序列可

[①] ［美］西蒙·库兹涅茨：《现代经济增长理论》，商务印务馆 1989 年版。

能存在自相关。为了剔除自相关，加入 AR（1）项，其结果为：

$$\ln GDP = 0.8529 + 0.0831\ln GDP_1 + 0.4354\ln GDP_2 +$$
$$\quad\quad 55.9158 \quad\quad 24.3140 \quad\quad 101.9623$$
$$0.4886\ln(GDP_3) + 0.7745 AR(1)$$
$$113.9539 \quad\quad 33.7909$$
$$R^2 = 100\% \quad DW = 2.1421 \quad F = 8205435$$

该结果中，各个参数都较为显著，同时，DW 值为 2.1421，其值位于 2 附近，这说明在该多元线性回归方程中，其残差项的总体分布服从正态分布，模型自身的解释能力没有受到影响，剔除了序列自相关，估计结果可信。

通过京津冀三次产业对经济增长的贡献分析，可以得出：第三产业对经济增长的贡献度最高：假定在其他条件不变的情况下，京津冀第三产业实际产值增长 1%，该区域经济的 GDP 就相应增长 0.4886 个百分点。其次为第二产业，其贡献度与第三产业相差不大。而第一产业贡献度最小，第一产业每增长 1%，其 GDP 总量才增加 0.0831 个百分点。综上所述，在 1995—2014 年的 20 年中，京津冀区域经济增长的主要引擎为第二产业和第三产业，而第一产业对该区域的带动作用明显不足。同时，由于第二、第三产业对于经济发展的作用相差不大，说明京津冀区域的产业优势不明显。因此，继续加快第二、第三产业的优化升级，培育新的经济增长点，并探索第一产业的发展潜力是实现京津冀区域经济增长的重要举措。

（二）京津冀产业分工与协作现状研究

该部分重点研究京津冀产业分工与协作状况，进而折射出京津冀产业一体化的发展现状。

1. 京津冀制造业分工格局研究

虽然京津冀在经过几十年的发展，已经取得了巨大的成绩。但不容忽视的是，该地区的产业趋同现象仍然存在，并制约着京津冀一体化的进一步发展。事实上，在近年来的发展中，北京、天津和河北依然存在各自为政，为发展产业争夺项目、投资，并造成一定的产业结构趋同问题，这极大地妨碍了京津冀地区资源的合理配置和产业结构的优化升级。通过产业结构相似指数和区位熵指数可探究京津冀产业结构的趋同现象。

（1）产业分工测度——产业结构相似指数。产业结构相似系数是用来比较不同区域之间的产业结构，说明区域间的产业布局是否存在差异的指标。其计算公式为：

$$S_{AB} = \sum (X_{Ai} + X_{Bi}) / \sqrt{\sum X_{Ai}^2 \times \sum X_{Bi}^2}$$

式中，设 X_{Ai} 表示 i 产业产值在 A 地区的占比，X_{Bi} 表示 i 产业产值在 B 地区的占比，则 S_{AB} 表示 A、B 两区域的结构相似系数。S_{AB} 的值域为 0—1。当 S_{AB} 为 0 时，表示 A、B 两地区的产业结构完全不同；当 S_{AB} 为 1 时，表示 A、B 两地区的产业结构完全相同。S_{AB} 的值越大，表明两地区间产业相似度越大；反之则相似度越低。[①]

依照北京、天津、河北三地统计年鉴提供的有关数据，本节对 2003—2012 年京津、京冀与津冀三次产业结构相似系数进行了测算，结果见表 3-12。

表 3-12　　　　2003—2012 年京津、京冀与津冀三次产业结构相似系数测算结果

年份	京津	京冀	津冀
2003	0.899	0.836	0.977
2004	0.886	0.825	0.976
2005	0.871	0.803	0.980
2006	0.851	0.787	0.982
2007	0.838	0.770	0.980
2008	0.822	0.738	0.979
2009	0.846	0.768	0.978
2010	0.857	0.768	0.976
2011	0.84	0.763	0.98
2012	0.855	0.758	0.975

资料来源：笔者计算。

基于上述数据，我们可以发现京津、京冀和津冀三次产业结构相似系数的变化趋势。依据经验，我们以 0.85 作为标准来判断相似系数的

[①] 冯立欣、胡平东：《产业同构的测度方法》，《中国集体经济》2009 年第 1 期。

高低。可以得出如下结论:

第一,总体而言,北京与天津和河北的相似系数均相对较小(分别为85%左右和78%左右),而天津与河北的相似系数较大,在98%上下浮动。因此,可以得出结论:北京与河北、北京与天津的相似程度较低,而河北与天津的相似程度较高。

第二,从发展趋势来看,2003—2012年,京津之间、京冀之间的产业结构相似系数均有不同程度的下降,因此,京津地区、京冀地区总体而言是趋异发展的;而津冀之间的产业始终围绕在9.8上下浮动,说明津冀两地是趋同发展的。这与现实情况相符。事实上,现阶段,天津和河北均以资源密集型,能源和重化工业为主导产业,产业同构现象严重制约了两地的发展。

造成上述结果的原因主要有以下三点:

第一,北京不断进行产业转移,加快产业结构调整。从2002年开始,北京就进行制造业大转移,如将北京首钢、北京焦化厂等大规模工业企业搬迁至河北,而重点发展第三产业,因此,京冀出现产业结构趋异的趋势。

第二,天津大力发展高技术密集型产业。天津近年来大力发展高技术密集型制造产业,加快培育装备制造、生物技术、新能源等先进制造业,致力于打造成为全国高水平的现代制造与研发转化基地。因此京津两地趋异发展。

第三,天津与河北发展态势趋同。近年来,河北利用自身制造业基础优势,积极承接高端产业制造环节,而天津也着力发展高技术密集型制造行业,故津冀地区制造业结构有趋同发展的倾向。同时,津冀在经济区位、自然资源环境等方面本身就具有相似性,因此,产业结构化相似的系数比较高。

(2)产业集群测度——区位熵指数。产业集群研究主要采用区位熵指数。区位熵又称专门化率。作为目前衡量地区产业集群较为常见的指标,区位熵指标能够测度某地区生产结构与全国平均水平的差异,借此反映该产业的相对集中程度。其计算公式为:

$$\beta_{ij} = \frac{q_{ij}}{q_j} \div \frac{q_i}{q}$$

式中,β_{ij}代表j地区的i产业在全国的区位熵,q_{ij}表示j地区的i产业的产值，q_j 代表 j 地区所有产业的总产值，q_i 表示 i 产业在全国的总产值，q 代表全国所有地区所有产业的总产值。

区位熵指数的值越高，则该产业的集聚水平越高。一般而言，当 $β_{ij}>1$ 时，说明该产业的集聚水平较高；当 $β_{ij}<1$ 时，说明该产业的集聚水平较低。

表 3-13　　　　北京、天津和河北区位熵大于 1 的行业

行业	北京	天津	河北
煤炭开采和选洗业	1.31	1.58	1.12
石油加工、炼焦和核燃料加工业	1.44	1.32	1.16
金融业	1.43	1.10	
医药制造业	1.62	1.04	
黑色金属冶炼及压延加工业		2.21	3.91
交通运输、仓储和邮政业		1.13	2.01
金属制品业		1.41	1.23
电力、热力、水的生产和供应业	1.70		1.04
黑色金属矿采选业	1.62		6.15
食品制造业		1.22	
批发和零售业		1.13	
石油和天然气开采业		6.02	
专用设备制造业	1.19		
仪器仪表及文化、办公用机械制造业	1.82		

从表 3-13 可知：

第一，从产业优势来看，京津冀三地区在煤炭开采和选洗业，石油加工、炼焦和核燃料加工业中区位熵均大于 1，表明三地在上述产业中存在专业化，且三地专业化水平差别不大，无较为明显的比较优势，说明这些产业存在一定的重复建设问题。

第二，北京和河北在电力、热力、水的生产和供应业，黑色金属矿采选业中区位熵大于 1，说明具备专业化水平。但北京的电力、热力、水的生产和供应业区位熵高于河北，说明北京在该产业具备优势。而河北的黑色金属矿采选业专业化水平远高于北京，说明河北在该产业区位

优势明显。对于北京和天津两地而言，北京在医药制造业和金融业中区位熵均大于天津，说明北京较天津而言，在上述产业中具备比较优势。从天津和河北两地的比较中可以得知，河北在黑色金属冶炼及压延加工业和交通运输、仓储和邮政业专业化水平远高于天津。

2. 制约京津冀产业一体化发展的障碍因素

（1）三地缺乏统一规划，存在一定的地方保护主义。综观京津冀区域一体化发展的过程，缺乏统一规划，致使产业结构趋同而导致的问题如一把利剑，深深扼住了京津冀产业协同发展的咽喉。由于京津冀三地分属于不同的行政区划，行政隶属关系复杂，权责各有不同，地区间协调的难度较大。行政分割造成的壁垒无形中阻碍了京津冀三地产业结构的整合和规模经济的发展。由于区域内部缺乏统一的协调和规划，使三地存在盲目建设、重复建设等问题，造成三地产业同构现象严重。另外，行政区域划分也使交通及基础建设等工程因缺乏三地政府间的内部协调和跨行政审批难度较大而进展缓慢，也影响了京津冀产业一体化的进程。同时，京津冀产业结构趋同的特点，不仅导致区域内各地竞争激烈，而且导致人口分布不均衡，大城市过度聚集，小城市聚集度又不够，同时也由于排出相同类型的污染物叠加而导致环境污染问题严重。因此，京津冀地区迫切需要产业合理分工，有效转移。

（2）三地缺乏战略合作，行业集群度低。京津冀三地在产业整合过程中缺乏整体观念，忽视了区域内部的合作和共赢；缺乏对自身在区域发展中的地位和作用的定位，也使该区域产业发展出现缺乏特点、行业集群度较低等问题。以煤炭开采和选洗业为例，从区位熵的分析可以看出，煤炭开采和选洗业为三地区位熵均大于1的行业。但是，由于缺乏区域合作，该行业存在重复建设问题。事实上，北京、天津及河北在对于这类高污染行业的产业转移和承接中并没有做好对接工作。近年来，北京为提高环境质量，全境关闭煤矿，将高污染、高耗能企业大举迁至河北。这种从自身利益出发的产业转移使区域资源整合流于形式，区域合作难度较大。北京中煤集团、河北冀中能源及开滦集团是京津冀的三大煤炭集团，也是全国煤炭行业中的领先者。然而，相距如此之近的三大煤炭集团却鲜有合作。例如，北京中煤集团在河北设立张家口煤矿机械有限公司、中煤邯郸工程设计有限公司、中国煤炭工业秦皇岛进出口有限公司，在天津设有天津中煤进出口有限公司。① 开滦集团选择与北京茂华集团开展房地产方面的合作，多渠道扩展煤炭产业链条。虽然三大集团存在竞争关系无可厚非，但是，三大集团着力打造自身经济产业链条，而避免合作等问题，不利于京津冀实现区域效益的最大化。

不仅仅是传统行业，在发展现代制造业、现代服务业过程中三地也没有做到主动合作，这不利于三地区域间资源流动、做长做大产业链，形成规模效益。从长远来看，不利于区域内各城市产业发展的持续性和根植性。区域内联系不紧密，再加上产业结构趋同的现状，经济发展相互竞争剧烈，极不利于三地间互利共赢，形成有机的发展整体。

（3）三地要素市场分割严重。区域一体化的本质是要素的充分流动与融合。然而，由于京津冀区域经济整合发展的区域市场体系尚未建立，市场壁垒仍然存在，生产要素如资金、人才、产权、技术等自由流动受到了极大的限制。事实上，三地在区域一体化发展过程中由于缺乏对于要素市场的共同建设，使要素市场分割严重，阻碍了其产业一体化的发展步伐。

四 京津冀产业一体化的对策建议

（一）落实京津冀发展规划

2015年7月，《京津冀协同发展规划纲要》已正式通过审议，这意味着京津冀一体化已绘就出其发展蓝图。规划纲要对京津冀协同发展的指导思想、基本原则、发展目标、重大任务、战略举措等做出了详细的说明和规划。这就要求京津冀三地政府积极落实规划纲要，把握功能定位、找准发展坐标，切实加大协同发展的力度，实现有序对接和共同发展。

（二）突破行政体制分割，统筹区域产业发展

综观伦敦都市圈、东京都市圈等区域合作典范，其政府在整个区域范围内进行战略统筹起到了至关重要的作用。因此，突破行政体制干预，统筹区域产业发展就应当成为京津冀今后发展的重中之重。要突破京津冀的行政分割，三地政府应首先在观念上摒弃地方保护的思想意识，顺应产业一体化的发展趋势，树立区域整体观念，积极开展三地政

---

① 纪良纲、严飞、母爱英：《京津冀煤炭产业链的构建与思考》，《兰州商学院学报》2014年第5期。

府间的平等对话、平等合作。三地应着手构建统一的市场竞争规则，使所有企业都可以在公平的制度环境中参与市场竞争，增强市场的活力。此外，政府在产业一体化的过程中应起到引导者而非主导者的对位。通过根据京津冀各自的城市功能定位，有目的地引导产业发展，促进产业发展与城市功能定位相一致。

（三）加强顶层设计，优化产业布局

优化产业布局是京津冀产业一体化的必要前提。基于区位熵等指标分析，北京应重点发展高端产业和现代服务业；天津应将发展电子信息产业、现代医药产业、化工业、汽车制造业等工业摆在优先位置，打造具有竞争力的现代制造业基地；而河北应立足于自身的资源优势和产业基础，打造特色产业。另外，京津冀产业在空间布局上要实现关联配套、有机对接，形成合理的产业链条并进而建构优化的产业网络。例如，就电子信息、生物医药等京津两地均具有优势的产业而言，其相关配套产业也应布局在京津周边地区，以便快速对接。而针对这些产业发展所需的上游产业如机器零部件等行业，则可布局到河北。就现代服务业的布局而言，京津两地可以发挥其对外辐射功能。北京现代服务业发展迅速，在金融保险、电子商务、技术研发等领域遥遥领先。因此，可以利用优势产业中的人才、技术等要素为周边落后地区提供配套服务。天津具有得天独厚的港口优势，其港口开发较早，且配套设施完善。因此，可以利用天津港独有的区位优势实现对周边现代服务产业的物流支持和配套服务。总之，京津冀应不断加强顶层设计，优化产业布局，积极构建基于产业链和价值链分工的产业协作体系，消除目前的产业断裂现象，形成错落有致的产业综合体。

（四）促进区域内要素合理流动

与长三角、珠三角相比，京津冀在教育、人才、技术流动等要素流动方面远远落后。北京由于众多优势吸引了周围大量的人才和资本，而由于要素流动成本大，削弱了京津对河北的辐射。与北京接壤的河北地区经济发展受到抑制就是一个典型例证。因此，应通过出台相关政策机制，如特别税收政策、基本服务均等化等机制创新，促进资金、人才、教育资源等要素跨区域流动，为京津冀产业一体化的发展奠定基础。

第四章　协同创新

第一节　以协同论指导京津冀协同创新[*]

党中央对京津冀区域协同创新高度重视，习近平总书记多次讲话，具体布置。党的十八届三中全会决定把"系统"和"协同"上升为工作方法的总指导。笔者的理解就是以"系统论"和"协同论"来提高治国管理的科学水平，京津冀协同创新理应以这种科学理论为指导。20世纪末，笔者作为改革开放后的首批出国访问学者，在欧洲原子能联营研究受控热核聚变，是我国首批把系统论的分支协同论用于解决实际问题的人。笔者认为，根据协同论，京津冀区域协同创新首先要解决地域系统最不稳定的因素如严重缺水、重度污染、经常断流的海河问题，而协同论又是解决这一问题的理论指导。

没有一个国际一流大都市与周边地区发展悬殊，处于孤岛状态，这样的中心城市也不可能可持续发展，与周边地区协同发展是发展的必然，关键在于如何科学地协同发展。

一　协同论应用于治水

协同论是德国物理学家哈肯于1976年在系统论基础上创立的一门新学科。协同论是指在非平衡态复杂巨系统中，各系统差异很大，属性不一，变化无序，但在一定的条件下，可以遵循共同的规律发生变化，相互作用、协作，达到动态平衡，形成有序状态。

水资源系统正是一个开放的、非平衡态的复杂巨系统。如何通过子

---

[*] 作者：吴季松　北京航空航天大学中国循环经济研究中心主任、博士生导师，瑞典皇家工程科学院外籍院士。本节原载《经济与管理》2014年第5期。

系统的协同行动而导致系统有序演化，正是水资源可持续利用的主要目的，即通过一系列的水资源调配措施，协调系统中水资源、社会、经济、环境和生态等子系统的关系，保持系统之间的动态平衡，实现水资源系统的良性循环和演化。

（一）京津冀同属海河流域，具有协同创新系统的自然边界

按照协同论，首先要确定复杂系统有多大，确定系统的边界。无论从决定大气扩散的地形和风向来看，还是从水资源的流域划分来看，京津冀都构成了科学的自然生态系统的适宜尺度。

（二）以协同论指导水资源系统有序平衡

协同学研究表明，序参量决定系统的演变方向，系统由无序走向有序的关键在于系统序参量之间的协同作用。水资源优化配置的最终目的就是对组成水资源系统的各子系统的序参量进行调节、控制，以提高它们的协同作用，实现水资源的最优利用和系统的有序演化。从而合理开发水资源，使其水量消耗不超过补给量，满足环境需水要求，维持环境稳定，水资源可以永续利用。反之，则会造成不良的环境问题，导致水资源利用的不可持续。

（三）协同论在水资源系统分析中主要决定于序参量

协同论分析系统依靠序参量，序参量在水资源系统演化过程中起主导作用，由于水资源系统的复杂性，无法区分序参量随时间变化的快慢程度，也不可能通过坐标变换找出序参量，只能按照确定序参量的原则，根据其代表的意义是否"支配其他参量的行为并控制演化进程"这一特性进行选择。

水资源系统的序参量控制水文循环规律和水资源开发利用状况。从水资源状况、开发利用程度和水资源利用效率等方面可以确定序参量如下：

（1）人均水资源占有量：人均水资源占有量是目前国际上衡量一个国家或地区可再生淡水资源状况的公认标准指标。

（2）万元GDP新鲜水耗：指新鲜水耗（扣除了循环利用水及中水的重复计算）总量与GDP的比值，反映节水降耗和水资源利用效率与效益，是循环经济水资源利用的主要指标。

（3）农田灌溉水有效利用系数：农田灌溉用水总量扣除输送的渗漏和蒸发、浇灌时非作物生长区和其他无效用水部分的比例。

(4) 工业用水重复利用率：反映水资源在工业生产循环利用程度的参量。

在以上四个序参量中，前两个是在笔者主管全国水资源以后提出，并进入统计指标体系的。

（四）水文随机模拟的蒙特卡洛方法简述

水文序列扣除确定性成分后，剩下的成分可以看成纯随机成分。对纯随机成分进行模拟，首先必须确定其服从何种分布。目前，该分布只能以某种理论线性近似地代替。

笔者在研究受控热核聚变时成功应用的蒙特卡洛法（也称统计试验法）也是解决这类问题的方法。按照这种方法，首先应模拟 [0，1] 区间上均匀分布的纯随机序列；其次将随机数转换为 P-III 型分布的随机模拟纯随机序列。具体过程不在这里赘述。

二 海河流域的水资源形势

海河流域包括潮白河（北运河）、永定河、大清河、子牙河和南运河五大河流，京津冀海河流域面积 26.5 万平方千米，包括北京的 90%、天津和河北的 70% 以及山西、内蒙古的一部分，目前常住人口超过 1 亿，GDP 超过全国的 10%，耕地面积也超过全国的 10%。但是，该流域多年平均降雨量不及 500 毫米，而且 80% 集中在 6—9 月，丰枯变化十分剧烈，枯水年有些地区饮水困难，丰水年又洪水成灾。目前，京津冀晋蒙的人均水资源量均在全国省市区排在 20 位以后，是我国最缺水的地区，海河断流、白洋淀湖泊萎缩、北京湿地干涸问题十分严重。仅在一个世纪以前，不但天津是水乡，河北是水乡，北京也是水乡，今天早已不复存在，水生态系统危机极其严重，全力修复迫在眉睫。

（一）海河流域京津冀水资源严重短缺、水污染十分严重

水资源短缺正在对京津冀协同发展形成严重制约。北京、天津和河北的大部分地区同属海河流域的滦河、海河水系。京津冀地区水资源总量 258 亿立方米，其中，北京 37.3 亿立方米，天津 15.7 亿立方米，河北 205 亿立方米，区域人均水资源量 239 立方米，仅相当于全国平均水平的 1/9，耕地亩均水资源量 268 亿立方米，约为全国平均水平的 20%，是全国水资源最紧缺的地区之一。

目前京津冀地区用水量 254 亿立方米，占水资源总量的 98.5%，

基本上是"吃光用光",没有留生态水,已大大超过水资源可用量为40%的承载能力,因此,水环境和水生态问题凸显。区域主要河流实测水量比20世纪70年代减少一半,平原河流约有一半河床干涸,11个主要湿地水面比20世纪50年代减少70%以上。由于范围内的人口增长和经济社会发展对水资源的总需求不断增大,水资源短板制约很可能蔓延至整个区域,存在水生态系统崩溃的可能性。

目前海河水污染更为严重,劣Ⅴ类水已达40%以上,Ⅴ类水为30%以上,人不能利用,对人类有害的水已近80%,是一条严重病态的河流。流域京津冀平原浅层地下水可用的(Ⅳ类以上)仅占20%以下,不可用的(Ⅴ类以上)占60%以上,直接威胁到京津冀人民健康。同时,入海水量已到最低限度,且基本是Ⅴ类以下的污水,对海口生态系统产生严重破坏,再不治理,海口生态系统将很难恢复。

(二)贯通京津冀的北运河态势

北运河是流经北京东郊和天津的一条河流,为海河的支流。干流通州至天津即京杭大运河的北段。古称白河、沽水和潞河。其上游为温榆河,源于军都山南麓,自西北而东南,至通州与通惠河相汇合后始称北运河。然后流经河北廊坊市香河县、天津武清区、在天津大红桥汇入海河。全长120千米,流域面积5300平方千米。支流有通惠河、凉水河、凤港减河、龙凤河。北运河古称"御河",是天津重要的一级河道,海河干流的重要组成部分。

目前北运河总体水质极差,劣Ⅴ类水达80%,Ⅴ类水近3%,即人不能利用,而且对人体有害的水高达83%以上。基本已成为一条丧失资源利用、环境作用和生态功能的河流。

三 笔者主持制定与实施第一个国家级规划协同解决京津冀晋水问题的实践

北京缺水由来已久。20世纪70年代以来,北京曾几次出现水危机。为什么北京的水问题多年来一直得不到解决呢?主要是当时没有足够的经济实力,同时也由于没有从海河流域各省市协同可持续发展的大系统来分析和解决问题。

1999年年初,水利部水资源司与北京市水利局商议解决对策。与此同时,国务院副总理温家宝先后两次批示尽快解决北京的水资源问题。水利部与北京市、海委首先进行调查研究,时任水利部水资源司司长的笔者提出了"以水资源的可持续利用保障可持续发展"的指导思想，2001年，国务院副总理温家宝在全国城市供水节水和水污染防治会议上说："'以水资源的可持续利用保障可持续发展'这句话讲得好。"现在，"以水资源的可持续利用保障支持可持续发展"已成为我国水利工作的总方针。如何保障就要流域各省市协同保障，如何发展就要流域各省市协同发展。笔者跑遍海河流域指导，并经过与省市反复协调和组织著名专家论证，数易其稿，历时一年完成了规划编制。

1999年，笔者主持制定的《21世纪初期首都水资源可持续利用规划（2001—2005）》（以下简称《首都水规划》）投入220亿元。《首都水规划》按照以供定需、与自然和谐的原则在海河流域大系统内，在多学科综合研究的基础上，以协同论为指导，促进各省市协同发展。

现在到处谈系统工程，《首都水规划》是一组真正的生态系统修复工程，以工程、生态、经济和协同管理的手段达到生态系统工程修复生态的目标，并建立长效机制。《首都水规划》的创新点主要在一节（水）、二保（护水资源）、三管（统一管理）、四调（调整产业结构和种植结构）、五水价（建立合理水价机制）、六回用（再生水回用）、七调水（南水北调）和八循环（水产业链的建立）。

《首都水规划》经国务院（函〔2001〕53号）批准和笔者主持制定与实施的黑河、塔里木河和恢复黄河断流共四个规划被时任国务院总理朱镕基批示："这是一曲绿色的颂歌，值得大书而特书。建议将黑河、黄河、塔里木河调水成功，分别写成报告文学在报上发表。"时任国务院副总理温家宝批示："黑河分水的成功，黄河在大旱之年实现全年不断流，博斯腾湖两次向塔里木河输水，这些都为河流水量的统一调度和科学管理提供了宝贵经验。"

2001年，国务院成立由国家计委、财政部、水利部、国家环保总局、北京市、河北省和山西省参加的"首都水资源规划"协调小组，笔者任常务副组长，指导实施。这一规划成为至今北京水利工作的指导，经过多任水利局长的努力，才成功地申奥、办奥，实施至今保持了北京水资源脆弱的供需平衡，使北京即使在夜间也未出现分区停水。这一规划也留下了遗憾，在制定的最后阶段，由于投资有限，各省市协调难度太大，不得不把天津从规划中忍痛割爱。在今天京津冀协同发展的问题上这仍是不容小觑的实际问题。

四 京津冀协同发展的基本条件

京津冀是我国的政治、经济和文化中心,也是我国新型城镇化中发展的城市群区域,其协同创新发展,要以文化历史背景、自然资源禀赋和现有经济发展程度为基础,从表4-1中可以看到,三地虽有差异,但基本具备协同发展的条件。

表4-1 京津冀基本状况（2012年数据）

内容		北京	天津	河北	总和或平均
面积（万平方千米）		1.64	1.1	19.0	21.7
人口（万）		2115	1413	7287.0	10815.0
人口密度（人/平方千米）		1259	1183	386.0	
城镇化率（%）		86.2	81.6	46.8	
超大城市（市总人口>500万）		北京	天津	河北	
特大城市（市总人口>200万）				唐山、石家庄	
大城市（市总人口>100万）				邯郸、保定、张家口、秦皇岛	
中等城市（市总人口>50万）				邢台、承德、沧州	
人均GDP（美元,2012年）		14027.13	15129.04	5838.95	9257.1（平均）
GDP（亿人民币,2013年）		19500.6	14370.16	28301.4	62172.16
产业比重（%）	第一产业	0.83	1.31	12.37	
	第二产业	22.32	50.64	52.16	
	第三产业	76.85	48.05	35.47	
城镇居民可支配收入（元）		40321	32658	22580	
大学（其中,"211"高校,所）		91 (26)	55 (4)	112 (1)	
三甲医院（所）		51	31	43	
人均水资源量（立方米/人）		124	233	323	272.4（平均）
地表径流深（毫米）		136	300	147	135.8（平均）
水资源总量（立方米）常年值		26.2	32.9	235.5	294.6
万元GDP用水		20	18	73	
万元工业增加值用水（吨/万元）		15	8	20	
农业灌溉有效系数		0.697	0.668	0.654	

续表

内容	北京	天津	河北	总和或平均
降水量（毫米）常年值	552	593	493	
南水北调东线收水量（三期）（亿立方米）		10	10	
南水北调中线收水量（亿立方米）	12	10	35	

京津冀三地同有燕赵的文化背景；南水北调后，人均水资源量达到344立方米/人，如实现优化配置，三地均可达到保障可持续发展的最低标准（该标准为笔者在联合国教科文组织主持制定、温家宝批示全国干部学习）；而天津和北京人均GDP均超过世界银行高收入经济体标准，河北也为中高收入经济体标准的1.47倍。

五　如何以协同论指导京津冀协同发展

习近平总书记最近明确提出"以水定城，以水定地，以水定人，以水定业"为城市发展的总方针。海河流域不但覆盖了天津和北京两个超大城市，而且包括河北中等以上城市，所以，上述方针也是京津冀协同发展的总方针。按协同论指导，应明确以下认识：

（一）从京津冀的大系统考虑，最"令人揪心的"元素是水资源

从京津冀三地来看，近年来，水资源的使用率分别为137%、70.2%、82.8%，都远远超出40%的合理利用率，不仅没有留下"生态水"，而且严重超采地下水，在喝"子孙水"，使地域生态系统岌岌可危。

但是，水资源是可以在流域内调配的，如果京津冀水资源统一调配，则人均水资源量可达272.4立方米/人，接近300立方米/人的维系可持续发展最低标准。

如果加上南水北调，则京津冀水资源总量可达396.6亿立方米/年，人均水资源量达到367立方米/年，超过了维系可持续发展的下限，这也正是当年笔者制定《首都水规划》对水资源平衡计算得出的结果。如果再加上海水淡化，则有可能超过500立方米/人的极度缺水线，从而能修复京津冀的生态系统。

从协同论来看，确立这些序参量分析京津冀水资源系统，可以改变水资源不合理开发，造成系统无序、严重不平衡的现状，必须在流域范

围内优化配置，使水资源可持续利用。

(二) 协同发展是京津冀水问题解决的指导思想

因此，必须按中央领导明确指示的、以系统论和协同论为指导"自觉打破自家'一亩三分地'的思维定式，抱成团朝着顶层设计的目标一起做"，这就是京津冀对水资源必须大系统分析，统一优化配置。也就是说，要对各子系统的序参量科学调节、控制，从无序走向有序，达到系统的动平衡，加强协同作用来提高水的利用效率。从而达到维系水资源的供需平衡，水环境宜居，水生态系统良好，使地区可持续发展。

(三) 京津冀解决水问题不同诉求的协同

京津冀三地对解决水问题的诉求是有差异的。

1. 各方的不同诉求

京津冀三地是有不同诉求的：在京津冀三地都缺水的情况下，北京要建设国际大都市，严重缺水，希望得到更多水份额；天津要发展工业，提高居民收入；河北以重化工业为主要税收来源，希望改变产业结构、投资与技术引进。三方的诉求虽有差异，但完全可以在根治海河这个共同目标下协同。

2. 各方的比较优势

京津冀三地也各有比较优势，北京有较先进的治水思想和规划制定的科技力量，有较强的支持先进水技术开发的基础研究，有较强的财力。天津万元 GDP 用水仅 18 吨，是全国最低的，有先进的节水技术，有专门的海洋研究所，有较先进的海水淡化技术，也有较强的财力；河北的承德（潮河源）、保定（白洋淀）和石家庄（黄壁庄水库）等市有京津冀地区相对丰富的水资源，同时是东线和中线南水北调的主要途经区，决定调水的水质。

3. 利用各方比较优势，协调不同诉求，使地区水资源配置达到有序动态平衡

根据协同论原理，要利用北京规划的优势与津冀协同制定京津冀海河流域的大系统水规划，北京投入进行水源保护、节水、污水治理、再生水回用、地下水回补、自来水制水、水实时监测等技术的基础研究，为津冀技术开发提供基础。天津投入进行上述基础研究根据京津冀实际需要的技术开发，着力开发海水淡化技术，降低成本。河北则转变经济发展方式，以循环水产业替代技术落后、污染排放高、附加值低的钢铁

和水泥企业，通过节水和水源地保护，有偿向京津出让调水份额，通过保证调水水质，收取合理的水源保护费。

（四）京津冀共同修复海河水生态系统的建议与展望

《首都水规划》实施已近12年，是京冀晋区域协作历史上的第一个国家级大项目，取得了很大的成绩和宝贵经验，目前，以北京地区为主仍在延续。为达到京津冀晋与内蒙古海河全流域全面协作，共同发展，在共同修复海河水生态系统方面提出如下建议：

第一，着力加强顶层设计，选择有成功经验和真才实学的专家抓紧编制首都经济圈一体化发展规划。构成京津冀经济区，协同调整产业结构和种植结构，转变生产方式，在大系统中划出生态红线，科学地进行生态修复。不能依靠臆想的数学模型；而主要靠追溯生态历史（笔者在北京举办了全国第一个生态史展）和进行国际类似地区的比较借鉴。对负责规划的专家和批准官员采取签字追责制。

为适应新的形势，京津冀联合向国家建议，尽快制定《首都水规划》第二期规划。这也是2001年国务院讨论通过时，朱镕基总理、温家宝副总理和国务院全体领导的指示。按比例合理投入（可参照上述规划），国家重点支持河北、三地协同修复全海河流域水生态系统，恢复历史水乡。

第二，充分发挥市场的决定性作用，建立规范的京津冀统一的水权市场和碳市场，破除各种体制规划障碍，充分发挥系统的自组织能力，利用协同性，理顺三地产业，构成新产业循环，促进区域循环经济发展，使系统达到动态平衡。

按循环经济原理，在京津冀建立旅游环线，利用北京旅游资源（尤其是国际和港澳台）的优势带动海河上游，尤其是承德改变产业结构（可开展"清史游"）。

在海河上游冀晋建立真正的、具有国际标准的绿色食品与水源基地（包括菜、粮、奶、肉），与京津签订长期合同。京津保证以相对优惠价格和绿色技术支持，冀晋根据丰枯年保证优质定量向下游供水。

第三，建议将京津冀大气污染联防联控委员会扩大为京津冀大气和水资源、水污染联防联控委员会，统一规划、统一标准、统一监测水流量、污染排放和大气碳排放，作为规划实施和市场调节的科学依据，提高城市群一体化水平，形成治理体系与治理合力的现代化。

京冀按水功能区划，共同保证下游津冀河道的水量与水质达标，共同修复津冀海河入海口水生态系统。

以大系统分析建立专项科学研究，全面比较南水北调（东、中线）和海水淡化的可能性、持续性、经济性、工程和沿途保护的可能性，确保重大措施优化。

第二节　京津冀地区科技创新一体化发展政策研究[*]

一　京津冀地区科技创新一体化发展的现状与基础

改革开放以来，京津冀地区科技和经济社会发展取得了巨大成就，已经成为我国科技创新资源最为聚集、创新成果最为丰富、创新活力和综合竞争力最强的区域之一，具备了在更高起点上加快科技创新一体化发展的独特优势和良好条件。[①]

第一，京津冀地区是我国科技创新资源最富集的区域之一。京津冀地区是我国高校、科研院所和科技人才最为集中的区域，汇聚了全国1/4以上的著名高校、1/3的国家重点实验室和工程（技术）研究中心、2/3以上的两院院士。2012年，研究与试验发展（R&D，以下简称"研发"）活动人员57.4万人/年（约占全国的12.4%），拥有以中关村国家自主创新示范区为代表的14个国家高新区和经济技术开发区。京津冀地区科技投入较高，2012年，全社会研发支出达到1669亿元，占全国的16.2%。

第二，京津冀地区科技创新成果丰硕。京津冀地区专利申请授权量、国外主要检索工具收录科技论文数、技术市场成交额等均在全国位居前列。如1995—2012年，京津冀地区专利申请和授权量逐年递增，2012年，分别达到15.6万件和8.6万件，分别为1995年的14.6倍和12.9倍。2012年京津冀地区被三大检索系统（SCI、EI、ISTP）收录的

---

[*] 作者：李国平　北京大学首都发展研究院院长，北京大学政府管理学院副院长，京津冀协同发展联合创新中心副主任。本节原载《经济与管理》2014年第6期。

[①] 李国平：《京津冀区域发展报告（2014）》，科学出版社2014年版。

科技论文数达到 16.86 万篇，占全国的 15.1%。2012 年，京津冀地区技术市场成交额达到 2729 亿元，占全国的 42.4%。"十二五"以来，获得国家科学技术奖励 332 项，占全部奖励数量的 39.6%。具体情况如表 4-2 和图 4-1 所示。

表 4-2　京津冀地区科技论文、技术市场成交额情况（2012 年）

地区	科技论文数（篇）	占全国比重（%）	技术成交额（亿元）	占全国比重（%）
北京	112949	10.11	2459	38.1
天津	23155	2.07	232	3.59
河北	32503	2.91	38	0.59
京津冀	168607	15.08	2729	42.25
长三角	219210	19.61	1001	15.51
全国	1117742	100.00	6459	100.00

注：因四舍五入，各单项百分比之和有时不等 100%。
资料来源：《中国科技统计年鉴（2013）》。

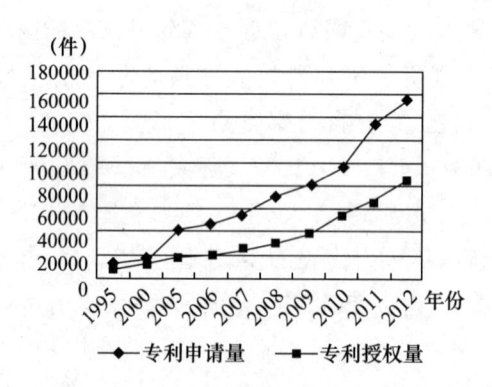

图 4-1　京津冀地区专利申请和授权量（1995—2012 年）

资料来源：《中国科技统计年鉴（2013）》。

第三，中关村国家自主创新示范区成为我国创新发展的一面旗帜。中关村聚集了大量高端创新资源，拥有中国科学院、中国工程院等科研院所 140 多家，国家级大学科技园 17 家，留学人员创业园 29 家，国家重点实验室、国家工程（技术）研究中心、国家级企业技术中心占全国的 25%。北京拥有"千人计划"人才近千人，其中，近 80% 在中关村地区。中关村科技投入不断加大，2012 年，研发支出 381.3 亿元，企业科技活动经费支出达 918.2 亿元。中关村科技产出丰硕，2012 年，申请专利近 4 万件，获专利授权近 2.3 万件，分别占北京的 43.0% 和 44.8%，其中，企业专利申请 2.8 万件，获得专利授权 1.5 万件。中关村辐射带动作用不断显现。2012 年，企业总收入 2.5 万亿元，占北京地区生产总值（GDP）的 25%；企业税收达 1500 亿元，利润达 1700 亿元；技术交易额 2400 亿元，超过全国的 1/3。中关村与其他区域的合作不断深化。2012 年，75% 的上市企业将生产地设在京外地区，与外省市签订的技术合同达到 1.7 万余项，成交额达 602.4 亿元。中关村积极探索跨区域并购、共建园区等区域合作新模式，建设中关村科技新城、科技成果转化基地等，不断总结试点政策与经验并逐步推广，在促进成果转化和产业化、科技资源高效配置等方面进行了有益探索并取得显著成效。当前，中关村国家自主创新示范区，在国家科技和经济社会发展中的作用越发突出，已成为我国创新发展的一面旗帜，必将在京津冀地区科技创新一体化进程中发挥更加重要的核心引领作用。[①] 如表 4-3 所示。

表 4-3　　　　中关村企业研发支出情况（2010—2012 年）

	2010 年	占京津冀比重（%）	2011 年	占京津冀比重（%）	2012 年	占京津冀比重（%）
研发支出额（亿元）	616.90	51.0	780.80	54.3	918.20	55.0
专利申请数（件）	14806	15.5	21866	16.3	28159	17.9
专利授权量（件）	8834	16.2	12587	19.1	15407	27.8

资料来源：《中国科技统计年鉴（2013）》。

第四，京津冀具有科技创新一体化发展的潜在优势。京津冀地区科技创新能力存在梯度差异，2012 年，两市一省研发支出占 GDP 的比重分别为 5.9%、2.8% 和 0.9%。北京科技创新能力最为突出，基础研究和原始创新能力强，知识型和服务型产业发展具有优势；天津科技创新能力较强，技术研发和成果转化能力较为突出，科技型中小企业发展具

---

① 李国平：《京津冀区域科技发展战略研究》，中国经济出版社 2008 年版。

有明显特色和优势；河北创新能力相对较弱，但局部具有较强后发优势和互补优势，技术承接潜力明显，优势产业主要集中在装备制造、新能源、生物医药等领域。科技创新能力的梯度差异为推动形成优势互补、互利共赢的区域创新发展格局奠定了良好基础，科技创新一体化发展潜力巨大。

第五，区域科技合作已积累一定经验。随着区域一体化进程的不断加快，两市一省分别就基础设施、人才交流、科技合作等方面签署多项合作协议。2013年以来，两市一省分别签署了《北京市、河北省2013—2015年合作框架协议》《北京市、天津市关于加强经济与社会发展合作协议》，天津市与河北省签署了《深化经济与社会发展合作框架协议》以及《京津冀及周边地区落实大气污染防治行动计划实施细则》等。中关村示范区与天津滨海新区、宝坻区和河北廊坊市、承德市、唐山市签署了战略合作框架协议，在这些区域性协议中，明确了科技成果转化、科技创新人才流动、知识产权保护等一系列科技合作任务，并就产业结构调整、大气环境治理等问题开展联合攻关，初步建立了联动机制，积累了区域科技创新合作的良好经验。

党中央、国务院高度重视京津冀发展。2014年2月，习近平总书记提出了京津冀协同发展重大战略；2014年9月，张高丽副总理强调科学务实、有序推动京津冀协同发展等一系列讲话精神，为加快京津冀协同科技创新，实现协同发展提供了重要思想支撑。在政府引导下，两市一省相关企业、高校和科研院所广泛开展合作，围绕解决京津冀地区环境治理、传统产业升级等重大问题，开展了联合科技研发和示范应用。如曙光、华旗、搜狐畅游、天坛生物等中关村企业在天津设立分支机构269家；安泰科技、中邮普泰、苍穹数码等在河北设立分支机构159家。北京大学与天津、河北的合作项目超过300个，与天津滨海新区共建了新一代信息技术研究院，与河北承德高新区共建了研发中心。清华大学与河北共建了清华发展研究院，先后成立智能交通试验研究中心等4个应用研究中心。中国科学院北京分院在天津滨海高新区共建了天津电子信息技术产业园，曙光、蓝鲸等一批重大产业化项目落地投产；与河北唐山共建了唐山高新技术研究与转化中心，推动30多个项目的成果转化和产业化。

二 京津冀地区科技创新一体化发展存在的问题及成因分析

京津冀地区科技创新一体化发展已取得了一定的成效。但是，由于历史、区划、政策、经济社会发展差距较大以及体制机制等原因，京津冀地区科技创新一体化不仅受到国际大背景和大环境的影响，也受到国内特别是区域内现实基础和条件的影响，仍未最大限度地激发区域的整合效益，科技创新一体化发展还面临着科技和经济结合程度低、产学研关联互动少、科技创新资源缺乏空间合理配置和统一布局等一系列问题和挑战。[①]

（一）京津冀区域内经济联系不紧密特别是一体化发展程度低给科技创新一体化构建带来了体制性障碍

京津冀科技创新一体化构建是跨区域合作，需要以京津冀各省市的合作诉求为基本前提和现实基础。近年来，围绕将首都经济圈打造成我国区域经济发展新的增长极，特别是依托环渤海经济圈建设与发展，京津冀地区各省市之间的经济、科技等方面的合作与交流日趋活跃，把区域合作放到了更为重要的地位，如举办了"津洽会""产学研合作洽谈会"等经贸活动，签署了一系列合作框架协议，取得了显著的合作成果。

科技创新合作不紧密源于经济联系不紧密。多年来，影响京津冀地区区域经济合作的最大因素和障碍是行政区划壁垒，具体表现在区域内各自为政、市场分割、恶性竞争；资源开发利用和环境保护缺乏和谐性；规划相互衔接不够紧密，基础设施难以共建共享；社会公共事务管理欠缺协调统筹等。以致浪费了各种资源，造成生产力低下，阻碍了地区内的合作、协调、有序发展。从京津冀地区来看，城乡之间以及京津与河北之间，产业存在"断层"状况，由于区域内城市经济发展呈现不平衡性，经济联系和合作还处于较低层次的状态。北京不仅没有释放能量，积极发挥辐射与带动作用，反而还促进了本区域"极化效应"的发展；北京地区没有形成较完整的产业链，也没有相应的腹地支撑；河北并没有对接好与北京、天津的科技合作。这主要是由于区域行政分割、经济技术水平和诉求的差异性过大、区域之间联系的松散性等体制机制

---

① 李国平、陈红霞等：《协调发展与区域治理：京津冀地区的实践》，北京大学出版社2012年版。

性因素所导致,这些因素成为京津冀科技创新一体化的体制性障碍。

(二)京津冀区域科技合作特别是自主创新水平相对较低,给京津冀科技创新一体化构建带来了基础性困难

京津冀地区科技综合实力在全国具有优势,集聚了全国著名的高校与科研机构,科研资源较为丰富,创新能力较强,是科技创新一体化发展的条件和优势。从国内外对比来看,京津冀地区的科技创新在国内属于较好水平,但与国内先进地区相比,在创新绩效方面有一定差距,而与国际先进水平相比,则有很大差距。区域内缺乏具有原始创新力的关键技术和核心产品,特别是传统产业升级技术以及面向解决区域资源问题、生态问题、环境问题的自主创新技术和产品,科技创新对经济社会发展的支撑引领作用有限。

京津冀地区自主创新水平之所以和发达国家相比不高,主要是由于有以下六个方面的差距:一是,思想认识与理念的差距,虽然各地方政府认识到提高科技创新能力的重要性,但对如何促进科技创新存在重投资、重引资,轻研发、轻创新的现象;二是高端科技创新人才集聚的差距,特别是具有国际视野的高端科技领军人才不足;三是全社会科技研发投入的差距,还需要进一步加大科技创新投入,增加研发支出占GDP的比重;四是科技创新基础的差距,尚不能完全适应新形势下区域经济的发展;五是科技创新成果的差距,科技成果孵化能力有待增强,官产学研合作需要提升;六是科技创新产出能力的差距,研发与应用的良性循环有待形成。[1]

京津冀地区科技创新特别是自主创新水平不高,给京津冀科技创新一体化构建带来了基础性困难和不利影响,也凸显了构建京津冀科技创新一体化的重要性和紧迫性。

(三)京津冀区域科技合作特别是地区合作程度较低,给京津冀科技创新一体化构建带来了机制性不顺

京津冀地区科技一体化构建是建立在区域内各省市的科技创新合作基础之上的,再上升到国家甚至国际层面的合作,这需要打造京津冀地区内的科技创新合作体系。但是,目前京津冀地区内的科技创新合作体系还比较薄弱,即使建立了一些合作制度,并没有太多的实质性合作活

---

[1] 聂炳华:《环渤海国际合作科技创新圈构建研究》,经济科学出版社2013年版。

动。从区域合作的整体性来看，更多的是从经济社会合作的视角出发，科技项目合作不多，大多是一些低层次的技术合作；京津冀地区科技合作交流的程度远远不够，在科技创新领域尚未出台一体化或合作规划，科技和经济的结合不紧密，科技成果在区域内流动不畅；在产学研合作网络方面，以企业为主体的产学研合作机制尚未真正形成。京津冀地区科技创新体系欠缺有效的制度保障措施，统一的技术标准规范尚没有形成，没有系统构建区域互动机制。发展规划、科技政策和重大项目等沟通协调程度较低，支持科技创新合作的政策体系需要健全，科技创新制度环境尚不完善，京津冀区域科技创新体系有待构建，导致科技支撑引领经济社会一体化发展的能力未得到有效发挥，为科技创新一体化构建带来了机制性不顺。

（四）京津冀区域科技合作特别是创新能力差距，给京津冀科技创新一体化构建带来了流动性不畅

京津冀区域内产业层次及资源禀赋差距较大，科技创新合作存在一定的难度。京津冀产业同构和异构现象并存，创新链、产业链、功能链对接融合不够充分，区域产业协作配套水平有待提高，高效的产业和技术梯度转移对接路径尚未形成，影响了地区间科技创新的深入合作。例如，北京的电子信息、汽车等配套产品主要来自长三角、珠三角而不是周边的河北省，北京的科技、人才等优势与河北的资源、区位优势缺乏有效融合，未能形成整体竞争力。

京津冀地区在科技功能定位、资源流动共享、成果转移转化等方面存在一些阻碍科技创新一体化发展的迫切问题。在京津冀地区范围内，三地的科技功能定位不够清晰，科技投入、科技水平、创新能力和资源禀赋等都存在明显的差距，科技人才、资本、技术、产权等创新要素过于集中，地区内跨省市流动和开放共享程度偏低；京津周边城市能级呈现很大落差，技术承接能力不强，科技成果大多流向区域外，创新合作大多是企业的一种自发行为。如2013年，首都地区技术流向京津冀区域内的技术合同为58668项，而流向长三角地区为72177项，表明京津冀本地的技术消化能力有限。

京津冀区域内产业层次、资源流动性差及资源禀赋差距较大，特别是京津冀区域内存在科技梯度差，京津冀平均科技梯度系数分别为43.26、5.29和0.21，北京位于最高的科技梯度水平，天津次之，河北

最低①，以上这些差距导致科技资源在区域内流动不畅、共享性不高，影响科技创新一体化发展。

三 京津冀地区科技创新一体化发展的政策建议

（一）构建京津冀地区科技创新一体化协调机制

1. 国际层面

积极创立和完善京津冀地区与国际科技创新合作沟通和协调机制。京津冀地区科技创新一体化必须具有国际视野，需要顺应科技全球化潮流，完善京津冀地区与国际科技合作协调机制。

首先，发挥与现有国际科技合作组织的联系和作用，利用这些有利的条件和环境，构建京津冀科技创新一体化发展的国际合作机制，并成为政府间科技合作组织工作的重点内容；发挥非政府间的科技合作组织在构建京津冀科技创新一体化的统筹管理体制和协调机制中的作用。

其次，探索创立专门的、新型的京津冀科技创新国际合作协调组织，专门负责和具体承担有关的科技合作项目的组织、联系和协调，开拓新的合作方式，提高京津冀地区与国际科技组织的合作水平。

2. 国家层面

构建以科技部门为主导的、有关部门密切合作的京津冀科技创新协调机制，京津冀科技创新一体化发展是一个宏大的系统工程。因此，必须调动各个部门的积极性和主动性。首先，把京津冀科技创新一体化发展纳入国家区域发展战略总体布局，需要设立国家级的"京津冀科技创新一体化领导协调小组"，专门负责与国家科技主管部门等建立联系、协调和指导工作。其次，将京津冀地区整体作为国家创新驱动发展战略示范区，并设立相应的工作组织，负责京津冀科技创新一体化构建及其试点的论证、方案和规划等；强化国家对京津冀科技创新一体化工作的指导，督促在国家层面及时落实，也要在区域内各省市协调推进。

3. 区域层面

在区域经济一体化发展条件下，构建京津冀科技创新一体化专门协调机制。首先，京津冀区域各城市借鉴国内外的经验，建立由国家科技部牵头，省市党委、政府主要领导共同组成的"京津冀区域科技创新一体化发展联席会议"制度，为京津冀科技创新一体化发展创造组

---

① 仵凤清、高利岩、陈飞宇：《京津冀科技梯度测度研究》，《企业经济》2013年第2期。

保障。其次，各省市科技部门共同建立区域性的"京津冀科技创新一体化发展行动小组"，省市分管科技工作的领导或科技部门的主要领导担任成员，设立办事机构，负责日常具体工作；打造京津冀科技资源共享服务平台，联合科技攻关及建设自主创新体系等。

（二）强化顶层设计和主动布局，探索科技创新一体化发展模式

京津冀地区内，应结合不同城市的战略区位、资源与产业基础以及科技力量，统筹战略性新兴产业发展规划，建立会商与决策机制，在产业布局、战略性新兴产业发展专项资金、重大科技专项、高新园区基地建设、税收优惠以及要素保障等方面采取差异化政策措施。结合国家科技创新计划，加强对京津冀地区科技发展的顶层设计和主动布局，分步骤、分类型、分重点地支持重点区域科技创新发展。

京津冀科技创新需要顶层设计，要明确发展思路、目标及其优先合作领域。应以区域内经济社会发展对创新需求为基本出发点，集成整合优势创新资源，强化高端引领作用，实施重大创新专项和建设重大产业创新基地，完善区域创新体系，形成互动共赢的区域创新合作与发展机制以及点—轴支撑的区域创新发展布局。大幅度提高区域自主创新能力，形成创新驱动发展战略格局，努力将京津冀地区建设成为我国经济社会发展的创新中枢、创新型国家建设的先导区和产业技术创新示范区。应围绕原始创新能力提升，区域产业结构升级，解决资源、能源与环境问题，社会文化建设等方面确定协同创新的优先领域和重大专项。

京津冀地区科技创新一体化发展需要积极探索区域科技创新协同发展模式，根据需要，摸索适合京津冀地区总体以及各地区间的产学研合作模式、跨城际联盟组织、创新主体互动模式以及多中心协同共生模式等。京津冀地区科技创新一体化发展需要合理构建联合攻关、自主创新的科技创新合作平台；需要建立以企业为主体、市场为导向、产学研相结合的技术创新体系和技术转移服务体系。

（三）优化科技资源布局，打造"一心、两核、三带、多园区"

围绕京津冀地区发展总体战略，完善两市一省科技创新功能定位，优化科技创新资源和科技园区布局，建设京津冀地区科技创新"一心、两核、三带、多园区"，形成中心引领、两核驱动、三带辐射、多园支撑和优势互补、对接产业的区域科技创新格局。

一心：首都全国科技创新中心。坚持和强化首都全国科技创新中心地位和作用，大幅提升原始创新能力，集聚全球高端创新资源，推进中关村示范区创新发展，发挥中心引领作用，为京津冀地区科技创新一体化发展提供动力源泉。

两核：中关村国家自主创新示范区高端研发和知识服务核心区以及天津滨海高新区具有国际竞争力的产业创新核心区。围绕高端研发和知识服务、现代制造和研发成果转化，进一步加快中关村示范区和滨海新区建设与发展，发挥"两核"的知识、技术、人才、政策等创新辐射溢出效应，有效地带动京津冀地区科技创新一体化的科技和经济社会协同发展。

三带：京津高新技术产业创新带、沿海现代工业技术创新示范带和环京津绿色发展创新创业带。根据京津冀地区科技创新一体化科技资源、特色优势产业及铁路、公路等重要交通路线布局情况，整合资源，制定统一的产业布局规划和科技创新政策，解决各节点之间产业分工不明确、恶性竞争等问题，将北京的研发能力、天津产业加工制造优势、河北的低成本配套承接优势结合起来，突出"三带"对区域内科技园区和产业布局的梯度连接作用，形成由点到线、由线到面、有机连接的创新网络。

多园区：天津滨海、石家庄、保定、燕郊等国家高新区，武清、宝坻、滨海新区、北辰、东丽等创新社区，保定白洋淀科技城、秦皇岛、张家口、廊坊、沧州、唐山等科技园区。通过"一心"的引领带动，发挥"两核"的辐射作用，围绕"三带"产业特色和资源布局，加快国家高新区创新发展，布局建设一批科技园区、研发基地，探索跨省市科技园区联合共建新机制，共享部分先行先试政策，加强联合科技研发和示范应用，加快承接和孵化转化"两核"高端科技创新成果，打造一批支撑产业发展的创新基地，形成互利共赢、梯度传递式的科技园区发展模式，积极推动京津发展带、京唐秦发展带、滨海发展带、京保石发展带建设。

（四）发挥中关村示范区辐射带动作用，共建科技园区和创新基地

完善科技园区行政管理体制，形成一体化区域合作创新平台和运行管理模式，探索中关村示范区与津冀共建科技园区新机制，探索将职工教育经费税前扣除、股权激励、科技成果处置权收益权改革、高新技术

企业认定、技术转让所得税减免优惠、有限合伙企业享受风险投资所得税优惠等试点政策推广到区域内更多科技园区和科教单位。合作建设滨海新区等创新社区和河北部分地市的科技合作园区，共享部分先行先试政策，加强联合科技研发，加快承接和孵化转化区域创新成果，形成互利共赢的科技园区发展模式。建立融核心技术研发、标准制定及知识产权交易于一体的技术中心，强化中关村核心区与各特色科技园区的技术协作和转移，提高中关村示范区科技创新能力和科技成果转化能力，增强园区科技创新能力及辐射带动作用。

（五）开展"区域科技合作示范区"试点

在借鉴国内外相关经验的同时，开展"区域科技合作示范区"试点。[1] 鼓励具有共同产业技术发展需求，就环境保护和民生领域等，在京津冀区域内具有相似技术的城市进行联合试点申报，支持科技合作、产学研联合、创新人才流动等在区域内进行积极探索、先行先试，进一步推进各具特色的区域科技创新体系建设，争取在若干领域内形成科技体制的制度性突破。同时，选择邻近区域，以产业结构互补、互利共赢、经济水平相近原则，通过协商制定优惠政策并吸引各企业、研究单位到试验区开展产业技术研发、创新成果转化、进出口加工贸易、现代物流等合作，吸引资金、技术、人才向示范区转移。

（六）加强科技创新高端人才队伍建设

高端科技创新人才是京津冀区域科技创新发展的首要问题。一是建立多层次的科技人才培养体系，依托本地区的科技重点产业和特色高新技术产业，加强本地人才的培养，合理调整京津冀高等院校的学科领域和结构，做好科技人才的"定向"培养工作；二是用待遇、事业、项目和政策等多种方式吸引和留住人才，通过挂职等方式激励一批科技、经济和管理人才交叉任职；以"请进来"和"走出去"的方式，采用调动、兼职、咨询、合作等以及技术承包、技术入股、投资创办企业等方式，鼓励跨地区、跨行业、跨部门的人才共用共享；三是健全跨区域人才多向流动机制，充分利用京津冀一系列合作平台，以项目为纽带，积极吸引国内外高端科技人才、专家来京津冀从事研发和技术服务工作，推动首都高端科技人才到津冀进行创新创业。

---

[1] 刘冬梅、王书华等：《科技创新与中国战略性区域发展》，中国发展出版社2014年版。

第三节　京津冀协同创新发展比较研究*

当前的经济全球化促进了区域经济一体化发展，区域经济一体化成为中国的发展战略。京津冀区域经济一体化是国家发展战略，稍滞后于长三角、珠三角。在京津冀区域经济一体化背景下，研究如何做到京津冀区域的相互补充和共赢发展，实现京津冀区域协同创新的共同发展，具有非常重要的意义。

一　京津冀区域内的比较分析

基于 PEST 分析，对京津冀区域内协同发展的大环境从社会文化方面、政治法律方面、经济方面和科技方面，有所侧重地进行分析和探讨。[①]

（一）京津冀区域的经济状况

2013 年，京津冀土地面积只有 21.6 万平方千米，仅占全国的 2%，但是，总人口达 10860.5 万，占全国的 7.98%；地区生产总值达 62172 亿元，占全国的 10.9%。根据《中国统计年鉴》数据，2013 年，北京的地区生产总值是 19500.6 亿元，与上年相比增加了 7.7%。天津的地区生产总值是 14370.16 亿元，与上年相比增加了 12.5%。河北的地区生产总值是 28301.4 亿元，与上年相比增加了 8.2%。天津的人均地区生产总值是 101692 元；北京的人均地区生产总值是 92210 元；河北的人均地区生产总值是 38596 元。2013 年，北京第三产业增加值比重为 76.9%，稳居全国第一。北京第三产业比重是河北的 2.1 倍、天津的 1.6 倍。天津的比重为 48.1%，河北的比重为 35.5%，而全国的比重为 46.1%。2012 年，河北第一产业增加值比重为 12.4%，北京为 0.8%，天津为 1.3%，全国为 10.0%。2013 年，河北的第一产业增加

---

*作者：李京文　中国工程院院士，北京工业大学经济与管理学院名誉院长；李剑玲　北京联合大学商务学院副教授。本节原载《经济与管理》2015 年第 2 期。

[①] 吴玢：《京津冀一体化背景下的产学研合作机制研究》，《河北工业大学学报》（社会科学版）2013 年第 4 期；张淑莲：《基于合作博弈的京津冀区域经济协作研究》，《河北师范大学学报》（哲学社会科学版）2011 年第 34 期；Josef Vodák, Jakub Soviar, Viliam Lendel, "Cooperation Management in Slovak Enterprises" [J]. *Procedia - Social and Behavioral Sciences*, 2014 (109): 1147 - 1151.

了3500.4亿元，北京第一产业增加了161.8亿元，天津第一产业增加了188.45亿元。可以看出，北京、天津第一产业增加值之和仅相当于河北的10%（见表4-4）。

表4-4　　　　　2012年京津冀经济发展状况比较　　　　　单位：亿元

	地区生产总值	第一产业	第二产业	第三产业
北京	17879.40	150.20	4059.27	13669.93
天津	12893.88	171.60	6663.82	6058.46
河北	26575.01	3186.66	14003.57	9384.78
合计	57348.29	3508.46	24726.66	29113.17

资料来源：《中国统计年鉴（2013）》，按照当年价格计算。

（二）京津冀区域的创新能力

关于创新能力的评价，结合实际情况，我们主要从科研投入、教育投入、研发技术、发明专利、研发项目、研发经费、高校学生、技术创新等几个方面来考虑。2013年，北京研发经费支出为1200.7亿元，占地区生产总值的6.16%。河北的研发经费支出为290亿元，仅占地区生产总值的1.0%。2012年京津冀研发活动、专利、新技术及教育程度情况如表4-5和表4-6所示。

表4-5　　　2012年京津冀研发活动、专利及新技术情况比较

	研发经费（万元）	研发项目数（项）	专利申请数（件）	有效发明专利数（件）	开发新产品经费（万元）	技术市场成交额（万元）
北京	1973442	8226	20189	14051	2527103	24585034
天津	2558685	12062	13173	7341	2192138	2323275
河北	1980850	7574	7841	3358	1798885	378178

资料来源：《中国统计年鉴（2013）》。

表4-6　　　　　　2012年京津冀受教育程度比较

	年末人口数（万人）	大专及以上（人）	所占比例（%）	普通高校在校学生数（人）	普通高等学校数（所）
北京	2069	6143	0.030	591243	89
天津	1413	2553	0.020	473114	55
河北	7288	3232	0.004	1168796	113

资料来源：《中国统计年鉴（2013）》。

通过上面的数据可以看出，京津冀区域中北京、天津、河北的创新能力差距相当大，呈现逐渐下降态势，理论上说，有利于知识的溢出和扩散，但由于区域内城市间经济水平断层和知识差距极大，政府在区域知识能力形成中起很大的作用，可以起到促进校企合作的导向作用和政策保障作用。①

二 京津冀与长三角、珠三角的比较分析

近年来，中国经济发展迅速，中国的城市发展越来越受到重视，东部地区因为是中国经济增长高速的典型区域，所以，已经成为备受关注的重点区域。东部地区的长三角、珠三角和京津冀这三个区域，经济发展极化特征明显，在全国获得了巨大的发展机遇。

京津冀区域主要有北京、天津和河北的石家庄、邯郸、保定、唐山、邢台、廊坊、秦皇岛、张家口等，主要涵盖了北京、天津及河北各个区市。主要以汽车工业、机械工业及电子工业等为主，是国家重要的高新技术及重工业基地。京津冀区域是中国规模最大、最具活力的北方经济发展地区，越来越引起中国乃至整个世界的瞩目。习近平总书记在2014年2月北京的座谈会上，强调了实现京津冀协同创新发展是一个重大国家战略，要优势互补、互利共赢、扎实推进，加快京津冀区域的协同发展。

长三角是长江入海之前的冲积平原，是中国第一大经济区，是中央政府定位的中国综合实力最强的经济中心、亚太地区重要国际门户、全球重要的先进制造业基地、中国率先跻身世界级城市群的地区。长三角由苏浙沪毗邻地区的16个市区组成，主要有上海，江苏的南京、苏州、无锡、常州、镇江、扬州等8个市区和浙江的杭州、绍兴、宁波、嘉兴等7个市区。根据国务院2010年批准的《长江三角洲地区区域规划》，长三角包括上海、江苏和浙江，区域面积为21.07万平方千米，占国土面积的2.19%。其中，陆地面积为186802.8平方千米、水面面积为23937.2平方千米。

---

① 吴玫：《京津冀一体化背景下的产学研合作机制研究》，《河北工业大学学报》（社会科学版）2013年第4期；张淑莲：《基于合作博弈的京津冀区域经济协作研究》，《河北师范大学学报》（哲学社会科学版）2011年第34期；Josef Vodák, Jakub Soviar, Viliam Lendel, "Cooperation Management in Slovak Enterprises" [J]. *Procedia – Social and Behavioral Sciences*, 2014 (109): 1147–1151.

珠江三角洲，简称珠三角，是西江、北江和东江入海时冲击沉淀而成的一个三角洲，面积大约5.6万平方千米。它位于广东省中南部，珠江下游，毗邻港澳，与东南亚地区隔海相望，海陆交通便利，被称为中国的"南大门"。珠三角地区有先进制造业、现代服务业基地和科技研发基地，是我国人口最多、创新能力最强、综合实力最强的三大区域之一，有"南海明珠"之称。珠三角主要有深圳、广州、肇庆、东莞、佛山、珠海、中山等9个市区。2008年，国务院《珠江三角洲地区改革发展规划纲要》，把珠三角一体化列为国家战略。轨道、绿道"双道"建设，为珠三角区域一体化提速提供了基础性条件。①

京津冀和长三角、珠三角这三大区域发展特征明显，可以发挥地区优势，合理配置资源，加速区域经济可持续发展。

（一）比较优势分析

京津冀和长三角、珠三角都有较强的先天优势，主要包括区位优势、交通优势和产业基础优势。在区位优势方面，这三个区域都处在东部沿海经济发达地区，有很好的发展基础，地域广阔，资源丰盛。在交通优势方面，这三个区域都有港口群，连有大量的铁路和公路，交通非常便利。在产业基础方面，这三个区域工业化起步较早，雄厚的产业基础、完善的产业链和产业集群对投资者产生了强大的吸引。

（二）产业结构比较

2012年，这三大区域总共完成地区生产总值223321.48亿元，占全国的43.03%，其中，第一产业11569.69亿元，占全国的22.09%；第二产业104720.67亿元，占全国的44.53%；第三产业107031.12亿元，占全国的46.25%，可以看出三大区域在全国占有重要地位（见表4-7）。

京津冀区域的经济发展没有足够好。可以说，经济发展是城镇化的核心驱动力，而京津冀区域城镇化水平较低的主要原因是河北经济发展落后。2012年，京津冀的地区生产总值为57348.29亿元，明显低于长三角的108905.27亿元。尤其是京津冀区域内部的差距很大，2012年，人均地区生产总值北京为87475元，天津为93173元，河北为36584元；而

---

① 徐长山、任立新：《京津冀、长三角、珠三角经济圈之比较》，《社会》2014年第9期；周璐：《长三角、珠三角和京津冀经济圈发展特征比较》，《中国商界》2008年第6期。

长三角区域内部的差别不是很大，2012 年，人均地区生产总值上海为 85373 元，江苏为 68347 元，浙江为 63374 元（见表 4-8）。

表 4-7　　　　　三大区域的三次产业生产总值比较　　　　单位：亿元

区域	地区	地区生产总值	第一产业	第二产业	第三产业
	全国	518942.1	52373.6	235162.0	231406.5
京津冀	北京	17879.40	150.20	4059.27	13669.93
	天津	12893.88	171.60	6663.82	6058.46
	河北	26575.01	3186.66	14003.57	9384.78
	合计	57348.29	3508.46	24726.66	29113.17
长三角	上海	20181.72	127.80	7854.77	12199.15
	江苏	54058.22	3418.29	27121.95	23517.98
	浙江	34665.33	1667.88	17316.32	15681.13
	合计	108905.270	5213.97	52293.04	51398.26
珠三角	广东	57067.92	2847.26	27700.97	26519.69
三大区域合计		223321.48	11569.69	104720.67	107031.12
占全国的比重（%）		43.03	22.09	44.53	46.25

注：本表绝对数按当年价格计算，指数按不变价格计算。
资料来源：《中国统计年鉴（2013）》。

表 4-8　　　　　三大区域的人均地区生产总值比较　　　　单位：元

区域	地区	2010 年	2011 年	2012 年
京津冀	北京	73856	81658	87475
	天津	72994	85213	93173
	河北	28668	33969	36584
	均值	58506	66947	72411
长三角	上海	76074	82560	85373
	江苏	52840	62290	68347
	浙江	51711	59249	63374
	均值	60208	68033	72365
珠三角	广东	44736	50807	54095

注：本表绝对数按当年价格计算。
资料来源：《中国统计年鉴（2013）》。

这三个区域明确了自己的发展战略,并且在发展中形成了具有竞争力的特色产业群,带动了区域经济的快速发展。长三角区域的产业升级与产业转移,使上海产业集聚在高新技术与制造业。珠三角的广东形成了电子信息、机械、汽车、建筑材料和医药等9大支柱产业。在京津冀区域,天津有2个强集聚行业即石油天然气开采业及电子设备制造业。北京有4个强集聚行业即燃气生产供应业、电子设备制造业、印刷业仪器仪表及机械制造业。河北有2个强集聚行业即黑色金属矿采选业及其加工业。

(三) 城市结构分析

城市是中国城镇化的载体,一个区域内的城市结构与该区域城镇化进程密切相关。目前,珠三角区域和长三角区域发展实力相当,都具备较强的综合经济实力。而京津冀区域城市发展差距很大,中小城市很不发达。

在经济学上,最有效的空间组织是大都市区域,在这个区域内有一个经济发展好的中心市区,通过"极化""辐射扩散"和分工协作,它带动周边市区的发展。这种效用发挥好的区域当属长三角,珠三角次之,而京津冀相对差一些。京津冀区域的北京和天津是直辖市,产业结构相似,这些年,北京和天津在制造业、基础设施和自然资源方面进行着激烈的竞争,造成资源和效率的极大浪费,导致北京、天津与河北之间产生了经济社会的二元结构。三大区域的城市建设情况和市政设施情况比较如表4-9和表4-10所示。

表4-9　　　　　　　三大区域的城市建设情况比较

区域	地区	城区面积(平方千米)	城市建设面积(平方千米)	城市绿地面积(公顷)
京津冀	北京	12187.0	1445.0	65540
	天津	2334.5	722.1	22319
	河北	6611.2	1609.3	73517
	合计	21132.7	3776.4	161376
长三角	上海	6340.5	2904.3	124204
	江苏	13957.0	3701.9	247001
	浙江	10515.2	2246.7	122723
	合计	30812.7	8852.9	493928
珠三角	广东	15984.1	4083.4	401669

注:本表绝对数按当年价格计算,指数按不变价格计算。

资料来源:《中国统计年鉴(2013)》。

表 4-10　　　　　　　三大区域的市政设施情况比较

区域	地区	城市人口密度（人/平方千米）	每万人拥有公共交通车辆（标台）	人均城市道路面积（平方米）	人均公园绿地面积（平方米）
京津冀	北京	1464	23.43	7.57	11.87
	天津	2782	17.34	17.88	10.54
	河北	2411	11.29	17.84	14.00
	均值	2219	17.35	14.43	12.14
长三角	上海	3754	11.91	04.08	07.08
	江苏	2002	13.36	22.35	13.63
	浙江	1786	13.96	17.88	12.47
	均值	2514	13.08	14.77	11.06
珠三角	广东	2927	13.42	13.42	15.82

注：本表绝对数按当年价格计算，指数按不变价格计算。
资料来源：《中国统计年鉴（2013）》。

（四）城镇化分析

城镇化主要是指城镇化发展中空间形态、人口状态的变化，以及经济发展变化。这里对三大经济圈的年末城镇人口比重，以及人口受教育程度进行了比较，可以看到城镇化程度在逐渐提高，但还有进一步提升城镇化程度的空间和潜力（见表 4-11 和表 4-12）。

表 4-11　　　　　三大区域的年末城镇人口比重　　　　　单位:%

区域	地区	2010 年	2011 年	2012 年
京津冀	北京	85.96	86.20	86.20
	天津	79.55	80.50	81.55
	河北	44.50	45.60	46.80
	均值	70.00	70.77	71.52
长三角	上海	89.30	89.30	89.30
	江苏	60.58	61.90	63.00
	浙江	61.62	62.30	63.20
	均值	70.50	71.17	71.83
珠三角	广东	66.18	66.50	67.40

资料来源：《中国统计年鉴（2013）》。

表 4-12　　　　　三大区域的人口受教育程度比较　　　　　单位：人

区域	地区	6岁及以上人口	未上过学人口	大专及以上人口
京津冀	北京	16447	271	6143
	天津	11175	297	2553
	河北	55844	2383	3232
	合计	83466	2951	11928
长三角	上海	19034	466	4392
	江苏	62230	3492	08373
	浙江	43285	2383	06473
	合计	124549	6341	19238
珠三角	广东	82228	2479	8027

注：本表是 2012 年全国人口变动情况抽样调查样本数据，抽样比为 0.831‰。
资料来源：《中国统计年鉴（2013）》。

三　京津冀区域的优势比较

从过去和现在来看，京津冀区域与长三角和珠三角相比，还是存在一些优势的。主要优势有以下三个方面[1]：

（一）京津冀区域的经济基础雄厚

京津冀区域曾经不亚于长三角、珠三角区域。近代京津冀区域中的天津曾经是北方的工业、金融和商业中心，堪称国际化都市。发展中的天津曾经拉动了北京及河北的工业发展。北京近三十年来发展非常迅速，从一个消费城市逐渐发展成了工商业城市，其发展并不亚于广州和上海。尽管近些年天津发展较缓慢，但它的工业基础和发展实力还在，新兴的开发区发展很快。河北是农业大省，是全国最大的小麦和蔬菜生产基地，还有石家庄制药、唐山钢铁、邯郸煤矿等工业。与长三角、珠三角区域相比，京津冀区域有丰富的矿产资源和雄厚的基础产业。北京和天津在金融、高新技术产业等方面也不亚于长三角及珠三角中心城市。但是，因为京津冀区域的河北落后，而且北京、天津周围没有形成强大的城市群，这是京津冀区域发展落后于长三角和珠三角的主要

---

[1] 张亚明、王帅：《京津冀区域经济差异分析及其协调发展研究》，《中国科技论坛》2008 年第 2 期；Valerie Vandermeulen, Ann Verspecht, Bert Vermeire, Guido Van Huylenbroeck, Xavier Gellynck, "The Use of Economic Valuation to Create Public Support for Green Infrastructure Investments in Urban Areas" [J]. *Landscape and Urban Planning*, 2011 (103): 198-206。

原因。

（二）京津冀区域的资源优势

京津冀区域有物产丰富的大平原，有山脉、林地、草原和河流，有海岸线和港口，还有很多名胜古迹。但是，京津冀区域水资源缺乏、风沙大、气候干燥，这些不如长三角、珠三角区域。北京和天津是中国的两大直辖市，有政治优势和社会资源优势，而且汇聚了大量的科研单位、高等学校及优秀人才，这些都优越于长三角、珠三角区域。但京津冀区域中河北的经济技术落后、优秀人才匮乏，这些都阻碍了京津冀区域的快速发展。

（三）京津冀区域的合作空间大

京津冀区域发展是一个整体，曾经形成的紧密度可能超过了长三角、珠三角区域，但是，现在的融合却不及长三角和珠三角。虽然京津冀一体化发展被提出来很久了，但是，由于三地发展实力差距、行政壁垒和观念阻碍等原因，加之社会经济环境问题，还没有形成实际的真正意义上的合作，很大程度上还只是停留在初期的概念上的合作，并没有什么实质上的合作内容，还有很大的合作潜力和很多的合作空间。

四　京津冀区域协同创新发展策略

（一）阻碍发展的观念理念上的转变

要真正强化京津冀区域协同发展的观念理念。我们可以把北京、天津两个直辖市看作京津冀区域发展的两个主角，河北是配角，发展各有侧重，北京、天津带动整个京津冀区域的发展。京津冀区域的三地各有优势，可以相互补充，实现共赢协同发展。在市场经济条件下，经济发展逐渐从行政区整合走向市场整合。我们应当从"行政区观念"走向"市场观念"和"区域观念"。当前与市场经济配套的区域文化是理性、包容、开放、创新的。京津冀三地要进一步解放思想，革新观念，通过SWOT分析，发挥自身的优势，克服自身的劣势，抓住外界发展的机会，把不利的威胁变成发展机会，强化市场竞争理念和共赢发展理念，谋求京津冀区域三地之间和谐的长期的可持续发展。

（二）实现资源、市场、信息的共享

加速京津冀一体化的发展进程，如构建金融信用体系和交通设施网络化的平台，逐渐把市场资源融合起来，实现各种要素在三地之间的自由流动。硬件上的网络化，可以依据北京城市规划的"两轴两带多中心",进而促进京津冀三地的协同发展。目前京津之间的铁路专线基本实现公交化,北京和天津之间 33 分钟直达;北京和石家庄之间的高铁可以 67 分钟到达。但是,河北内部的交通还不够发达,这样,不利于京津冀区域整体交通的快速发展。在软件上也没有形成一体化发展。京津冀区域的发展可以借鉴长三角区域的一卡通制,强化和完善京津冀区域三地异地结算等,建立扁平化的组织结构,促进京津冀区域三地的合作。通过京津冀区域三地合作,逐步缩小京津冀三地的差距,促进经济的共赢发展,实现京津冀区域的协同发展。

(三)充分发挥政府、企业和社会的合力互动

由于京津冀区域政府的力量远远大于市场的力量,所以,我们要加强京津冀区域三地政府的交流与协作,相关政府组织要给予更多的重视与引导,并从中协调各方面的利益,实现资源共享。行政手段协同市场管理的方法,逐步去除行政壁垒的阻碍,进而促进京津冀区域的协同发展。为了进一步保障京津冀区域三地的协调合作创新发展,基于系统论的思想,我们把京津冀区域的政府、企业和社会看作一个整体系统,可以成立一个类似于欧盟的区域协调组织,或者建立京津冀三地定期的高层联席会议制度,通过政府、企业和社会三者合力互动,推进京津冀区域的合作共赢与长期发展。

(四)找准定位,调整战略

北京是中国的心脏,应是全国的政治中心、文化中心、国际交流中心和科技创新中心。为了释放能量,要逐步实现重工业的周边转移。天津要依托自身的基础,发挥自身的优势,成为京津冀区域的工业、商贸中心和通商口岸。依据北京和天津的辐射作用,基于河北的自身基础,承接北京的产业外移,发展定位于农业产业、制造业基地以及旅游业等。京津冀区域总的发展思路是:北京要谋求释放压力,天津要再次飞跃发展,河北要借力快速发展。只有这样,才可以打造中国经济的第三极,真正实现京津冀区域协同创新的可持续发展。[1]

---

[1] 何恬、刘娟:《京津冀区域协同创新体系建设研究》,《合作经济与科技》2013 年第 10 期;刘铁:《京津冀都市圈协同发展模式研究》,《商业时代》2010 年第 17 期;Linwei Ma, Pei Liu, Feng Fu, Zheng Li, Weidou Ni, "Integrated Energy Strategy for the Sustainable Development of China" [J]. *Energy*, 2011 (36): 1143 - 1154;刘勇、李仙:《京津冀区域协同发展的若干战略问题》,《中国发展观察》2014 年第 5 期。

第四节　京津冀区域创新资源整合的路径研究[*]

京津冀协同发展已经上升为国家战略。实现京津冀的协调发展关键靠协同创新，根本靠创新资源的整合。京津冀地区凭借历史和现实优势，已发展成为全国乃至全球重要的创新要素聚集地。但是，京津冀地区也存在区域内创新分工格局尚未形成、创新资源共享不足、创新链与产业链对接融合不充分、区域创新合作机制尚未建立等问题。因此，要实现京津冀地区协同创新发展，必须要促进创新资源在区域内的优化配置，提高区域创新资源的整体利用效率，实现京津冀创新驱动发展。因此，厘清京津冀三地创新资源存量和差距，探究阻碍京津冀协同创新发展的内因，研究提出促进京津冀区域创新资源整合的体制机制，具有重要的现实意义。

一　京津冀区域创新资源配置现状分析

综合来看，一个区域的创新资源主要包括创新要素和创新主体两个方面。创新要素是指区域的创新投入和创新产出，主要包括各种科技人员、投入的创新资金，以及产出的各种技术。创新主体是指区域内承担创新任务的载体，如企业、高校、研究机构、科技中介组织等。[①]本节从创新要素和创新主体两个方面，对京津冀资源总量及分布情况进行分析，以掌握三地创新资源存量的差距。

（一）京津冀创新要素分布现状

1. 京津冀区域创新人才分布比较

京津冀区域中创新人员的分布存在显著的不均，河北的创新人才无论是数量还是质量与北京相比都有较大差距，也逊色于天津，处于全国的中游水平。

---

[*] 作者：窦丽琛　河北经贸大学经济研究所研究员；程桂荣　河北经贸大学经济研究所副研究员；陈晓永　河北经贸大学经济研究所研究员。本节原载《经济与管理》2015年第6期。

[①] 马树强、金浩等：《河北省经济发展报告（2015）——京津冀协同发展与河北战略》，社会科学文献出版社2015年版。

从创新人才规模来看,河北总量少、密度低。2013年京津冀研发人员总数分别为334194人、143667人和136615人,研发人员折合全时当量分别为242175人/年、100219人/年和89546人/年(见表4-13),北京分别是河北的2.45倍和2.70倍,与河北相比,在创新人才规模上具有绝对优势,而天津在人才规模上略大于河北。由于河北人口总量远高于京津,所以,从创新人才分布密度来看,河北更是严重落后于京津,甚至低于全国平均水平。2013年,京津冀每万人中研发人员数分别为158.0人、97.6人和18.6人,河北仅相当于北京的11.8%、天津的19.1%,仅相当于全国平均水平(36.9)的一半,创新人才严重缺乏。

表4-13　　　　　　　　2013年京津冀科技创新人才分布

指标		北京	天津	河北
研发人员(人)	总量	334194	143667	136615
	博士毕业	60068	8598	3998
	硕士毕业	76525	19475	18220
	本科毕业	81389	35045	44455
研发人员折合全时当量(人/年)	总量	242175	100219	89546
	基础研究人员全时当量	35933	5662	5043
	应用研究人员全时当量	59253	13864	12615
	试验发展人员全时当量	146991	80693	71888
	高技术产业研发人员全时当量	23707	13242	8960
每万人中研发人员数(人)		158.0	97.6	18.6
公有经济企事业单位专业技术人员(人)		491320	320820	1182031

资料来源:根据《中国科技统计年鉴(2014)》相关数据整理。以下各表同。

从创新人才质量来看,高层次人才集中在北京,河北最少。2013年,京津冀研发人员中博士毕业人数分别为60068人、8598人和3998人,北京市拥有人数分别是天津的7倍、河北的15倍、津冀总和的4.8倍。

从三种研究类型投入人员的全时当量来看,京津冀区域创新人员投入主要集中在试验发展方面,基础研究投入相对来说是最少的。2013

年,京津冀区域投入研发人员全时当量比例分别为 60.7%、80.5% 和 80.3%,说明在当前阶段,研发人员投入主要是为了获得新材料、新产品、新工艺和新服务等,尤其在津冀。而北京投入基础研究的人员全时当量最高,达到 14.8%,津冀仅有 5.7% 和 5.6%。

2. 京津冀创新资金投入情况比较

从表 4-14 可以看出,在科技创新资金投入方面,京津冀区域内部的差距更大。从绝对投入来看,2013 年,京津冀研发经费内部支出分别为 1185.1 亿元、428.1 亿元和 281.9 亿元,北京的研发经费内部支出是天津的 2.77 倍河北的 4.2 倍;从相对投入来看,2013 年,京津的研发经费投入强度分别为 6.08% 和 2.98%,全国排名第 1 位和第 3 位,而河北研发经费投入强度仅为 1%,在全国排名第 20 位,不到全国平均水平(2.08)的一半,说明北京、天津更加重视科技创新对经济发展的作用,对科技创新的投入水平在全国处于领先地位,而河北无论是绝对投入还是相对投入都严重低于北京、天津,甚至低于全国平均水平,科技创新的引领作用有待加强。

表 4-14   2013 年京津冀创新投入情况

指标	北京	天津	河北
研发经费内部支出(亿元)	1185.10	428.10	281.90
研发经费投入强度(%)	6.08	2.98	1.00
地方财政科技支出(亿元)	234.70	92.80	49.80
研发经费内部支出中政府资金比重(%)	57.30	17.00	13.80
研发经费内部支出中企业资金比重(%)	33.80	76.90	84.20
规模以上工业企业新产品开发经费(亿元)	293.20	246.00	202.50

从研发经费内部支出的来源看,北京的研发经费主要来源于政府资金,所占比重为 57.3%,而天津和河北的研发经费主要来源于企业资金,所占比重分别为 76.9% 和 84.2%。这进一步说明,北京市政府对科技创新的重视,而天津和河北的科技创新更多依靠企业自主创新。

3. 京津冀区域创新技术分布情况比较

京津冀创新技术拥有量差距很大,但是,存在技术互补性。表 4-15 显示,2013 年,河北国内专利申请授权数为 18186 件,不及北京的

1/3，相当于天津的73%；河北万人专利授权量为2.5件，不到北京的10%，仅相当于天津的14.7%；河北技术市场输出合同数额为31.6亿元，仅略高于北京的1%、天津的10%。从专利类型来看，京津冀三地申请的专利都集中在实用新型专利上，尤其天津最高，占专利总数的75.5%；而发明专利申请授权比重最高的是北京，达到33.0%，远高于津冀；外观设计专利比重最高的河北，达到17.3%。由此可见，京津冀区域在三类技术创新上各具比较优势，如果分工合理，完全可以实现优势互补，产生"1+1>2"的效果。

表4-15　　　　2013年京津冀创新技术分布情况比较

指标	北京	天津	河北	全国平均
国内专利申请授权量（件）	62671.00	24856.0	18186.0	—
发明专利比重（%）	33.0	12.6	11.0	11.70
实用新型专利比重（%）	57.9	75.5	71.7	55.90
外观设计专利比重（%）	9.1	11.9	17.3	32.50
每万人专利授权量（件）	29.6	16.9	2.5	9.03
技术市场输出合同数额（亿元）	2851.7	276.2	31.6	—

（二）京津冀创新主体分布情况

在区域创新体系中，创新主体是具有创新能力和进行创新活动的组织，主要包括政府、企业、高等学校、科研机构和中介服务机构。这些不同的创新主体承担着不同的创新功能。高等学校和科研机构主要承担知识创新的功能；企业主要承担技术创新的功能；中介服务机构主要承担知识创新成果和技术创新成果转化以及流动的功能，是创新成果转化的桥梁和纽带；政府主要承担区域创新体系的宏观调控和维护功能。[①] 本节主要对高等学校、科研机构以及高新技术产业的企业情况进行对比分析，比较各创新主体在京津冀区域内的分布情况。

1. 京津冀高等学校科技创新活动情况比较

从京津冀高等学校的情况看，北京高等学校层次高、规模大、经费

[①] 马树强、金浩等：《河北省经济发展报告（2015）——京津冀协同发展与河北战略》，社会科学文献出版社2015年版。

多、成果转化率高等特征；天津高等学校则呈现数量少、经费多、科技产出低等特征；河北高等学校的典型特征是数量多、层次低、经费少、科技产出多、成果转化率低。

以2013年数据为例，从数量来看，河北高等学校最多，有118所，天津最少55所。从层次来看，北京共有8所"985"高校、26所"211"高校，天津市有1所"985"高校，3所"211"高校，河北没有"985"高校，仅有1所"211"高校。从创新资源规模来看（见表4-16），京津冀平均每所高校投入的研发人员全时当量分别为360.9人年、197.0人年和73.4人年，北京是天津的1.8倍、河北的4.9倍。从经费投入来看，天津研发人员人均经费占有额最高，达到46.9元，北京略低，河北最低，仅有11.8元，仅相当于天津的25%。从科技产出来看，河北研发人员人均发表科技论文数量最多，达到3.58篇，但科技成果转化率最低，研发人员人均专利申请数仅有0.15件，不到北京的20%，北京与河北恰好相反，人均发表论文不多，但是专利申请最多，天津居中。

表4-16　　　　　2013年京津冀高等学校科技创新情况

指标	北京	天津	河北	全国平均
总数量（个）	89.00	55	118	80.4
平均研发人员全时当量（人年）	360.9	197.0	73.4	130.40
研发人员人均经费占有额（元/人年）	42.5	46.9	11.8	26.4
研发人员人均发表科技论文（篇）	3.52	2.48	3.58	3.47
研发人员人均专利申请数（件）	0.81	0.41	0.15	0.41

2. 京津冀研发机构科技创新活动情况比较

京津冀区域的研发机构主要在北京，拥有研发机构380家，占京津冀区域总数的74%，天津最少，仅有58家。从创新资源规模来看，北京的研发机构也是最多的，如表4-17所示，2013年，京津冀平均每所高校投入的研发人员全时当量分别为253.3人年、147.8人年和98.9人年。从经费投入来看，北京研发机构研发人员人均经费占有额最高，达到62.6元/人，天津略低（48.6元/人），河北最低，仅有34.6元/人。从科技产出来看，三地研发机构都低于高等学校，北京研发机构研发人员人均发表科技论文数量最多，达到0.54篇，研发人员人均专利申请数为0.11件，也是最高的，天津和河北均低于全国平均水平。

表4-17　　　　　2013年京津冀研发机构科技创新情况

指标	北京	天津	河北	全国平均
总数（家）	380	58	76	118
平均研发人员全时当量（人年）	253.3	147.8	98.9	99.6
研发人员人均经费占有额（元/人）	62.6	48.6	34.6	49.0
研发人员人均发表科技论文（篇）	0.54	0.35	0.29	0.45
研发人员人均专利申请数（件）	0.11	0.09	0.05	0.10

3. 京津冀高技术产业企业科技创新活动情况比较

表4-18显示，京津冀地区高技术产业企业数量差距不大，分别为782个、585个和504个，北京高技术企业中的研发机构数最多，有250个，天津和河北差不多，只有北京的一半左右。但是，无论是高技术企业数还是研发机构数，京津冀三地均低于全国平均水平，说明京津冀区域中企业的创新主体地位还没有充分发挥。从高技术企业的科技产出来看，依然是北京最具有优势，而河北最弱。

表4-18　　　　　2013年京津冀高技术产业企业科技创新情况

指标	北京	天津	河北	全国平均
企业数量（个）	782	585	504	868
研发机构数（个）	250	124	122	289
机构平均研发人员全时当量（人年）	94.8	106.8	73.4	74.7
研发人员人均经费占有额（元/人）	44.9	34.1	24.2	30.4
研发人员人均专利申请数（件）	0.35	0.28	0.10	0.21

二　京津冀创新资源整合的模式选择及创新

《京津冀协同发展规划纲要》明确提出，到2017年，京津冀科技创新中心地位进一步强化，区域协同创新能力和创新成果转化率明显提升，区域科技功能分工明确，产业链与创新链高效衔接，创新要素有效流动与共享，创新驱动发展局面初步形成。但是，从京津冀区域创新资源配置严重不均的具体情况来看，原有的区域创新资源整合模式已经不能适应现阶段发展需求，必须进行新模式的探索。可供选择的模式有以下六种：

第一，建立京津冀大型仪器设备共享联盟。将联盟内的大型科学仪器由原来的"点对点"服务扩展到"点对面"，这样，既可以提高现有大型仪器设备的使用效率，增加收益，还可以提升对企业创新发展、产业集群提升的支撑能力。

第二，建立京津冀科技情报资源共享联盟。京津冀大学、科研机构、企事业单位、中介服务机构众多，建立京津冀科技情报资源共享联盟，既可以优化配置和提高原有科技情报资源的利用效率，也可以避免重复性购置，节约资金。

第三，建立京津冀科技专家信息服务网。面向京津冀企业、市县，以服务技术创新需求为重点，建立统一的科技专家信息服务网，优化配置京津冀区域人才资源，提升人才支撑创新发展的能力。

第四，建立技术创新战略联盟。这是一种比较稳定的联合技术研发模式，组成方包括企业、大学、科研机构、科技中介等。从京津冀协同创新来看，可以通过大力发展连接京津冀、分工协作的技术创新联盟，充分发挥京津冀企业、科研机构、大学、科技中介等各自的优势，形成紧密型的技术创新共同体，提升区域技术创新能力。

第五，建立技术创新平台联盟。包括联合建立重点实验室、工程技术创新中心、企业技术创新中心、产业技术研究院、院士工作站等创新平台，联盟的主体可以是大学、科研机构、大型企业、中介等。这种方式主要是针对破解产业发展中的技术"瓶颈"和共性技术，发挥各自的人才、产业、信息等优势，联合共建各类载体与平台，提升创新驱动发展能力。

第六，建立科技成果转化试验区。主要针对北京新科技创新资源丰富、知识创造力能力强、科技成果很多，通过科技成果在津冀孵化、转化和产业化，形成北京研发、周边转化的链条，提高创新效率和产出效益。

三　促进京津冀区域创新资源整合的对策建议

京津冀区域创新资源整合应坚持"创新机制、盘活存量、整合完善、开放服务"的方针，以促进创新资源合理配置、开放共享、高效利用为主线,以模式创新为切入点,以体制机制改革为支撑,充分依靠市场在资源配置中的决定性作用,以推动大型科学仪器设备设施和数据文献资源开放共享为重点,打破行政区划,从政策措施和体制机制等方面探索新突破。

(一)建立京津冀协同创新的组织机制

第一,建立由中央政府牵头的协同创新委员会。在国家京津冀协同发展领导小组下设立由国务院牵头、国家相关部门参与、京津冀三方参加的京津冀协同发展领导小组,及时解决区域协同创新中的重大问题,出台促进政策协同文件。

第二,建立区域科技联席会议制度。建立由京津冀三方主管科技的副省级领导任组长,京津冀三方科技部门主要领导任副组长,相关部门参与的联席会议。研究制定协同创新政策的相关问题。成立由三方和涉及相关部门(包括科技、质监、食品安监、文化、宣传、出入境等)的联席会议,及时解决在大型仪器设备共享、新科技情报资源共享、创新人才流动中出现的重大问题。

(二)建立科技资源开放共享的利益分配机制

利益分配问题是合作创新的核心问题,通过打破传统的利益分配制度,实现区域内整体利益的共享,是京津冀区域合作的根本驱动力。[1]建立区域内科技资源开放共享激励、评价、监督、绩效考核机制。

第一,采取以奖代补、无偿资助、双向补助和后补助、政府采购等多种方式,对科技资源开放共享成效显著的管理单位和各类科技平台、创新基地给予奖励补助支持,并在科技资源新增配置方面给予倾斜。

第二,两市一省科研机构、创新企业异地使用大型科研仪器设备,享受两地政府的共同补贴,提高科研仪器设备的使用效率。

第三,通过无偿公益性服务和有偿增值服务相结合等方式,探索科技资源开放共享市场化机制,完善共享服务定价机制和合同制度。

第四,以共享服务的质量、数量和效率为核心,围绕所产生的经济效益、社会效益和科技支撑效果评价科技资源共享成效,并将其作为运行绩效评价的重要指标,引导各类科技平台和创新基地加大开放

---

[1] 张亚明、刘海鸥:《协同创新博弈观的京津冀科技资源共享模型与策略》,《中国科技论坛》2014年第1期。

共享力度。

第五，探索实行科技资源开放共享法人责任制，将科技资源利用和共享情况列入科技资源管理单位及其负责人工作绩效考核范围。建立科技资源利用及共享情况公示制度，加强服务质量的全过程在线监控，建立服务效果反馈和投资机制。

（三）完善科技资源共享的保障机制

第一，建立京津冀协同创新政策联动报告制度，三地出台的创新政策需要事先经过联席会议通气，以推动三地政策的协同性。

第二，设立京津冀协同创新专项资金，面向京津冀三地的大学、科研机构等组织招标，每年筛选确定一批协同创新重大项目或任务予以支持。各地区可以单独设立京津冀协同创新专项资金，支持京津冀协同创新项目。

第三，建立三地高新技术企业、科技型中小企业、创新平台、科技成果等互认制度。

第四，制定相应的法规，保障某些科技资源在特定条件下的共享共用。如日本政府出台了《关于促进特定尖端大型研究设施共同利用的法律》《关于促进特定放射光设施共同利用的法律》等，以此解决科技资源分散封闭、使用效率低下以及单独借助市场机制配置资源可能导致的"市场失灵"问题，使科技资源在共享共用过程中有章可循、有法可依。[①]

（四）联合培育和壮大企业技术创新主体

第一，联合打造一批产业技术创新战略联盟，推动京津冀区域内企业与高校和科研机构广泛地开展产学研合作。

第二，以企业为主体，支持中关村示范区、滨海新区与区域内科技园区、科研基地共建一批集教育、科研、技术转移转化与孵化等功能于一体的科技成果转化基地和示范区。

第三，围绕新能源、新能源汽车、物联网、云计算等重点领域，支持以高新技术企业为主体实施一批跨区域重大科技创新应用示范工程。鼓励示范区企业创制国家、国际标准，提升示范区企业竞争力。

---

① 张亚明、刘海鸥：《协同创新博弈观的京津冀科技资源共享模型与策略》，《中国科技论坛》2014年第1期。

（五）加快科技人才培养与交流

人才是最重要的创新要素，人才问题是京津冀科技创新发展的重点问题。结合京津冀产业转移和功能疏解整体部署，要加强科技创新人才的培养与流动。

第一，搭建区域科技人才信息共享平台，培养职业化的技术经纪人、专利代理人，推行外籍高端人才绿卡制度，加强科技人才和科技管理人员联合培养与交流合作。

第二，推进职称、人事档案管理、社会保障等区域科技人才制度衔接，健全跨区域人才多向流动机制，推动首都高端科技人才到津冀开展创新创业。

第三，建立区域人力资源开发孵化基地，组建人力资源市场、人才协调中心、人才政策服务中心和高级人才运营中心等。

第四，加大"千人计划"等重大人才工程在河北的实施力度，吸引和培养一批高端创新人才向河北流动，建立有利于人才成长和集聚的机制。

第五节 加快构建京津冀协同创新共同体[*]

如何看京津冀协同发展？有人说源于北京的"拥堵"，也有人说起因于河北的雾霾。但一个无法回避的事实是：当中国已经成为世界第二大经济体、由"跟随者""追赶者"变为并行者出现在国际舞台上的时候，当大数据、云计算、物联网改变着人类社会生活的节奏和频率并使创新周期奇迹般缩短的今天，当实现"两个百年"奋斗目标和中华民族伟大复兴的中国梦的冲锋号已全面吹响之际，在曾经支撑我国30多年高速增长的比较优势和后发优势在不断丧失、减弱的态势下，我们还能用画地为牢的思维"出牌"吗？肩负着抢占国际制高点、引领创新潮头的责任，我们必须把京津冀协同发展置于全球经济的格局中进行思考谋划。变五指张开为拢指攥拳，同心合力，打造京津冀协同

---

[*] 作者：张建国　中共河北省委政策研究室副主任。本节原载《经济与管理》2015年第1期。

创新共同体。

如何看京津冀中的"短板河北"？2013年，河北人均可用财力排全国第30位，仅为北京的1/4、天津的1/3。但形成京津冀今天的巨大落差并不完全是市场因素所致，而是无形之手与有形之手共同作用的结果。非市场因素影响大，是京津冀有别于长三角、珠三角的一个明显不同。因此，要加快弥合这一差距，"一只手"单托不行，必须"两只手"并用。京津冀协同发展，必须从协同创新求突破，但不是一切以市场为抓手的发展，而是实行政府和市场双重调节的协同发展。需要依靠三个方面的力量聚力推进：一是充分发挥市场在资源配置中的决定性作用；二是依靠改革，打破人为设置的一切影响要素流动的行政壁垒和体制机制障碍，释放创新活力；三是依靠法治，规范创新制度，更好地发挥三地政府的引导作用，搞好科学规划，搭建创新资源转化平台，共同营造有利于创新创业的生态环境和法治化环境。

如何强力开启京津冀协同创新的发动机？在一些不曾到过河北或只是过去到过河北或只是从数据中了解到河北的同志来说，其印象可能多是"土打土闹"的河北、始终在产业链低端运行的河北。但是，笔者想说的是，您所认识的这个河北，其实只是昨天的河北，而不是今天的河北，与昨天的河北告别，今天的河北，是一个创新求生创新思变的河北。行进在"有中生新、无中生有"的跑道上，河北正在悄然地变化。在装备制造、生物制药、新能源等领域，唐车公司制造的CRH3型时速350千米动车组各项技术参数均属国际一流，其运营速度、载客量、节能环保、舒适度堪称"四个世界第一"；唐山研发的铝合金自行车生产线为世界焊接第一。石药集团恩必普药业获得"中国工业大奖"被誉为中国工业的"奥斯卡"，是迄今为止国内唯一获此殊荣的制药企业。保定·中国电谷作为国内最早涉足新能源产业的国家级高新区，是国家级高新区中仅有的一个以新能源为主要产业方向的科技工业园区，在光伏发电、风力发电、新型储能、高效节能、输变电及电力自动化等产业领域，揽多项世界王冠。有11家企业参与载人航天、嫦娥三号探月工程核心零部件配套，54所、13所等单位圆满完成载人航天等重大专项任务。在汽车、电子、船舶、新能源、通用航空等领域具有独特优势。如果说在仅凭一张锹、一张镐就可以挖出"金子"的年代，过去的河北对京津科技创新还不曾有内在需求的冲动，那么在加快转型升级绿色崛起的节奏下，河北从来没有像今天这样强烈地呼唤创新！而一旦科技创新的发动机装入京津冀协同发展的动车，京津的创新潜能得以充分释放，世界也将为之震动！

京津冀协同创新应从哪里发力？目前，在京津冀三地共同治理生态环境，加快推进交通、通信、水利基础设施建设一体化，共促产业转型已形成高度共识的基础上，笔者认为，面向世界，面向未来，携手打造京津冀协同创新共同体，还必须从共建"京津冀高端信息高速公路"、夯实京津冀协同创新绿色崛起的根基发力；从共同探索跨区域公共服务改革、开辟创新要素自由流动的"绿色通道"发力；从改变京津冀科技资源条块分割、沉睡、等待、冰封的状况，建立健全区域创新体系，整合区域创新资源发力；从共同打造更有效率的政务生态系统、更有活力的产业生态系统、更有激情的创业生态系统、更有魅力的自然生态系统协同发力。

尤其是进入经济新常态，经济发展动力正由过去的要素投入驱动转向创新驱动。不仅要重视技术创新，同时也要重视管理创新、服务创新、业态创新，要全面创新。坚持以人为本，培育创新环境、创新文化，打造创新创业生态系统至关重要。

加快构建京津冀协同创新共同体，当下的河北应主动"抱团"寻求新突破。前些日子，国家批复的苏南自主创新示范区和长株潭自主创新示范区，一个共同的特征是以多个城市捆绑的形式出现。由此启示我们，我们必须变单打独斗为抱团出击。应与保定、廊坊、唐山、承德5个国家级高新技术开发区联手，共同争取国家自主创新示范区。又如创建技术创新联盟。这是实施河北创新驱动战略的一个重要抓手，也是京津冀协同创新的一个重要载体。通过以风险共担、利益共享为纽带的技术创新联盟，整合京津科技人才力量，在共性技术和关键技术联合攻关中，实现知识共享、技术共享。一方面，推动现有传统产业向着高附加值的纵深方向发展；另一方面，运用"互联网思维""无中生有"，将三地移动互联网、大数据、云计算等技术与传统产业深度融合，共建京津冀跨行业的产业联盟。

同时，要特别注重充分利用国际国内两种资源和两个市场，做好开放的大文章。如争取将石家庄、秦皇岛等市跻身国家级服务外包城市，面向全球招才引技。同时，要把自身的发展置于全国发展的大格局中进行认真谋划，变问题为机遇，比如，努力将大气污染的重灾区变为国家节能减排绿色产业发展示范区。

京津冀发展存在巨大落差，在这样的一个落差巨大的地方实现协同发展，并力图打造成为一个未来全国乃至世界创新引领区，进而实现中华民族的伟大复兴，本身就是一个伟大的创举。从补齐公共服务"短板"入手，创建公共服务综合改革先行示范区，对全国都具有现实意义，石家庄应当在这方面善于率先尝试。用开放的思维，通过加强国际合作，促进京津冀公共服务均等化。

第六节　通过协同创新快速融入京津创新体系

——向价值链和产业链的高端延伸[*]

20世纪80年代以来，全球生产组织方式和利益分配格局正发生剧烈变化。交通基础设施的改善与提速、通信和信息技术产业的快速发展导致交易成本迅速下降，进一步推进全球化生产和国际分工深化，全球生产网络正日益形成。比如波音787代表着民用飞机工业的最高水平，是美国主导下的全球合作产物（除了欧空局和俄罗斯），日本、加拿大、巴西、中国都参与进来了，该机型的生产分包给10个国家的43家一级供应商。再如，全世界共有31个国家为一部iPhone 6提供原材料及零件。全球化生产产品的研发、设计、市场营销等环节基本都在发达国家，而发展中国家基本都在制造这一环节。产品增加值则是研发、设计、市场营销等环节占大头，制造环节只占百分之几。比如，一部iPhone 4终端售价如果是200美元，中国的增加值只有不到7美元（见图4-2）；一件西装上衣，在美国售价为425美元，制造环节价值为38美元，占9%，其中，中国21美元，仅占5%。我国处于全球价值链的低端，产业升级主要应该是价值链上分工的升级，而不仅仅是低技术产业向中技术产业和高技术产业的升级。手机是高技术产业，但我国大量企业是在做代工和生产山寨品。潍坊有一个生产磨具的工厂，但它们的

---

[*] 作者：李善同　国务院发展研究中心发展战略和区域经济研究部研究员。本节原载《经济与管理》2015年第1期。

技术在全球领先。传统产业也有高端环节，高技术产业也有低端环节。所以，我们在"十三五"规划的时候，一定要改变观念，要向价值链和产业链的高端走，而不仅仅是发展战略性新兴产业。战略性新兴产业一样会出现过剩。

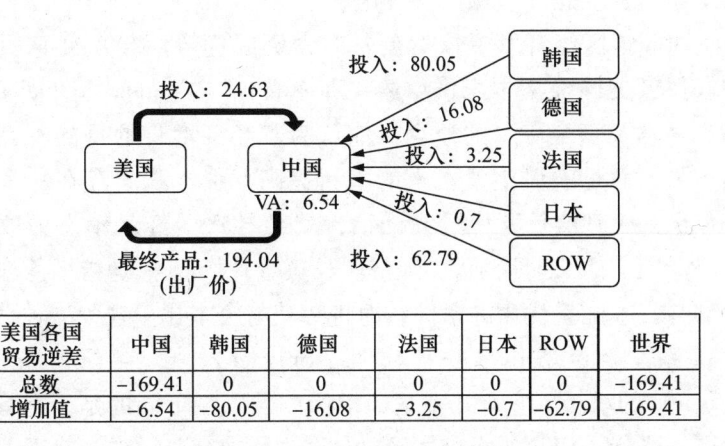

美国各国贸易逆差	中国	韩国	德国	法国	日本	ROW	世界
总数	−169.41	0	0	0	0	0	−169.41
增加值	−6.54	−80.05	−16.08	−3.25	−0.7	−62.79	−169.41

图 4−2　iPhone 4 价值形成过程（美元）

我国经济发展进入新阶段。尽管按照购买力平价计算，我国人均国民收入（GNI）世界排名依然落后，发展中国家的地位没有变，但是，国家正处于人均国民收入由中高收入国家向高收入国家迈进的关键阶段。在这个阶段，经济增长速度放缓；第二产业和第三产业 GDP 占比超过 90%，第三产业 GDP 占比快速增长，产业结构升级任务紧迫；人口红利不再，人口老龄化加剧；出口不振；化解产能过剩任务艰巨，但是，促进经济增长仍然需要投资；区域发展差距有所缩小，但是，区域市场一体化发展滞后；发展的可持续性不足。这些都是中国经济未来发展新常态。

京津冀协同发展、"一带一路"倡议和"长江经济带"发展战略，更加注重促进东中西部、沿海和内地的联动发展，更加注重增长极、协同发展、国内与国际的合作发展，还有国土空间开发的科学性。"一带一路"体现我国要参与全球治理。京津冀协同发展更多的是从中国成为第二大经济体，京津冀作为一个世界级城市群该起到什么作用进行考虑。这两个战略很难说是一个区域战略，更多的是国家战略。京津冀协同发展的战略意义，不只是对地区，对跨行政区发展也起到带动作用。"协同发展"比"协调发展"，认识更深刻，更强调同步、和谐、合作和相互配合。京津冀协同发展的内涵包括五个一体化，即政策协调机制一体化、商品和要素配置市场一体化、区域基础设施一体化、基本公共服务一体化及生态环境保护一体化。

京津冀地区经济发展依然具备人力资源优势。2006年诺贝尔经济学奖获得者美国经济学家埃德蒙·菲尔普斯（Edmund S. Phelps）提出了"经济增长黄金律"的概念。他认为，经济增长的目的不是产出的不断扩张，而是人民生活水平的不断提高，资本积累存在一个最优水平，如果一个社会储蓄率过高的话，就会导致"经济动态失效"的现象，降低人们的长期福祉。"经济增长黄金律"通常是指平衡增长路径中劳动与资本配置优化的条件，即将劳动与资本比率视为一种最重要的经济关系。金色增长是一种精明（Smarter）、包容（Kinder）、清洁（Cleaner）的增长。它有几个基础指标，与以往不同的是，它有一个劳动生产率指标。用它的指标体系对各个省作比较，从结果来看，因为劳动力数据用的是常住人口，所以，北京的劳动力优势还是挺不错的，天津也比较突出，河北达到了全国平均水平。这个指标不光考虑到劳动力供给，还考虑预期寿命、年龄构成、老龄化程度。如果从户籍人口来看，上海的老龄化程度很高，如果从常住人口来看，它的老龄化程度就不太高。所以，在我们考虑增长的时候，现在逐渐把劳动力这一块，包括年龄构成、教育程度、工资水平、预期寿命都考虑进来，这也是与我们原来的指标不一样的地方，更多地考虑人的问题。

京津冀地区的总体定位应该是以首都为核心的世界级城市群，这与"首都经济圈"是不一样的，是站在国家整体竞争力角度来考虑的。京津冀协同发展战略的提出与实施，对于石家庄来讲，是百年不遇的机遇。石家庄有很好的区位优势，是北京与天津的南大门，是重要的交通枢纽，交通便利、通达性好，处于北京一小时交通圈。石家庄收入比较低，要将这个劣势变为优势，比如可以背靠北京的生产性服务业聚集优势，大力发展服务外包。利用交通优势，石家庄可以实施吸引人才和借用人才并举战略。石家庄紧邻京津，在产业发展上不能只是承接京津产业转移式的产业升级思维，而是要在产业链和价值链上进行升级。如果用增加值计算，富士康对郑州的贡献并不大。京津冀地区的创新驱动引领区定位，有利于石家庄打好协同创新牌。北京名牌高校、国家级科研机构集中，石家庄可以充分利用这些资源创办协同创新中心，尤其是同清华大学、北京大学、中国科学院、中国工程院等单位联合办学和联合创办协同创新中心。石家庄要单纯依靠自己力量去引领创新，近期难见效果，充分利用背靠京津优势，通过协同创新快速融入京津创新体系，才能使石家庄不会在未来又沦为京津冀的创新洼地。

石家庄（市区）和正定要协同发展。正定拥有非常好的资源，如大佛寺和几个寺庙，但是，宣传不够，需要很好地宣传策划。2010年，石家庄做了许多北跨（滹沱河）发展的研究，但是，现在没接着做。石家庄向北方向的发展不一定只考虑北跨那一块，要突破原来的概念，实现石家庄和正定互相借力，协同发展。光谈石家庄原来的那几个优势肯定还不够，因为石家庄历史不悠久，但是，正定可以给石家庄增加很多文化内涵。把石家庄和正定的协同发展做好，对石家庄来说意义重大。

第五章　绿色低碳发展

第一节　制定实施加快河北绿色崛起的国家战略[*]

按照区域一体化发展方向，统筹解决制约京津冀三地特别是首都可持续发展的突出问题，打造现代化新型首都圈，是京津冀协同发展的中心思想。贯彻落实这一中心思想，实现京津冀协同发展目标，要在坚持北京的核心地位、发挥京津双城主要引擎作用的同时，必须制定和实施加快河北绿色崛起的重大战略。

一　加快河北绿色崛起：京津冀协同发展关键之路

之所以要制定和实施加快河北绿色崛起的国家战略，是因为这是实现京津冀协同发展的关键之路。

（一）河北是打造现代化新型首都圈的主体

日本本州岛是日本首都和世界级城市群——日本东海道城市群所在地，人口1.05亿，国土面积23.1万平方千米。京津冀区域是我国首都和规划建设的京津冀世界级城市群所在地，人口1.11亿，国土面积21.6万平方千米，与日本本州岛具有可比性。区域经济学研究和国际经验表明，现代化首都圈不仅要有现代化首都，而且要有与其一体化的现代化周边地区。从经济发展水平来看，打造以首都为核心的世界级城市群，建设现代化新型首都圈，意味着大力全面提升京津冀地区人民收入水平，到2030年，人均GDP接近日本本州岛水平即4万美元。2015年年末，河北省常住人口7424.92万，占京津冀地区人口总数的67%。

---

[*] 作者：杨开忠　北京大学秘书长，京津冀协同发展联合创新中心主任。本节原载《经济与管理》2016年第5期。

因此，建设现代化新型首都圈虽然是以北京为核心，但主体是河北；没有河北人均收入水平的大幅提升，没有河北的现代化，就不可能成就现代化新型首都圈。

（二）河北发展相对严重滞后是京津冀协同发展的关键制约

在京津冀地区中，北京、天津人均 GDP 均跨入比肩高收入国家和地区的行列，是全国最发达省市自治区之一。但河北发展严重滞后，人均 GDP 仅为京津的 40%，是东部沿海最落后的省级行政区，也处于全国落后省市自治区行列，2015 年，人均 GDP 低于中西部的内蒙古、重庆、吉林、湖北、陕西、宁夏、湖南、青海、新疆九省市自治区，在全国各省市自治区中居第 20 位，另外尚有近 70 个国家级及省级贫困县。水往低处流、人往高处走。河北发展相对于北京、天津严重落后，不仅不能有效地截留涌向北京的人口和产业，而且还推动了河北自身人口和投资大规模流入北京，从而严重加剧了北京人口和功能过度膨胀。例如，河北是北京、天津常住外来人口的主要源头，分别占 22.1% 和 25%；北京中心城区三甲医院就诊人次 70% 来自外地，河北是最大的来源地，占 22%。因此，有序地疏解北京非首都核心功能，优化提升首都核心功能，解决北京"大城市病"，实现京津冀协同发展，必须加快河北发展，消灭区域性贫困，实现与京津基本公共服务均等化，缩小与京津收入分配差距。

（三）河北是京津冀地区主要空间载体、生态屏障和水源地

河北国土面积 19 万平方千米，海岸线长 487 千米，海岸带总面积 11379.88 平方千米，分别占京津冀地区国土面积、海岸线和海岸带面积的 88%、75% 和 89%；其中，河北坝上高原和燕山—太行山地区是京津冀主要的生态屏障和河流重要源头，滨海地区是海水淡化和微咸水利用的主要潜力所在，人均水资源量分别是北京、天津人均水资源量的 3.1 倍和 1.9 倍。因此，河北是实现京津冀协同发展的主要生态保障。

（四）河北是京津冀地区节能减排、污染防治的主战场

河北单位活动的生态足迹[1]，不仅远高于北京、天津，而且在全国

---

[1] 自 2009 年起，以北京大学杨开忠教授为首席科学家的北京大学中国生态文明指数（Ecology Civilization Index，ECI）研究小组开始对各省市自治区生态文明水平进行研究，年度研究报告《中国省市区生态文明水平报告》在《中国经济周刊》发布。

各省份中是最大的。河北虽然人均 GDP 远低于京津，但 GDP 却分别为京津的 1.3 倍和 1.8 倍。考虑到河北生态足迹高、人口和经济总量大，不难知道，河北集中了京津冀地区节能减排的大部分任务。另外，河北是环境污染，特别是大气污染最严重地区之一，也是北京环境污染物的重要来源区。据报道，北京 PM2.5 主要污染物来源区域输送占 25% 左右。在特定气象条件下，区域输送可能达到 40% 左右。因而，河北在京津冀环境污染防治中具有举足轻重的地位和作用。

二 加快河北绿色崛起的战略方向和对策

着力制定和实施加快河北省绿色崛起，应从实现京津冀协同发展战略高度出发，明确和遵循以下四个因应战略方向和对策。

（一）实现从政策洼地向政策高地转变

河北是我国东部沿海省级政区之一，也是全国落后的省份之一，但既不适用西部大开发、中部崛起、东北地区老工业基地振兴政策，也长期不享有东部沿海地区先行先试的国家自由贸易试验区、国家自主创新示范区等政策，是全国区域政策洼地。《京津冀协同发展规划纲要》的出台，为逐渐改善河北在全国区域政策地位和作用提供了基础。2015年，中央全面深化改革领导小组审议通过的《关于在部分区域系统推进全面创新改革试验的总体方案》，京津冀地区被确定为八个试验区之一，也是唯一的跨省级行政区域，从而实质性地开启了河北从全国政策洼地向政策高地的转型。面向未来，要突出河北绿色崛起在中央关于京津冀协同发展战略部署中的地位和作用，努力把全面创新改革试验与促进河北绿色崛起战略需要紧密结合起来，全面推进政策创新。

第一，河北参与京津冀区域全面创新改革试验不应限于依托石家庄、保定、廊坊三市，而应面向全省建设全国现代商贸物流基地、产业转型升级试验区、新型城镇化与城乡统筹示范区和京津冀生态环境支撑区，全面支撑引领河北绿色崛起。

第二，要发挥全国产业转型升级试验区和新型城镇化与城乡统筹示范区定位的优势，把河北纳入东北地区老工业基地振兴政策适用范围，把曹妃甸新区、渤海新区、北戴河新区纳入国家级新区范围，将天津自由贸易试验区延伸到河北省。

第三，要发挥京津冀生态环境支撑区定位优势，建立健全中央和京津对河北实施生态补偿和政策支持，以张承地区为主建立国家生态涵养特区。

第四，要根据公共服务均等化的要求，把河北作为以改革促进社会事业发展的先行先试试验区，努力增加京津教育部部属高校在河北的高考招生指标，在此基础上，推进京津冀高考招生共同运作、均等待遇，建立健全京津冀统一高考招生圈；同时，在河北率先开展医生自由执业制度改革试点，吸引人才向河北扩散，驱动河北医疗卫生事业超常规发展。

（二）建设抗衡京津双城极化效应的反磁力中心城市

京津冀地区100万—500万人的大城市相对缺少，缺乏能够抗衡京津极化效应的反磁力中心城市，这是制约京津冀协同发展的重大因素。因此，推动京津冀协同发展，要积极在河北规划建设反磁力中心城市，包括规划建设国家行政文化新城石家庄、唐山、沧州。

作为反磁力城市，国家行政文化新城选址不应位于京津发展轴线上，而应在北京通勤都市圈以外的河北境内，可能有秦皇岛北戴河方案和保定东两个方案。中华人民共和国成立后，北戴河在一些时间实际上担当着一定的夏都功能。鉴于这种情况，秦皇岛北戴河方案可以作为近期应急之用，但秦皇岛北戴河是我国极为稀缺的滨海旅游度假基地，为保障人民日益增长的休闲度假需要，主要应限于夏都现有设施的完善和利用，不宜大规模扩建。从长远来看，应选择保定东方案，使之成为抗衡京津城市极化效应，带动冀中南地区，促进京津冀均衡发展的国家行政、教科文卫副中心。

把石家庄建设成为平衡京津极化效应的反磁力城市，一是要发挥河北省省会的优势，在石家庄恢复京津冀历史上著名但已撤销的高等学校，积极部署国家科学中心、国家技术中心、国家健康中心和生物产业中心，大力提升科教卫中心功能。二是要发挥地理位置、交通、腹地的综合优势，打造新亚欧大陆桥运输通道重要枢纽，进一步强化提升石家庄依托华北，沟通华东、华中的区域综合交通枢纽、旅游中心、商贸物流中心、金融商务中心和企业总部基地功能。三是要优化行政区划，将石家庄提升为副省级城市，大力建设以通勤为基础、高度一体化的石家庄大都市圈。

唐山要发挥现代化新型首都圈与东北地区协调互动的桥头堡、开展东北亚地区经济合作的窗口城市和新型工业化基地的潜力及优势，建设成为平衡京津极化效应的重要支点。建议：（1）优化冀东行政区划，将唐山调整为副省级城市，大力培育和提升反磁力中心功能，建设以通勤为基础、高度一体化的唐山大都市圈；（2）以建设曹妃甸协同发展示范区为动力，探索更具竞争力的曹妃甸京冀共治模式，活化重组曹妃甸区域资产，加快建成中国首都圈的"横滨"；（3）着手研究规划并相机建设从曹妃甸至大连跨海大桥，进一步夯实唐山桥头堡和窗口城市的基础。

沧州地处我国南北大动脉—京沪交通通道、沿海交通通道和石黄交通通道交会处，既邻近京津，是京津地区通往山东半岛、长三角地区的门户地区，又是冀中南唯一邻海拥港的城市，是冀中南、晋陕蒙部分地区最便捷的出海口，区域地理位置和综合交通条件以及土地、海水微咸水开发利用潜力等地方性资源禀赋条件优越，经济成长性好，是京津冀地区规划建设新的反磁力中心城市最具潜力和优势的地方之一，是疏解北京、带动冀中南和北方腹地发展的最佳区位之一。事实上，2007年渤海新区设立以后，沧州既是北京功能疏解的主要承接地之一，又几乎一直是河北各地市中经济成长最快的。目前，沧州GDP仅次于唐山、石家庄，已经成为河北第三大地市经济体，人均GDP在河北居第4位，明显高于保定、邯郸。因此，实施河北沿海战略，应在巩固提升唐山反磁力中心功能的同时，把沧州培育成新的反磁力中心城市。

（三）打造新兴发展轴线

依托"四横四纵"交通走廊，完善京津冀发展轴线布局，在优化提升京津、京石邯、京唐秦三大发展轴的同时，规划建设四大新兴发展轴线，即石沧黄、京九、津保和滨海新兴发展轴线。在规划建设四大新兴发展轴线中，要坚持产城融合发展与"一带一路"倡议相结合。其中，值得特别提出的是重视打造新亚欧大陆桥北通道。

所谓新亚欧大陆桥走廊北通道，东以黄骅港、胶东半岛为桥头堡，以石家庄为枢纽，向西经山西太原、陕西、宁夏中卫至甘肃武威连接兰新铁路。黄骅港至新疆乌鲁木齐的铁路距离约3000千米，比连云港到乌鲁木齐铁路里程短600千米，是新亚欧大陆桥运距最短的东方桥头堡。规划建设以黄骅港为重要桥头堡的新亚欧大陆桥北通道，不仅可以使京津冀地区成为"丝绸之路经济带"主通道——新亚欧大陆桥通道最具竞争力的线路，从而大大提高京津冀地区在"丝绸之路经济带"中的战略地位，而且，可以明显提高"丝绸之路经济带"的影响力和竞争力，促进北方发展，具有重大战略意义。因此，要把规划建设新亚欧大陆桥北通道作为重大战略工程来抓。

（四）推进广域行政

行政区划是制约河北绿色崛起和京津冀协同发展的重要因素。应在增设石家庄、唐山副省级城市的基础上，总结以往地方行政区划调整和地方合作经验，大力推进广域行政，完善地方政府与非政府组织以及其他利益相关者跨地协作机制，优化行政区划。首先，要积极推进对外广域行政合作。一是随着以通勤为基础、高度一体化的北京大都市圈进一步发展，河北环京地区与北京联系将更为密切，甚至涿州至三河一带将在功能上完全纳入北京大都市圈。要积极融入这一趋势，采取不同形式，加强环京地区对接北京行政。二是围绕发挥唐山作为北京大都市圈沟通东北地区桥头堡的作用，加强与京津和东北地区行政合作。三是围绕打造以石家庄为东端枢纽的新亚欧大陆桥北通道，加强与京津鲁晋行政合作。其次，对内广域行政，要在推动各地市、县、乡镇交流与合作的同时，重点针对很多县级行政区管辖人口少和（或）范围过小而限制集聚经济和行政成本降低的问题，推行"大县大镇"战略，通过把小县合并为大县，做大做强小城镇，并积极赋予一些大镇以县级经济管理权限。

第二节 京津冀能源消费、碳排放与经济增长[*]

近年来，全球气候变暖已经成为许多国家和地区十分重视的问题。2013年9月，在瑞典首都斯德哥尔摩，联合国政府间气候变化专门委员会（IPCC）第五次评估报告第一工作组报告《气候变化2013：自然物理基础》及决策者摘要中明确提出，人类活动极可能（95%以上可能性）导致了20世纪50年代以来大部分（50%以上）全球地表平均气温升高。[①]这表明各国应对气候变暖的压力和挑战将更大。

中国作为一个负责任的大国，在节能减排取得一定成效的同时，仍将坚定不移地走低碳发展之路。其中，京津冀地区碳排放量约占全国的

---

[*] 作者：武义青 河北经贸大学副校长，京津冀一体化发展协同创新中心执行主任；赵亚南 河北经贸大学经济研究所硕士研究生。本节原载《经济与管理》2014年第2期。

[①] 联合国政府间气候变化专门委员会、IPCC第五次评估报告第一工作组报告《气候变化2013：自然物理基础》2013年第9期。

20%，是我国乃至世界上碳排放量最大的都市圈，肩负着低碳转型的重任。2014年2月26日，习近平主席在北京主持召开座谈会，专题听取京津冀协同发展工作汇报，强调实现京津冀协同发展，是面向未来打造新的首都经济圈、推进区域发展体制机制创新的需要，是探索完善城市群布局和形态、为优化开发区域发展提供示范和样板的需要，是探索生态文明建设有效路径、促进人口经济资源环境相协调的需要，是实现京津冀优势互补、促进环渤海经济区发展、带动北方腹地发展的需要，是一个重大国家战略，要坚持优势互补、互利共赢、扎实推进，加快走出一条科学持续的协同发展路子来。这一讲话充分表明，京津冀地区协同发展低碳经济的坚定步伐，要打破"一亩三分地"的思维定式，发挥各自优势，抱成团朝着顶层设计的目标一起做，高效实现最大限度的节能减排。

一 京津冀碳排放和能源消费的变动趋势分析

（一）京津冀能源消费量分析

从图5-1可以看出，2001—2011年，京津冀地区能源消费量占全国的比重高于12%，这些年来所占比重变化不大，只有2002年突破了13%。其中，河北的能源消费量占全国的8%左右，2000—2011年这一比重增加了0.79个百分点；北京、天津所占比重均较小，北京的能源消费量占全国的比重不到3%，且呈现递减趋势；而天津的能源消费量比重不断增加，从2000年的1.92%增长到2011年的2.11%。从以上分析可知，京津冀对全国能源消费量的贡献大约占12%，而这一贡献大约2/3来自河北省。

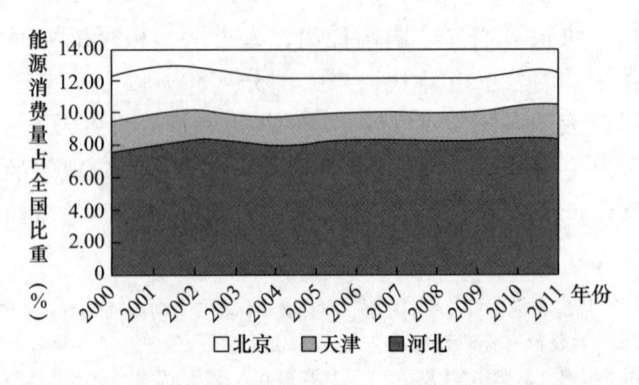

图5-1　2000—2011年京津冀占全国能源消费量比重构成

从图 5-2 可以看出，2000—2011 年，京津冀地区的能源消费量均呈不断增长的趋势，年均增长率先后分别为 4.88%、9.19%、9.21% 和 8.36%。其中，北京和天津的能源消费量远远小于河北，2000 年河北的能源消费量分别是北京的 2.7 倍和天津的 4.01 倍，而到 2011 年是北京的 4.22 倍和天津的 4.02 倍。以上分析表明，北京的能源消费量增长缓慢，而天津和河北增长较快，其年均增长率分别是北京的 1.88 倍和 1.89 倍。

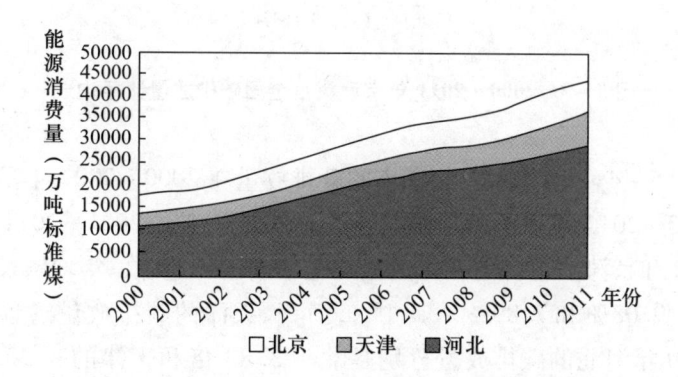

图 5-2 2000—2011 年京津冀能源消费量变化趋势

(二) 京津冀碳排放量分析

碳排放量的计算公式为：碳排放量 = 终端能源消费量 × 能源折算标准煤的参考系数 × 能源按标准煤折算的碳排放系数。其中，能源主要是碳排放量较大的煤炭、石油、天然气，各种能源折算标准煤参考系数来自《中国能源统计年鉴》(2011) 附录 4，分别为 0.7143、1.4286 和 1.3300，按标准煤折算的碳排放系数采用国家发展和改革委能源研究所公布的数据，分别为 0.7476、0.5825 和 0.4435。

从图 5-3 可以看出，2000—2011 年，京津冀地区碳排放量占全国的比重高于 12%，这些年来所占比重变化不大，只有 2001 年、2002 年和 2003 年突破了 13%。其中，河北的碳排放量占全国的 9% 左右，北京、天津所占比重均较小，北京的碳排放量占全国的比重呈现不断下降趋势，从 2000 年的 2.24% 下降到 2011 年的 1.15%，而天津的碳排放量比重在 2% 左右浮动。以上分析可知，京津冀对全国碳排放量的贡献大约占 12%，而这一贡献主要来自河北省。

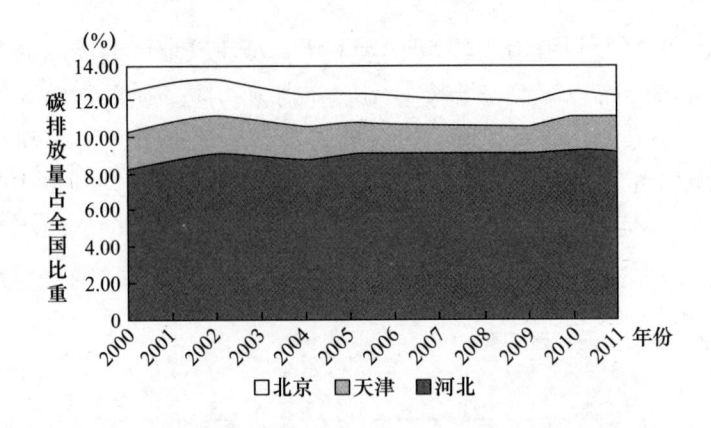

图 5-3　2000—2011 年京津冀占全国碳排放量比重构成

从图 5-4 可以看出，北京市的碳排放量在 2000—2002 年呈下降趋势，2003—2011 年又不断增加，年均增长 1.71%；2001—2011 年，天津、河北和京津冀地区的碳排放量均呈不断增长趋势，年均增长分别为 7.74%、9.08% 和 7.89%。其中，北京和天津的碳排放量远远小于河北，2000 年河北的碳排放量分别是北京 3.83 倍和天津的 4.22 倍，到 2011 年是北京的 8.26 倍和天津的 4.83 倍。此外，天津的碳排放量占全国的比重在 2000 年和 2001 年都低于北京，但从 2002 年开始超过了北京的碳排放量占比。以上分析表明，北京的碳排放量增长缓慢，而天津和河北的增长较快，其年均增长率分别是北京的 4.53 倍和 5.31 倍。

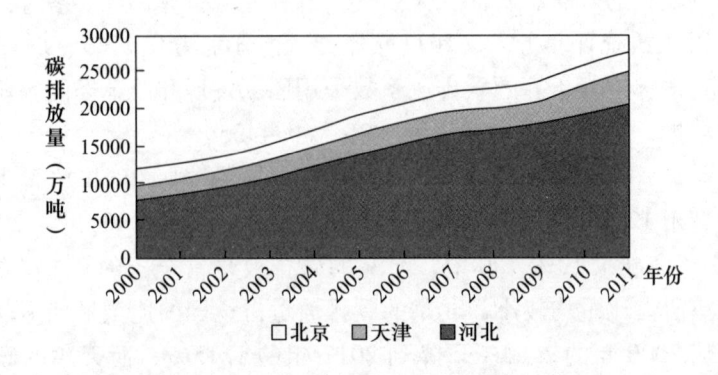

图 5-4　2000—2011 年京津冀碳排放量变化趋势

(三) 京津冀碳排放强度分析

从图 5-5，可以看出，虽然京津冀地区及全国的碳排放强度均呈现下降趋势，但是，京津冀地区的碳排放强度一直都高于全国，这主要是由于天津和河北的碳排放强度较高，尤其是河北的碳排放强度接近全国的两倍。

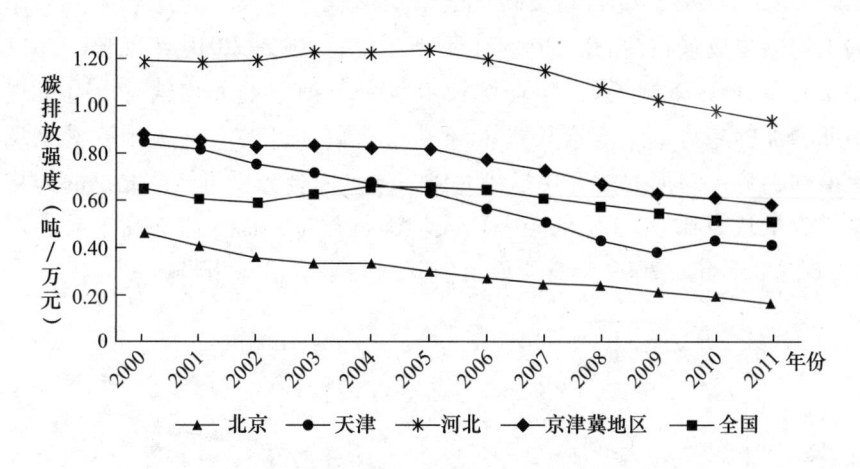

图 5-5　2000—2011 年京津冀及全国碳排放强度变化趋势

北京、天津和河北的碳排放强度均呈现下降趋势，其中，河北的碳排放强度明显高于北京和天津。北京的碳排放强度从 2000 年的 0.46 吨/万元下降到 2011 年的 0.17 吨/万元，年均下降 8.65%；天津碳排放强度 2000—2009 年呈现不断下降趋势，而 2010 年、2011 年又回升到 2011 年的 0.41 吨/万元，年均下降 6.51%；河北碳排放强度 2000—2004 年缓慢增加，而从 2005 年开始又呈现不断下降趋势，年均下降 2.12%；京津冀地区碳排放强度变化趋势与河北类似，从 0.89 吨/万元下降到 0.58 吨/万元，年均下降 3.82%。以上分析可知，北京的碳排放强度下降最快，年均下降率是京津冀地区的 2.3 倍、河北的 4.1 倍和天津的 1.3 倍，这主要是因为 2000 年以后北京的高污染、高能耗工业不断地进行升级转型，并且一部分工业企业搬迁到其他地区。此外，在京津冀地区中，天津的碳排放强度最有特点，2010 年开始又有所回升，这表明 2000 年以来天津的经济发展有一部分是以牺牲环境为代价的。

(四) 京津冀人均碳排放量分析

从图 5-6 可以看出，京津冀地区的人均碳排放量高于全国水平，并且均呈现递增趋势，全国人均碳排放量年均增长 7.49%，而京津冀地区年均增长 6.29%。2000—2011 年，北京的人均碳排放量从 2000—2003 年不断下降，2004 年突然增加到 1.64 吨/人，之后又不断下降，年均下降 1.84%，说明北京碳排放量的增长率不及人口增长率；天津的人均碳排放量在 2000—2005 年不断增加，2007—2010 年回落，2011 年又升高到 3.25 吨/人，年均增长 4.80%；河北的人均碳排放量呈现不断增加的趋势，年均增长 8.24%；京津冀地区的人均碳排放量呈现递增的趋势，与河北的变化趋势大体一致。综合分析可知，北京的人均碳排放量从 2002 年开始低于平均人均碳排放量，而天津却高于平均水平，在 2008 年、2009 年有所回落但基本与平均水平相当。

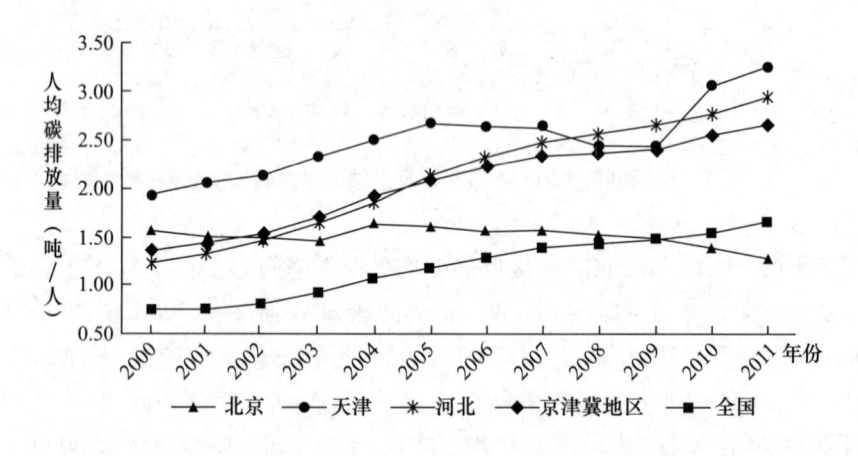

图 5-6　2000—2011 年京津冀及全国人均碳排放量

(五) 京津冀单位面积碳排放量分析

从图 5-7 可以看出，京津冀地区的单位面积碳排放量高于全国水平，并且均呈递增趋势，年均增速与碳排放量的增速一致。河北的单位面积碳排放量低于北京，并且均低于天津，天津从 2009 年开始明显增长较快，它们与各地区碳排放量的变化趋势完全一致，这说明碳排放密度取决于碳排放量。

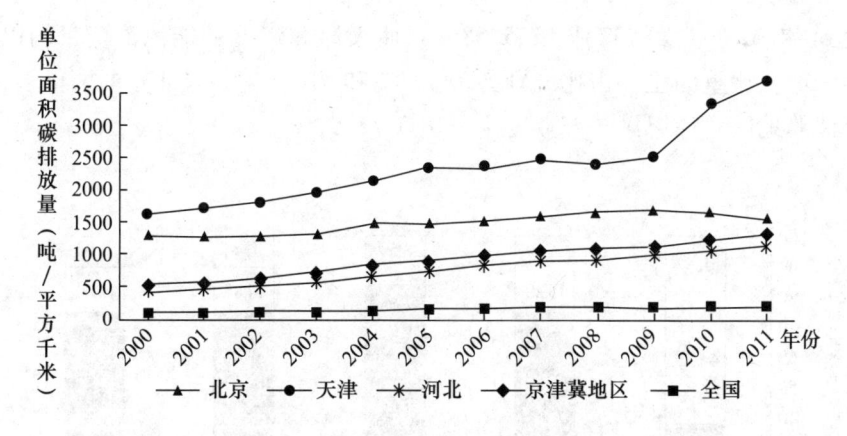

图 5-7　2000—2011 年京津冀及全国单位面积碳排放量

二　京津冀碳排放和能源消费的结构分析

（一）碳排放量与能源结构

从图 5-8 可以看出，2000—2011 年，煤在碳排放量中的贡献度以河北为最高，超过 90%；其次为京津冀地区高于 84%；最后是全国为 80% 左右；北京和天津的比重相对较低但也在 50% 以上，这可以表明，煤炭的燃烧成为碳排放量增加的主要原因，并且京津冀地区煤的高贡献度主要来自河北。

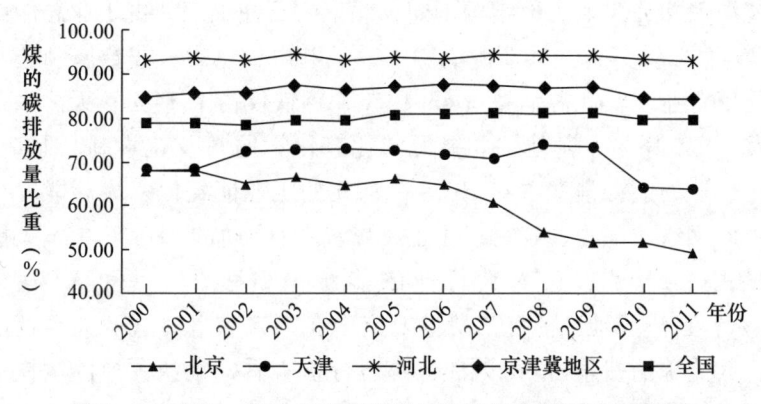

图 5-8　2000—2011 年京津冀及全国煤的碳排放量比重变化

（二）能源消费量与产业结构

1. 京津冀各行业能源消费情况

从图 5-9 可以看出，2011 年，北京能源消费量以第三产业为主，达到44.32%，第二产业占35.58%；而天津和河北的能源消费量均以第二产业比重为主，占比分别为73.07%和81.34%，是北京的两倍多；京津冀地区整体以第二产业为主，达到72.57%。

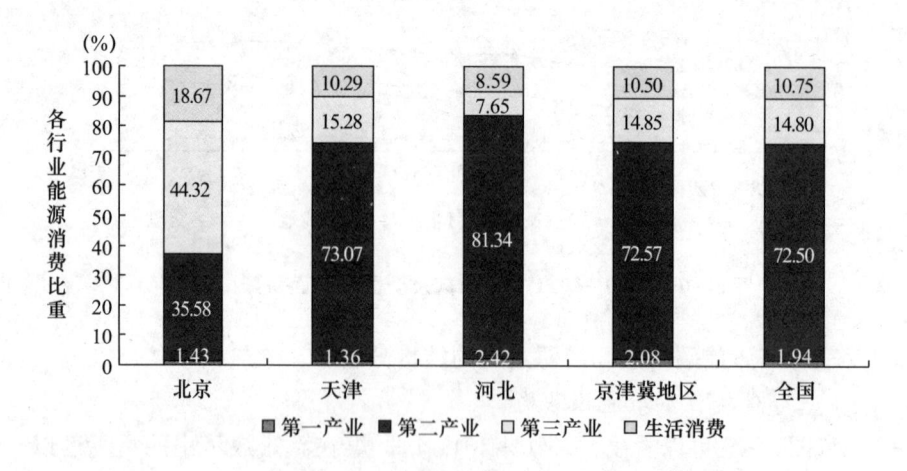

图5-9 2011年京津冀各产业能源消费构成

2. 京津冀的工业能源消费情况

从图5-10、图5-11、图5-12和图5-13可以看出，京津冀三地的能源消费在工业内部结构不同，北京的石油加工业占工业总能源消费的26.71%，其他主要能源消费集中于电力、热力、非金属制造及化工这几个行业，其能源消费占63.13%，钢铁仅占1.14%；天津钢铁能源消费占39.18%，其他主要能源消耗有化学原料及化学制品制造业，这两个行业的能源消费占62.01%；河北的工业能耗以六大高能耗行业为主，即钢铁、电力、建材、化工、煤炭和石油加工业，其中钢铁能源消费量占49.56%，这六大行业的能源消费占工业总能源消费的90.48%；京津冀地区能源消费主要集中在钢铁和电力这两大高耗能的行业，其能源消费量占63.94%。综合分析来看，京津冀地区钢铁耗能主要来自天津和河北。

三 京津冀碳排放与能源消费和地区生产总值的相关分析

（一）碳排放量与能源消费量

从图5-14和图5-15可以看出，京津冀地区及全国碳排放量与能源消费量均呈一定的线性关系，线性回归方程如图所示，可知能源消费

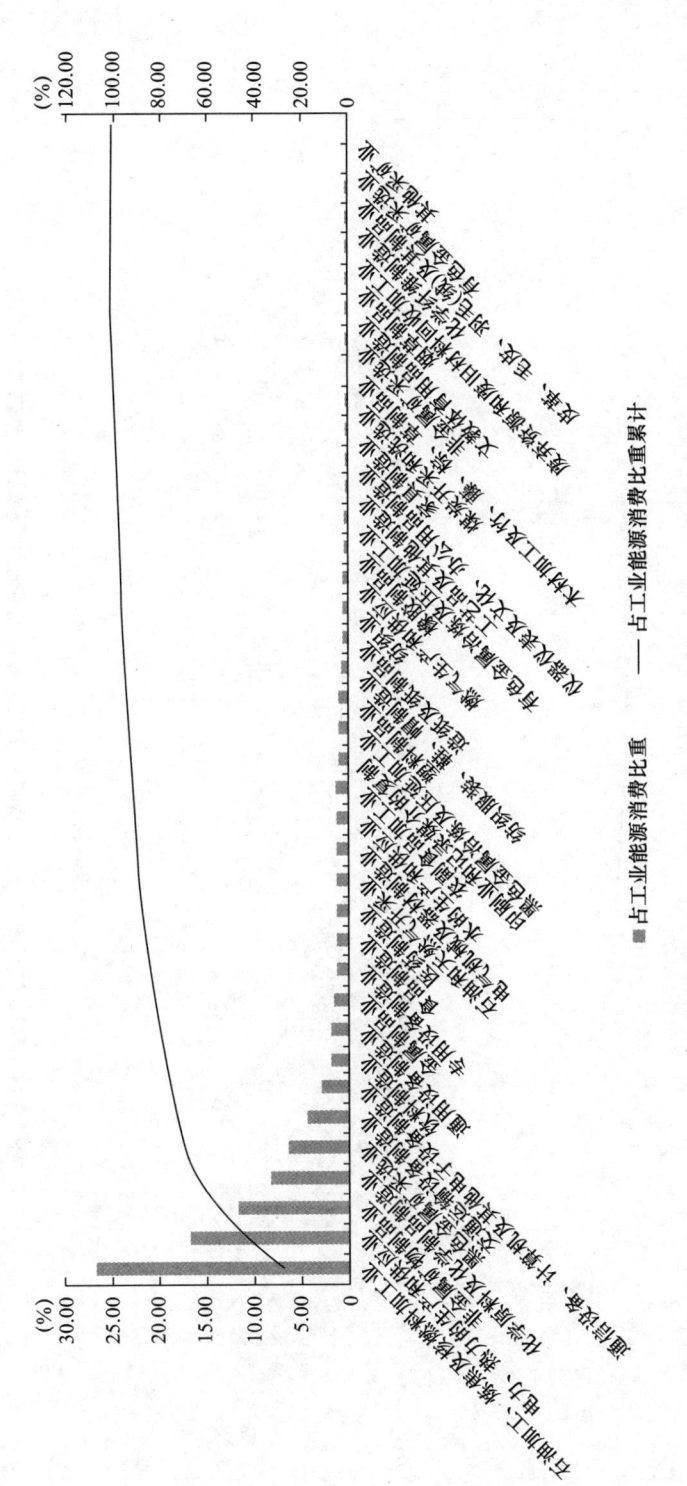

图 5-10 2011 年北京各行业占规模以上工业能源消费比重及累计消费趋势

图 5－11 2011年天津各行业占规模以上工业能源消费比重及累计消费趋势

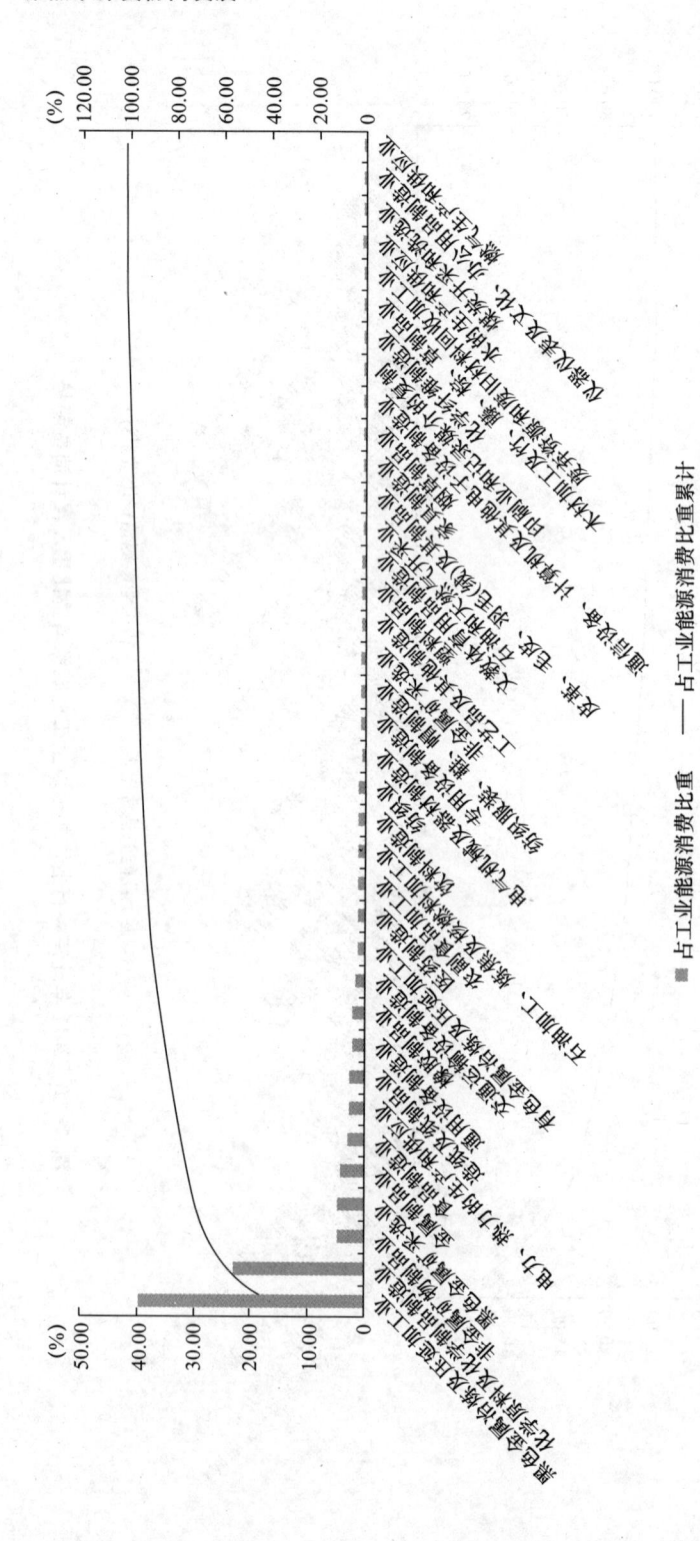

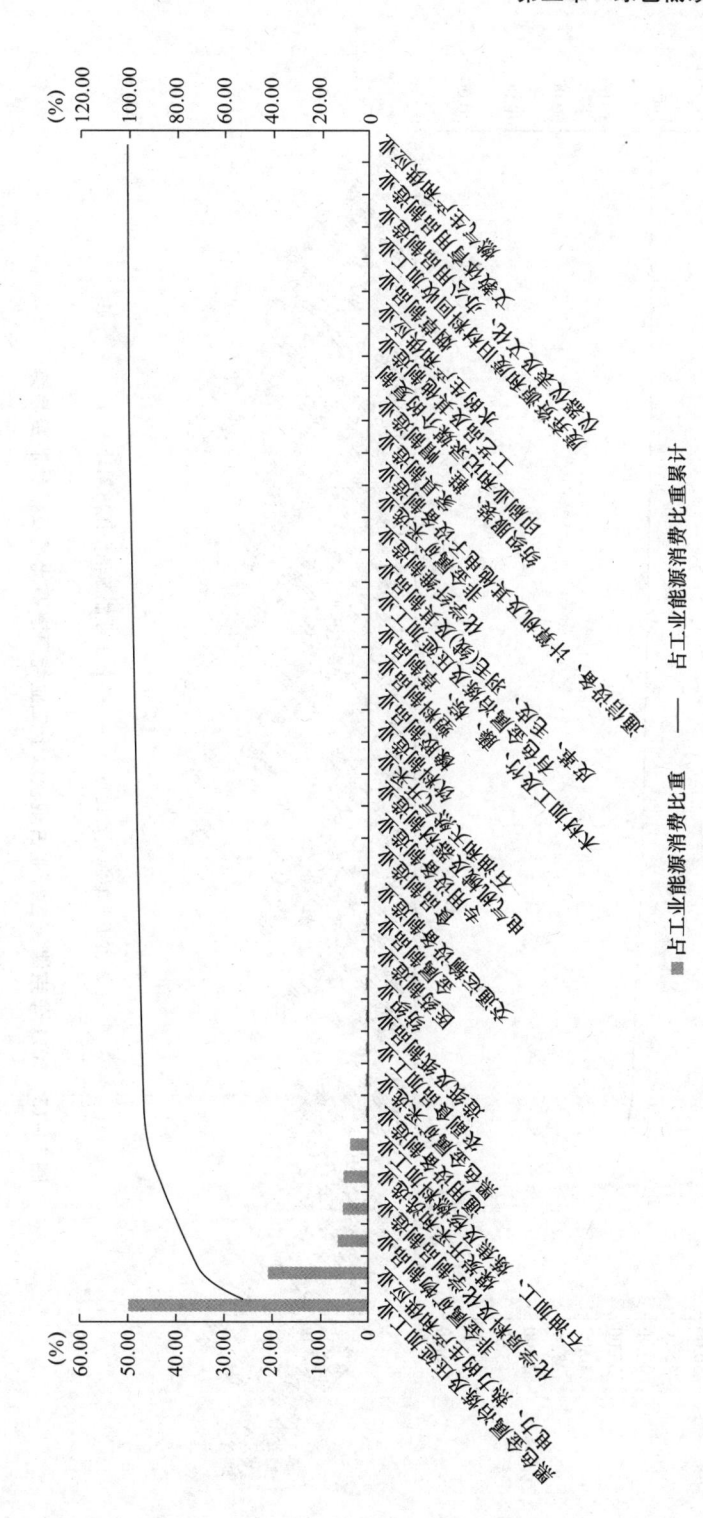

图 5-12　2011 年河北各行业占规模以上工业能源消费比重及累计消费趋势

图 5-13 2011年京津冀各行业占规模以上工业能源消费比重及累计消费趋势

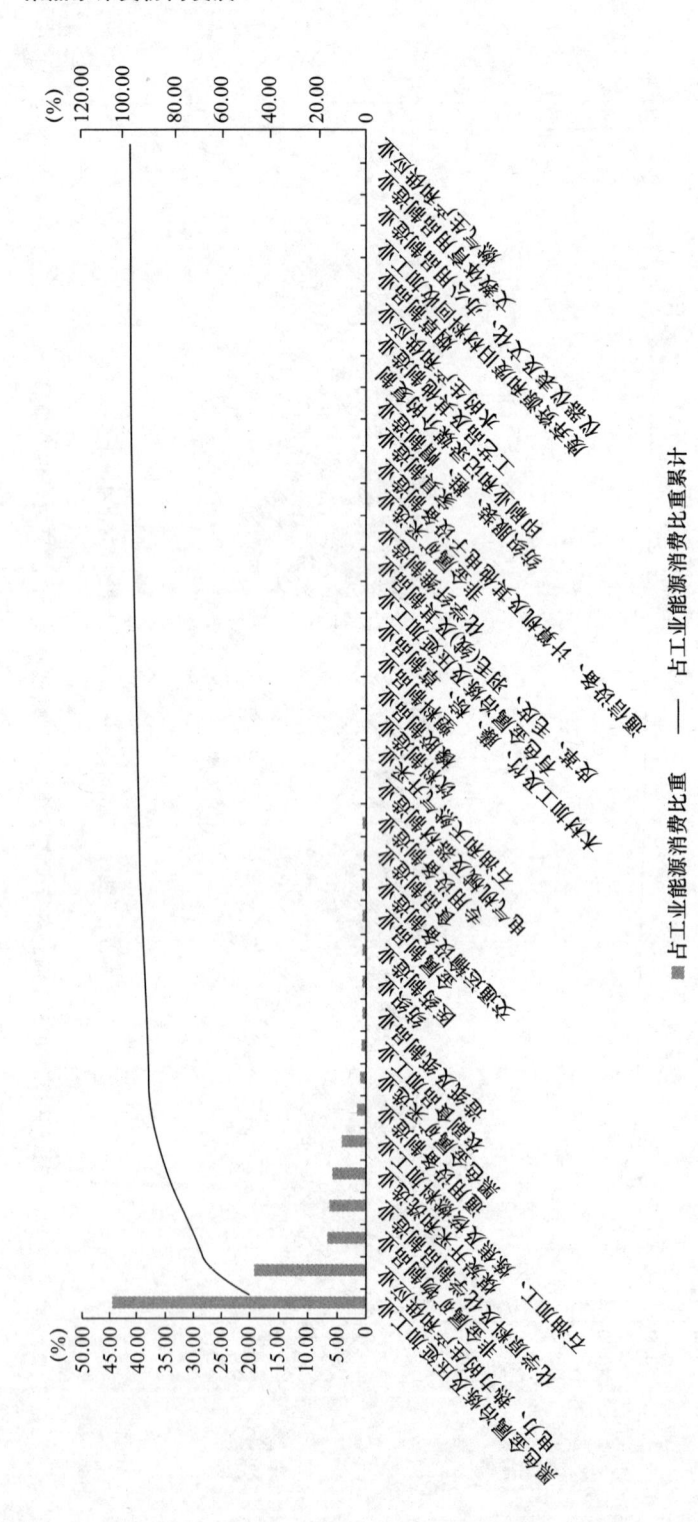

量每增加1个单位，河北碳排放量增加0.7229个单位，全国增加0.6367个单位，京津冀地区增加0.6213个单位，天津增加0.4734个单位，而北京增加0.2347个单位，这主要是因为各地区的能源结构不同，其中，煤炭的消费量以河北为最高，达到90%，全国为70%左右，而北京和天津分别为70%和80%。因此，减少煤炭消费量，提高煤炭利用率是河北的当务之急。2013年，河北修订的《河北省大气污染防治行动实施方案》明确提出了煤炭消费总量控制的计划，初定2017年比2012年煤炭消费总量净减少4000万吨。

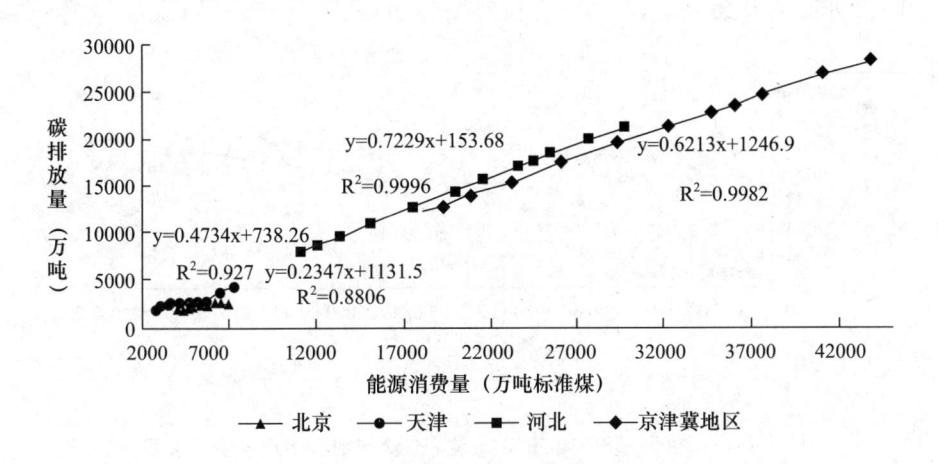

图5-14 2000—2011年京津冀碳排放量与能源消费量的关系

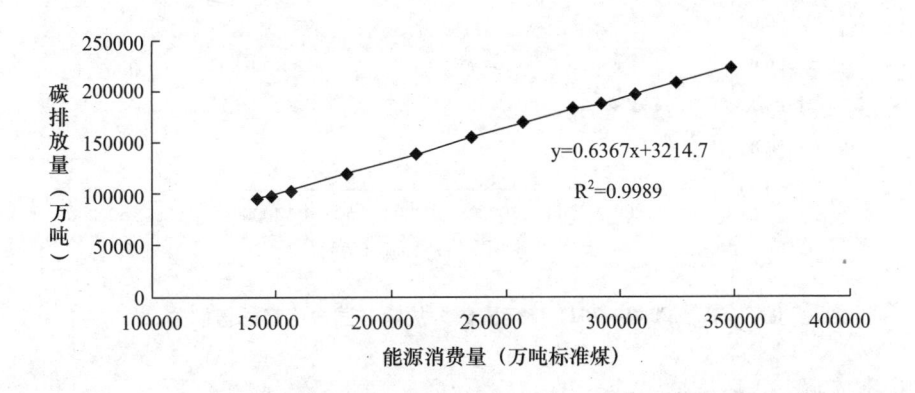

图5-15 2000—2011年全国碳排放量与能源消费量的关系

(二) 碳排放量与地区生产总值

从图 5-16 和图 5-17 中可以看出,京津冀地区及全国的碳排放量与地区生产总值呈现指数变动关系,方程式如图所示,可知地区生产总值每增长 1%,全国的碳排放量就增长 0.8155%,河北增长 0.8052%,京津冀地区增长 0.6663%,天津增长 0.4584%,而北京增长 0.2504%。相比之下,京津冀地区以河北的变化率接近于全国水平,要想降低全国碳排放量的增长率,京津冀地区尤其重要,并且京津冀地区要把河北作为碳减排的重点地区,优化产业结构,在不断发展经济的同时促进低碳发展。

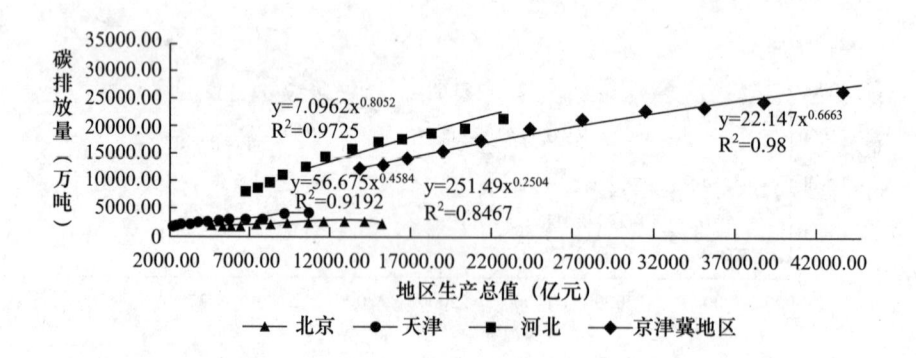

图 5-16 2000—2011 年京津冀碳排放量与地区生产总值的关系

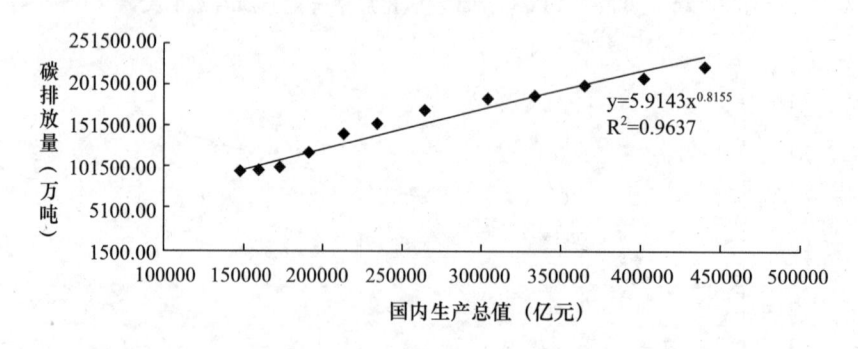

图 5-17 2000—2011 年全国碳排放量与国内生产总值的关系

四 京冀能源消费量的空间分布

从图 5-18 可以看出,北京朝阳、顺义、房山和海淀四区的能源消费较高,达到 55.74%。从图 5-19 可以看出,河北唐山的能源消耗量明显高于其他城市，达到28.68%，这主要是由于唐山的工业化程度较高、重化工业比重较大。另外，石家庄、邯郸的能源消费量分别为14.21%和12.97%，均不到唐山的一半，两者能源消费总量与唐山相当，这三个城市的能源消耗量占河北全省能源消费的55.85%，成为河北节能减排的重点城市。

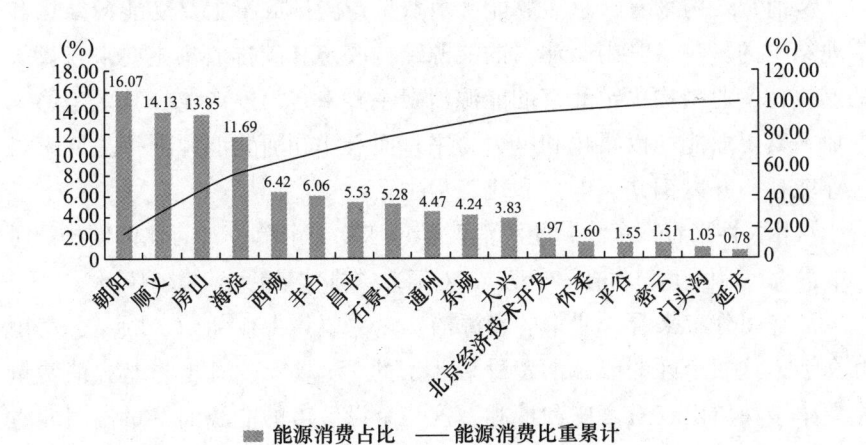

图 5-18 2011年北京能源消费趋势

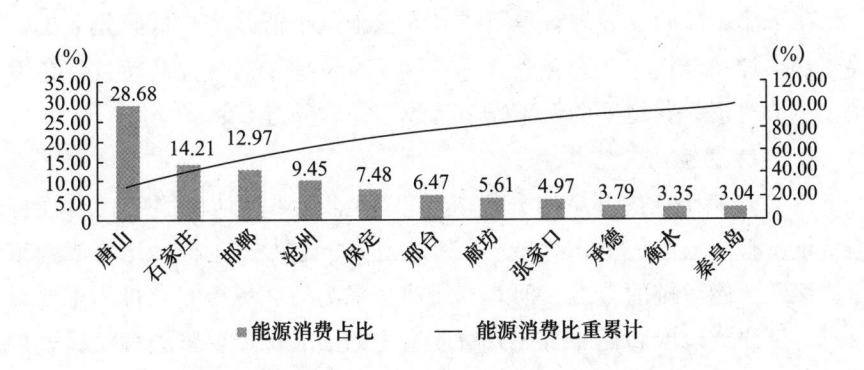

图 5-19 2011年河北各设区市能源消费趋势

五 主要结论和政策建议

（一）主要结论

从变动趋势来看，2000—2011年，京津冀能源消费量和碳排放量均呈递增趋势，以河北增速最快、总量最高；京津冀的碳排放强度均呈递减趋势，以北京减速最快，天津的碳排放强度在2010年和2011年出现回升，河北的减速最慢；京津冀的人均碳排放量，北京最低，并且不断下降，天津和河北的人均碳排放量大体呈递增趋势，只有在2008年和2009年天津市的人均碳排放量骤然下降；京津冀的碳排放密度与碳排放量变化趋势一致，以河北增速最快，天津总量最高。

从消费结构来看，京津冀能源消费量与碳排放量主要受能源结构和产业结构的影响。其中，津冀的能源结构决定其碳排放量主要来自煤炭的燃烧；产业结构决定北京的能源消费主要来自第三产业，其次是第二产业，其工业能耗以石化和电力为主，而天津和河北能源消费主要来自工业能耗，并以钢铁、电力和化工为主。

从相关性来看，京津冀能源消费量每变化1个单位对河北的碳排放量影响最大，地区生产总值每变动1%对河北碳排放量的变化影响最大。

从空间分布来看，北京的能源消费量主要集中在朝阳、顺义、房山和海淀，这四个区的能源消费量占北京的55.74%；河北的能源消费量主要集中在唐山、石家庄和邯郸，这三个设区市的能源消费量占河北省的55.85%。

（二）政策建议

在京津冀协同发展的背景下，针对该地区节能减排与低碳发展的需要，必须加强合作、互惠互利，才有利于推动整个区域经济持续绿色发展。本节对京津冀地区的低碳发展提出以下政策建议：

1. 大力调整产业结构

（1）加快工业内部结构升级。2011年，京津冀地区第二产业能源消费量占整个地区的72.57%，尤其是钢铁、电力、建材、化工成为京津冀地区节能减排的重点，河北和天津也成为该区域节能减排的主要对象。对京津冀地区高耗能行业升级改造中的落后产能要坚决淘汰；过剩产能要有效化解；对不落后又不过剩的产能，不符合北京首都功能要求的产能要尽快疏解，津冀两地应积极承接。

（2）大力发展第三产业。[①] 北京的经济发展主要以第三产业为主，而天津和河北均以第二产业为主。北京应进一步扶持符合首都功能要求

---

① 崔凯丽、胡俊、宋马林：《中国经济增长与节能减排的动态关系研究》，《哈尔滨商业大学学报》（社会科学版）2013年第3期。

的第三产业发展；天津和河北应加大对第三产业的支持力度，尤其是能源服务业、家庭服务业、养老服务业、信息消费服务业、绿色信贷业等新兴服务业，进一步降低行业准入门槛，改善市场环境等。

2. 优化能源结构

京津冀地区的能源消费结构主要是以煤炭消费为主，用途主要是发电和取暖。一方面，应扩大天然气的供应，加大煤改气的力度，以及煤的清洁化利用；另一方面，应进一步激励使用太阳能、风能等可再生能源[①]。

3. 建立碳汇合作机制

京津冀地区应开展对本区域的森林、草地和湿地等碳汇资源的摸底排查，在此基础上，积极制定区域碳汇发展规划，按照主体功能区规划要求，严守生态红线，加强监督和控制对森林等碳汇资源的破坏，不断加大植树造林、修复湿地等力度。

4. 建立碳减排长效机制

京津冀需要通过市场手段来加快节能减排步伐，比如，"碳排放配额"、碳排放权交易，绿色金融、信贷等。2008年，北京建立了环境交易平台，实现我国第一单企业碳中和交易，研究开发了"熊猫标准"；天津于2008年9月25日在滨海新区成立了碳排放交易所，组织了我国首笔基于规范碳足迹盘查的企业碳中和交易，先后为北京和天津推出的系列低碳公交卡提供交易和公式查询服务等，在此基础上，京津冀地区可以建立一个区域碳排放权交易市场，有效地控制三地的碳排放量。

5. 设立跨行政区的中央协调机构

在京津冀协同发展的背景下，要想实现京津冀地区整体规划的最优配置，保证跨行政区合作协议的有效实施，应该在京津冀建立高级别的经济和环境合作方面建立高级别的常设机构，建立定期政府会晤机制，制定统一协调的政策。对于低碳经济发展，三地政府应该充分利用各自资源，并发挥自身优势，建立低碳产业集群，对区域整体规划要充分交流，相互衔接。若以北京作为节能减排技术和研发中心，不应该只由北京自己独自承担各种费用，而应由三地共同出资，才能将研发成果应用到整个区域，使节能减排技术得到更广泛的推广。

---

① 王礼刚：《甘肃省碳排放与经济增长动态演进分析》，《商业研究》2012年第11期。

第三节 京津冀协同发展复合式区域性碳市场体系研究*

一 引言

碳排放和大气污染很大程度上都是由化石能源的燃烧排放物造成的（丁一汇、李巧萍等，2009）[①]，两者同根同源，具有相互交织、互相影响的协同效应。京津冀作为世界上碳排放量最大的首都经济圈，造成了我国最严重的大气污染区。今后在治理区域性大气污染、控制碳排放时，要通过市场机制，打破"一亩三分地"的思维定式、建立"1+1>2""1+2>3"的协同发展长效机制，这不仅是中国回应国际上对我国碳排放不断增加的政治和经济压力的有力措施，也是协同解决本区域大气污染的重要出路。

控制碳排放有多种机制可供选择，欧盟碳市场的碳排放权价格与造纸和钢铁产业的产量存在显著的正相关关系表明（李布，2010）[②]，市场机制不仅能够实现控制大气污染的预定环境目标，也是一种低成本的政策工具，能够激励企业自觉控制污染物排放。

随着碳市场的经济效益不断显现和提高，尽管不同国家对如何控制全球碳排放都从本国利益出发来寻找人类共同利益和本国切身利益间的某种动态平衡（刘燕华，2013）[③]，致使发展全球性碳市场面临重重困难，但在国内建立跨行政区的区域性碳市场十分积极。我国目前有深圳、上海、北京、天津、广东等在行政区内的地方性碳交易市场，还没有区域性的碳市场。理论界对建立区域性碳市场已有少量探索，隗斌贤

---

*作者：陈永国　河北经贸大学经济研究所研究员；聂锐　中国矿业大学管理学院教授、博士生导师。本节原载《经济与管理》2014年第2期。

① 丁一汇、李巧萍等：《空气污染与气候变化》，《气象》2009年第3期。

② 李布：《欧盟碳排放交易体系的特征、绩效与启示》，《重庆理工大学学报》（社会科学版）2010年第3期。

③ 刘燕华：《推动构建和谐共赢的全球气候变化治理体制》，《国际展望》2013年第4期。

等（2012）[①] 探讨了长三角区域性碳交易市场的相关问题，傅强等（2010）[②] 建议我国建立 8 个区域性碳交易市场。京津冀及周边地区应立足实际，因地制宜地建立复合式区域性碳排放权交易市场体系（碳市场体系），该市场对控制本区域的碳排放，进而对生态文明建设和可持续发展具有积极意义。

二 建立复合式区域性碳市场体系的现实背景

（一）碳排放发展阶段

自然界本身的碳排放对人类整体上无害且是有益的，有问题的是人为导致的碳排放量的增加。从低碳发达国家的实践来看，人为导致碳排放增加一般经历四个发展阶段：第一个阶段，碳排放总量、人均碳排放量和碳排放强度都增长阶段，这一阶段是工业化初期阶段；第二个阶段，碳排放总量和人均碳排放量增长但碳排放强度见顶的阶段，这一阶段是工业化中期阶段；第三个阶段，碳排放总量继续增长，但人均碳排放量见顶且碳排放强度继续下降阶段，这一阶段是工业化后期阶段；第四个阶段，碳排放总量达到峰值后下降阶段，这一阶段是后工业化社会阶段。

从表 5-1 可知，京津冀及周边地区的所有成员都没有进入碳排放的第四阶段，只有北京进入第三阶段，其他省份均处于第二阶段。从碳排放变化的复杂程度来看，除碳排放量的变异系数有所缩小外，人均碳排放量和碳排放强度的变异系数都在增大。

表 5-1　　京津冀及周边地区碳排放的发展阶段

	碳排放总量（万吨）		人均碳排放量（吨）		碳排放强度（吨/万元）		发展阶段
	2010 年	2011 年	2010 年	2011 年	2010 年	2011 年	
北京	16882	16982	8.6	8.41	1.20	1.04	第三阶段
天津	16029	17863	12.34	13.19	1.74	1.58	第二阶段
河北	70958	75645	9.86	10.45	3.48	3.09	第二阶段

[①] 隗斌贤、揭筱纹：《基于国际碳交易经验的长三角区域碳交易市场构建思路与对策》，《管理世界》2012 年第 2 期。

[②] 傅强、李涛：《我国建立碳排放权交易市场的国际借鉴及路径选择》，《中国科技论坛》2010 年第 9 期。

续表

	碳排放总量（万吨）		人均碳排放量（吨）		碳排放强度（吨/万元）		发展阶段
	2010年	2011年	2010年	2011年	2010年	2011年	
山东	91453	97015	9.55	10.07	2.33	2.14	第二阶段
山西	36249	39560	10.14	11.01	3.94	3.52	第二阶段
内蒙古	47790	53657	19.33	21.62	4.09	3.74	第二阶段
变异系数	0.5902	0.5825	0.3111	0.347	0.3952	0.3981	

资料来源：课题组根据相应年份省市自治区的统计年鉴的相关资料计算。

综上所述，由于京津冀及周边地区的成员处于不同的碳排放发展阶段和各成员间存在较大的内部差异性，为了在合理的成本范围内控制碳排放，总体上说，在碳排放总量确定的前提下，应建立京津冀复合式区域性碳市场体系。这种复合式治理模式统筹兼顾了治理大气污染、控制碳排放和推动行政区发展经济的需要，有助于区域整体的可持续发展。

（二）必然性

1. 大气污染长距离运输的物理特点决定了应建立区域性碳市场

大气污染可以长距离输送的特点引起了区域性和全球性污染。绿色和平组织（2012）在其《京津冀地区燃煤电厂造成的健康损失评估研究》中指出，2011年，该地区的燃煤电厂排放的大气污染物产生的PM2.5造成了约9900人过早死亡，其中，在导致北京2000例过早死亡的电厂中，19%来自天津、63%来自河北。

京津冀及周边地区由于区域内的大气污染物相互传输、相互影响，尽管各个行政区都为防治大气污染做了大量工作，但大气污染呈现区域性和复合型的特点十分显著，单靠某一省市区自治进行污染防治已无法达到改善空气环境质量的目的，只有合力建立复合式区域性碳市场体系，才能推进区域空气质量的共同改善。

2. 建立区域性碳市场有助于破解区域生态发展的资金"瓶颈"

为了实现京津冀及周边地区空气质量明显好转和重污染天气较大幅度减少的目标，在由环境保护部、国家发展和改革委等七部门颁发的《京津冀及周边地区落实大气污染防治行动计划实施细则》（环发〔2013〕104号）中要求相关省区市加快淘汰落后产能。

削减这些产能，一方面会为改善大气质量发挥重要作用；另一方面也会给河北的经济社会发展带来冲击，比如，在压缩钢铁产能方面，据河北初步测算，完成削减任务后，有40多万就业人员需要安置，几年内影响直接和间接税收370亿元。[1]

河北为改善大气环境而淘汰的这些产能需要相应的资金补偿和支持，但资金具有安全性、流动性和逐利性的要求，这与应对气候变化的脆弱性、持久性和公益性之间产生了矛盾[2]，因而资金投入不足将会成为制约区域间生态治理效果的重要"瓶颈"。如果将其中合理、合法减少的碳排放量作为自愿性减排量，全部在区域性碳市场中进行交易，按照目前北京和天津的碳价格，可获得一笔可观资金，将这些资金用于生态环境保护，那么为改善整个区域大气质量所做贡献的地区就能在市场机制下获得相应的成本补偿，改变了仅靠行政补偿和奖励的不确定性，从而可以大幅度减弱资金的制约，并激发相关地区的积极性。

（三）可行性

1. 顶层设计引导京津冀及周边地区展开合作

2013年9月12日，国务院公布了被称为大气"国十条"的《大气污染防治行动计划》。"国十条"要求京津冀地区的PM2.5在五年内下降25%。在国务院的这一顶层要求下，政府相关部门很迅速、多方位出台了落实措施。

2013年9月18日，环境保护部发布了《京津冀及周边地区落实大气污染防治行动计划实施细则》，各省市自治区也相应地出台了本地区的实施方案。10月14日，中央财政安排50亿元资金，用于京津冀及周边地区的大气污染治理工作。2014年中央财政设立100亿元专项资金，对重点区域大气污染防治实行"以奖代补"。2014年1月3日，工信部公布了《京津冀及周边地区重点工业企业清洁生产水平提升计划》，拟从源头减少大气污染物排放量。另外，在北京碳排放权市场开市的当天，京津冀及周边地区的发展和改革委签订了《关于开展跨区域碳排放权交易合作研究的框架协议》。2013年12月26日，六省市自治区主管节能低碳环保工作的部门和相关企业成立了节能低碳环保产业

---

[1] 张涛：《淘汰钢铁产能河北高层"拒绝一切理由"》，http://news.xinhuanet.com/fortune/2013 - 10/29/c_ 125615539. htm。

[2] 王遥：《气候金融》，中国经济出版社2013年版。

联盟，成立当天共达成了八个签约项目，签约金额约 200 亿元。

2. 京津冀及周边地区有较好的建设区域性碳市场的环境

2010 年和 2013 年，国家发展和改革委在统筹考虑各地方的工作基础和试点布局的代表性基础上，开展了低碳省市自治区和低碳城市试点工作。本区域的北京、天津和河北保定、石家庄和秦皇岛，山西晋城、内蒙古呼伦贝尔、山东青岛都在其中。另外，2008 年，保定被世界自然基金会（WWF）和住建部选为"中国低碳城市发展项目"的首批两个试点城市之一，2010 年，作为"新能源制造业之城"入选世界自然基金会在我国的五个"低碳发展示范城市"。河北廊坊、山东潍坊和日照入选第一批中美六个低碳生态试点城市。更重要的是，北京和天津两个试点碳市场已开始运行。

三 复合式区域性碳市场体系的设计

（一）基本内涵

在碳市场建设过程中，不同地区的碳生产力发展不平衡说明各地区的减排成本有很大差别，而减排成本又是控制碳排放的一个关键环节，该问题如果不解决，将给区域性碳市场带来许多不确定性。弱化这一不确定性的途径是对处于不同碳排放发展阶段的行政区建立跨行政区的区域性碳市场。另一个问题是，区域性碳市场是采取集权式治理还是分权式治理？两者各有利弊，需要从本区域的实际情况和目标出发，统筹决策。

从美国治理二氧化硫采取集权式治理达到预定目标的经验看，集权式治理有助于既定环境目标的实现，但从京津冀及周边地区的各个行政区的碳减排潜力和碳排放发展阶段等都有很大不同的现实情况看，分权化在推进过程中有可能行政阻碍较小。综合来看，京津冀及周边地区应结合两种治理手段的优点，建立复合式区域性碳市场体系。

复合式区域性碳市场体系是在改善大气污染和控制碳排放的既定目标下，针对各行政区在不同的碳排放发展阶段的现实，各个行政区在排放权交易体系中的排放总量由区域碳排放管理委员会统一决定，各行政区内部在碳排放量的分配、排放权交易的行业、企业、登记等方面拥有相当大的自主决策权，通过区域碳排放管理委员会有效沟通、协调、平衡各行政区成员的利益，最大限度地改善区域整体的大气环境质量和为控制碳排放提供碳金融支持。

（二）功能定位

京津冀及周边地区的复合式区域性碳市场体系包括各个行政区的本地碳市场，通过建立区域性碳减排的测量、报告、核实的核算体系以及公开、透明、科学的运行机制，为市场参与者提供价格发现与保值增值的操作平台，是本区域控制碳排放的关键市场手段，是推进区域生态环境改善、发展低碳实体经济、统筹区域产业转型升级的重要力量，是国际社会理解中国区域控制碳排放的主要窗口。

（三）建设阶段

第一阶段（2013—2015年）：行政区会员建市场、区域做标准。各个行政区对控排企业进行宣传、教育、培训，在做好本地监测、报告、核查制度的基础上，建立本地碳市场，有了本地碳市场，区域性市场才有基础。区域性碳市场建立旨在与整个区域区情相符合，且兼容国际规则的核证、注册的标准体系和交易体系。

第二阶段（2015—2017年）：行政区会员市场运行，区域性市场开展自愿交易。会员市场根据本地需求开展交易。区域性市场对行政区会员市场中的合法、合理但被淘汰产能所减少的碳排放量，按自愿减排进行交易，同时对国家发展和改革委通过的核证自愿减排量（CCER）进行交易。这一阶段，行政区会员市场的主要任务是推动本地碳市场参与主体的多元化；区域性市场的主要任务是凝聚会员共识，对减少碳排放量和发展碳汇项目的地区给予市场化的生态补偿。

第三阶段（2017—2020年）：行政区会员确定加入区域性市场的行业和企业，区域性市场开展碳交易和开发国际市场。各地区根据本地的实际情况，根据自身条件确定进入的行业和企业的时间表。区域性市场按照生态承载力和国家下达的任务，确定区域碳排放总量，对各会员的碳排放量在协商的基础上统一分配。同时，开发和提供与欧盟等国际排放市场相同的产品并进行交易。这一阶段，行政区会员市场的主要任务是提高活跃交易、严格监管和高效运营的程度。区域性碳市场的主要任务是建立规范、高效的区域性碳交易市场，为统筹区域产业转型升级和发展低碳实体经济提供支持，鼓励非会员行政区市场自愿加入并通过双边协议，与其他地区的碳排放交易体系实现兼容，努力使其设定的标准能够得到国际碳市场的认可，在一定范围内具备市场定价话语权。

(四) 总量限制

碳交易制度的核心是：通过制度设计，把一种外部性的企业原来不需要支出成本的排放温室气体的大气空间容量，变成一种可以定价、交易的稀缺碳资产。碳交易能够对控制碳排放产生激励作用的前提是建立强制减排制度，即各控排企业的碳排放在履约期间有上限限制。只有有了排放上限制，才能形成碳排放权的稀缺，从而产生合理的碳配额价格。碳配额价格可以视为减排企业的减排参考价，企业通过减排成本与该价格的比较来确定自身的碳资产管理策略。

上限限制有总量限制和基准信用两种形式。从实践来看，政府根据个体的排放水平划定一个特定碳排放基线的基准信用（如碳强度），适合于本地的环境问题不突出的情况。而对于京津冀及周边地区，在叠加了本地、区域性和全球性环境问题的背景下，建立总量上限的形式更能达到预设的环境目标。

与欧盟的碳排放总量由各成员国先决定自己的排放量，然后汇总形成欧盟排放总量的分权化不同，京津冀及周边地区的碳排放总量应先由国家及各省市自治区相关部门、行业协会和社会公众参与的区域碳排放管理委员会代表区域整体利益，根据生态环境承载力及国家下达的任务等来确定整个区域的碳排放总量。

在区域碳排放总量确定后，采用陈文颖、吴宗鑫和何建坤（2005）提出的思路[①]，根据到某一趋同年各行政区的人均碳排放趋向相同的原则，按照兼顾公平与效率的方法进行分配。分配时的公平与效率是决定碳交易市场成败的关键，综合欧盟和美国的经验，应采用由无偿分配向有偿拍卖的渐进式推进模式。

(五) 市场结构

碳交易市场可分为配额交易市场和自愿减排交易市场。配额交易市场是为有排放上限限制的企业提供的交易平台，自愿交易市场则是为企业自愿进行碳交易搭建的交易平台。配额碳交易又可分为以配额（排放权指标）或以项目为基础的两类交易。

从京津冀及周边地区的区域性碳市场的功能定位出发，初期为了凝

---

① 陈文颖、吴宗鑫、何建坤：《全球未来碳排放权"两个趋同"的分配方法》，《清华大学学报》（自然科学版）2005 年第 6 期。

聚共识，应鼓励自愿减排交易，随着市场的成熟，过渡到以配额交易市场为主。配额交易中的排放权交易对促进区域中发达地区的产业转型升级具有积极作用，项目交易是统筹区域可持续发展和促进落后地区发展实体经济的重要手段，因此两类交易都需要发展。

按照交易的需要和市场建设信息技术的完善程度，交易市场可以分为场内交易和场外交易。无论是场内交易还是场外交易，为了活跃市场和提高效率，都要有计划地进行现货与期货交易。同时，为使碳交易市场灵活多样，应把碳排放权作为一般的财产权利，积极开展碳排放质押、碳债券、碳信托、碳理财、碳交易保险等相关的金融创新活动。

（六）管制机制

人为设计的碳市场存在许多无法预知的供给过度、初始分配不合理等设计缺陷，政府直接新增或者回收配额作为一种价格管制机制已被引入碳交易市场设计之中。[①] 为了稳定本区域碳市场的价格和预期，应建立碳基金，通过操作碳基金，避免出现类似欧盟碳市场中曾出现的价格大起大落。当出现碳价格大幅下降时，碳基金购买市场中的碳配额，相当于收紧碳配额、减少市场上的碳供给，在供求市场规律下，促使价格回升。当出现碳价格大幅升高时，为了减轻企业负担，抛出碳排放配额，促使价格理性回归。

四 配套措施

从长远来看，建立碳市场是控制碳排放的一支重要市场力量，但在市场建立和完善阶段，如果政策之间不配套，甚至冲突就有可能降低碳交易制度的绩效[②]，因此，还需要政府更好地发挥作用，促进市场手段、行政考核手段和法律手段之间的协同配合，才能可持续、最小阻力地推进碳市场的建设。

（一）把二氧化碳列入本地《大气污染防治条例》

二氧化碳既是植物进行光合作用的重要气体，也是自然界本身就有的一种温室气体，在人为排放量较小的时候，其并没有危害人体健康和导致大气环境恶化，因而不同国家在本国利益的驱使下，对二氧化碳的

[①] 陈波：《中国碳排放权交易市场的构建及宏观调控研究》，《中国人口·资源与环境》2013年第11期。

[②] 殷培红、赵毅红、裴晓菲：《温室气体减排监管政策的国际经验》，《环境保护》2009年第11期。

法律地位产生了严重分歧。[1] 但是，随着二氧化碳等温室气体危害人体健康的证据不断增多和大气环境的持续恶化，美国环境保护署 2009 年确定二氧化碳等温室气体"危害公众健康与人类福祉"，IPCC 的评价报告表明，人类大规模排放温室气体导致绝大多数城市和区域的大气环境正在不断恶化。这些不断增加的证据促使曾经在温室气体排放管制方面最为保守的美国、加拿大和澳大利亚等国的态度开始转变，澳大利亚、加拿大等国已从法律上把二氧化碳作为大气污染物质对待，美国联邦最高法院也认为，二氧化碳属于污染物质，应当受《清洁空气法》的调整。

因此，按照气候变化与大气污染防治措施的相关性和环境立法的协调化要求，将碳排放列入地方法规，这一方面使超量排放的企业要受法规制裁；另一方面可以保护排放水平较低的企业将其节约量进行交易时受法律保护。京津冀及周边地区把二氧化碳列入本地《大气污染防治条例》，通过对法规层面的效果进行观察和测量，最终为我国在修订《大气污染防治法》时是否将二氧化碳列入其中提供依据。

（二）制定碳排放总量考核办法

大气和环境的公共物品属性决定了控制碳排放需要行政手段和市场手段配合使用。从近几年国际上碳交易价格的大幅度波动来看，进入碳交易市场中可供交易的碳排放量的大小是影响市场稳定性的重要因素，而可供交易的碳排放量是碳排放权分配机构代表全体居民，在统筹考虑碳排放量对气候异常和大气污染的影响程度和企业的承受能力基础上的综合决策，因此，行政手段在控制碳排放中不可或缺。

实践中，我国现行地方政府应对国家要求各地降低 GDP 碳排放强度的主要办法是降低 GDP 的增长速度。京津冀及周边地区日益严重的大气污染与六省市自治区都完成国家考核任务的事实表明，降低 GDP 碳排放强度的效果并不理想，需要改变考核思路。针对产生碳排放的根源，应建立与碳市场一致的总量控制的行政考核办法。[2] 通过比较京津冀及周边地区的总量考核办法和 GDP 碳强度考核办法的效果，可以为我国利用行政考核办法完善碳交易市场积累改革经验。

---

[1] 常纪文：《二氧化碳的排放控制与〈大气污染防治法〉的修订》，《法学杂志》2009 年第 5 期。

[2] 陈永国、褚尚军、聂锐：《我国产业结构与碳排放强度的演进关系——基于"开口 P 型曲线"的解释》，《河北经贸大学学报》2013 年第 2 期。

第四节　京津冀碳排放的地区异质性及减排对策[*]

近年来，全球气候变暖已经成为十分突出的问题。为了应对气候变化，许多国家和地区选择走低碳发展之路。面对严峻的气候变化问题，中国表现出作为一个负责任的大国应有的态度。《中国应对气候变化的政策与行动 2013 年度报告》于 2013 年 11 月 5 日在北京正式发布。报告显示，"十一五"期间，中国已经在经济发展的同时减排二氧化碳 15 亿吨，"十二五"前两年已经减排了三四亿吨二氧化碳。这表明中国在应对气候变化方面所采取的一系列政策、措施、行动取得了一定的成效，并且在坚定不移地走低碳发展之路。此外，2014 年 2 月 12 日，李克强主持召开国务院常务会议。会议决定，2014 年，中央财政安排 100 亿元，对重点区域大气污染防治实行"以奖代补"，其中，50 亿元投向京津冀等五省市自治区。实际上，治理大气污染的同时会带来巨大的节能减排效应。京津冀作为我国核心都市圈之一，面临着巨大的挑战和压力。该地区各省市自治区已经进行了节能减排的合作，在新形势下，必须抓住各省市碳减排的异质性，才能更有效率地实现该地区的低碳发展。

一　京津冀碳排放的异质性

（一）碳排放量

本节基于《2006 年 IPCC 国家温室气体清单指南》中碳排放核算方法对京津冀碳排放量进行了测算。[①] 表 5-2 显示，2000—2011 年，京津冀三省市的碳排放量大体呈现递增的趋势，年均增速分别为 1.23%、7.94%、10.66%，河北最高，到 2011 年，其总量接近京津碳排放量之和的 3 倍。

---

[*] 作者：武义青　河北经贸大学副校长，京津冀一体化发展协同创新中心执行主任；赵亚南　河北经贸大学经济研究所硕士研究生。本节原载《经济与管理》2014 年第 5 期。

[①] 联合国政府间气候变化专门委员会：《2006 年 IPCC 国家温室气体清单指南》，全球环境战略研究所，2006 年。

表 5-2　　　　　　　2000—2011 年京津冀碳排放量　　　　　　单位：万吨

年份	2000	2001	2002	2003	2004	2005	2006	2007	2008	2009	2010	2011
北京	2812	2775	2719	2830	3145	3203	3246	3431	3409	3455	3478	3215
天津	2398	2499	2600	2849	3232	3454	3679	3905	3878	4170	5067	5555
河北	8497	8824	9822	11200	13065	16349	17626	19227	19999	21304	22907	25896

（二）碳生产率

碳生产率是指单位碳排放量所产生的国内（地区）生产总值，它可以反映一定区域单位碳排放所带来的经济产出。本节对 2000—2011 年京津冀的碳生产率进行了测算，结果如图 5-20 所示。图 5-20 显示，北京的碳生产率明显较高且呈现不断增加的趋势；天津次之，2000—2009 年不断增加，2010 年有所回落，2011 年又回升。河北的碳生产率变化不大，但却最低。从年均增速来看，北京增速最快，为 10.09%；天津稍慢，为 6.66%；河北最慢，为 0.76%。

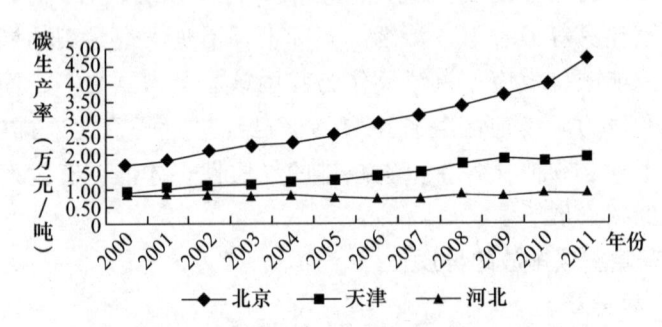

图 5-20　2000—2011 年京津冀碳生产率变化趋势

注：GDP 以 2010 年不变价折算。

（三）脱钩弹性系数

脱钩弹性系数是指碳排放量变化率比同期国内（地区）生产总值变化率，它可以反映碳排放量增长与经济增长之间的关系。本书对 2001—2011 年京津冀的脱钩弹性系数进行了测算（见表 5-3）。根据 Petri Tapio 构建的脱钩状态评价标准[1]，2001—2011 年，京津冀三省市

---

[1] Tapio, P., "Towards a Theory of Decoupling: Degrees of Decoupling in the EU and the Case of Road Traffic in Finland between 1970 and 2001" [J]. *Transport Policy*, 2005, 12 (2): 137-151.

多数年份呈现弱脱钩的状态，北京脱钩弹性系数较稳定，天津次之，河北则波动较大。其中，北京呈现出弱脱钩状态，表明其经济走低碳发展之路。天津在2004年和2010年分别呈现扩张挂钩和扩张负脱钩状态，主要是因为工业的加速发展。而河北在2002年、2011年呈现扩张挂钩状态，2003—2005年呈现扩张负脱钩状态，是由这些年份高碳工业快速发展导致的。

表5-3　　　　2001—2011年京津冀脱钩弹性系数与脱钩状态

年份	北京		天津		河北	
	脱钩弹性系数	脱钩状态	脱钩弹性系数	脱钩状态	脱钩弹性系数	脱钩状态
2001	-0.11	强脱钩	0.35	弱脱钩	0.44	弱脱钩
2002	-0.18	强脱钩	0.32	弱脱钩	1.18	扩张挂钩
2003	-0.37	弱脱钩	0.65	弱脱钩	1.21	扩张负脱钩
2004	-0.79	弱脱钩	0.85	扩张挂钩	1.29	扩张负脱钩
2005	-0.15	弱脱钩	0.46	弱脱钩	1.88	扩张负脱钩
2006	-0.10	弱脱钩	0.44	弱脱钩	0.58	弱脱钩
2007	-0.39	弱脱钩	0.40	弱脱钩	0.71	弱脱钩
2008	-0.07	强脱钩	-0.04	强脱钩	0.40	弱脱钩
2009	-0.13	弱脱钩	0.46	弱脱钩	0.65	弱脱钩
2010	-0.06	弱脱钩	1.24	扩张负脱钩	0.62	弱脱钩
2011	-0.93	强脱钩	0.59	弱脱钩	1.15	扩张挂钩

注：地区生产总值以2010年不变价折算。

综合以上分析可以看出，京津冀三省市在低碳发展中具有以下特点：(1) 北京的碳排放量低、碳生产率高、脱钩弹性系数水平高，这表明该市走在低碳发展道路的前列，同时面临着进一步发展低碳经济压力大、成长空间小的挑战。(2) 天津碳排放量、碳生产率及脱钩弹性系数均处于中间水平，表明该市低碳经济水平一般，发展空间较大，需要在低碳发展中加快步伐。(3) 河北碳排放量高、碳生产率低及脱钩弹性系数水平低，表明该地区低碳经济发展水平较低，但潜力最大，是节能减排的重点。

二　京津冀碳排放的地区异质性分析

为进一步分析京津冀碳排放的地区异质性，本节在 Kaya 等式拓展式的基础上建立 LMDI 分解模型，具体步骤如下：

（一）模型建立与数据收集

Kaya 等式将影响碳排放量的因素分解为能源碳强度、能源强度、人均产出和人口规模四个因素，其表达式为：

$$C = \frac{C}{E} \cdot \frac{E}{Q} \cdot \frac{Q}{P} \cdot P$$

式中，C 表示碳排放量，E 表示能源消费量，Q 表示国内生产总值，P 表示人口规模。本节对 Kaya 恒等式进行了扩展，建立以下恒等式：

$$C = \sum_{ij} C_{ij} = \sum_{ij} \frac{C_{ij}}{E_{ij}} \frac{E_{ij}}{E_i} \frac{E_i}{Q_i} \frac{Q_i}{Q} \frac{Q}{P} P = \sum_{ij} U_{ij} M_{ij} I_i S_i G P$$

式中，C_{ij} 表示第 i 个省（市）消耗第 j 种能源所排放的碳；$\sum_i$ 表示第 i 个省（市）各种能源消耗总量；$\sum_j$ 表示第 i 个省（市）第 j 种能源的消耗量；Q 表示国内生产总值；Q_i 表示第 i 省（市）当年地区生产总值；P 表示我国人口总量；$u_{ij} = \frac{C_{ij}}{k_i}$ 表示第 i 个省（市）第 j 种能源折算碳排放量系数；$M_{ij} = \frac{E_{ij}}{Q_i}$ 表示第 i 个省（市）中第 j 种能源占该省（市）能源消耗总量的比重，即能源结构；$I_i = \frac{E_i}{Q_i}$ 表示第 i 个省（市）单位地区生产总值的能源消费量，即能源强度；$S_i = \frac{Q_i}{Q} i$ 表示第 i 省（市）地区生产总值占国内生产总值的比重，即经济结构；$g = \frac{Q}{P}$ 表示我国的人均国内生产总值，即人均产出。

由以上分析可知，该模型把碳排放量的影响因素分解成碳排放系数、能源结构、强度、经济结构、人均产出及人口规模六项。

数据来源于《中国统计年鉴（2012）》和《中国能源统计年鉴（2012）》。

（二）LMDI 模型与结论

本节在 Kaya 等式拓展式的基础上建立了 LMDI 模型，模型如下：

ΔC 表示碳排放的变化量，其表达式为：

$$\Delta C = C^T - C^0$$

式中，C^T、C^0 分别表示第 T 期和基期的碳排放量。

下面建立 LMDI 分解模型为：

总效应为：

$$\Delta C = C^T - C^0 = \Delta C U_{ij} + \Delta C m_{ij} + \Delta C i_i + \Delta C s_i + \Delta C g + \Delta C p$$

$$\Delta C_{U_{ij}} = \sum_i \sum_j \left(\frac{C_{ij}^T - C_{ij}^0}{\ln C_{ij}^T - \ln C_{ij}^0} \cdot \ln \frac{U_{ij}^T}{U_{ij}^0} \right)$$

$$\Delta C_{m_{ij}} = \sum_i \sum_j \left(\frac{C_{ij}^T - C_{ij}^0}{\ln C_{ij}^T - \ln C_{ij}^0} \cdot \ln \frac{M_{ij}^T}{M_{ij}^0} \right)$$

$$\Delta C_{i_i} = \sum_i \sum_j \left(\frac{C_{ij}^T - C_{ij}^0}{\ln C_{ij}^T - \ln C_{ij}^0} \cdot \ln \frac{T_i^T}{T_i^0} \right)$$

$$\Delta C_{S_i} = \sum_i \sum_j \left(\frac{C_{ij}^T - C_{ij}^0}{\ln C_{ij}^T - \ln C_{ij}^0} \cdot \ln \frac{S_i^T}{S_i^0} \right)$$

$$\Delta C_g = \sum_i \sum_j \left(\frac{C_{ij}^T - C_{ij}^0}{\ln C_{ij}^T - \ln C_{ij}^0} \cdot \ln \frac{G^T}{G^0} \right)$$

$$\Delta C_P = \sum_i \sum_j \left(\frac{C_{ij}^T - C_{ij}^0}{\ln C_{ij}^T - \ln C_{ij}^0} \cdot \ln \frac{P^T}{P^0} \right)$$

其中，$\Delta C_{U_{ij}}$、$\Delta C_{m_{ij}}$、ΔC_{i_i}、ΔC_{S_i}、ΔC_g、ΔC_P 分别表示碳排放系数、能源结构、能源强度、经济结构、人均产出和人口规模。此外，碳排放系数是固定值，来源于《2006 年 IPCC 国家温室气体清单指南》，于是碳排放系数对碳排放的贡献度为零。本节以 2010 年为基期，对京津冀各因素的贡献度进行了测算，结果见表 5-4。

表 5-4 2000—2011 年京津冀三省市碳排放量的影响因素及贡献度

单位：万吨碳、%

地区	碳排放量变化 绝对值	贡献度	能源结构 绝对值	贡献度	能源强度 绝对值	贡献度	经济结构 绝对值	贡献度	人均产出规模 绝对值	贡献度	人口规模 绝对值	贡献度
北京	403	100	-1097	-272	-1907	-473	296	73	1987	493	1124	279
天津	3158	100	-585	-19	-2076	-66	1757	56	2930	93	1131	36
河北	17399	100	02471	0014	-3436	-20	1636	09	15471	89	1256	7

以上结果表明，2000—2011 年，对京津冀碳排放量影响最大的因

素是人均产出规模；能源强度的影响程度也较大，但呈反向关系；其他三个因素（经济结构、能源结构和人口规模）对不同省市的贡献度存在一定的差异。从三省市来看，具体如下：

1. 北京市呈现碳排放量规模驱动型特征

北京2000—2011年的碳排放量增加了403万吨，其中，人均产出规模与人口规模的变化导致其增加了3111万吨，贡献率为772%。经济结构变动也使碳排放量增加了296万吨，其贡献率为73%。能源结构和能源强度变动使碳排放量减少了3004万吨，贡献率为-745%。以上分析表明，经济发展和人口规模是引起北京碳排放量增长的主要因素，而能源结构和能源强度使其增长速度较慢；进一步分析可知，根源在于北京的煤炭消费量较少且其以第三产业为主。

2. 天津和河北的碳排放均呈现出规模结构混合驱动型特征

天津2000—2011年的碳排放量共增加了3158万吨，其中，人均产出规模、经济结构和人口规模这三项因素的变化导致碳排放分别增加了2930万吨、1757万吨和1131万吨，贡献率分别为93%、56%和36%；能源结构、能源强度的变动使碳排放减少了2661万吨，贡献率为-85%。以上分析表明，天津的碳排放量增长也主要是经济发展和人口规模扩大引起的，但其增长速度较北京高，主要是因为其能源结构和能源强度，尤其是能源强度；进一步分析可知，天津比北京对煤炭的依赖程度大且以第二产业为主。

3. 河北的人均产出规模驱动明显强于其他因素，人口规模驱动较弱，且能源结构呈正向作用

河北碳排放增加了17399万吨，其中，人均产出规模、能源结构、经济结构和人口规模的贡献率分别为89%、14%、9%和7%，能源强度的变化使其减少3436万吨，贡献率为-20%。以上分析表明，河北的碳排放量增长较天津多了能源结构这一影响因素，主要是河北煤炭的消费占90%，而减少因素的贡献度较小，源于河北以高碳工业为主。

三　京津冀碳减排的政策建议

根据以上分析的京津冀碳排放呈现的异质性，三省市应扬长避短，找到效率最大化的发展策略，从而实现整个地区低碳经济的快速发展。

北京要想尽快从规模驱动的模式中挣脱出来，就应该在低碳发展中充分发挥自身优势，争取尽早跨越碳排放量峰值，从"弱脱钩"走向

"强脱钩":(1)以技术和管理创新为依托。北京要充分利用自身的技术、人才优势,不仅要继续跟踪和研究节能减排先进的基础、应用技术,还要不断地进行自主创新,充分发掘低碳节能技术;要在碳排放管理模式、效率上不断创新,包括碳交易市场、碳税等方面经验的推广,并发挥好进行低碳试点的带头作用。(2)优化能源结构。切实抓紧清洁能源的开发和利用,减少煤炭等高碳能源的消耗,切实抓好天然气供应保障,做好油品品质提升工作。(3)控制人口规模,创建低碳城市,倡导绿色消费。通过技术手段,提高能源利用效率,并不断地对人们进行有关低碳消费的教育,引导市民在日常生活中养成低碳消费的习惯。

天津在低碳发展中扮演一个"追随者"的角色,要想早日实现经济的绿色增长,就必须不断地促进能源结构优化和产业结构转型升级。(1)积极调整产业结构,牵手北京大力发展第三产业。如电子商务、大数据、绿色金融、信贷业、能源服务业、养老服务业及家政服务业等。(2)调整工业内部结构。天津经济增长主要依靠工业带动,今后应加强与北京的协作,并发挥本身科技、政策等发面的优势,催生出更多高价值、高效率的产业集群;对工业内部产业结构进行调整,向低能耗、低排放的方向发展。(3)把握低碳经济发展中的商机,有选择地承接产业转移。天津在承接北京和东部沿海产业转移的过程中,应严格坚持节能环保的准则,合理确定产业承接重点,防止低水平、高污染、高耗能产业的扩散。对承接产业转移项目应做好备案,加强对承接产业的低碳监测。积极引进具备先进工艺和自主研发能力的企业,发展精深加工产业,加快淘汰落后产能。与此同时,不断改善产业转移承接环境,统筹规划产业发展园区,设立专项资金支持产业园区的建设,形成产业集聚、专业分工、特色鲜明、环境友好的产业园区体系,实现低碳发展。

河北作为低碳发展的追赶者,低碳发展空间巨大,要充分利用自身条件和政策优势,并充分发挥毗邻京津的优势,加强与京津的协同创新,加快向低碳经济转型的步伐,实现低碳经济的跨越式发展。(1)发挥后发优势,淘汰落后产能,推动传统产业的绿色转型。河北凭借自身的资源禀赋形成了较为密集的高能耗、高污染行业,如钢铁、电力、建材、化工等,这些行业对河北经济做出过重大贡献,但受环境容量限制,必须淘汰一大批落后产能并化解一大批过剩产能,这样做,从长远来看,是利大于弊的。此外,要运用低碳环保技术对传统产业进行升级改造。(2)提高自身承接产业转移的标准,坚决避免落后产能、高能耗产业的重建,并不断加强所承接产业环保技术的改造。(3)在加强传统能源清洁利用的同时开发新能源。河北是煤炭消费大省,对煤炭等高排放能源的清洁利用是首要任务。另外,河北要有效结合其资源优势,不断加强风能、太阳能发电的能源系统的推广,并促进新的能源发电系统的研发,如生物质能源等。(4)因地制宜,培养低碳环保而又富有竞争力的特色产业。河北依托其资源条件,可以大力发展绿色生态农业、旅游业等特色产业。河北碳汇资源非常丰富,通过完善生态效益补偿机制,加大对碳汇林业的支持,减少二氧化碳排放。

第五节　京津冀碳生产率与经济增长

——兼与长三角和珠三角比较*

一　引言

京津冀地处我国北方,包括北京、天津及河北三省市。随着京津冀协同发展上升为国家战略,京津冀地区迎来了发展的重大战略机遇,《京津冀协同发展规划纲要》的实施,标志着京津冀协同发展迎来了深化发展期,京津冀一体化发展提速。但是,与长三角及珠三角地区相比,京津冀地区的一体化程度、经济发展状况还有一定的差距。

经济增长通常是指一个国家或地区产出(收入)水平的持续增加。古典增长理论、新古典增长理论、内生增长理论、熊彼特增长理论、新制度经济学等,都对增长的要素进行了阐述。把"碳"视为一种生产要素,从"碳"的角度去分析经济增长,可将经济增长的因素分为碳排放量与碳生产率。

---

*作者:武义青　河北经贸大学副校长,京津冀一体化发展协同创新中心执行主任;韩定海　河北经贸大学经济研究所硕士研究生。本节原载《经济与管理》2016年第3期。

① Kaya, Y., Yokoborik, *Environment, Energy and Economy: Strategies for Sustainability* [M]. Delhi: Bookwell Publications, 1999.

碳生产率，最早由 Kaya 等提出，它是指一定时期国内生产总值与二氧化碳排放总量之比，数值上等于碳排放强度的倒数。[①]碳生产率是一个正指标，一般情况下，在碳排放量不变的条件下，碳生产率越高，国内生产总值（地区生产总值）就越大，即经济增长越快。近年来，对于碳生产率的研究文献较少，相关研究还处于不断发展中。目前，对于碳生产率的研究主要有对一个国家、地区或行业的碳生产率的影响因素进行分析，主要方法有数据包络分析（DEA）、LMDI 分解法、投入产出法、计量模型等，研究碳生产率的一个或多个影响因素。路正南等运用 Laspeyres 分解法对我国的碳生产率的变动情况进行分析[①]；赵亚南运用 LMDI 分解法对京津冀地区碳生产率的影响因素进行研究[②]；龙如银等对中国三大经济圈的碳生产率的影响因素进行分析。[③] 综合而言，碳生产率的影响因素有能源效率、能源结构、产业结构、空间结构、低碳技术等。然而，目前，对于碳生产率的研究还不够深入，对于碳生产率与经济增长的研究还不够全面，特别是京津冀碳生产率与经济增长的研究缺乏。

京津冀、长三角与珠三角是目前我国经济发展最为迅速的区域，对比分析三个区域的碳生产率与经济增长，可以使发展较为落后的地区借鉴其他区域的发展经验，缩小区域间发展差距，从而较快地实现经济绿色低碳发展。

二 碳生产率的测算及分析

（一）数据来源及处理

根据碳生产率的定义，碳生产率等于国内生产总值（地区生产总值）与二氧化碳排放量（碳排放量）的比值。由于《中国统计年鉴》中没有直接公布的碳生产率数据，现有碳生产率数据都是通过估算得到的。本节中碳生产率的估算采用 IPCC 提供的方法，碳排放量的估算采用各种能源消费量乘以折标准煤系数再乘以碳排放系数。考虑到数据的可得性及全面性，将能源消费种类确定为煤炭、焦炭、原油、汽油、柴

[①] 路正南、杨洋、王健：《基于 Laspeyres 分解法的中国碳生产率影响因素解析》，《工业技术经济》2014 年第 8 期。

[②] 赵亚南：《京津冀碳生产率分析研究》，硕士学位论文，河北经贸大学，2015 年。

[③] 龙如银、邵天翔：《中国三大经济圈碳生产率差异及影响因素》，《资源科学》2015 年第 6 期。

油、煤油、燃料油和天然气八类。为了更真实地反映碳生产率的实际情况，剔除价格因素对国内生产总值（地区生产总值）的影响，本节以2010年为基期，根据《中国统计年鉴》或地区统计年鉴中的生产总值数据测算报告期不变价地区生产总值。

（二）碳生产率的测算

根据碳生产率的定义，碳生产率用公式表示为：

$$P = \frac{gdp}{CE} = \frac{gdp}{\sum_{i=1}^{8} AD_i \times SF_i \times EF_i}$$

式中，P 表示碳生产率；gdp 表示地区生产总值（不变价）；CE 表示碳排放量；AD_i 表示第 i 种能源的能源消费量；SF_i 表示第 i 种能源的折标准煤系数；EF_i 表示第 i 种能源的碳排放系数。各种能源折标准煤系数及碳排放系数见表 5–5。

表 5–5　　各种能源折标准煤系数、碳排放因子

能源种类	能源折标准煤系数[1] （kgce/kg）	碳排放系数[2] （kgc/kgce）
原煤	0.7143	0.7551
焦炭	0.9714	0.8547
原油	1.4286	0.5854
汽油	1.4714	0.5532
煤油	1.4714	0.5708
柴油	1.4571	0.5913
燃料油	1.4286	0.6176
天然气	1.33*	0.4479

注：* 单位为 kgce/m³。

[1] "能源折标准煤系数"采用中国国家标准《综合能耗计算通则》（GB/T 2589—2008）中有关计算要求。

[2] "碳排放系数"采用《2006 年 IPCC 国家温室气体清单指南》（IPCC2006，《2006 年 IPCC 国家温室气体清单指南》，国家温室气体清单计划编写，编辑：Eggleston, H. S., Buendia L., Miwa, K., Ngara, T. 和 Tanabe, K.。出版者：日本全球环境战略研究所）中的计算办法。

（三）碳生产率的分析

由图 5-21 可以看出，北京、天津、河北碳生产率水平整体呈现上升趋势，北京碳生产率水平最高，天津次之，河北最低。从碳生产率增量来看，2000—2013 年，北京碳生产率增长了 2.24 倍，上升至 2013 年的 5.32 万元/吨；天津碳生产率增长了 1.48 倍，上升至 2013 年的 2.32 万元/吨；河北碳生产率增长了 0.26 倍，上升至 2013 年的 1.02 万元/吨。从碳生产率的增速来看，北京碳生产率年均增速为 9.48%，天津碳生产率增速为 7.23%，河北碳生产率年均增速为 1.78%。河北在碳生产率增量与增速来看均处于劣势地位，2000—2013 年，河北仅 2013 年碳生产率高于 1 万元/吨，其他年份碳生产率均小于 1 万元/吨，甚至在 2004—2007 年碳生产率低于 0.8 万元/吨。

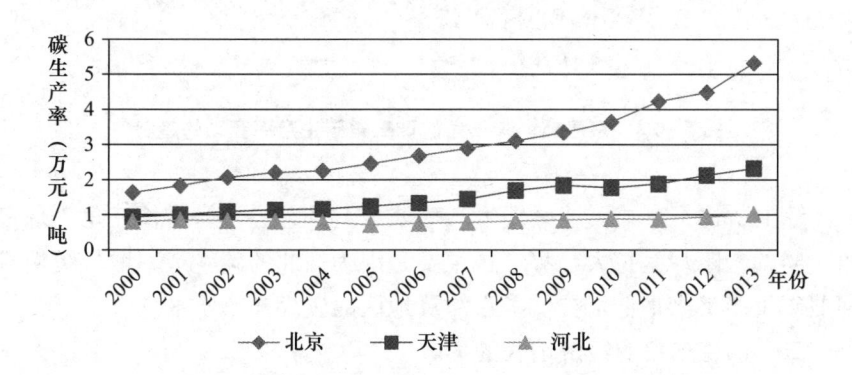

图 5-21 北京、天津、河北碳生产率变动的趋势

由图 5-22 可以看出，京津冀、长三角与珠三角的碳生产率均呈增长态势，其中，京津冀的碳生产率水平明显低于珠三角与长三角。京津冀地区碳生产率从 2000 年的 1.00 万元/吨上升至 2013 年的 1.63 万元/吨，年均增速为 3.82%，其中，2004 年、2005 年碳生产率略有下降，下降幅度分别为 1.23%、4.12%，2006 年又回到 2003 年的 1.11 万元/吨，之后碳生产率一直处于上升趋势，碳生产率增速最高达到 9.45%。长三角地区碳生产率高于京津冀地区，且两者之间的差距整体呈现扩大的趋势，其中，2003 年、2004 年、2005 年、2010 年、2011 年差距有所缩小，但整体上缩小幅度低于扩大幅度，2000 年碳生产率差距为 0.61 万元/吨，2013 年碳生产率差距上升为 0.95 万元/吨。珠三角地区

碳生产率水平最高，碳生产率水平逐年上升，2000—2008年，碳生产率水平与京津冀、长三角之间的差距逐年增大，2009年、2010年有所减小，之后逐年扩大。2013年，珠三角碳生产率比长三角高0.87万元/吨，比京津冀高1.82万元/吨。

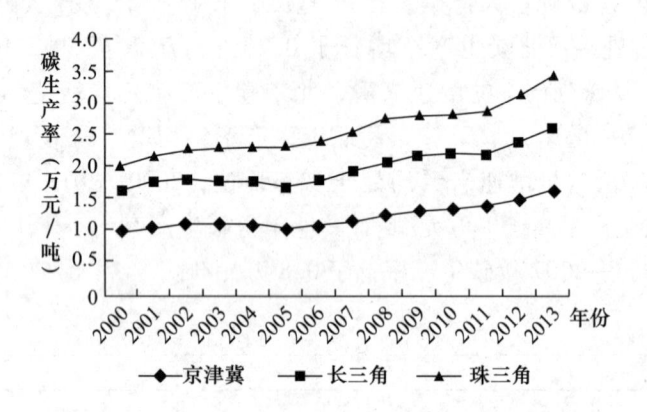

图 5-22 京津冀、长三角、珠三角碳生产率变动的趋势

综上所述，京津冀地区碳生产率处于上升态势，但与长三角、珠三角之间的差距却呈扩大趋势。这主要是因为河北的碳生产率增长缓慢且河北碳生产率水平低下拉低了京津冀地区的碳生产率水平。

三 碳生产率对经济增长的影响

（一）碳生产率与地区生产总值

从图 5-23 可以看出，京津冀、长三角及珠三角地区碳生产率和地区生产总值呈现指数变动的关系，方程式如图 5-23 所示。京津冀、长三角和珠三角地区碳生产率每增长1%，地区生产总值大约增长3%，碳生产率与经济增长之间具有乘数效应，提高碳生产率，能够有效地促进地区生产总值的增长。

从图 5-24 可以看出，北京、天津碳生产率与地区生产总值之间也呈指数变动的关系。当碳生产率变动1%，北京地区生产总值变动1.2365%，天津地区生产总值变动2.0343%。河北在2000—2013年地区碳生产率变化幅度很小，而地区生产总值却逐年上升，其形状近似为垂直于x轴的直线，碳生产率的弹性近似于无穷大，理论上说，提高河北的碳生产率，可以有效地促进河北的经济增长。

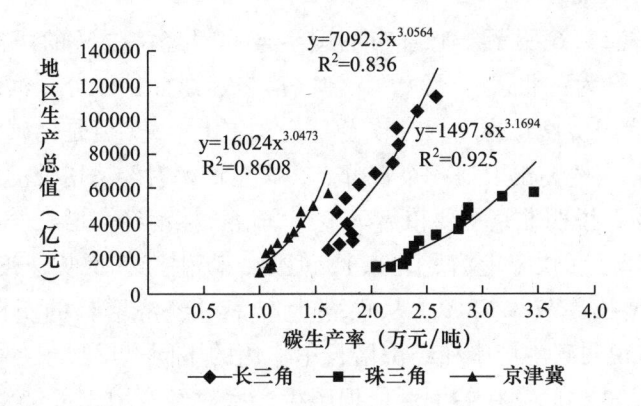

图 5 – 23　京津冀、长三角、珠三角碳生产率与地区生产总值的关系

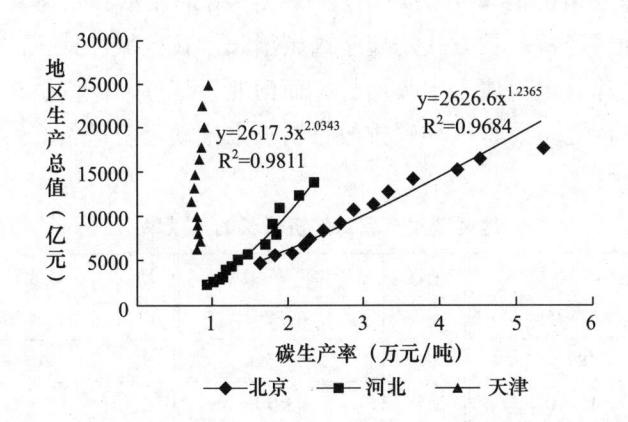

图 5 – 24　北京、天津、河北碳生产率与地区生产总值的关系

(二) 碳生产率对经济增长的贡献率

经济增长的因素包括投入增长引起的经济增长、生产率增长引起的经济增长以及两者的交互作用引起的经济增长。① 把"碳"作为一种生产要素,则经济增长的因素可以分为碳排放量变化引起经济增长、碳生产率变化引起经济增长,以及碳排放量与碳生产率交互作用引起经济增长。

衡量碳生产率对经济增长的贡献率,以 2000—2013 年的递增率为例,京津冀、长三角、珠三角及区域内各省市的碳生产率对经济增长的

---

① 武义青、史如海、邸明信:《经济增长方式的界定》,《管理现代化》1996 年第 4 期。

贡献率如表5-6所示。七省市的碳生产率对经济增长的贡献率排序（由大到小）为：北京、上海、天津、广东、浙江、江苏、河北。相比而言，北京经济增长速度相对较慢（仅快于上海），但是，碳生产率增速却最快，大约高出上海3个百分点，碳生产率对经济增长的贡献率高达88.35%，说明北京主要依靠碳生产率增长推动经济增长。河北经济增长速度较慢（快于上海、北京），但是，碳生产率增长速度却最慢，碳生产率增长率仅1.78%，从而碳生产率对经济增长的贡献率仅为16.10%，说明碳生产率在经济增长中作用的不同，反映了各个地区的经济增长方式之间存在差别。依据碳生产率对经济增长贡献率的大小，将经济增长方式划分为低碳增长、中碳增长和高碳增长。[①] 对京津冀、长三角和珠三角的测算结果列于表5-7。结果显示：京津冀、长三角和珠三角地区经济增长方式均属于高碳增长。在区域内，仅北京属于低碳增长，天津、上海属于中碳增长，而河北、江苏、浙江、广东均属于高碳增长。河北主要是依靠碳排放量增长来推动经济增长。

表5-6　　　　地区碳生产率对经济增长的贡献率　　　　单位:%

地区	碳生产率贡献率	地区	碳生产率贡献率	地区	碳生产率贡献率
北京	88.35	上海	60.79	广东	34.54
天津	48.74	江苏	20.52		
河北	16.10	浙江	28.73		
京津冀	32.71	长三角	31.53	珠三角	34.54

表5-7　　　　　　　　地区经济增长方式

地区	经济增长方式		
	低碳增长	中碳增长	高碳增长
京津冀	北京	天津	河北
长三角		上海	江苏、浙江
珠三角			广东

---

① 武义青、夏庆福：《经济增长方式转变的临界点》，南开大学出版社1999年版，第592—596页。

虽然京津冀、长三角和珠三角地区经济增长方式均属于高碳增长，但是，碳生产率对经济增长的贡献率呈现区域差异，珠三角最高，京津冀次之，长三角最低。

在京津冀地区，北京属于低碳增长，天津属于中碳增长，而河北属于高碳增长，并且河北碳生产率对经济增长的贡献率与北京、天津之间的差距较大，加之河北土地面积最大，人口最多，经济总量最大，碳生产率基数很低，如果提升河北的碳生产率水平，那么将会大大提升京津冀地区整体的低碳水平。以2013年为例，如果碳生产率提升0.1万元/吨，则河北碳排放量将会减少2371.08万吨，大约是京津冀、长三角和珠三角地区总的碳排放量减少量的一半，是北京和天津碳排放量减少量之和的7.77倍，所以，提升河北的碳生产率水平，成为京津冀地区进行节能减排提升低碳水平的重要举措。

在长三角地区，属于中低碳增长的上海市经济总量最小，约占长三角地区经济总量的20%，属于高碳增长的江苏、浙江经济总量约占区域的80%，其中，江苏经济总量占区域的45%—50%。江苏经济总量大，经济增长方式较为落后，成为长三角地区经济增长方式转变的关键。

四 结论及建议

在京津冀协同发展以及我国经济增速趋缓的大背景下，碳生产率与经济增长表现出了区域差异。从2000—2013年碳生产率的变动趋势来看，京津冀、长三角及珠三角碳生产率呈增长态势，但京津冀地区碳生产率与长三角、珠三角之间的差距呈增大态势。在京津冀地区，北京碳生产率增长最快，天津次之，河北最慢。河北碳生产率增长缓慢，已经成为制约京津冀地区碳生产率增长的"短板"。

碳生产率与经济增长之间呈指数变动的关系，碳生产率的提高，可以有效地促进经济的增长。依据碳生产率对经济增长的贡献率来看，目前京津冀地区碳生产率对经济增长的贡献率大于长三角地区，小于珠三角地区，但是，京津冀、长三角及珠三角地区的经济增长均属于高碳增长。在长三角地区，上海属于中碳增长，浙江、江苏属于高碳增长，但是，由于江苏经济总量大等因素，江苏成为制约长三角地区低碳水平的"短板"。在京津冀地区，北京属于低碳增长，天津属于中碳增长，河北属于高碳增长，河北经济总量比较大，人口多，产业结构偏重等因素造成河北碳生产率对经济增长的贡献较小，从而使河北成为制约京津冀地区经济低碳发展的"短板"。

克服"短板"，河北需着力推进供给侧结构性改革。产能过剩已经成为河北经济转型的一大包袱，产能过剩企业占据了大量的"碳"资源，使"碳"成本居高不下，碳生产率难以提升，从而制约了经济的发展。同时，产能过剩企业，往往是碳排放量高的企业，如钢铁企业、水泥企业。用改革的办法推进河北产业结构的调整，去产能，增加清洁能源的利用，节能减排，可以有效地提升河北省碳生产率水平，从而促进河北经济增长方式的转型。

处置"僵尸企业"，能够有效地提升碳生产率水平。"僵尸企业"往往出现在钢铁、水泥等行业，而河北是钢铁大省、水泥大省。钢铁过剩、水泥过剩等造成了大量的"碳"资源浪费，同时"僵尸企业"占据了大量宝贵的实物资源、信贷资源以及市场空间，造成社会资源利用效率低下。"僵尸企业"的平稳退出，能够为低碳产业的发展腾出宝贵的资源与空间，从而推动碳生产率水平的提升。

积极推动节能技术创新，发展新能源技术。提高能源效率，推动高碳产业的改造，重要途径是创新。技术水平低，创新能力低，碳排放量对经济增长的贡献率高，是河北经济低碳增长面临的主要问题。要实现区域高碳产业的低碳化改造，需要技术创新；发展新能源，更需要实现技术突破。

逐步转变以煤炭为主的能源结构，加快发展清洁能源。目前，京津冀、长三角和珠三角地区能源消费结构仍然是以煤炭为主，并且在相当长的时间内煤炭仍然占据主导地位。加快煤炭的清洁化利用，加大对太阳能、风能等清洁能源的扶持力度，推进能源结构的优化升级，将进一步挖掘"碳"潜力，提升碳生产率水平。

第六章　生态环境保护

第一节　京津冀治理大气污染的
财政金融政策协同配合*

一　京津冀治理大气污染的财政金融政策协同配合的必要性

空气具有流动性，是人类最重要的公共物品。治理大气污染，保障清新空气，既是政府的一项重要公共治理责任，也是全社会共同参与治理的重要任务；既需要发挥财政政策对治理大气污染的引导和支持作用，也需要发挥金融政策对治理大气污染的资金保障作用。只有实现财政金融政策协同配合，才有利于实现对大气污染的源头治理、过程治理和结果治理。

（一）治理大气污染，必须发挥财政政策的引导和支持作用

治理大气污染是满足社会公共需要的一项重要内容，体现着财政根本目的和财政功能取向。财政对治理大气污染的引导和支持作用，一是体现在税收政策上。能够发挥其抑制污染排放、支持清洁生产和消费的作用。如通过征收环境保护税（或污染排放税）和完善消费税制度，能够对高耗能、高排放、高污染行业和领域发挥税收抑制作用；通过对节能减排的环保产业、环保产品提供税收优惠，能够发挥税收对清洁生产和消费的激励作用。二是体现在财政支出政策上。通过增加财政对环境保护的直接投资，增加节能减排技术研发支出，增加产业结构改造的财政贴息，增加节能环保产品消费的财政补贴，促进节能技术研发与应用，就有利于促进产业结构改造提升，促进节能低碳产品消费。三是体

---

* 作者：王延杰　河北大学经济学院教授。本节原载《经济与管理》2015 年第 1 期。

现在政府采购政策上。通过实施政府绿色采购，优先购买符合低碳环保认证标准的产品和服务，能够激励节能减排技术创新，推进节能减排技术应用和低碳环保产品消费。

（二）治理大气污染，必须发挥金融政策的资金保障作用

治理大气污染，必须发挥市场力量的决定性作用，需要全社会共同努力，协同治理。金融对治理大气污染的资金保障作用，一是体现在金融机构的绿色信贷政策导向上。通过对节能减排技术研发单位、新能源开发利用产业、对传统产业改造升级企业和现代服务业领域等提供信贷资金，能够保障节能减排技术研发、新能源开发利用、传统产业结构改造升级、现代服务业发展的资金需求，有利于促进节能减排技术研发和应用，全面提升产业结构层次和水平，优化能源结构，提高能源利用效率。二是体现在金融市场领域。通过建立和完善碳排放交易市场，开发碳金融交易产品，不仅有利于实现节能减排项目的市场融资，还能够在市场领域真正体现"谁污染环境，谁付费"和"谁保护环境，谁受益"原则，使区域和企业从节能减排行动中直接获得收益，有利于调动节能减排的积极性和主动性。

（三）治理京津冀大气污染，必须搞好财政金融政策协同配合

京津冀作为我国大气污染的重灾区，是我国治理大气污染的重点和难点区域。由于该区域内的北京、天津、河北三个次区域间的社会经济发展严重不平衡，存在很大的梯次落差，因而在治理京津冀大气污染方面，搞好财政金融政策协同配合显得更为重要。一是从治理大气污染一般意义上看，搞好财政金融政策协同配合，是发挥好政府与市场各自功能，提升对大气污染的多主体、多层次、多维度综合治理能力的客观需要。二是京津冀大气污染重，治理难度大，更需要财政金融政策的协同配合。京津冀是我国空间分布上人口最稠密的区域之一，也是继珠三角、长三角之后的全国第三大增长极。治理该区域工业化、城镇化造成的能源消耗和污染排放造成的大气污染，更需要发挥好财政政策的财力支持作用和金融政策的资金保障作用。三是治理京津冀大气污染，需要搞好财政金融政策的区域协同配合。京津冀区域中的北京、天津、河北三个次区域发展严重不平衡，治理大气污染的财政能力和金融力量差异很大。由于治理京津冀大气污染中河北相对于北京和天津而言，任务最重，压力最大，财政能力最低，金融力量最弱，单纯依靠其自身能力，

实现经济转型和产业结构调整，完成国家大气治理行动计划的各项目标任务还存在很大困难，只有搞好财政金融政策的区域协同配合，才能更好地发挥区域协同力量，共同治理好京津冀大气污染。

二 京津冀大气污染协同治理的现状与问题

（一）京津冀大气污染协同治理现状

从京津冀大气污染协同治理情况来看，各行政区围绕治理大气污染，已经明确了各方的任务目标、重点任务与具体责任，建立了联合防治工作协作机制，开展了治理大气污染的具体行动。中央为推进京津冀大气污染协同治理，还采取了"以奖代补"的激励性财政政策。

1. 明确了京津冀大气污染协同治理的目标任务

早在2010年5月国务院发布的《关于推进大气污染联防联控工作改善区域空气质量指导意见的通知》中就明确将京津冀区域确定为开展大气污染联防联控工作的重点区域。2013年9月，国务院发布的《大气污染防治行动计划》和《京津冀及周边地区落实大气污染防治行动计划实施细则》（以下简称《实施细则》），进一步明确了京津冀及周边地区大气污染防治的近期主要目标和具体指标，统一部署了京津冀及周边地区分工负责的大气污染防治的重点任务和各自承担的具体责任，凸显了国家对于治理京津冀及周边地区大气污染防治的重视程度。

2. 建立了区域联合防治大气污染协作机制

为了更好地协调京津冀及周边地区大气污染防治工作，国家正式启动了由北京、天津、河北、山西、内蒙古、山东，以及环境保护部、国家发展和改革委、工信部、财政部、住建部、中国气象局、国家能源局负责同志共同参与协作联动的京津冀及周边地区大气污染防治协作机制。按照"责任共担、信息共享、协商统筹、联防联控"的工作原则，重点研究协调解决区域内突出环境问题，组织实施环评会商、联合执法、信息共享、预警应急等大气污染防治措施。

3. 中央采取了"以奖代补"的激励性财政政策

为了鼓励和支持京津冀及周边地区大气污染防治工作，调动京津冀及周边地区治理大气污染的积极性，2013年10月，中央采取了激励性财政政策，按照"以奖代补"的方式，安排50亿元专项资金，全部用于京津冀及周边地区大气污染治理工作，重点向治理大气污染任务最繁重的河北倾斜。

4. 京津冀同步开展了治理大气污染的具体行动

各地按照《实施细则》部署的任务，以完善大气污染治理的地方法规、淘汰燃煤小锅炉、有序淘汰落后产能、实施污染企业搬迁再造、治理汽车尾气污染和面源污染为重点、以"壮士断腕"的决心，采取了治理大气污染的积极行动，形成了层层行政动员、具体分解任务指标、限定时间节点、重拳治理大气污染的局面，取得了初步成效。

（二）京津冀协同治理大气污染面临的主要问题及原因

从京津冀协同治理大气污染的现状来看，虽然国务院发布的《实施细则》体现了对京津冀及周边地区近期治理大气污染行动目标、具体指标、重点任务和具体责任的统一部署，体现了目标明朗、任务明确、责任分工特点，国家还专门建立了京津冀及周边地区大气污染防治协作机制，安排了治理大气污染的专项资金，但是，在京津冀协同治理大气污染的合作方面，还面临着一些亟待解决的深层次问题，集中表现为京津冀还缺乏协同治理大气污染的长效保障机制，缺乏区域内财政金融政策的相互配合，存在治理大气污染的可用资源与承担任务不匹配现象，制约了京津冀治理大气污染的环境效益。

1. 治理京津冀大气污染，缺乏长效保障机制

京津冀目前还处于跨越碳排放强度高峰的初级阶段，距离跨越人均碳排放高峰和碳排放总量高峰还存在很大差距，还面临转变经济发展方式、调整产业结构和能源结构、提高能源利用效率、控制工业化和城镇化发展中的人均碳排放及碳排放总量上升的艰巨任务，寄希望在短期内很快就跨越人均碳排放高峰和碳排放总量高峰，取得"一蹴而就"的成效是不现实的。治理京津冀大气污染，既是攻坚战，也是持久战，既要靠行政手段，也要靠法律手段和经济手段。当前京津冀在治理大气污染中，虽然在淘汰落后产能和强制污染企业搬迁改造等方面，利用行政手段能够取得一些成效，但从长期来看，还需要利用法律手段和经济手段，为治理京津冀大气污染提供长效保障。

造成京津冀治理大气污染的法律手段和经济手段运用不充分的原因，主要在于我国财税金融制度还不能适应低碳绿色发展需要。一方面，我国还没有按照"税制绿化"和"财政绿化"要求，完善税收制度和财政制度，导致我国现行税收和财政在促进节能减排和产业结构改造提升方面，缺乏科学的制度安排，不利于发挥治理大气污染的财税制

度功能。另一方面，我国在信贷考核体系中，还没有把绿色信贷真正嵌入信贷制度内容中，还没有形成导向清晰、内容完整的绿色信贷体系，削弱了治理大气污染的金融制度功能。

2. 京津冀治理大气污染，缺乏财政政策的相互配合

突出的表现是财政金融杠杆利用不充分。就财政政策而言，一是由于矫正利益分配和选择行为的污染排放税，激励节能减排的税收优惠，均缺乏系统性的税收制度安排，影响了税收的行为矫正功能，不利于从利益机制上调动企业治理能源消费和污染排放的积极性。二是各级政府对产业结构改造和治理污染排放投入的专项资金规模有限，特别是财政相对紧张的河北辖区内的基层政府在促进"转方式、调结构、惠民生"方面的财政资金处于"捉襟见肘"状态，影响了地方财政对治理大气污染的投入力度。三是受制于政府财力紧张等因素的影响，政府低碳采购、绿色采购尚未转化为普遍行动，影响了政府采购引领低碳发展的作用。四是在治理大气污染的财政支持能力方面，京津冀公共财政能力差距悬殊。比如，河北的人均公共财力水平仅为北京人均公共财力水平的18%，仅为天津人均公共财力水平的22%，即便是考虑到中央对地方财政的转移支付因素，河北人均公共财力水平也仅为北京的29.8%、天津的38.3%。[①] 在这种情况下，仅靠各地"单打一"式的财政支持方式，无法取得协同治理的最优效果。

京津冀之所以形成了治理大气污染的财政能力差距悬殊而又缺乏相互配合的局面，关键在于行政体制的"利益樊篱"阻碍了共同合作与相互帮助。即便是在河北人均公共财力水平与京津差距如此悬殊的条件下，在产业跨区域迁移过程中，处于总部经济所在地的区域对分支机构经营地争夺企业所得税的现象仍然非常激烈，把本来应由分支机构经营地获得的企业所得税纳入了总部经济所在地。不仅在税收法律制度上违背了地域管辖权优先征税要求，不符合国际通行的准则和规范，也不利于跨行政区之间的项目合作与发展。

3. 京津冀治理大气污染，缺乏金融政策的相互配合

从金融政策来看，一是在财税矫正与金融跟进式的治理大气污染方

---

① 根据北京市、天津市、河北省2013年国民经济与社会发展计划统计公报披露数据整理计算所得。

面，由于京津冀的财税矫正作用不到位，影响了商业金融机构对节能减排和产业结构改造升级提供金融支持的积极性，以追求利润为目标的商业金融机构贷款，对节能减排和产业结构改造升级缺乏有效支持的内在动力，未能及时跟进到治理大气污染行动中。二是有利于控制污染排放的碳金融交易市场刚刚启动，涉及碳指标配置、碳交易价格等方面的制度还不完善，尚未发挥出金融市场对节能减排和治理大气污染的促进作用。三是在治理大气污染的金融力量方面，京津冀金融资源配置严重不平衡。如河北人均获得金融贷款仅为北京人均获得金融贷款的 14.4%，仅为天津人均获得金融贷款的 23.07%。[①] 如果不改变这种局面，京津冀调整产业结构和优化能源结构的节能减排及治理污染效果非常有限。

京津冀金融资源配置严重不平衡，突出表现在人均金融贷款差距、外汇资金利用差距、人均利用 FDI 差距等诸多方面。其中，造成人均金融机构贷款差距的根本原因在于区域间信贷指标分配不合理，造成外汇资金利用差距的原因在于区域间外贸进出口差异及其可获得外汇资金利用机会不平等，造成利用 FDI 差距往往与区域间相互争夺和拦截 FDI 项目有着直接关系。

4. 京津冀治理大气污染，缺乏财政金融政策的区域配合

由于受制于行政体制障碍，京津冀尚未建立区域间财政金融政策的横向协同配合机制。在京津冀人均公共财力资源差距悬殊的条件下，虽然国家设立了大气污染治理专项资金，中央财政也采取"以奖代补"方式安排了纵向补助资金，但这种带有"药引子"式的奖励资金，不仅支持力度非常有限，也因财政困难的地方实在拿不出足够的资金来治理大气污染，降低了其"以奖代补"的财政引导功能。在京津冀人均贷款水平差距悬殊的前提下，由于缺乏区域间横向的金融政策协同配合，一方面导致人均贷款水平较低的地方因信贷资金支持力度弱，无法满足其产业改造和治理大气污染的资金需要。另一方面，碳金融交易制度不完善，碳排放指标的区域配置不合理，碳排放市场交易容量小，不利于发挥京津冀治理大气污染的市场化的金融合作，影响了节能减排和治理污染成效显著的区域和企业通过出售碳排放权获得市场融资的机

[①] 根据北京市、天津市、河北省 2013 年国民经济与社会发展计划统计公报披露数据整理计算所得。

会，进而制约了治理大气污染所获得的资金支持。

5. 京津冀治理大气污染，未能按照区域环境效益最大化要求配置资源

京津冀之间的经济发展水平和产业结构层次存在明显的"梯度落差"，导致同等的财政金融资源，投入不同区域产生的环境治理的效益差异很大。其中，落后区域治理大气污染的替代渠道多、政策实施空间大，以治理项目带动的财政金融资源越是投入到落后区域，其环境治理效果越显著。正是由于京津冀在治理大气污染未统筹考虑资源投入上的整体环境效益，而是采取各自把持资源和"各扫门前雪"的做法，这种源于体制障碍、制度缺陷所造成的京津冀治理大气污染缺乏长效保障机制，缺乏财政金融政策相互配合与区域配合现象，导致了京津冀治理大气污染的财政金融资源的区域错配，降低了京津冀治理大气污染的环境效益。

三 治理京津冀大气污染的财政金融政策协同配合的对策

协同治理京津冀大气污染，既是攻坚战，也是持久战。既要明确考核目标和任务分工，又要注重协同合作，必须在协同治理大气污染过程中，牢固树立区域环境效益至上的理念，创新体制机制，最大限度地克服各种阻碍协同合作的制度障碍和行政体制障碍，必须针对京津冀治理大气污染的任务和三地客观存在的财政金融资源差距，密切财政金融政策协同配合，在注重发挥财政政策引导力和财政投资吸引作用的同时，要更加注重发挥市场的决定性作用，发挥多层次资本市场融资功能，多渠道引导商业金融机构、实体企业、社会资金积极投入节能减排行动中，为治理大气污染提供相应的资金保障。

（一）近期应采取的具体措施

1. 完善跨区投资税收征管体制

对于总部经济所在地与分支机构所在地之间、存在区域内的"飞地经济"现象，应按照地域管辖权优先征税、居民管辖权补征税款的要求，制定国内跨区域的统一、规范的企业所得税核算标准和分享办法，克服各地为争取分支机构项目落地而乱施税收优惠和任意让渡税款的行为。同时，还应统一税收征管的执行标准，以解决京津冀在税收征管过程中存在的三地执行标准差异和由此造成的纳税人为减轻纳税义务而产生的跨区域报税问题。

2. 加大中央对环首都地区环境保护的财政转移支付力度

治理京津冀大气污染是京津冀协同发展的重要内容，是重大国家战略，中央财政应承担更多事权和支出责任。在涉及减少污染排放的能源节约和能源替代项目、淘汰落后产能、产业改造升级、发展战略新兴产业、促进消费节能和消费减排等综合治理京津冀大气污染内容方面，加大中央京津冀环境保护的财政转移支付的资金支持力度，是落实国家重大战略，促进环首都地区生态环境保护的客观需要。

3. 京津冀协同治理污染应注意信贷管理体制创新

在京津冀协同治理污染的发展过程中，应通过金融管理特别是信贷管理体制创新、增加绿色信贷权重考核体系等举措，对承担治理大气污染任务重、产业结构调整压力大的相关区域，增加其鼓励节能减排和产业结构调整的绿色信贷指标，提高其金融机构存贷比水平，使京津冀资金保障与京津冀承担的治理大气污染的产业结构改造任务相一致。通过增加和调剂京津冀区域的信贷指标，支持其传统产业结构改造升级和战略新兴产业发展。

4. 协调京津冀利用外商直接投资的空间布局关系

按照京津冀产业一体化协同发展要求，借助区域合作协调平台，协调京津冀利用外商直接投资的空间布局，有利于促进京津冀产业的吐故纳新，在淘汰落后产能的同时，引进和布局新的发展项目，进而优化产业结构，促进产业节能减排。在布局外商直接投资项目方面，不仅要杜绝各行政辖区采用非市场竞争手段，争夺和拦截外商直接投资现象，还要通过京津冀协商合作，把外商直接投资项目重点布局在产业结构调整任务重、节能减排压力大的区域。

（二）中长期应采取的措施

1. 完善制度保障条件，提供长效保障机制

体现在财税制度保障方面，一是需要按照绿化税制、完善税收体系要求，及时征收包括碳排放税在内的环境保护税，通过完善消费税制度，把"两高一资"产品纳入消费税征税范围，发挥其抑制能源消费和污染排放、保护生态环境的功能。二是实施节能财政政策，加大对节能减排导向型的产业结构调整和清洁能源利用的财政投资、财政补贴支持力度，在鼓励和支持产业改造升级、优化能源结构、提高能源利用效率、减少污染排放的同时，吸引商业金融机构、实体企业、社会资金积

极投入节能减排行动中，发挥财政资金的"四两拨千斤"作用。三是完善政府绿色采购制度，严格政府采购的"绿色"标准，完善政府节能减排的制度保障体系，通过制度化的政府绿色采购，发挥政府节能减排的示范作用，引导和鼓励企业提供节能减排产品，社会提供节能减排服务。

体现在金融制度保障方面，一是需要完善绿色信贷体系，把低碳环保的绿色指标植入信贷考核体系中，增加对节能减排企业的信贷支持，促进企业节能减排。二是实施窗口指导，针对"两高"行业实施更为严厉的贷款标准，积极利用金融杠杆保护环境。三是建立和完善碳排放权交易制度，积极发展碳金融市场，借助碳排放权交易市场体系建设，合理分配各区域的碳排放指标，使节能减排企业通过出售碳排放权获得收益，使高耗能和高排放企业承担付出更多的碳交易成本，从而发挥碳金融市场的鼓励碳减排、抑制碳排放功能。

2. 优化财政金融工具组合，提高政策组合效能

按照政府发挥支持和引导作用与市场发挥决定性作用相结合的原则，发挥好财政引导与金融支撑的组合效应，要在注重发挥财政政策引导力和财政投资吸引作用的同时，更加注重发挥多层次资本市场融资功能，多渠道引导商业金融机构、实体企业、社会资金积极投入节能减排行动中，为治理大气污染提供相应的资金保障。

一是要注重财政金融政策工具导向上的"双绿化"组合。以实现产业绿化为目标，既要发挥财税政策工具支持和引导节能减排行为的"绿化"作用，又要发挥金融政策工具保障产业结构调整和促进节能环保型产业低碳发展、绿色发展的资金需要，发挥财政政策与金融政策对产业发展的矫正功能，实现财政金融政策工具的"双绿化"组合。

二是要注重搞好财政与金融工具的空间结构性组合。同时启用财政政策工具与金融政策工具，实现两者并驾齐驱的政策工具组合方式。重点是搞好包括碳排放税、资源税、消费税、节能减排产业税收优惠等在内的税收制度，建立区域性能源消耗指标、碳排放指标分配制度，推进节能量交易市场和碳排放权交易市场建设，拓展市场化的金融产品，搞好财政工具与金融工具的有效组合。

三是要注重搞好财政与金融政策工具的时间序列组合。即财政政策工具引导金融政策工具及时跟进，防止财政政策工具与金融政策工具相脱节的政策工具组合方式。重点是搞好绿色税制、政府绿色采购、财政

补贴在内的财政政策工具为先导,吸引商业金融机构信贷资金及时跟进的金融政策工具间的有效组合。

3. 按照环境效益最大化要求,调整区域间财政金融关系

治理京津冀大气污染,必须以实现区域环境效益最大化为目标,优化京津冀资源配置,把有限资源重点用于最能取得京津冀区域环境效益最大化的地区和行业,进而提高既定资源的节能减排效果。在统筹京津冀地区大气污染治理中的资源空间配置方面,由于河北传统产业发达,战略性新兴产业和服务业发展相对薄弱,把绿色优质资源投向河北,能够取得京津冀区域环境效益最大化,为此,应优先在河北布局战略性新兴产业等低碳产业,为河北产业结构转型及经济发展提供支撑,增加产业的绿色"增量",更好地提高京津冀大气污染治理效果。

一是要按照构建财力与事权相匹配的财政体制建设要求,针对京津冀大气污染防治工作中存在的财政资源与治理大气污染任务不匹配现象,中央财政应加大对治理大气污染的转移支付资金的支持力度,重点向治理大气污染任务重、人均公共财力水平低的区域倾斜,使公共财力水平低的区域能够承担起财政支持和引导节能减排、产业结构改造、治理大气污染的主要任务。

二是要按照金融资源与治理大气污染相匹配的要求,针对京津冀金融资源与治理大气污染任务不匹配现象,建议国家对治理大气污染任务重的区域,增加信贷指标,通过完善绿色信贷体系,增加对节能减排企业的信贷支持,积极利用金融杠杆保护环境。

第二节 环首都圈大气污染防治的路径选择[*]

一 引言

近年来,全国大面积出现的雾霾天气成为全社会所关注的焦点问

---

[*] 作者:王路光 河北环保联合会副会长兼秘书长;刘佳 河北环保联合会;武岳 河北环保联合会;李静 河北环保联合会。本节原载《经济与管理》2014年第3期。

① 包括石家庄、唐山、秦皇岛、邯郸、邢台、保定、张家口、承德、沧州、衡水和廊坊。

题，其中，京津冀地区特别是河北（环首都圈①）更成为全国大气污染重点控制区。国家发展和改革委副主任解振华在介绍《2013年中国应对气候变化的政策与行动报告》时指出，当前我国大气污染比较严重，尤其是近乎常态化的雾霾天气，对广大人民群众的身心健康造成了很大的影响，国内外对此都很关注。2013年，京津冀地区13个地级及以上城市，空气质量平均达标天数比例为37.5%，比74个城市平均达标天数比例低23%；而河北11个设区市平均达标天数仅为129天，达标率平均为35.3%。京津冀地区特别是河北面临前所未有的严峻环境形势。

二 充分认识大气污染治理的复杂性、艰巨性和长期性

近十年，河北大气污染的组成发生了深刻变化。其基本变化规律为大气环境中颗粒物、二氧化硫等燃煤特征污染物浓度呈逐年下降趋势，但受以煤为主的能源结构、偏重的产业结构和粗放的发展方式钳制，污染物浓度仍处在较高水平且下降速率逐年趋缓。同时，又由于机动车尾气、细颗粒物等排放呈较快增加趋势，河北大气环境呈现复合型污染特征。

河北是经济大省，长期粗放式发展导致大气污染的逐渐累积。其中以煤为主的能源结构和偏低的能源效率、偏重的产业结构是大气污染的主要原因。同时，高城市人口密度、绿色生活方式和消费模式尚未普及，致使污染物过量排放、集中排放。这就决定了大气污染防治是一项复杂而艰巨的系统工程。所以，必须从调结构、转方式入手，进而从根本上改变河北偏重的产业结构和以煤炭为主的能源消费结构，才能标本兼治，实现大气污染防治目标。由此可见，河北大气污染治理的任务十分艰巨。

在大气污染治理过程中所进行的产业结构调整、经济增长方式的转变，需要一个相当长的过程。在这个过程中，既要淘汰落后产能、化解过剩产能，又要大力发展战略性新兴产业、加快改造提升传统产业。这就意味着在经济发展与环境保护关系的重大调整中，需要同时解决好结构调整与社会稳定的矛盾、落后产能退出和新兴产业不足的矛盾，需要做好长期的战略部署和准备，既要打攻坚战，更要打持久战。

三 调结构转方式，需要壮士断腕，绿色崛起

2012年李克强总理在第七次全国环保大会上指出，我国正处于工业化中后期和城镇化加速发展的阶段，发达国家一两百年逐步出现的环

境问题在我国集中显现，呈现明显的结构型、压缩型、复合型特点，环境总体恶化的趋势尚未根本改变，压力还在加大。当前，一些地区污染排放严重超过环境容量，导致突发环境事件高发。由此可见，环境保护仍是经济社会发展的薄弱环节。

环境问题的本质是发展方式、经济结构和消费模式问题。改革开放以来，中国经济社会发展已取得了举世瞩目的成就，同时也付出了过大的资源环境代价，致使资源与环境已经成为发展的最大制约。[①] 1978年，中国能源消费总量为5.71亿吨标准煤，2012年为36.2亿吨标准煤，增长了5.3倍。目前，中国单位GDP的能耗为世界平均水平的2.5倍、美国的2.9倍、日本的4.5倍。

从河北来看，作为一个经济大省，经济总量排在全国第6位，产生的GDP为全国的1/20，财政收入仅为全国的1/34，而能耗却占全国的1/12。由此可知，河北的GDP是靠拼资源消耗、拼生态环境换来的。若长期保持这种发展模式，将会使资源消耗殆尽，经济发展将无以为继。

为了实现环境与经济的协调发展，中国根据多年环境保护摸索已经基本找到达到预期目标的道路。即中共十八大提出的，把生态文明建设放在突出地位，融入经济建设、政治建设、文化建设、社会建设各方面和全过程，努力建设美丽中国，实现中华民族永续发展。

从河北的实际出发，必须在转变发展方式上下功夫，在调整经济结构上求突破，在改进消费模式上促变革。在中共河北省委八届六次全会上，省委书记周本顺指出，河北正处于爬坡过坎、转型升级的攻坚时期，调结构、治污染已成为河北省经济工作的主旋律，必须坚定不移走绿色崛起之路，从牺牲环境的发展转向绿色发展、循环发展、低碳发展；从过度依赖资源能源消耗转向更加依靠改革开放和创新驱动。

当前，河北面临着京津冀协同发展的重大历史机遇。只有绿色崛起，才能顺应京津冀协同发展的战略格局。同时，绿色崛起必须以提高资源环境效率为内涵，才能符合京津冀协同发展的战略方向。在当前复

---

① 关华、赵黎明：《低碳经济下能源—经济—环境系统分析与调控》，《河北经贸大学学报》2013年第5期。

杂严峻的环境形势下，必须把降污染与促转型有机地结合起来，兼顾当前和长远，在污染治理中促进转型，在转型中解决污染问题，强力推进河北经济社会转入可持续发展的轨道。

必须清醒地认识到，在短期内河北经济增长与生态环境的矛盾、结构调整和社会稳定的矛盾、落后产能退出和新兴产业不足的矛盾将十分突出。因此，转型升级和大气污染防治将会付出重大代价，也将会带来暂时的阵痛。但从长远来看，这些代价是值得的。只有淘汰落后产能、降低传统产业的比例，才能为传统产业转型升级、战略性新兴产业布局兴起、城镇化进一步加快，置换出发展空间，腾出发展容量，才能实现河北的真正崛起。

1995年罗马俱乐部提出一篇题为《四倍跃进——一半的资源消耗创造双倍的财富》的研究报告。① 该报告重点讨论了环境问题的解决之道，认为除非财富成倍增长，否则贫穷问题无法解决，而且除非资源消耗削减一半，否则地球无望回到生态平衡的状态。该报告辩证地看待环境与发展的关系，而不是把环境与发展简单地对立。认为经济发展与环境保护是可以兼顾的，环境问题是可以解决的，其关键就是资源效率的提高，资源利用效率的革命就是解决方案。该报告列举了50个来自各个领域、已经实现了四倍或四倍以上资源利用效率提高的实例，形象生动地展示了"四倍跃进"的广泛可行性。

综上所述，河北的大气污染防治，挑战与机遇并存，机遇大于挑战。只有审时度势，抓住机遇，绿色崛起，才是解决大气污染问题的关键。

四 建设生态文明，需要顺应自然、全域规划

在中共河北省委八届六次全体（扩大）会议上，省委书记周本顺指出，河北曾经吃过改革开放力度不够的亏。为什么我们在经济发展水平、人民生活水平上，与沿海发达省份相比有不小的差距，根子就在于改革创新的精神不够强，改革创新的魄力不够大，改革创新的氛围不够浓。其中的分析评价不仅适用于经济社会方面，也适用于生态环境保护

---

① ［德］厄恩斯特·冯·魏茨察克、艾默里·B.洛文斯、L.亨特·洛文斯：《四倍跃进——一半的资源消耗创造双倍的财富》，北京大学环境工程研究所译，中华工商联合出版社2001年版。

方面。

面对当前资源约束趋紧、环境污染加剧、生态系统退化的紧张局面,河北必须转换观念,在全社会牢固树立尊重自然、顺应自然、保护自然的生态文明理念。摒弃追求局部的、眼前的功利目标和物质享受,不顾一切,不计后果,无限度地向自然榨取的发展思维。生态系统是人类社会生存的基础,人类社会从生态系统获取生存资源,并向其排放废弃物,这些行为造成了对生态系统的扰动。一旦它超越了制衡机制的承受能力,生态系统的稳定性就被破坏,系统就会衰亡,其结局是寄生于其上的人类社会系统瓦解。古巴比伦、古埃及、玛雅是众所周知的先例。在社会系统与生态系统的关系中,生计方式显然是最基本的问题。问题在于,是让自己的生计方式尽量顺应当地的生态环境,还是追求现代的生计方式而彻底改变原有的生态系统。顺应还是改造,势必导致不同的结果。

李克强总理在十二届全国人大二次会议答记者问时指出,我们说要向雾霾等污染宣战,可不是说向老天爷宣战,而是要向我们自身粗放的生产和生活方式来宣战。这就需要我们站在新的历史起点上,结合河北的生态环境实际,对我们的经济社会发展进行全域规划,全面深化改革。所谓全域规划,就是要局部,更要整体;要眼前,更要长远。要从整个京津冀区域协同发展的高度上,从这个区域经济社会发展的大趋势、大战略上,审视我们所面对的问题,寻求解决之道。不能陷在眼前繁杂的事务中,头痛医头,脚痛医脚。全域规划与顶层设计是相辅相成的,一个是着眼于从全局、整体上解决问题,另一个是着眼于从高端、源头上解决问题。建设生态文明,关系河北人民福祉、关乎河北未来的长远大计,是一个庞大的系统工程,需要有一个时空尺度与之相适应的系统完整、有机关联的规划,需要在全域视角上统合经济社会与生态环境的重大关系,需要对经济社会发展布局如何与生态功能区相适应,如何实现经济社会与生态环境的协调发展等迫切需要解决的重大问题给予科学回答,以指导区域经济社会发展布局、结构调整和转型升级。

为了确保全域规划的稳步实行,首先,需要树立全域规划的环保价值观,即把生态文明建设放在突出地位,融入经济建设、政治建设、文化建设、社会建设各方面和全过程。环保不是某个地方的事,而是整片区域的事；环保不是某个领域、某个部门的事，而是所有领域、所有部门、所有公民的事。其次，需要建立全域规划的法律保障体系，根据区域大气污染防治的特点和规律，在本区域以及与周边地区联合制定相关地方环保法律法规，才能为污染防治措施的具体落实打下基础。最后，需要制定全域规划责任追查机制，对包括雾霾在内的污染宣战，就要铁腕治污加铁规治污，对那些违法偷排、伤天害人的行为，政府绝不手软，要坚决予以惩处。对那些熟视无睹、监管不到位的监管者要严肃追查责任，使整个污染防治系统都担当起来，确保治理措施产生真正的效果。

河北是一个尚未完成现代化转型的区域，这个区域直接由目前的传统工业文明转向生态工业文明，我们将面临严峻的挑战。为了实现生态保护和经济发展的双赢，告别发达地区已经走过的工业化道路，拥抱一种更为健康、更为环保的生活方式，我们必须优化国土空间开发格局，进而促进生产空间集约高效、生活空间宜居适度、生态空间山清水秀，给自然留下更多修复空间；必须加快实施主体功能区战略与区域发展总体战略，推动各地区严格按照主体功能定位发展，构建科学合理的城市化格局、经济发展格局、生态安全格局；必须着力推进绿色发展、循环发展、低碳发展，形成节约资源和保护环境的空间格局、产业结构、生产方式、生活方式，从源头上扭转生态环境恶化趋势。

挑战，同时也是机遇。现在国际社会已经形成共识，生态文明建设能推动传统产业的改造，也能催生很多新产业，创造新的经济增长点。例如，回收和利用旧钢铁产业就是一个着手点，德国的废钢回收率已达80%，荷兰为78%，中国仅为20%。可再生能源更是新兴产业，丹麦的风能发电已经占该国总发电量的20%。河北的产业转型升级中同样蕴含着巨大的发展潜力。

为了坚持可持续发展，为了京津冀地区的碧水、蓝天、白云，河北应该紧紧抓住京津冀协同发展的重大历史机遇，变被动为主动，义无反顾地走河北特色的生态文明之路，并最终以一个环保大省和强省的形象出现在全国舞台上。

第三节　政府协同视角下京津冀区域生态治理问题研究*

随着我国现代化进程的不断加快，区域经济发展水平也不断提高，但与之相悖的是我国环境问题日益突出，生态污染不断加剧，尤其是2013年以来，以京津冀区域为代表的雾霾污染加剧，重新唤醒了公民和社会的生态意识。正如行政生态学家吉更斯所提出的"脱阈"概念论述的观点："现代化进程中各种社会要素逐次背离传统存在秩序，实现了对空间和时间的超越，既可能激发巨大的社会发展动力，又可能引致巨大的不确定性甚至是公共危机。"在这种情况下，相对于自适应能力较弱的市场和企业以及自组织能力较差的社会组织而言，掌握国家公共权力的政府顺理成章地承担起区域生态治理的重任。从理论角度来看，政策和法规是政府区域生态治理的"合法性"工具，通过政策和法规的输出对公众行为、社会行为以及政府行为进行重塑和矫正；从实践角度来看，政府如何突破生态治理的认知局限，从区域政府协作角度寻求和构建区域生态治理体系，提升政府生态治理能力和效率是当前京津冀区域政府应重点研究的问题。

一　区域生态治理的政府职能解构

学术界对于生态治理的概念和内涵争论不一，从宏观角度来看，生态治理指的是以政府、社会和公民为代表的多元生态主体通过自身行为的矫正以及以科学合法的政策和价值工具为载体构建良性互动的环境治理和保护模式；从微观角度来看，生态治理指的是以生态学的区域划分为界限，对区域内生态环境的保护以及生态污染的治理。生态学视角的区域概念与现实中的行政区域划分界限的不完全重合性，导致生态区域内可能存在多个行政区域，因此，区域生态治理需要不同政府间的协作

---

*作者：张彦波　燕山大学公共管理学院硕士研究生；佟林杰　燕山大学公共管理学院博士研究生；孟卫东　燕山大学公共管理学院教授。本书原载《经济与管理》2015年第3期。

和配合。①

区域生态治理的政府职能主要包括五个层面的内容：第一，区域政府的生态信息职能。区域政府的生态信息职能主要是指以区域统计部门和环保部门为主导的对区域内的生态信息和数据进行统计、分类，并建立相应的生态信息管理平台。第二，区域政府的生态规划职能。从静态角度来看，区域政府的生态规划包括区域内产业经济发展、产业布局以及居民生活区域与生态环境的协调。从动态角度来看，区域政府的生态规划不仅要关注现有的自然资源和生态环境，而且从可持续发展视角来引导区域内生态项目的建设和发展。第三，区域政府的生态发展职能。以绿色 GDP 绩效考核指标为导向的区域内经济发展的生态性转向以区域内生态城市、生态社区以及生态集群产业园区的建设为契机，不断拓展和延伸区域生态的影响范围，进而不断提高社会组织及公众的生态保护意识。第四，区域政府的生态治理职能。区域政府的生态治理职能主要是指对区域政府生态治理职能进行重新界定，健全区域生态治理的政策法规体系，不断提高区域政府生态治理的政策执行力和执行效率，降低区域政府生态治理的行政成本，跳出事后处理的传统生态治理模式，逐步实现区域政府生态治理的前置模式。第五，区域政府的生态安全监管职能。区域政府的生态安全监管职能包括生态安全监控和生态安全保障两个层面的内涵，通过完善制度和规范引导社会公众的生态行为，提高公众的生态监控和保护意识。此外，区域政府还应该通过建立区域生态问责机制、生态恢复和补偿机制以及生态法治化等方式完善区域政府的生态保障体系。

二 京津冀区域生态治理政府协同的现实困境

生态环境本身具有外部性、时空延展性以及公共性等特点，而且生态环境保护具有复杂性和动态性，这些因素都决定了我国区域生态环境治理的协作性和整体性。京津冀区域是我国目前经济发展较快的区域之一，区域优势便利，尤其以北京、天津以及唐山等核心城市的城市辐射和带动能力较强，但是，随着京津冀区域非再生资源消耗的加剧、重污染产业治理的迟滞性、生活污染的日趋严重性以及自然生态破坏加剧等问题的涌现，京津冀区域的生态污染问题显得极为突出。由于京津冀区

---

① 张劲松：《论生态治理的政治考量》，《政治学研究》2010 年第 5 期。

域各城市归属不同的行政区域管辖，极易导致生态治理政策和生态治理执行的不一致性，因此，京津冀区域协作治理的有效性和一致性成为京津冀区域生态治理的当务之急。目前，京津冀区域政府生态治理协作的限制性因素和现实困境主要表现在以下四个方面。

（一）京津冀区域生态协作治理理念认知的模糊性

京津冀各区域政府通过行政区划与经济管理和发展体制相融合的区域经济治理模式推动了京津冀区域经济的稳步发展。然而，随着我国生态污染与破坏程度的加剧，区域生态问题层出不穷，原有的区域经济治理模式面对纷繁复杂的生态问题显得动力不足，频频出现政策失灵的困境，其中最为显著的表现是区域生态协作治理领域。究其原因，京津冀区域长期行政区划的阻隔导致各行政区域间竞争多于合作，政府间的横向协作意识淡薄，主要表现为以下三个方面：

第一，区域生态执政理念转型的迟滞性。中共十七大以来，我国党和政府一直强调要保护生态环境，实现自然环境与社会的协调发展。但是，由于各区域政府生态执政理念转变的迟滞性，依然固守传统的唯经济论发展模式，对生态政策和执政理念并未深入地贯彻执行，因此，导致京津冀区域生态治理的执行乏力。

第二，区域生态理念认知的差异性。无论以政府为代表的公共组织还是个人都是趋于理性的，京津冀区域各地方政府的理性选择极易导致区域协同生态治理行动的集体逻辑，即在中央强制制度安排的推动下，非自觉性地参与区域生态治理，进而导致区域协同生态治理体系流于形式。此外，生态治理政策与生态治理理念之间的内在关联性影响着生态治理需求的信息来源、认知、转换以及输出等全过程，对于区域生态理念的认知提升以及生态治理政策体系的完善有重要的促进作用。

第三，区域生态治理理念与政绩观的博弈。由于区域协作生态治理的长期性和高成本性，作为理性经济人的政府会综合地方经济发展水平、生态治理的承载力以及区域内社会公众的生态诉求考虑生态治理的路径和模式。此外，由于地方政府官员政绩观的影响，区域生态治理的高成本投入和长期回报性与官员自身追求的显著政绩之间存在冲突和矛盾，因此导致区域政府生态协作治理的消极性和被动性。

（二）京津冀区域利益协调机制的失衡

京津冀各城市分属于不同的地方政府，在发展过程中往往首先考虑的是本地区、本城市的基本利益。而且，从目前京津冀区域经济合作的实践来看，区域内协调机制建立在信任和组织承诺基础上，以平等协商为主要协调手段的自组织协同发展方式，并未形成制度化、规范化的发展模式，其共同签署的合作协议与制度规范的约束力较弱，对于各地方政府的执行监督缺位，由此导致京津冀各地方政府都各自为政，分别以本地区的利益和发展为主导发展思路。任何时候，一个人只要不被排斥在分享由他人努力所带来的利益之外，就没有动力为共同的利益作贡献。而只会选择做一个"搭便车"者。如果所有的参与人都选择"搭便车"，就不会产生集体利益。[①] 因此，京津冀区域生态治理的利益协调机制的不健全，导致京津冀各区域政府协同生态治理体系构建进展缓慢。

京津冀区域利益协调机制的失衡主要体现在两个方面：首先，中央和京津冀区域利益协调机制的失衡。随着我国行政管理体制改革的不断深入以及行政审批权的下放，地方政府形成了独特的利益链条和利益分配结构；而随着我国生态治理的紧迫性和前置性，中央政府生态治理资金拨款的有限性以及各区域政府生态治理的既定预算固定性等问题，导致各区域政府生态资金保障不足，从而影响了区域生态治理的进度和效果。其次，京津冀区域政府间的利益协调机制不畅。京津冀区域各政府的"经济人"角色定位决定了其追求本地区利益最大化的行为趋向。区域协作生态治理需要各地区支付额外的生态治理成本，而生态破坏行为的无规律性和危害的迟缓性很容易导致地方政府背离协作模式，进而引发连带的从众效应，最终陷入高成本—低效益—再投入的恶性协作治理模式。

（三）京津冀区域生态治理保障机制不健全

生态治理的保障制度主要包括生态补偿机制、生态恢复机制以及生态治理创新等。

首先，京津冀区域生态补偿机制不健全。生态补偿主要是将生态治理外部性的内化过程，即通过对生态治理和生态保护的受益者收取一定

[①] ［美］埃莉诺·奥斯特罗姆：《公共事物的治理之道》，余逊达、陈旭东译，上海三联书店2000年版。

的费用来支撑生态治理模式的延续。① 生态补偿，从宏观角度来看，可以分为国家层面、区域层面以及基层层面的生态补偿；从微观层面来看，包括对私人、企业以及社会所进行的补偿性措施。生态补偿是一项复杂而系统的工程，生态补偿的标准、范围以及生态补偿的期限等都是目前生态补偿机制建设所面临的重要难题，而生态补偿理论和法律规范的不健全也在一定程度上阻碍了生态补偿机制的构建。目前，我国未出台专业性的生态补偿法律法规，现有涉及生态补偿的法律也分散在多部法律之中，系统性和可操作性缺乏。尽管部分地方和区域出台了生态补偿的相关政策文件，但权威性和约束性不足。

其次，生态恢复机制不完善。生态恢复思想是李普德在1935年提出的，他认为，生态恢复就是恢复区域生态环境的原有状态。② 然而，恢复原有状态只是生态恢复理论的理想建构，在现实中很难实施，因此，我们将生态恢复定义为修复被人类损害的原生态系统的多样性及动态的过程。但是，生态恢复专业人才的匮乏、资金保障的可持续性不足以及区域协作治理模式的成熟度较低等条件限制，导致京津冀区域乃至我国范围内的生态恢复机制不健全和不完善。

最后，生态治理缺乏制度创新。制度的存在在于规范由于有限理性决策而产生的生态治理风险，同时也能规避由于不确定因素而导致的制度功能偏差或风险。但是，制度本身也存在不确定性，因此需要不断地进行制度的改进和创新以适应环境的动态变化。京津冀区域协作生态治理的制度设计存在先天缺陷，制度设计得过于理想化和急功近利性都增加了制度实施的风险概率。此外，由于现行行政体制的束缚，各地方政府都不愿承担制度创新所产生的巨额成本，而且本地生态治理模式与协作治理模式的有机融合也是京津冀区域生态协作治理所需要解决的重要问题。

（四）区域生态协作治理的政府失灵

首先，京津冀各方过度竞争导致的负和博弈。负和博弈指的是双方或多方博弈的结果是各方的损失大于收益。而京津冀三省市在城市发展定位、基础设施建设、水资源、产业发展以及生态治理等多方面均存在

---

① 余敏江：《论生态治理中的中央与地方政府间利益协调》，《社会科学》2011年第9期。
② 沈承诚：《政府生态治理能力的影响因素分析》，《社会科学战线》2011年第7期。

一定程度的竞争和冲突,从而导致了区域市场分割和地方保护主义、重复建设和治理、政策冲突等问题不断,出现负和博弈的局面。

其次,京津冀区域生态协作治理的渐进执行模式。美国经济学家奥尔森曾指出,参与成员的数量与参与各方的积极性和主动性成反比例关系,即京津冀区域生态协作治理过程中,部分地区存在"搭便车"或付出较小成本同样享受生态治理效益的侥幸心理等会对京津冀区域生态协作治理带来消极影响。

最后,京津冀区域政府有组织地逃避责任。生态破坏和污染是由各地方政府在追求经济利益最大化过程中共同造成的,然而,京津冀中的核心区域通过产业转移、搬迁等形式将生态环境的破坏进行嫁接或转移,从而造成各方都不愿意为生态污染和破坏承担责任,这种有组织地逃避责任的行为与哈丁所提出的"公地悲剧"如出一辙,从而陷入"污染—转移—再污染"的生态治理怪圈,因此,集体行为导致的生态污染需要在集体协作的基础上共同治理。

三 京津冀区域生态治理的政府协同路径选择

(一) 转变京津冀区域生态治理理念

区域生态治理的理念转变主要体现在以下两个方面:

首先,多中心治理理念。生态治理是一项复杂的系统工程,需要政府、社会、企业以及公众的共同努力才能实现,因此,多中心治理理论为区域生态治理提供了思想基础。多中心不等同于多核心,多中心生态治理理念是以政府生态协作治理为核心内容,以企业、社会以及公众的参与为基础,以实现生态治理的公共性目标为最终目的的区域生态治理过程。

其次,生态行政理念。京津冀区域政府要以生态行政理念指导区域综合发展,要努力实现区域经济、社会、文化生态与自然生态的和谐发展,转变传统的以 GDP 为区域发展衡量指标的考核办法,实现区域内的生态平衡和稳定,以生态治理为基础完善绿色生态考核指标体系,将生态行政理念的贯彻执行作为政府绩效考核的关键指标。

(二) 区域生态协作治理的协作机制

京津冀区域生态协作治理的协作机制主要包括区域生态治理的顶层设计和利益调节和处理机制。

首先,京津冀区域生态治理的组织框架需要中央、地方的共同参与。京津冀区域由多个城市构成，城市之间是平行和隶属关系，而无直接隶属关系的城市交界区域之间基本处于无政府状态。[①] 因此，要想实现京津冀区域的综合生态治理就必须建立京津冀自主层面的协调监督委员会，成员由各地区选派固定数量人员组成，以该委员会为平台协调各方的共容性利益，同时对区域内的生态问题及应对方案的制订进行决策。

其次，构建京津冀生态治理利益协调机制。利益关系是区域政府关系中最本质、最直接的关系。京津冀区域政府间要想实现生态治理协作，必然要首先处理好成本投入与利益分配关系。由于京津冀区域经济发展水平存在明显的差异，生态建设、管理以及前期治理的程度存在较大差别，因此产生的生态治理成本的投入必然会引发多方的摩擦和冲突。区域利益协调机制实现的基础在于构建区域生态治理利益共享机制，要正确处理好区域内生态政策与产业政策之间的关系，简单地通过产业转移和生态污染转移的方式不会从根本上改变区域内的生态环境，京津冀区域利益共享机制要以实体化的组织形态为载体。

（三）区域生态协作治理的保障机制

区域生态协作治理的保障机制包括区域生态补偿机制、生态风险防范机制和生态法治保障机制。

首先，京津冀区域生态补偿机制。长久以来，京津冀区域生态补偿机制的不健全加剧了区域内的利益矛盾和冲突。京津冀区域应该以提升区域内生态补偿意识为先导，通过完善区域生态补偿体系和标准等方式保证生态治理主体和受益者的权责匹配。此外，要充分应用经济手段和法律手段，探索多元化生态补偿方式，搭建协商平台，完善支持政策，引导和鼓励开发地区、受益地区与生态保护地区、流域上游与下游通过自愿协商建立横向补偿关系，采取资金补助、对口协作、产业转移、人才培训、共建园区等方式实施横向生态补偿。

其次，区域生态风险防范机制。加强京津冀区域内的生态合作，建立生态风险信息收集、识别、预警及应急机制。以区域内经济联系为切入点，利用市场机制，拓宽生态治理的资金来源渠道，密切关注由生态风险因素引发的经济波动，从而逆推捕捉细微的生态风险因素，同时要将区域生态风险预防和应急机制制度化和法制化。

---

① 陈雨婕：《论长三角区域生态治理政府间的协作》，《阅江学刊》2012年第2期。

最后，区域生态法治保障机制。到目前为止，我国还没有出台专门的针对生态治理尤其是区域生态治理的法律法规，因此，我国应尽快完善生态管理和治理相关领域的法律法规，为京津冀区域生态协作治理提供坚实的法律保障。

(四) 区域生态协作治理的运行机制

在中央区域生态协调监督委员会的指导下，以京津冀区域生态协调治理委员会为主导，积极构建京津冀区域生态治理的横向财政转移支付制度以及问责制度。

首先，建立京津冀区域财政转移支付的目的是解决京津冀区域集体行动的成本分摊和利益共享的问题，横向的财政转移支付以生态治理的区域、规模以及前期投入为基本数据，经过科学测算各地区所需要付出的成本，在京津冀区域生态协调治理委员会下设专门的财务管理部门进行生态协作治理资金的统一调配和使用，并由各地区政府联合组织人员定期进行财务审计，保证生态治理资金使用效用的最大化。

其次，京津冀区域生态协同治理的问责机制。问责并不是目的，而是为了约束和规范区域生态治理相关机构和执行人员的行为规范，鉴于生态治理的长期性和复杂性，生态治理问责的标准可随治理阶段不同进行调整。例如，生态治理前期应以组织机构职能的履行、生态治理工作的积极性和主动性以及资金的使用效率等作为考核指标，而后期则以生态治理的成本投入与效益比、生态治理的效果以及生态治理的满意度等作为重点考核指标。

第四节 京津冀协同发展背景下河北主要生态环境问题及对策[*]

作为京津冀区域内大气污染、水污染最严重地区，河北生态环境形势依然严峻，已成为制约京津冀协同发展的重要因素之一。分析造成河

---

[*] 作者：冯海波 河北省环境科学研究院院长；王伟 河北省环境科学研究院；万宝春 河北省环境科学研究院；赵娜 河北省环境科学研究院；付素静 河北省环境科学研究院；马幼松 河北省环境科学研究院。本节原载《经济与管理》2015 年第 5 期。

北生态环境问题的原因，改善河北环境质量，对促进京津冀协同发展具有重要的意义。

一 生态环境形势严峻

（一）大气污染严重

河北大气污染严重。2013 年，河北设区市达到或优于优良天数仅占全年总天数的 35.34%，重度污染以上天数占全年总天数的 21.92%。超标天数中各市以 PM10 和 PM2.5 为首要污染物的较多。2013 年，全国污染最严重城市排名的前 10 位中，河北占 7 席。除张家口、承德、秦皇岛和沧州外，其他 7 个设区市污染都严重，成为区域性问题。受能源结构影响，河北大气污染物排放强度高。2013 年，河北单位国土面积二氧化硫（SO_2）、氮氧化物（NO_x）排放量是全国平均水平的 3—4 倍，在全国 31 个省市自治区（港澳台除外）单位面积排放强度由高到低排序中，分别排在第 8 位和第 7 位；万元 GDP 二氧化硫、氮氧化物排放量约是全国平均水平的 1.5 倍，在全国各省市自治区由高到低排名中，分别居第 10 位和第 8 位。

与京津地区相比，2013 年，张家口、承德、秦皇岛 3 市 PM2.5 年均浓度远低于北京和天津，其他城市远高于京津（见图 6-1）。在单位国土面积污染物排放强度方面，天津在京津冀 13 个城市中处于较高水平，衡水、沧州、张家口、承德和保定 5 市均低于北京（见图 6-2）。万元 GDP 污染物排放强度方面，河北省 11 个设区市均远高于京津两市（见图 6-3），在清洁能源利用、产业结构调整、企业工艺升级及污染防治技术方面还有很大的提升空间。

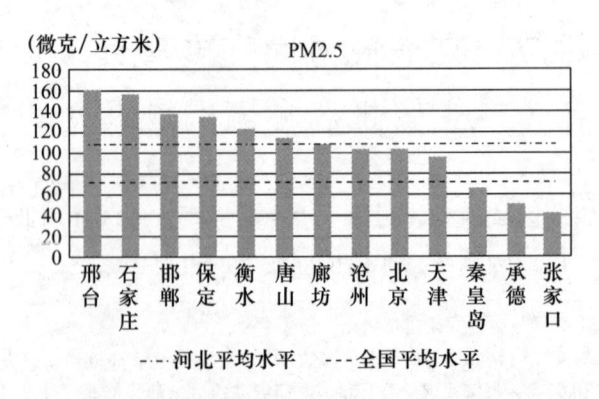

图 6-1 京津冀区域 PM2.5 年均浓度对比

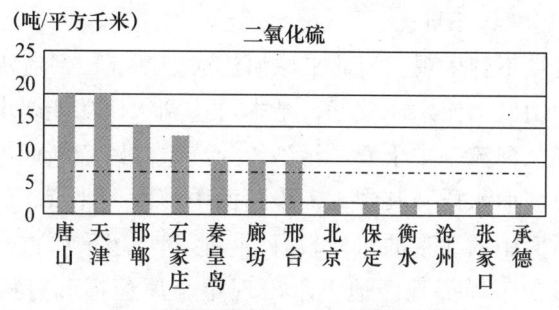

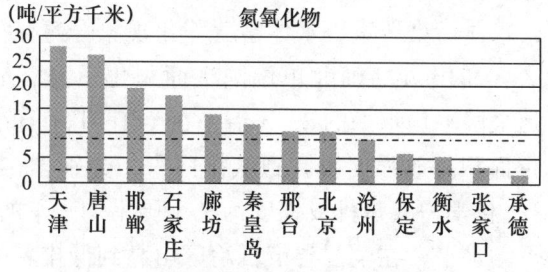

图 6-2　京津冀区域单位国土面积大气污染物排放强度

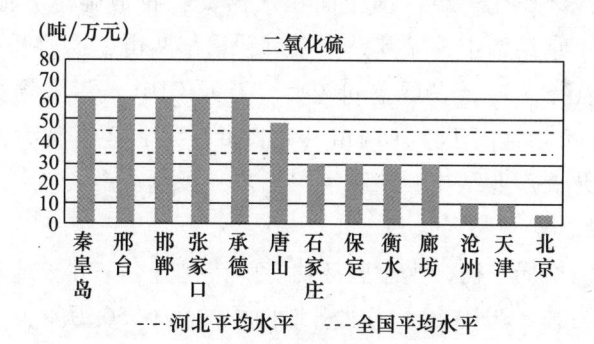

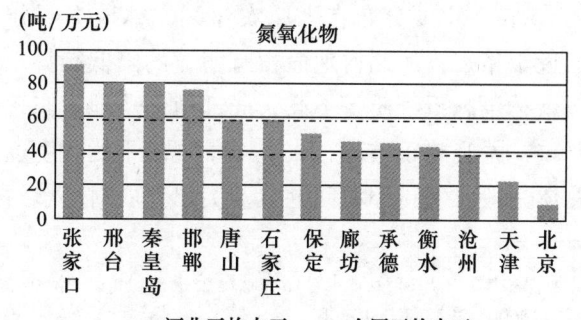

图 6-3　京津冀区域万元 GDP 大气污染物排放强度

(二) 水环境状况堪忧

水环境质量不容乐观。河北平原河流大多断流，河流水质总体为中度污染，其中山区河流水质较好，基本可达到水体功能要求；位于海河流域下游的平原河流基本干涸，污染较为严重。跨境断面中，出境断面水质好于入境断面水质，其中，入境断面中河南、北京、山东来水水质较差，出境断面中入北京的水质较好。[①] 地下水超采严重，受污染地表水入渗补给影响，局部地区地下水出现重金属超标和有机物污染的现象。[②] 湖泊湿地生态功能弱化，白洋淀、衡水湖等水面面积大幅缩减，湿地植被破坏，水体污染严重，水体富营养化现象普遍存在。水环境污染物排放强度大。2013 年，河北单位国土面积化学需氧量（COD）和氨氮排放量，是全国平均水平的 2—3 倍，在全国 31 个省市自治区（港澳台除外）单位面积排放强度由高到低排序中，分别排在第 10 位和第 16 位；万元 GDP 化学需氧量排放强度约是全国平均水平的 1.15 倍，氨氮略低于全国平均水平，在全国省市自治区由高到低排名中，分别居第 15 位和第 22 位。

与京津地区相比，单位国土面积水污染物排放强度方面，河北 11 个设区市低于京津两市，尤其是张家口和承德两市，远远低于京津冀其他地区（见图 6-4），发展空间较大。万元 GDP 水污染物排放强度方面，河北 11 市均远高于京津两市（见图 6-5），还有很大的节水降耗空间，亟须开展产业结构调整和生产工艺升级改造。

(三) 生态环境格局失衡

生态环境格局失衡，生态服务功能亟待提升。河北土地利用以耕地为主、林地为辅。2010 年，河北耕地面积约为 6.56 万平方千米，人均耕地面积为 1.35 亩，主要分布在平原农业区，林地主要分布在燕山及太行山山区，近十年来，河北耕地面积有明显的降低趋势。河北土壤保持功能较低，森林生态系统质量不高，局部地区草地生态系统退化和土地沙化问题严重，景观趋于破碎，人类对景观的干扰程度逐渐增加。生态环境质量总体一般。农村环境问题日益突出，农村环境污染主要表现

---

① 河北省环境保护厅：《2013 年河北省环境状况公报》，http://www.hb12369.net/hj-zlzkgb/201406/P020140606552933555911.pdf。
② 环境保护部、国土资源部、住房和城乡建设部等：《华北平原地下水污染防治工作方案》（2013），http://www.zhb.gov.cn/gkml/hbb/bwj/201304/W020130426385982562738.pdf。

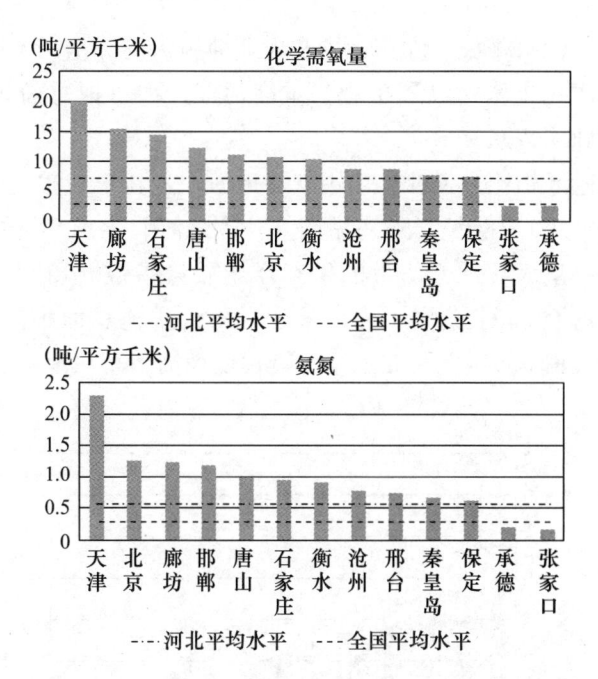

图 6-4 京津冀区域单位国土面积水污染物排放强度

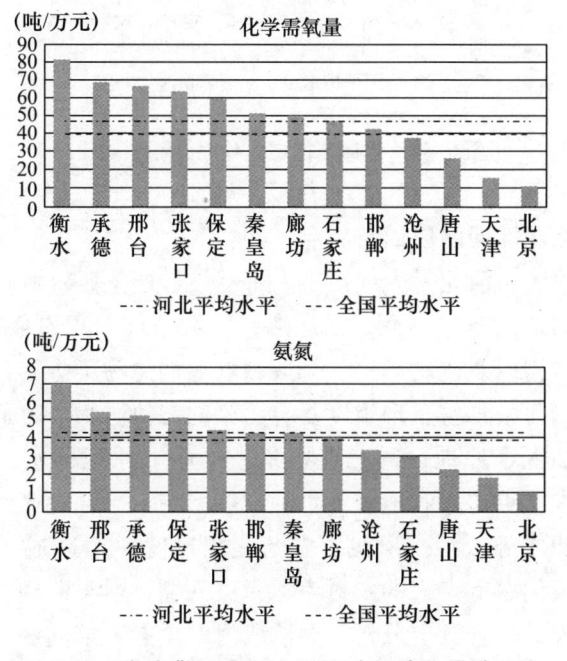

图 6-5 京津冀区域万元 GDP 水污染物排放强度

为生活垃圾、污水排放、农药污染和农业薄膜污染。全国土壤污染调查结果显示，河北土壤污染属中度、重度污染，占耕地总面积的 2.1%，主要是汞、砷、镉超标。

与京津地区相比，河北人均占有耕地面积远高于京津地区，略低于全国平均水平（1.38 亩/人）（见图 6-6）；河北生态环境质量低于京津区域，仅秦皇岛、承德两市的生态环境质量指数（EI）稍高于天津（见图 6-7）；北京土壤属中度、重度污染占耕地总面积的 1.8%，天津属中度污染占 0.6%，河北土壤污染程度稍高于京津地区。

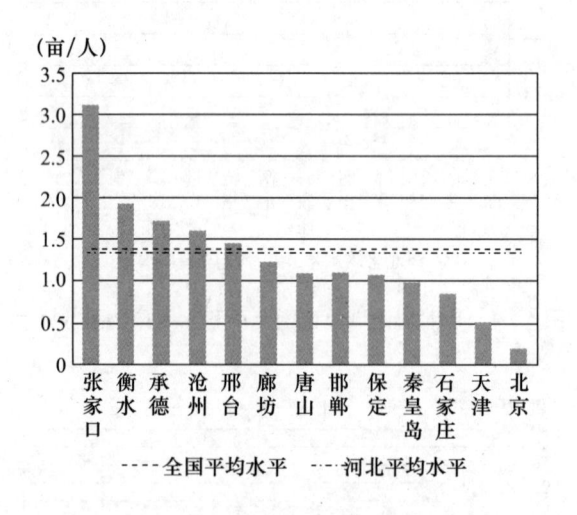

图 6-6 京津冀区域人均耕地面积对比

二 生态环境问题成因与特点

京津冀地区，河北是大气污染、水污染最严重、资源环境与发展矛盾最为尖锐的地区。一方面，在地形、气候条件、高份额的煤炭消费、偏重的产业结构以及机动车尾气排放和农业面源污染等内外因双重作用下，河北大气污染日益呈现重度复合污染的态势。另一方面，水资源的严重短缺，加上平原地区重工业密集，造成平原地区水污染严重，同时，受地下水严重超采和地表污水补给的影响，局部地区地下水出现污染现象。除此之外，污水灌溉、农药化肥过度使用造成的农业面源污染，以及城镇化率低带来的农村生活污染问题，严重制约了河北生态环境质量的改善。综合以上分析，现阶段河北生态环境问题主要呈现以下四个特点。

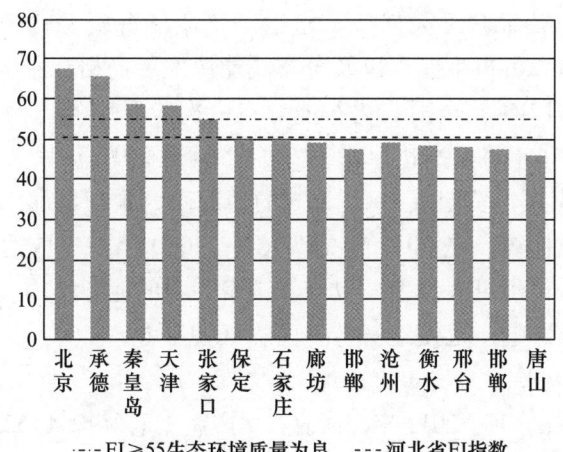

图 6-7　京津冀生态环境质量指数对比

（一）水资源极度短缺

河北人均水资源量仅为全国的1/7。平原河流大多断流，水体自净能力极差，水环境承载力不足。供水压力大，河北长期依靠超采地下水来缓解供水压力，虽然有南水北调中线和东线输水工程，但承担着北京81%、天津93.7%的工农业生产和生活用水，需求量已突破了能提供水资源的红线。平原地下水超采面积66779平方千米，占平原总面积的90%以上。地下水位持续下降，含水层局部疏干，漏斗区面积超过5万平方千米，地面沉降、地裂等地质问题频现。白洋淀、衡水湖等重要湿地逐步萎缩。生态水量难以保障，导致平原地区出现有河皆干、有水皆污的状况，仅通过治理难以达到水体功能的要求。

（二）能源消费结构不合理

河北能源消费总量大。2012年，河北能源消费总量占京津冀总量的66.3%，约占全国的8.37%。能源消费结构仍以化石能源为主，能源消费方式粗放，河北煤炭占一次能源消费比例高达88.8%。工业能耗偏高，2013年，煤炭发电比重高达89%，工业用煤占河北煤炭消费总量的87.5%，其中，钢铁、电力用煤占工业用煤总量的75%。综合能源利用效率有待提高，2013年，河北单位GDP能耗为1.158吨标准煤，高于全国平均水平的59%，由低到高居全国第23位，远高于京津。清洁能源替代艰巨。河北能源资源禀赋差，目前能源对外依存度已经达到67%，河北缺乏天然气、水电等优质能源资源，核电、太阳能发电等新能源和可再生能源以及分布式能源发展仍相对滞后，产业基础相对薄弱。2012年，全国非化石能源在一次能源中的比例已达9.4%，2020年和2030年将分别达15%和20%，河北2012年只占1.6%[①]；到2017年，在煤炭消费削减4000万吨的情况下，预计河北清洁能源需求将达1.1亿吨标煤，是2012年的3倍[②]；2030年如争取达到届时全国平均水平，需付出更大努力。以煤炭消费为主的能源结构，不仅对大气环境造成严重影响，也使经济转型面临巨大压力。

（三）结构性污染突出

产业结构不合理。2013年，河北三次产业比重为12.4∶52.1∶35.5。其中，第二产业比天津高1.5个百分点，比北京高29.8个百分点；第三产业比天津低12.6个百分点，比北京低41.4个百分点。第二产业中，传统产业占比较大，高新技术产业与传统产业比重约为12∶88，轻重工比重约为2∶8。钢铁、化工、建材等传统工业在经济结构中占主导地位。偏重的产业结构和落后的生产治污工艺造成了污染物排放量大的基本特征，给污染减排带来巨大压力。产业布局亟待调整。产业集群结构趋同，各城市之间重复建设严重，如钢铁产业是河北的优势产业，几乎所有城市都有钢铁企业布局。虽然河北的钢铁企业均执行严于我国其他地区的大气污染物排放特别限值，但是，由于产业布局不合理，造成了区域污染物排放总量难以削减的情况，限制了生态环境质量的改善。

（四）农村生态环境问题突出

农业耗水及污染严重。河北农业用水占全省用水总量的70%左右，农田水利基础设施落后，漫灌浪费严重。农业面源污染如农村生活污水、畜禽养殖、化肥农药等，对地表水、地下水环境造成严重影响。城镇化率有待提高。2013年，河北的城镇化率为48.12%，比2012年提高1.32个百分点，提高幅度高于全国平均水平，但与京津相比差距还很悬殊。2012年北京城镇化率已达86.3%，2014年天津也接近83%，河北的城镇化进程和质量制约着京津冀一体化的发展，河北粗放型的城

---

① 清华大学京津冀协同发展研究项目组、河北清华发展研究院：《京津冀协同发展：河北省经济发展、能源革命和污染控制协同战略研究》，内部文件，2015年。

② 河北省发展和改革委：《在京津冀协同发展（环境保护）专题调研座谈会上的汇报》，2014年。

市发展方式，资源被过度消耗，生态环境承载力较低。环首都贫困带生态问题突出。为支持首都生态建设和提供充足洁净的水源，河北承德、张家口、保定等环首都周边区域的经济、资源开发和农业生产受到限制，该区域经济发展水平落后，形成环首都贫困带。加之该区域本身自然条件恶劣、水资源匮乏，进一步导致了该区域草场退化、土壤侵蚀、土地盐碱化、水土资源不协调等生态环境问题日益突出。

三 对策建议

河北要在生态领域实现京津冀地区协同发展的率先突破，必须按照习近平总书记提出的推动能源生产和消费革命的五点要求，在现阶段以煤为主的能源结构难以快速改善的情况下，有序推进能源结构优化，强化合理控制煤炭消费总量和煤炭高效清洁利用，在产业发展上着力推动产业结构优化升级，统筹推进新型工业化和新型城镇化互动发展，在生态环境保护上加快生态修复，建设京津生态安全屏障，为京津冀协同发展提供良好的环境容量、空间和条件。

（一）有序推进能源结构优化

京津冀区域整体能源结构偏重、污染严重、节能减排压力巨大，且资源不足，消费缺口严重，而河北的问题则更加突出。建议有序推进能源结构的优化，在构建整个区域安全、高效、节约的能源保障体系中发挥重要作用。

1. 合理控制煤炭消费总量

大幅压减煤炭用量，大力提高能源效率，以较少的能源消费支撑经济社会较快发展。燃煤电厂的平均热效率由2010年的36%提高到2030年的42%；2030年，工业锅炉、炼铁高炉、水泥生产、炼焦炉和砖瓦窑单位产品的能耗至少比2010年分别降低24%、13%、16%、44%和27%。加快淘汰落后产能，2017年前，地级及以上城市建成区加快淘汰每小时10蒸吨及以下燃煤锅炉，禁止新建每小时20蒸吨以下的燃煤锅炉。加快淘汰分散燃煤锅炉，以热电联产、集中供热和清洁能源实施替代。压缩冶金、水泥、玻璃等高耗能产业规模，以先进的产业装备技术和低污染排放技术，重构产业规模和布局，发挥河北优势产业的最大经济效益。

2. 实现煤炭清洁高效利用

在各类清洁能源、可再生能源短期内难以形成供应能力的情况下，应将煤炭的清洁高效利用作为提高能源效率、大幅降低污染物排放的首要任务。提高煤炭洗选比例，现有煤矿和新建煤矿均要建设煤炭洗选设备并加强质量管理。大幅增加清洁煤炭供应，利用微煤雾化技术改造城乡燃煤锅炉[1]，加快推进清洁型煤生产配送中心建设，强制淘汰、禁止流入劣质煤。[2] 实施煤电节能减排升级改造行动计划，通过科学规划，与先进环保治理企业战略合作等方式，对燃煤电厂及工业燃煤锅炉开展燃煤技术升级改造。结合《建设项目主要污染物排放总量指标审核及管理暂行办法》，推行"燃气排放限值"技术，支持现有燃煤电厂通过改造达到燃气电厂排放标准，新建燃煤火电机组一律按燃气电厂排放标准建设，实现"近零排放"。[3] 加强散煤管理，对小城镇和农村地区民用燃煤消费，通过政府管控、政府补贴和市场机制等手段，提高低硫煤和洁净型煤使用比重。深入实施农村清洁能源开发利用工程，推进秸秆综合利用。纳入京津冀城镇群建设规划的城市、县城提出高污染燃料禁燃区管理要求。

3. 优化能源供应体系

加快京津冀区域天然气统一规划和布局，充分利用国内国际市场，加大河北天然气供给水平。通过加快建设特高压输电线路，对外提高山西、内蒙古向京津冀地区输电比重，对内增加可再生能源发电比重，逐步实现能源供应体系优化升级。以绿色低碳为方向，配套推动可再生能源、分布式能源和储能等能源技术创新发展，解决大型可再生能源、分布式能源系统发电并网技术及体制壁垒等问题。优先考虑在河北张承地区、太行山区大规模建设风电、光电工程，推广农村家庭户用光伏发电，将其培育为带动河北产业转型升级的新增长点。

（二）不断推进产业结构优化升级

河北产业结构偏重，钢铁、化工、建材等传统工业在经济结构中占主导地位。偏重的产业结构和落后的生产治污工艺造成了污染物排放量大的基本特征，给污染减排带来巨大压力。

---

[1] 张庆伟：《2014 年政府工作报告——在河北省第十二届人民代表大会第三次会议上》，《河北日报》2015 年 1 月 15 日第 1 版。

[2] 河北省发展和改革委：《在京津冀协同发展（环境保护）专题调研座谈会上的汇报》，2014 年。

[3] 同上。

建议借助京津产业向外转移的有利契机，找准切入点，不断推进产业结构优化升级，形成产城互动、区域联动的产业发展新格局。

1. 优化产业布局

建议以钢铁行业为重点和切入点，全面推进工业布局的优化。继首钢搬迁曹妃甸、河北钢铁集团重组、石钢搬迁等布局调整之后，重点在钢铁集中分布区域开展民营企业的兼并重组，达到钢铁行业退城入园或退城近海的布局要求。贯彻落实《河北省钢铁产业结构调整方案》，推进冀南钢铁集团、河北太行钢铁集团、唐山渤海钢铁有限公司搬迁改造、"退城进园"等新项目。通过兼并重组、布局调整，力争到2020年年底，沿海临港和资源优势地区钢铁产能比重提高到70%，河北钢铁冶炼企业数量减少了60%，组建15家左右的大型钢铁企业集团。

2. 进一步调整产业结构

河北应结合自身发展需求及京津产业转移的方向，把化解重点行业过剩产能作为今后一段时间产业结构调整的重点，把工艺技术升级、工业经济质量提升作为产业结构调整和承接产业转移的目标。以6643工程为阶段目标，加大煤炭、钢铁、水泥、平板玻璃过剩产能化解，以国家"一带一路"倡议为契机，鼓励产能过剩重点行业开展"21世纪海上丝绸之路"的转移。争取国家把河北作为国家"一带一路"产品、原材料转移基地，加大资金、政策扶持。在有序淘汰落后产能的同时，坚持以市场换取技术，创造条件吸引京津先进工艺技术及污染治理技术在河北落地，带动传统行业的转型升级。充分利用好"走出去"和"引进来"两大机遇，创新合作模式、完善交流平台，发挥河北优势产业的最大经济效应。

（三）全面开展生态环境修复

京津冀区域生态格局实际是河北广袤的生态空间环抱着京津两座特大型城市。在生态环境保护与建设中，应坚持河北生态环境支撑区的定位，积极协调京津，统筹区域主要生态功能区布局，增加生态系统的连续性，构建京津冀区域生态安全格局。

1. 推进生态修复重点工程

以县域为基本单元，明确各自的生态空间功能定位，以《河北省山水林田湖生态修复规划》重点修复工程为依托，积极开展地下水超采综合治理工程、河流水网建设和污染治理工程、湖泊湿地保护工程、山体修复工程和绿色河北攻坚工程。在工程建设中,将事关区域生态安全、京津特别关注、京津直接受益的重要生态功能区、自然保护区、水源涵养区、水源保护区、水土流失区和防风固沙区,确定为重点工程优先实施区,积极申请国家设立专项基金予以支持,加大公共资源配置倾斜力度。建议国家加大一般性转移支付力度,将河北张承地区和环首都、环天津县区(环京津贫困带)全部纳入一般性转移支付范围,积极协调京津,对口寻求重点工程的专项支持。

2. 完善综合生态补偿政策与机制

以生态系统的完整性和服务功能性为依据,以流域生态补偿为突破口,建立健全京津冀区域生态补偿政策与机制。建立引滦入津工程生态补偿机制,天津支付补偿资金用于改善滦河上游及潘家口、大黑汀水库水质。完善北京与张承地区的生态补偿机制,北京支付资金补偿张家口和承德地区承担官厅水库与密云水库上游流域的水源涵养、水污染防治和生态涵养工作。以白洋淀、衡水湖、文安洼、地表型饮用水水源上下游、太行山西部山区与平原为重点,建立健全河北省内跨区域的综合生态补偿政策与机制。在综合考虑直接经济损失、机会成本和生态治理投入的基础上,统筹财政收入、经济发展特点和人口分布合理确定生态补偿标准。同时,京津冀区域应统筹建立和推进生态补偿监测、评估和考核等保障机制,掌握区域生态环境质量和生态系统服务价值,评估补偿成效,监督生态保护责任,通过评估和考核,切实提高生态保护效果。

(四)持续推进绿色新型城镇化建设

相比于京津,河北更好更快地发展,才能带动京津冀区域的协同发展,因此,要大力推进河北城镇化体系建设,全面提升农村面貌的改善。

1. 大力提速城镇化建设水平

快速提高城镇化水平,用更好的经济条件、更完备的城镇环境基础设施,集中处理和处置生产废水、生活污水、生活垃圾和工业固体废弃物,减少污染物排放,为区域协同发展腾出更好的生态空间和环境容量。每个市县,特别是重点发展的市县,都要确定各自的环境功能和生态功能红线,明确本区域产业发展功能,找准产业发展方向和清洁生产要求,制定禁止和限制发展的产业负面清单,全面衔接和承接京津功能疏解和产业转移。

2. 加快改善农村环境质量

在完成农村环境综合整治试点省目标的基础上，建议继续向国家申请，将河北纳入全省覆盖拉网式农村环境综合整治试点省份，全面改善区域农村生态环境质量。加快乡镇和连片农村集中式饮用水水源保护区划定工作，加大水源地环境监管力度，优先治理水源地周边生活污水、生活垃圾、工矿污染、畜禽养殖和农业面源污染。推进村镇供水、排水和污水收集与处理等基础设施一体化进程，推广使用洁净型煤、优质低硫散煤、生物质能等。在张承地区、太行山西部山区鼓励开发光电、风电等清洁能源。以永定河流域、南水北调沿线、引滦入津沿线、北京应急供水库区、白洋淀、衡水湖周边地区为重点，大力发展循环农业，推广绿色、有机、高效农业生产，积极转变农业发展方式，有效控制农业面源污染。加强秸秆综合利用，强化秸秆禁烧监管措施，尽快实现全收集、全处理。河北以县为单元，科学调整和确定养殖业布局、总量和规模，划分禁养区和限养区，对规模化养殖企业和小区进行全面治理。加快推进美丽乡村建设，积极推进国家生态文明建设示范村镇建设。

第七章 体制机制改革

第一节 以体制机制改革推动京津冀协同发展*

推动京津冀协同发展是中共中央、国务院在新的历史条件下做出的重大决策部署和重大国家战略，是一项事关京津冀长远发展和人民福祉的重大决策。2014年2月26日，习近平总书记在北京召开座谈会，就推动京津冀协同发展作了重要讲话。他指出，京津冀地缘相接、人缘相亲，地域一体、文化一脉，历史渊源深厚、交往半径相宜，完全能够相互融合、协同发展；要从加强顶层设计、调整优化城市布局和空间结构、加快推进市场一体化进程等七个方面着手，做好前瞻性、重构性的设计，提出了"一揽子"解决方案，大力推进京津冀协同发展。习近平总书记的重要讲话，为京津冀全方位合作指明了方向，具有重大的现实意义和深远的历史意义。

京津冀地区同属京畿重地，濒临渤海，背靠太岳，携揽"三北"，战略地位十分重要，是我国经济最具活力、开放程度最高、创新能力最强、吸纳人口最多的地区之一，也是拉动我国经济发展的重要引擎。推动协同发展各有优势、互为补充。北京、天津两市实力雄厚，科技、教育、文化、卫生等领域优势明显。2014年，分别实现了生产总值2.13万亿和1.57万亿元，人均生产总值分别达到10万元和10.5万元。河北外环渤海，内环京津，历史文化厚重，区位交通优越、产业体系完

---

* 作者：陈昌智 十二届全国人大常委会副委员长，十届民建中央主席。本节系作者在2015年京津冀协同发展正定论坛上的致辞，内容略有删减。本节原载《经济与管理》2015年第6期。

备、发展腹地广阔、人力资源丰富，有着明显的后发优势。

推进京津冀协同发展，虽然有一定的基础，但仍然面临不少困难和问题：一是在以往的发展中，三省市的定位不够清晰，分工不够合理。特别是北京，集聚了过多的非首都功能，人口增长过快、交通拥堵、水资源短缺的"大城市病"日益凸显。二是区域内的经济发展水平差异过大，经济联系较为松散，产业协同发展的难度大。三是中心城市辐射带动能力弱，京津两大城市对周边地区的资源存在"虹吸"现象。河北环京津还有很多贫困县和贫困人口，京津两大城市的人均生产总值是周边保定、张家口等城市的3倍以上，教育、医疗等公共服务的水平差距更为突出。

2015年4月30日，中共中央政治局召开会议，审议通过了《京津冀协同发展规划纲要》（以下简称《规划纲要》），京津冀协同发展顶层设计已经完成，实施这一重大国家战略的主要着力点也已清晰明确。《规划纲要》落地，协同大幕开启，京津冀协同发展已经进入实质性的操作阶段，现在的关键是要凝众心，集众智，聚众力，抓好推进和落实。民建作为参政党，要充分发挥密切联系经济界的特点和优势，围绕如何更好地推动《规划纲要》的落实，深入调查研究，积极建言献策，当前要着重在功能定位与体制机制改革、北京非首都功能疏解、推进产业转型升级和公共服务均等化四个方面下功夫。

第一，功能定位与体制机制改革。功能定位是科学推动京津冀协同发展的重要前提和基本遵循，体制机制改革是推动京津冀协同发展的制度保障。《规划纲要》已经对京津冀区域整体和三省市各自进行了明确定位。区域整体定位体现了三省市"一盘棋"的思想，突出了功能互补、错位发展、相辅相成。三省市定位服从和服务于区域的整体定位，增强整体性，符合京津冀协同发展的战略需要。在明确功能定位的基础上，应该进一步地深化体制机制的改革，全力推进定位目标早日实现。目前，京津冀三地围绕协同发展已经谋划出台了许多重大的改革方案和措施，取得了积极的成效。但三省市之间市场壁垒仍然存在，协同发展还存在诸多障碍。为此，必须消除隐性壁垒，破解制约协同发展的深层次矛盾和问题，把国家层面的重大举措与京津冀区域实际情况结合起来，创造性地提出推动区域协同发展的改革措施，下决心破除限制资本、技术、产权、人才、劳动力等生产要素自由流动和优化配制的各种体制机制障碍，尽快地建立优势互补、互利共赢的区域一体化发展制度体系，打造区域性体制机制高地。

第二，北京非首都功能疏解。有效地疏解北京非首都功能，是京津冀协同发展战略的关键环节和重中之重。为了摆脱长期面临的"大城市病"的困扰，北京应该主动"瘦身"，积极调整疏解转移一部分非首都功能，着力优化提升其作为全国政治中心、文化中心、国际交往中心、科技创新中心的首都核心功能，同时还要注意，疏解北京非首都功能不能简单化地切蛋糕，而是要统筹考虑北京与津冀等地的承受能力，做到转得安心、接得舒心，互利共赢，有序推进。

第三，产业转型升级。推进产业转型升级，协同发展是京津冀协同发展的重要支撑，其中又以河北的产业发展最为关键，因此，京津冀应通过产业链的合理分工，发挥各自优势，差别化发展，使区域经济深度融合。北京应以疏解非首都功能为先导和突破口，着重发挥好科技、人才、国际交往的优势，提高新技术的研发能力和水平，构建"高精尖"的经济结构。天津作为北部航运中心和北方经济带的龙头，应着力加强先进制造业和金融业发展。河北可以利用好地域的空间、资源、环境、人力资源等优势，做好京津两大城市的产业转移承接和科研成果的转化。总之，京津冀三省市要通过产业链上、中、下游的合理分工，共同推进产业转型升级进程，为协同发展夯实产业基础。

第四，公共服务均等化。促进基本公共服务均等化是推动京津冀协同发展不可或缺的重要内容。目前，京津冀三省市特别是与京津相比，河北在公共服务水平和质量层次上存在明显的梯度差，有些方面甚至呈现"断崖式"的差距，多年来，公共服务水平的巨大差距改变了三省市资源要素的自然流向，其中人才流动的困境最为严峻。北京、天津拥有良好的经济发展环境、人文教育环境和医疗保障环境，对河北的人才产生了强大的吸引力，导致河北的高端人才不断流失。目前，京津冀三已经在社会保障、医疗卫生、教育合作等方面进行了有益的探索和实践，积累了一定的经验。接下来，三省市应该进一步加大合作力度，通过公共服务领域的共建共享，力争在社会保障、教育、医疗卫生、社会管理等公共服务均等化上不断取得新的进展、新的成效，让广大群众切实得到实惠，共享京津冀协同发展的成果。

第二节 以深化改革推动京津冀协同发展[*]

改革开放以来，仅仅经过30多年的发展，就在我国成长出了两大城市群，一个是珠三角城市群，另一个是长三角城市群。而规划中的环京津环渤海城市群却让人感觉十分勉强。城市群是区域经济一体化和城市化发展到较高阶段的必然产物，也是实现资源优化配置、提高城市承载力、集约利用资源和基础设施的重要途径。环京津环渤海城市没有形成分工紧密、经济一体的城市群，反映出京津冀区域经济发展之不协调、不开放、少协作。京津冀协同发展关乎北京"大城市病"治理、国家创新战略制定、新增长极培育、城市群布局、人口资源环境区域协调发展等目标的实现。

一 京津冀区域经济社会协同发展水平长期落后于长三角和珠三角

从20世纪80年代末至今，京津冀的经济总量一直只与珠三角的广东省持平，只相当于长三角上海、江苏、浙江三省市的近60%。京津的经济总量也只相当于河北或上海一个城市，而仅苏州一个城市的财政收入就相当于整个河北的财政收入。现在京津"大城市病"凸显，区域内城乡二元结构严重，环境污染已经达到了令人无法容忍的程度。京津冀合作至今只在农副产品生产与销售、旅游两个方面建立了比较好的合作机制，在实践中取得了各方都比较满意的成果。

京津冀区域相对于长三角、珠三角落后的主要原因，一是改革开放起步晚，政府职能转变慢，干部群众思想观念不够解放，小农经济和计划经济思想根深蒂固；二是国有企业太多，改革转制慢，民营经济起步晚，发展慢；三是区域内贫富差别、城乡差别大，河北的人均GDP值只相当于北京的41.2%、天津的38.2%。2013年，河北城市化率只有48%，有一半的国土面积生态环境脆弱，环京津地区还有26个国家级贫困县和6个省级贫困县，服务业只占经济总量的35.5%，工业产业结构和产品结构层次低。河北GDP在全国排在第6位，但是，"大而不强"的特征非常明显。

---

[*] 作者：杨连云 河北省社会科学院原副院长。本节原载《经济与管理》2014年第4期。

京津冀区域相对于长三角、珠三角落后还有一个重要原因，就是京津冀区域经济合作水平不高，没有形成能像珠三角、长三角那样的区域竞争优势，没有形成利益共同体。很多因素阻碍京津冀区域内协同发展：一是京津长期处于生产要素的聚集阶段，对外辐射不够。以首钢搬迁到曹妃甸为标志，2004年以后北京才开始对外辐射。二是京津冀区域之间在市场基础上的整合还存在许多深层次的制度障碍，特别是行政区划和财税体制造成京津冀之间的利益分割，有跳出"一亩三分地"的思维模式。三是没有一个统领全局的京津冀区域发展规划。四是没有健全的合作机制。五是没有形成统一的要素市场。六是河北产业配套能力差，包括软硬环境建设，远不如广东。如北京电子产业规模大，但配套生产基地大都选在广东。

二　京津冀协同发展已成为国家诉求

京津冀区域地缘相接、人缘相亲，地域一体、文化一脉，历史渊源深厚，但是，长期以来，这一区域各自竞争发展为主，并未形成规划一体、资源共享、优势互补、分工协作的经济社会共同体。

习近平总书记开始关心京津冀协同发展问题。2013年5月到天津调研，同年8月到北戴河调研，对京津冀协同发展作出重要指示。2014年2月26日，习近平总书记在北京专题听取京津冀协同发展工作汇报，将京津冀协同发展提升为国家战略。按照习近平总书记这次讲话的精神，要在国家治理能力和治理体系中考虑京津冀区域发展。京津冀协同发展已成为国家对这一区域发展战略的需要。

京津冀协同发展的最终目的是：打破行政壁垒，实现区域内各种生产要素的自由流动和最优配置，人口、资源、环境在这一区域协调发展，消除贫困，实现经济一体化发展，使京津冀区域整体竞争优势最大化，成为全国新的经济增长极。

京津冀区域协同发展的具体目标是：京津的核心优势（主要是高科技的研发优势）得到充分发挥；疏散北京的非首都功能，减少北京的城市压力；构建区域内科学合理的产业布局和城市布局；构建区域内现代产业体系；建立健全区域内服务体系（包括金融、物流等）；构建统一的要素市场，实现要素的自由流动；消除贫困，实现区域内城乡一体化发展；区域内建成完善的基础设施，实现城乡公共服务一体化；实现生态环境建设一体化，基本消除雾霾和水资源污染。

京津冀区域行政碎片化分割严重且行政地位不平等，因此，必须深化改革，建立协同发展的体制机制，才能推动和实现一体化发展。

三　以深化改革推动京津冀协同发展

京津冀是一个特殊的区域，地缘相接，地位不等，京为都，津为港，京津双城冀中央。故而京津冀协同发展需要国家层面的协同发展体制机制设计，需要中央层面统筹，激发地方政府参与区域间经济社会协同发展的自主性和活力，使地方政府出于自身地方利益的考量而愿意突破固有的行政区划的羁绊，主动参与到区域经济社会的协同发展中来。

（一）建立京津冀协同发展协调机构

由于行政壁垒严重，京津冀的关系，说到底，不是三方关系，而是中央与京津冀四方的关系。没有中央参与，没有顶层设计，很多制约区域合作的难题就不好解决。也很难有效地推进京津冀区域内具体领域的协调发展。

1. 尽快成立京津冀协同发展最高协调机构

建议尽快成立由国务院领导，国家发展和改革委牵头，京津冀行政长官参加的区域协调发展联席会领导小组，负责区域发展的总体设计、统筹协调、整体推进、督促落实；负责研究、编制和落实京津冀区域发展总体规划，统筹协调区域合作和一体化战略决策。2004年的《廊坊共识》没有得到充分落实，主要原因是没有一个监督、推动、协调三省市落实该共识的权威机构。

区域协调发展联席会领导小组的具体职能构想：（1）负责制定京津冀一体化发展的方针、目标、总体规划。（2）明确区域合作机制，解决区域有关政策法规冲突，合理解决合作中发生的经济纠纷等，优化合作的软环境。（3）确定需联合向国家申请的合作项目和争取的政策。（4）完善区域产权、资本等市场体系建设，推进区域市场一体化。以资本经营为主要经营形式，推动企业实行跨行政区、跨行业、跨所有制的合作，建立市场化的经济合作体制。（5）协调区域内各行政主体和经济主体的利益关系，解决规划实施过程的矛盾和问题。实际上，中央为协调地方利益关系，实现协调发展，已经成立了类似的协调机构，如黄河水利委员会，还有南水北调工程建设委员会。

2. 尽快成立京津冀专业发展协调与合作委员会

根据影响京津冀区域协调发展的重大问题或突破点，分领域组建由三省市政府相关职能部门参加的专业发展协调与合作委员会（如京津冀区域大气环境治理合作委员会、京津冀能源发展与供应委员会、京津冀统一水资源供应安全委员会、京津冀区域交通运输协调与合作委员会等），就跨行政区的重大项目和具体问题的协调与合作举行三省市会谈，寻找三省市都能够互利互惠的合作切入点。

三省市政府各部门、各党派、群众团体、各行业协会，可以建立广泛而密切的协商合作渠道，各相关企业也可以在政府的协助下建立相应的合作平台，定期或不定期地研讨有关事宜。

（二）科学合理地明确京津冀各自的功能定位

京津冀协同发展度不高，重要原因之一就是京津冀功能定位的竞争性。尤其是北京的多中心定位更造成北京成为吸引全国资源的黑洞，更成为京津冀地区的黑洞，进而造成北京的"大城市病"。京津冀协同发展，必须科学合理定位各自功能。

1. 北京要明确首都功能

首都功能不是北京功能，是国家功能。研究京津冀协同发展规划，首先是功能的规划。北京是首都，北京的主要功能是政治、文化、国际交往和科研开发。北京应该在金融资本、生产性服务业、高科技产品的研发、人才和教育资源、信息等方面加强对区域的辐射。除一些面向全国的非首都核心功能，大部分非首都功能要向周边或更远的地区疏散。部分科教文卫机构可以适当地迁移出北京。非关国家经济命脉的央企总部，也可以适度地迁出北京。优化三次产业结构，优化产业特别是增量工业项目选择，突出高端化、服务化、集聚化、融合化、低碳化。

2. 科学规划区域城市空间布局和产业空间布局

明确京津冀区域内工业开发区和科技园区功能定位，实现三省市各方需求的对接。各地方政府有关部门应该从京津冀协同发展的大局出发，优化布局、科学确定功能，科学分区形成协调互补的产业发展与人居环境一体化体系。

（三）按照有利于推进区域协调发展的方向调整现行制度安排

区域经济社会协同发展只依靠京津冀三省市中的任何一方的施舍或牺牲都是不可行的、不可持续的。只有外在的旨在一体化的体制机制制度安排，使京津冀三省市亲身感受到参与京津冀区域合作能够得到巨大的红利，三省市的广大干部和群众才能更加积极主动地投入到区域协同发展的行动中来，协力打造利益共同体。在改革财政体制、大力提倡突破"一亩三分地"思维模式的同时，要尽快建立起京津冀区域管理协调机制、利益补偿机制和相应的业绩考核机制。

1. 由中央政府建立以京津冀经济圈各城市为被考核单位的考核制度与项目

政绩考核不再考核地方生产总值的总量和增速，而应把京津冀三省市政府在区域合作中的行为与功过作为考核重点之一。考核地方转变政府职能的成效，理顺中央与地方关系，激发地方政府协同发展的自主性和活力，通过顶层的架构设计，通过中央层面的适度放权和统筹，使地方政府出于自身地方利益的考量而愿意突破固有的行政区划的羁绊，主动参与到区域经济社会的协同发展中来。

2. 设立首都财政，让北京瘦身

为了根治北京的"大城市病"，减少其在大办制造业方面与津冀的竞争，北京可以借鉴类似"华盛顿特区"模式，建立有别于普通地方财政的"首都财政"，让北京聚焦首都功能。把北京作为中央一个部来对待，单独作为一个财政预算和支出单位。北京作为首都不应该为了增加地区财政收入而大办工业，考虑到首都处于北京，为了既能够确保履行"服务首都"重要职能，又能促使北京积极参与京津冀区域在高科技和现代服务业方面的合作，建立"首都财政"，使北京不再继续背着深重的财政包袱，不再参与区域内招商引资竞争。

（四）充分利用河北各市县的科技园区和经济开发区承接北京的产业转移

在区域性复合型大气污染面前，任何一个地区都不可能独善其身。在京津冀区域环境污染，特别是严重的大气雾霾情况下，指令河北大力削减钢铁、水泥、玻璃等产业，2014年第一季度河北增长率只有4%，下降5个百分点，同时出现了大批下岗失业人员。为弥补经济总量和安排下岗人员，更需要将北京、天津的装备制造业、信息技术产业的生产基地和服务产业转移到河北。消除区域内污染源是京津冀的共同任务。北京和天津应该真正一起帮助河北发展经济，这样，由发达区域带动欠发达区域进行产业升级转型才是协作治霾的根本之道。

为了实现区域内生产要素合理配置、最大限度地发挥其经济效益，必须制定实施有利于促进产业集聚的政策，科学地规划和打造京津冀区域科学合理的城市布局和产业布局。根据各地的资源禀赋和产业基础，同时考虑后进地区利益补偿，科学制定规划。鼓励京津冀区域差异化发展、错位发展。把鼓励政策、限制政策和引导政策结合起来，促进各地区转变经济增长方式。建立既符合市场竞争规律又能发挥区域比较优势的产业结构，形成城市之间的合理分工，推进城市之间的平等合作和优势互补。

（五）制定京津冀资源协同利用政策

京津冀协同发展，只有实现区域资源协同利用使用，才能实现真正的协同发展。为此，要加强土地资源、水资源、人口资源、能源、基础设施等的协同利用，统筹考虑区域产业、交通、公共资源、人口等问题。

建立京津冀统一、安全、合理的水资源市场。推广建立可交易的水权制度。界定水权是建立可交易的水权制度的核心。这里的水权是指水资源的使用权和与水环境维护、治理相关的各种权益。界定水权会涉及流域地区方方面面利益的调整，既要考虑水资源的持续利用、循环使用，保护宝贵的水资源，又要高效率使用水资源。大力发展海水淡化工程，解决城市用水安全。合理分配，有偿使用南水北调水资源。

要统一规划和管理区域的土地资源、能源资源、岸线资源，将资源消耗量大的产业向其赋存程度较高的区域转移。北京、天津两市土地资源稀缺，可以将占用土地规模较大的产业向河北一些地区集中。

推动共同开发利用区域内铁路、公路与港口等公用基础设施。

（六）京津冀协同发展的机制与路径

1. 京津冀区域协同发展应遵循的原则

京津协同发展应遵循自愿、平等和互利共赢的原则，按市场经济规律办事原则；坚持市场主导、政府推动的原则，使资源配置达到最佳效益；发挥比较优势，坚持错位发展、不搞同质竞争、优势互补的原则；坚持统筹兼顾、可持续发展的原则。

2. 京津冀区域协同发展的合作机制

从产业组织的整合进度来看，一定要建立政府之间和企业之间的两套合作机制。政府引导，市场主导；政府搭台，企业唱戏。

3. 大力改善发展环境

为进一步加强经济合作，三省市政府要大力改善制度环境，提升制度竞争力，加大政府机构改革和职能转变对区域经济发展的推动力，加强政策、政务、市场、法制、人文和硬件六大环境建设，对科技创新，建立长期、灵活、有效的保障机制，加强投融资机制创新，从而使制度安排对资源优化配置和经济发展产生巨大的推动作用。

4. 科学处理产业集聚与疏散的关系

集中资源和生产要素，有效地发展重点区域与重点城市，在促进产业集聚过程中实现区域生产力的优化布局。加快形成分工合理、重点突出、比较优势得以发挥的区域产业结构。

5. 京津冀协同发展要由虚到实、求同存异、先易后难、梯次推进

先易后难，从眼前亟须解决的问题入手。比如，当前可以从治理雾霾入手，共同调整区域内产业结构和能源结构；把交通一体化作为先行领域，加快构建快速、便捷、高效、安全、大容量、低成本的互联互通综合交通网络；从发展旅游和农副产品供应入手，共同发展交通和物流产业；从劳动力市场建设入手，建立人力资源培训体系；从南水北调中线建设入手，共同建设包括海水淡化在内的水资源市场，保障京津冀区域的生产和生活用水安全；充分利用京张联合申办冬奥会和北京第二机场建设是京冀合作的重要机遇。张家口可以发展交通、物流、旅游、休闲度假、生态建设等产业。固安可以发展临空港产业，包括服务业、制造业、物流业等。

（七）制定政策，促进区域要素合理流动

京津冀区域要素市场流动不畅，还不同程度地存在市场割据、部门保护、地方保护。京津冀协同发展，要着力加快推进市场一体化进程，下决心坚决破除限制资本、技术、产权、人才、劳动力等生产要素自由流动和优化配置的各种体制机制障碍，推动各种要素按照市场规律在区域内自由流动和优化配置。

1. 建立开放、统一、公开、透明的要素市场

及时清理已经过期、不合时宜的部门封锁和区域封锁政策；积极实施反垄断、反区域封锁的政策；建立能够竞争有序、结构合理的企业组织体系；规范市场的进入和退出行为。

2. 建立京津冀统一的融资机构和融资平台，开展金融租赁业务

发挥金融本身的巨大优势，把不同地方的资源，进行跨时间、空间调配，特别是对未来资源进行调配。大规模增加资本供应，加快实体经

济发展速度。金融发展的结构、方向和重点要服从于区域经济发展的结构、方向和重点。

（八）统筹京津冀区域城乡一体化发展

围绕京津在河北存在一条环京津贫困带。这样的贫困带将直接影响京津冀一体化发展。要从根本上解决环京津贫困带问题，建议国家实施"京津冀城乡一体化发展规划"，坚持有差别的开发式扶贫战略，制定专项帮扶规划、特殊政策和措施。对于国家来说，河北各贫困县的要求并不特别高，只要对这些贫困县在扶贫开发、基础设施建设和生态建设方面给予与北京郊区延庆、怀柔、密云同样的投资标准和优惠政策，这些贫困县贫困落后面貌的改善将是指日可待的。比如，造林至少需要一年种植三年补植，造林资金需要多年投入，成年树木达到成活标准，每亩至少需要投入资金1500元，但2010年造林补助张家口、承德各县每亩仅为200元，而北京远郊区每亩投入达5500元。

（九）建立生态补偿机制，实现区域生态建设一体化

河北的张（家口）承（德）地区为京津提供了生态屏障，为京津水安全和环境建设做出了突出贡献，同时也牺牲了自身发展。作为京津上风上水的生态屏障和水资源地，从1997年起，张家口停产治理了企业277家，取缔企业517家，失去了很多发展机会。2008年奥运会前后的半年多时间，河北有1000多家企业被迫停产。尽管张承地区的发展不能以本地GDP论成绩，但是，它们为京津冀地区做出的生态贡献与水安全贡献的成绩则不应是无私的，是应该有回报的，因为生态保护是需要大量投入的。受益地区政府应给予相应补偿。因此，建立京津冀区域生态建设补偿机制十分必要和重要，否则有失公平。应本着"谁开发谁保护、谁受益谁补偿"的原则，尽快建立京津冀生态补偿机制。生态补偿范围应包括饮用水源补偿、水土保持小流域治理补偿、生态公益林的补偿、湿地保护补偿、农田基本建设补偿、矿产资源补偿和生态移民补贴。补偿总额应相当于生态贡献、水资源安全贡献投入的机会成本。建议尽快成立"京津冀区域生态环境建设领导小组"，同时成立办事机构，具体制定京津冀区域生态一体化建设规划，规划建立自然保护区，成立专项基金，制定基金使用管理办法，以及区域生态建设补偿政策。这些补偿资金主要应该由中央政府财政转移支付，京津冀三省市政府也应该适当补充。基金主要用于生态投资与环保补偿，用经济手段，

实现生态安全的投入与产出平衡。

（十）确定一批大力支持京津冀一体化开发的重大活动和项目

在国家安排"南水北调""国家高速公路网络""国家高铁网络""张承地区风电"建设等工程以后，再在河北安排一些重大工程，如河北与天津沿海统一的华北物流基地建设、沿海制造业基地建设，在环京津贫困带特别是张承地区安排一些重大的制造业项目。

北京和张家口联合申办 2022 年冬奥会，将为两市基础设施建设带来新的机遇，建议国家安排交通、旅游、生态、冰雪体育竞赛场馆等方面的建设项目。

推进网络支持体系建设，实现人才、科技、商业的信息共享。

第三节 京津冀协同发展的财税体制创新[*]

一 京津冀"断崖式"财政落差是制约三地协同发展的关键

（一）京津冀存在的"断崖式"财政差距

财政是"以财养政"与"以政行财"的统一，既内含着公共财力因素，也包括政府公共服务内容。京津冀之间的财政差距，既体现在三地之间的人均公共财力差距上，也体现在由此决定的三地之间的公共服务差距上。

从人均公共财力差距来看，多年来，京津冀人均地方财政收入存在的"断崖式"差距，不仅未能缩小，还呈现出相对扩大趋势。表 7-1 给出了近年来来京津冀人均公共财政收入差距变化情况。

从表 7-1 可知，京津冀之间人均公共财政收入不仅呈现了绝对差扩大的趋势，2012 年以来，还呈现了相对差距扩大趋势。如在人均公共财政收入绝对差方面，2010—2014 年，河北与北京的人均公共财政收入绝对差分别为 0.99 万元、1.25 万元、1.32 万元、1.42 万元和 1.54 万元，河北与天津的人均公共财政收入绝对差分别为 0.61 万元、0.83 万元、0.96 万元、1.1 万元和 1.23 万元。在人均公共财政收入相对差距方面，2012—2014 年，河北人均公共财政收入分别是北京人均

---

[*] 作者：王延杰　河北大学经济学院教授。本节原载《经济与管理》2015 年第 4 期。

公共财政收入的 18%、17.9% 和 17.6%，河北人均公共财政收入分别是天津人均公共财政收入的 23.2%、22% 和 21.2%。即便是考虑到中央对地方的税收返还和转移支付因素的影响，京津冀之间的人均公共财政支出差距仍然较大，如 2014 年河北人均公共财政支出为 6281 元，仅相当于同期北京人均公共财政支出 20963 元的 29.96% 和同期天津人均公共财政支出 18697 元的 33.6%，京津冀之间的人均公共财政支出差距仍然高达 3 倍。在地域相连的同一区域内，三地人均公共财力差距如此悬殊，是一种非常罕见的现象。

表 7-1　　2010—2014 年京津冀人均公共财政收入变化情况　　单位：万元

年份	2010	2011	2012	2013	2014
北京市	1.17	1.49	1.61	1.73	1.87
天津市	0.79	1.07	1.25	1.41	1.56
河北省	0.18	0.24	0.29	0.31	0.33

资料来源：根据北京市、天津市、河北省 2010—2014 年国民经济与社会发展计划统计公报披露数据整理计算所得。其中，人均公共财政用"地方公共财政预算收入/当地常住人口"表示。

从三地公共服务待遇差距来看，由于公共财力是支撑公共服务的基础，京津冀"断崖式"公共财力落差，直接导致了三地之间的公共服务政策水平存在很大差距。如在人均公共教育支出方面，北京是河北的 2.56 倍，天津是河北的 2.26 倍。此外，在人均公共卫生医疗支出、人均公共文化支出、人均科技投入、人均公共交通设施投入、城乡居民低保待遇、农村基础养老保险补助、农村医疗保险补助等方面，也基本呈现了京津冀之间严重的"梯次落差"现象，呈现了三地之间公共服务财政支出水平的巨大差异。受此影响，京津冀之间的公共服务水平差距悬殊。如 2014 年，京津冀三地每百万人口拥有三级医院数分别为 3.2 家、2.9 家、0.9 家，北京是河北的 3.56 倍，天津是河北的 3.2 倍[1]；京津冀三地的农民低保待遇，北京平均水平是河北平均水平的 4.03 倍，天津平均水平是河北平均水平的 3.15 倍。

---

[1] 丁栋：《京津冀协同发展有望破解区域差距难题》，《中国新闻网》2015 年 4 月 30 日。

(二) 京津冀财政落差成为制约三地协同发展的关键

京津冀之间人均公共财力和公共服务等方面的财政差距，导致了京津冀公共资源配置的严重不均衡，使同一区域内的京津两市处于公共政策高地，河北处于公共政策洼地。京津两市凭借公共政策优势，形成了对周边优质资源的强大吸引力，而处于同一区域内的河北则因公共财力和公共服务水平严重偏低，直接导致了优质资源和要素流向京津两市，不利于人口、产业及城市功能在京津冀区域内的合理布局，也是导致首都城市人口过于膨胀，天津城市人口较快增加，河北城市因缺乏吸引力，难以形成分担首都非核心功能，无法形成多中心城市功能互补格局的重要原因。

我们之所以把京津冀财政落差视为制约三地协同发展的关键，是因为京津冀协同发展面临的障碍，尽管人们提出了各种不同认识，如把京津冀协同发展的障碍归结为行政区划体制障碍、基础设施条件障碍、产业分工合作障碍、资源不合理流动障碍、公共服务政策障碍等。在所有这些障碍中，虽然行政区域体制是影响京津冀区域一体化的最大障碍，但京津冀协同发展命题的提出，并不是取消京津冀行政区划，否则就谈不上京津冀协同发展。从现实情况来看，京津冀协同发展的确还面临着基础设施条件障碍、产业分工合作障碍、资源不合理流动障碍、公共服务政策落差障碍，但所有这些障碍都属于区域发展条件和发展环境的问题，都离不开政府财政收支和政府公共服务的影响，或者说是三地之间政府可利用的财政资金差距和以此为基础的公共服务水平差异造成的结果。因此，京津冀财政差距也就成为影响基础设施投入、影响三地公共政策水平、影响公共服务性的发展环境的基本条件，成为制约三地协同发展的关键。

从当前情况来看，京津冀已经率先启动了环境保护一体化政策，交通设施一体化、产业一体化正处于加速推进阶段，但制约三地协同发展的财政落差问题尚未得到解决。如果不能及时解决京津冀之间的财政落差和公共服务政策差距，不仅会直接影响首都非核心功能疏散，而且在各类要素流动更加便捷的条件下，还会造成人员和要素加速流向京津的态势，更不利于疏解首都拥堵问题。正是由于京津冀财政差距作为影响三地协同发展的关键日益凸显，实施京津冀协同发展战略，必须按照创新驱动要求，通过推进公共服务均等化改革，逐步缩小京津冀之间的人均公共财力落差和政府公共服务政策差距。

二 财税体制是京津冀财政差距扩大的根源

京津冀之间的经济和财政发展"两强一弱"如此悬殊的差距，是改革开放以来呈现的局面。在改革开放初期，河北人均GDP和广东、江苏处于同一水平，略高于浙江、山东和福建，目前，河北人均GDP仅为江苏的51.9%、浙江的56.6%，以及广东、福建、山东的66.1%、66.9%和68.7%，成为沿海省份落后的区域。改革开放初期，京津冀之间人均GDP和人均财政收入差距较小。直到1994年，河北的财政收入还是北京财政收入的2.07倍，是天津财政收入的1.9倍，京津冀人均财政收入虽有差距，但河北落后于京津的差距并不大。[①] 到了2014年，河北财政收入仅为北京的93%和天津的1.57倍，京津冀人均财政收入差距明显扩大，河北人均收入仅为北京的17.6%和天津市的21.2%。应该说，改革开放以来京津冀财政经济差距，与京津对河北形成的"虹吸效应"有关，所以，产生这种"虹吸效应"，是"分灶吃饭"财税体制导致的区域竞争的结果。

（一）我国区域经济竞争的实质是区域财税利益竞争

我国经济发展带有浓厚的政府主导色彩，或者说是典型的政府主导型的经济发展模式。即便是在社会主义市场经济条件下，政府的规制和政策引力及其所塑造的发展环境，仍然发挥着对市场主体行为选择至关重要的影响。无论是区域经济发展规划还是具体发展项目的审批，都属于政府的事权范围，都是由政府决定的；区域经济的项目发展，深受政府政策导向及其由此所决定的发展环境的影响。不同区域的政府政策导向和政府服务能力塑造的经济发展环境，影响着市场主体发展项目和资源流动，因而不同区域间的经济竞争，实质上是政府政策导向和政府服务能力所决定的区域发展环境的竞争。

财税手段是政府调控经济运行最重要的手段，财税收入是政府维持机构运行、提高公共服务待遇、发展社会事业、扩大民生支出、提升政策影响力的财力基础。由于不同区域间政府各项政策的实施、公共服务水平取决于各自可支配的财税利益，因而在区域经济竞争中，政府最关心其能否获得相应的财税利益。所谓区域经济间的政府服务能力和政府

---

① 楼继伟：《新中国50年财政统计》，经济科学出版社2000年版。

政策导向所决定的发展环境竞争,也就演变成了不同区域间的政府为了提高各自的政策影响力而争夺财税利益的竞争。

(二)"分灶吃饭"财税体制加剧了区域财税利益竞争

行政区划并非造成发展差距的真正原因,也不是造成区域利益竞争的根源,只有当行政区划体制与赋予行政区独立的财税利益体制相结合时,才会产生各行政区相互争夺财税利益的区域竞争行为。从实践看,任何财税体制的选择,都绕不开公平与效率关系的抉择,都需要处理区域竞争与合作的关系。我国实行持续多年的"分灶吃饭"财税体制,主要是按照"竞争出效率、调控促公平"的逻辑思维,重点突出了竞争导向和效率导向,通过鼓励各地方竞相发展当地经济,调动各地政府自主理财的积极性,在促进各地经济快速增长的同时,促进财政规模的不断扩大。至于在调控促公平方面,则是通过提高中央对地方的政策调控能力,缩小区域间的财政经济差距。如支持西部大开发政策、中部崛起政策、振兴东北老工业基地政策等。由于我国"分灶吃饭"财税体制重点放在竞争导向和效率导向上,对于调控促公平也发挥了积极作用,但在如何体现"合作促公平"方面,并没有真正将其置于体制选择中。其结果是重视了效率,轻视了公平;提倡了区域竞争,忽视了区域合作。从实行分税制的一般国家来看,通过纵向转移支付或横向转移支付的调控政策,能够把区域间的人均公共财力差距缩小到 1 倍以内,许多国家的区域人均公共财力差距缩小到 0.2—0.5 倍。我国通过中央纵向转移支付后的地方人均公共财力差距依然较大。

具体到京津冀而言,"分灶吃饭"财税体制下的京津冀之间的竞争还有其特殊性,人们通常将其称为存在"虹吸效应"下的不平等竞争和资源利益输送型的非市场化竞争。京津冀之间的财政经济差距还不完全是区域间平等竞争的结果,而主要是河北服务京津的资源利益输送造成的河北财政经济的"积贫积弱"状态。特别是在中央与地方事权划分不清晰、支出责任划分不明确的背景下,"分灶吃饭"体制使处于为京津服务地位的河北不仅其输送的水资源未能得到市场化补偿,而且承担的为京津提供生态环境保护和维护首都周边安全稳定的任务及支出责任,也未能得到足额转移支付的支持。可以说,在竞争导向型不完善的财税体制下,京津冀之间对财源和财税利益的不平等竞争,是造成京津冀区域内"两强一弱"局面的根源。

（三）跨区域投资税收分配制度缺陷拉大了京津冀财政差距

近年来，随着总部经济的崛起和快速发展，总分支机构所在地之间的税收分配成为"分灶吃饭"财税体制下各地争夺财税利益的一项重要内容。由于我国现行的跨区域投资税收分配的法律制度还不完善，存在倾向于照顾总机构所在地税收利益而轻视分支机构投资所在地税收利益的现象，许多地方还处于由总分支机构所在地之间自行协商税收利益分配状态，导致跨区域投资的总分支机构所在地之间税收分配呈现"五花八门"的现象，不仅干扰了一体化市场竞争环境，也导致了接纳分支机构落地区域的税收流向了总机构所在地。这种现象不仅在"西气东输"过程中产生了"西税东移"的矛盾，在京津冀协同发展的产业疏散转移方面，由于北京集中了我国主要的经济总部机构，天津拥有少量的总部机构，在首都产业向外围腹地疏散过程中，财政经济相对落后的河北在接纳分支机构落户本地的同时，其分支机构形成的税收还会连年不断地流向财政经济富裕的北京，形成富裕区剥夺贫困区税收利益现象。

三 完善京津冀协同发展的财税体制建议

基于现行财税体制造成的京津冀财政落差及其对京津冀协同发展造成的障碍，京津冀要想实现要素资源整合、消除行政壁垒、统筹社会事业发展目标，必须按照实现京津冀公共服务一体化的要求，深化我国财税体制改革。具体到如何完善京津冀协同发展的财税体制方面，人们提出了各种不同的思路。一种思路是通过建立符合市场化要求的资源补偿机制和生态环境补偿机制，完善京津冀横向转移支付制度。这种思路尽管从理论上说具有合理性，但在实践中面临着许多现实的合作难题，实际执行非常困难。另一种思路是依据目前的京津冀各自财政收入所占比例，探索建立京津冀共同体财政，也有人将其表述为"大首都"财政，实现京津冀共同组织财政收入，按各自比例支配财政资金。这实际上是固化京津冀财政差距，即便是对其采取"保存量、分增量"方式，也面临着增量如何分配的合作执行难问题，且不具有全国可推广性。笔者认为，从克服京津冀合作执行难和便于在全国推广角度，应重点从纵向完善京津冀协同发展的财税体制。具体思路包括以下四个方面。

（一）厘清中央与地方间事权与支出责任关系

按照事权和支出责任重心上移的原则，适当增加中央事权和财政支出责任，减轻地方财政支出压力。比如，可以通过提高社会保险的统筹层次，实现社会保险由省级统筹调整为国家统筹，由地方承担社会保险支出责任调整为国家承担社会保险支出责任，有利于解决我国人口跨区域流动状态下转移人口的社会保险接续不畅问题，从而提高社会保险运行的管理效率。在教育支出方面，可以借鉴法国政府教育管理的事权和财政支出责任的划分方法，同时结合我国国情进行适当调整，理顺我国教育管理的事权与财政支出责任关系。应该说，按照公平与效率关系原则，弥补财政体制中的公平短板，调整我国中央与地方之间事权和支出责任关系的改革，既有助于从全国角度适当减轻地方财政支付压力，缓解地方财政困难，也有利于解决地方财政因各地公共财政差异而造成的公共服务非均等的不公平现象，能够缩小各地公共服务差距，推进我国基本公共服务均等化。

（二）中央承担国家重大战略的事权和财政支出责任

按照管理和承担能力原则，划分各级政府的事权和支出责任，是各国贯彻财政体制公平原则的通行做法。中央承担国家重大战略的事权和财政支出责任，不仅符合管理和支付能力原则，也有利于降低地方不同行政区域之间横向协商的合作成本。由于京津冀协同发展属于国家重大战略，涉及改善首都及周边环境，提升我国首都的国际形象，辐射和带动我国北方经济发展等战略大局，在实现京津冀环境保护一体化、交通一体化和改善首都及周边城市功能建设、维护首都及周边稳定等方面，中央应承担更多的事权和财政支出责任，通过加大中央对实施国家重大战略的财政投入，减轻地方政府为国家重大战略埋单的支付压力。

（三）完善中央与地方政府间财税收入划分体制

目前，我国中央与地方政府间的收入划分包括税、费、债三部分。其中，分税制是主体内容，同时也对政府非税收入和政府债务管理权责在中央与地方之间进行了适当划分。完善政府间财税收入划分体制，不仅需要结合我国税制改革，按照税种的性质和功能，确定其隶属关系，也需要根据我国新预算法的规定，对政府非税收入和政府债务建立权责明晰、控制得当的管理制度和管理体制。

需要特别指出的是，在总部经济的跨区域投资日益突出的条件下，如何规范不同区域之间的税收分配关系，不仅是区域经济合作条件下完善企业所得税区域分享办法的重要内容，也是我国分税制体制不容回避的重要内容。在规范不同区域之间的税收分配关系方面，我国应借鉴国际税收分配中成功的经验和做法，按照尊重地域管辖权优先征税原则，免除区域间的重复征税现象。通过赋予分公司和子公司所在地的优先征税权，实现税源和税收的区域一致性。

（四）调整和完善政府间的转移支付制度

在完善跨区域投资税收分享制度，规范跨区域投资税收分享过程中，为了减轻总部所在地对该贯彻该制度的抵触情绪，减少跨区域投资税收分享的执行阻力，必须增强我国纵向转移支付制度对区域人均财力均等化的调控能力，缩小地方间的人均公共财力差距，使争夺财力资源与不争财力资源对地方人均财力不会产生大的影响，都能够获得实现公共服务均等化的相应的财力保障。为达到这个目的，在改革和完善我国政府间转移支付制度方面，一是要对转移支付所要实现的目标搞好定量设计，借鉴国际一般经验，结合我国实际，可以把人均公共财力最高与最低的区域差距逐步压缩到 1.5 倍以内，通过压缩最高与最低人均公共财力差距，使绝大部分地方的人均公共财力处于均等线水平。二是按照新预算法要求，清理带有部门分设性质的杂乱无章、类别繁多的专项转移支付科目，减少专项转移支付类别，压缩专项转移支付规模，使政府间的转移支付项目的设立符合法律规范，降低专项转移支付资金占全部转移支付资金比重。三是按照财力与事权相匹配、财力与财政支出责任相一致的支付能力原则，把压缩掉的专项转移支付资金转化为一般财力性转移支付资金，大幅度增加中央对地方的一般性转移支付财力，提高一般财力性转移支付资金占全部转移支付资金比重，为实现公共服务均等化提供相应财力保障。

第四节　加快推进京津冀人才一体化的对策研究[*]

区域经济一体化是区域经济协调发展最显著的一种形式，通过区域

---

[*] 作者：刘海云　河北经贸大学会计学院教授；杨琰　河北经贸大学财务处助理会计师；刘艳君　河北日报报业集团计财处。本节原载《经济与管理》2015 年第 2 期。

分工，发挥区域的集聚作用。通过优化区域内资源配置，带动各种要素跨区域流动，已成为当今经济发展的主流方式。京津冀地区作为环渤海经济带的龙头，除生产要素流动密切之外，由于历史上的渊源颇深、自然环境相似度高、基础设施的不可分割性，使三地区之间成为密不可分的一个整体。目前，天津、河北与北京三个区域整体布局一体化已经取得了一定的成绩，京津冀区域地区生产力发展在全国也居较高水平，并迅速成为继长三角之后又一个区域经济增长极。2014年，中央政府更提出把实现京津冀协同发展上升为重大国家战略，"重大国家战略"的提法首次在区域经济发展规划领域出现，既体现了中央对京津冀城市圈的空前高度重视，也无疑为京津冀城市圈区域迎来了发展的新纪元。

推动区域一体化进程，必须整合好区域内的各项资源，特别是思维最活跃、最具有创造性的因素——人力资源。正是因为人力资源在区域经济发展中不可或缺的作用，所以，人力资源被称为区域经济发展中的重中之重，也是区域经济发展的核心所在。京津冀地区作为中国的人才资源集聚的重要基地，人力资源作为经济发展的第一资源势必在整个区域经济发展中发挥着非常重要的作用。但是，由于区域内整体人才资源结构的不均衡性、人员素质与不同产业结构的不适应性等问题的存在，势必影响京津冀地区经济的协调发展，所以，分析京津冀人力资源构成的差异，透析目前区域内人力资源构成存在的问题，探讨实现人力资源一体化的策略，对如何充分发挥北京地区人力资源的引领模式，调整区域间人力资源结构，引导人力资源的合理和有序流动，实现以人才一体化为引擎，带动整个区域经济一体化，都具有非常重要的现实意义。

一 京津冀区域内人才差异的比较分析

京津冀区域经济的整体发展不仅带动了整个区域要素的快速流动，创造了财富的积累，也相应地带动了整个区域内整体教育水平的提升。同时，人力资源整体素质的提升又为京津冀地区经济的发展提供了必要的人才储备。从整体来看，京津冀地区各类专业技术人才人数相比全国其他地区增长速度明显较快，当然，这与京津冀地区经济的发展是密不可分的。但是，具体来看，京津冀三地的人力资源构成无论是学历结构、年龄结构、社会创造力、工资水平等都具有极大的差异。

(一) 人力资源的学历结构对比

根据《中国经济年鉴 (2013)》数据①，北京2012年调查样本6岁以上共16447万人，其中，没有上过学的271万人，占总调查人数的1.65%；小学人数1627万人，占9.89%；初中人数4746万人，占总调查人数的28.85%；高中人数3659万人，占总调查人数的22.25%；大专以上人数6143万人，占总调查人数的37.36%。天津2012年调查样本显示，6岁以上共11175万人，其中，小学以下人数297万人，占总调查人数的2.66%；小学人数1885万人，占16.87%；初中人数3990万人，占总调查人数的35.70%；高中人数2450万人，占总调查人数的21.92%；大专以上人数2553万人，占总调查人数的22.85%。河北2012年调查样本显示，6岁以上共55844万人，其中，小学以下人数2383万人，占总调查人数的4.27%；小学人数13858万人，占24.82%；初中人数28314万人，占总调查人数的50.70%；高中人数8059万人，占总调查人数的14.43%；大专以上人数3232万人，占总调查人数的5.79%。可以看出，北京和天津大专以上人口比例远远超过河北。

(二) 拥有高层次人才的对比

根据《中国统计年鉴》数据，2010年，北京在职攻读博士、硕士获得学位的人数是1.43万人，其中，博士为0.02万人，硕士为1.41万人；天津在职攻读博士、硕士获得学位的人数是0.34万人，其中，博士为0.01万人，硕士为0.33万人；河北在职攻读博士、硕士获得学位的人数是0.25万人，其中，博士为0.00万人，硕士为0.25万人，北京博士人数是天津的2倍，硕士人数是天津的4倍；北京硕士生人数几乎是河北的7倍。

(三) 人力资源创造力分析

高素质人力资源的价值体现在社会价值的创造和对科技创新的贡献上，所以，特选取申请受理专利数和申请授权数作为衡量人力资源以及技术市场成交额作为分析的依据。2012年，北京申请受理专利数92306件，申请授权数50511件，天津申请授权数19782件，河北申请受理专利数23241件，申请授权数15315件。北京申请受理专利数是河北的4

---

① 除特别注明外，本节所有数据均来自《中国经济年鉴 (2013)》。

倍,申请授权数北京是天津的3倍和河北的4倍。2012年,北京地区技术市场成交额为24505834万元,天津为2323275万元,河北为378178万元,北京技术市场成交额为天津的10倍和河北的70多倍。[①]

(四)工资收入差异分析

资料显示,北京2012年全员人均工资为84742元,其中,在职人员工资为85307元;天津全员人均工资为61514元,其中,在职人员工资为62225元;河北省全员人均工资为38658元,其中,在职人员工资为39542元。北京全员人均工资是河北的2.2倍。

(五)从业人员行业结构差异

资料显示,京津冀地区专业技术人员从业行业结构差异较为明显:河北的专业技术人员在教育行业中占比最大,排第二位的是卫生技术,其次是社会保障人员,其中,专业人才从事行业最少的是信息传输和计算机软件行业、住宿餐饮业以及金融三大行业。天津专业技术人才的产业分布与河北省具有类似之处,从事人数最少的也是服务业。而北京的专业技术人才分布与河北和天津相比具有明显的差异,排到前三位的分别是教育行业、工程技术行业、卫生技术三大领域,金融类等却面临人才不足的困境。与以上两个地区相比,天津人才密集度最高行业是属于第三产业的教育行业,其次是艺术及广播电视业。另外是机关社会团体和其他行业如卫生、体育及社会福利和科研技术服务行业。[②]

二 河北人力资源的优劣势分析

(一)劣势分析

1. 学历结构和竞争力的劣势

从以上分析可知,河北人力资源无论在学历结构还是在竞争力上与北京、天津相比都具有较大差距。区域人才竞争力的基础和最根本因素是其对人才资源吸引、争夺、拥有、使用及转化的能力。调研数据显示,2010—2011年,北京人才数量竞争力指标排名后移,说明北京人才数量有所减少,河北与天津则呈小幅上升趋势。但就人才质量竞争力指标全国总排名来看,北京人才质量竞争力稳居第一。2010年,河北

---

① 北京统计局,http://www.bjstats.gov.cn。
② 文海炜:《京津冀区域人才一体化对策研究》,http://blog.sina.com.cn/s/blog-684ef94d01010ve7.htm。

人才质量竞争力在全国31个省市自治区排名中仅排在第23位；2011年为第24位。2011年以来，京津冀三地人才结构竞争力位次保持稳定，分别为第1位、第3位和第28位，以河北石家庄单个城市为例，2012年，全国32个城市人才综合竞争力排名中，仅排到第25位。

2. 区域发展大环境的劣势

在京津冀都市圈中，河北的功能和定位是京津的生态屏障，是首都的护城河，是京津的后花园。基于这种功能和定位，多年来，河北的发展受到巨大的影响和制约，与毗邻的京津两地经济和社会发展程度相比，形成了巨大的落差。作为京津门户的河北多年来为维护京津的发展和稳定大局，做出了巨大的牺牲和贡献，但发展势头强劲的北京和天津却依托其独有的政治、科技和文化教育等优势同河北展开着激烈的竞争，进一步拉大了三地的差距。但是，上海作为"长三角"地区经济发展的龙头城市，其经济的快速发展对相邻的江苏、浙江等地区的经济快速发展具有极大的促进作用。相比之下，北京对天津和河北的经济提速作用不仅微乎其微，甚至在很多地方出现"虹吸"现象，优秀的人才和其他资源逐渐向北京中心城市集中，造成北京其他周边地区经济发展相对迟缓，甚至在河北出现了"环京津贫困带"。这个"环京津贫困带"包括32个贫困县、3798个贫困村，贫困人口达到272.6万人。

3. 人才培养方面的劣势

人才培养作为提升人才实力的基础工程，是人才合作的重要环节，而河北在人才培养方面存在明显的不足。以高等教育资源为例，由于历史等多种因素，高等教育资源在北京、天津和河北的分布严重失衡，导致河北在三地人才合作中，失去主动先机，不得不受制于人。

首先，在高等教育资源的分布方面，河北的各个指标基本上都比较落后。虽然普通高等院校在数量上略高于京津，但是，质量差距非常悬殊。以"211"高校和"985"高校为例，北京独占26所"211"高校，8个"985"；天津拥有3个"211"高校，2个"985"；但偌大一个河北，只有天津境内的河北工业大学入选"211"高校。由此可见，河北尽管高校机构分布较广泛，但整体素质偏低，影响力较小。

其次，教育投入不足。纵向对比2010年和2011年，中央、北京、天津与河北的教育财政预算，河北的差距非常明显。2010年，北京为

505.78亿元，天津为225.28亿元，河北为543.70亿元。2011年，全国财政预算经费为17821.74亿元，北京为604.47亿元，天津为315.47亿元，河北为644.25亿元。而从更细化的指标，即高等教育生均公共财政预算教育事业费来看，2010年，全国范围内，生均9589.73元，2011年13877.53元，增幅高达44.71%，河北2011年的增幅率虽高达65.62%，远大于全国平均值，但是，只能说明，河北省增加了教育投入，生均教育经费即使是2011年的8676.09元，也远低于北京和天津。

最后，从人才培养成效来看，根据2013年1月9日中国校友会网发布的《2013年中国大学评价研究报告》数据，北京以两岸四地综合竞争力与核心软实力最强的城市，成为中国一流大学城市排行榜的冠军。在最新公布的《2013年中国大学杰出校友排行榜》上，前30强有9所大学位于北京，约占30%；天津的南开大学位于第11位，河北没有院校上榜。北京大学连续8年蝉联中国大学杰出校友榜第一，清华大学位居第二，中国人民大学名列第三，中国科学院大学名列第六，由此可见，河北的人才培养成效大大低于京津。[1]

（二）优势分析

1. 区位优势

基于在北京、天津和河北所做的600份《求职、就业意向调查问卷》数据统计结果显示，河北在人才吸引力和留住力的潜能巨大，前景乐观。[2]

首先，就业者迫于住房、交通压力等各种因素对大城市尤其是北京的兴趣呈下降趋势。主观倾向于在北京就业的人数约占36%，天津占30%，河北唐山等发展势头迅猛地区占19%。问及北京等大城市的住房、交通、子女教育、生活压力、环境等问题是否会影响就业者地域选择时，半数以上的受访者认为"会"。如果河北提供住房、户口等方面的协助，是否会选择到河北就业这一问题的回答，肯定态度占32%。由此不难发现，北京长期以来保有的人才吸引力优势已经渐渐打破。

---

[1] 陈丽敏、史玉明：《京津冀区域人才合作的创新性研究：以河北为例》，《科技信息》2014年第5期。

[2] 同上。

其次，河北籍就业者大多抱有报效家乡的心愿，但对家乡的整体人才环境建设还不满意，持观望态度。在约占35%的河北籍就业者中，约有17%的人选择了愿意报效家乡。虽然比例不是非常高，但不失为下一步争取扩充人才资源的重要方向。

2. 年龄构成的优势

从整个京津冀地区的人才年龄结构来看，河北和北京地区整体人才年龄结构较为合理，基本以中青年为主，符合当前经济发展人力资源年轻化的趋势，在人才的后续发展方面具有较大的潜力，在行业选择和人才再造方面具有一定的优势。

据资料显示，北京市区人才的年龄结构状况如下：35岁以下的占48.71%，36—45岁的占28.67%，46—54岁的占19.3%，55岁以上的占3.32%。① 从以上分析可知，北京市区总体的人才年龄较低，与其他地区相比具有明显的年龄优势。而这种优势显然与北京以高科技为主的产业结构是密切可分的。

与北京相比，河北全省人才也基本以中青年为主，人才年龄形成了以中青年为主的梯队结构，总体较为合理。这支年轻的队伍是河北经济发展的主力军，成为推动河北经济快速发展的中坚力量。与北京、河北相比，天津人才资源中年轻化趋势不太明显，天津年龄大于50岁的人数，占天津人才总量的13.41%，高级职称的人员年龄主要集中在45—60岁。随着时间的推移，大批的中青年知识分子将面临退休年龄，将会出现人才的"断层"。所以，加快推行天津人才年轻化策略，是天津未来经济发展中面临的不可避免的问题。

三 加快京津冀人才一体化的对策建议

（一）进一步完善区域人力资源协调发展机制

2011年4月，京津冀三地人才推进工程正式启动，三地社保部门联合签署了《京津冀区域人才合作框架协议书》。2011年6月，三地工作领导小组联合成立了人才工作联席会议，审议通过了《京津冀人才一体化发展宣言》。2011年9月印发了《京津冀人才工作一体化2011年度工作计划》。目前，京津冀人才合作初步形成三地联动、加速前进

---

① 文海炜：《京津冀区域人才一体化对策研究》，http://blog.sina.com.cn/s/blog-684ef94d01010ve7.htm。

的态势，不过，仍存在部分合作层次不高、合作领域有待加宽、合作深度有待加强的问题。如目前京津冀地区人才合作以三地人力社保部门为主，而区域人才一体化发展涉及产业、科技、户籍管理、教育、卫生、税务等多个相关部门，而且不同部门利益需求往往存在差异，所以，需要顶层设计。又如关于京津冀人才合作具有实质性进展的主要是人才招聘、人事代理、人才派遣业务互助、人才信息互通等业务合作，合作方式比较单一，多为招聘会、推介会、洽谈会等。[①] 在人才流动服务、人才政策协调、人才服务贯通等"深水区"合作方面仅仅处于意向阶段，尚无具体的措施和合作方案。所以，未来一段时间，京津冀经济圈建设将进入全面发展阶段，以服务区域经济社会发展为出发点的区域人才合作必须进入"深水区"，如备受关注的京津冀地区互认的高层次人才户籍自由流动制度、京津冀三地异地就医结算制度等。如何在区域人才深度合作方面通过科学的顶层设计和合理的机制配合以取得实质性突破和阶段性成效，成为当期需要重点关注的问题。

（二）加强并完善教育财政投入

要想扭转在京津冀三地人才合作中的劣势地位，首先必须要大力提高并优化教育财政投入，尤其是高等教育资源的财政投入。这不仅有利于提高国民素质，提高劳动生产率，促进经济增长；同时，还可以多渠道筹措资金，民间捐助、校友贡献、社会基金等都是值得提倡的筹资方式，可作为政府财政投入的必要补充。

此外，要适当侧重于科研投入，选择目前省内综合实力较强、特色突出、影响力较大的院校，加大财政支持力度，使河北尽快出现一批有特色专业、有精品课程、有竞争实力的高等院校或科研机构，真正地把河北教育做大做强。

（三）进一步优化人才培养战略

首先，进一步推进多元化校际合作。可效仿美国的常春藤联盟、大学联合会、德国的工业大学联盟等成功先例，实现多所特色院校优势整合，共享优质教育资源。在京津冀深化区域合作的有利大环境下，河北可从更广泛的角度来拓展与京津两地著名院校的深入合作。要高度统一

[①] 哈尼丽、典兵：《探索先行先试首都经济圈人才一体化》，《投资北京》2012 年第 9 期。

思想，以教学资源共享、师生交流互换、远程网络协作、互相承认学历学制等模式，弥补河北在高等教育资源方面的弱势，培养更高素质的人才。同时，还要竭力谋求把校际合作推广到京津环渤海区域之外，以更快更高效地提升河北的高等教育实力。

其次，进一步深化多元化校企合作。倡导学校和企业交替培养人才，共同发挥作用，在人才造就的不同阶段，给予相应的培训支持；通过订单式培养，提高学生对单位的适应性，增加学生的上手能力，减少理论和实际的差距。学校也可以可通过企业反馈与需要，对教学内容进行修订和补充，以满足实践的需要。

（四）优化人才发展环境

近年来，中国已经逐渐进入人才回流国家，河北可利用这一难得的历史机遇，长足阔步地吸纳人才。在"2013魅力中国——外籍人才眼中最具吸引力的十大城市"中，北京和天津位列其中，河北则没有城市入围。本次落选是河北的尴尬，同时，也是鞭策河北改变劣势的强大动力。弱者更当自强，方能谋得发展之道。2010年，河北在"环首都经济圈"13个县（市、区），启动了"人才家园"工程。[①] 京津及周边高端人才来河北工作、创业，可以在"人才家园"居住。围绕人才需求建设人才家园，为高层次人才子女入学、就医等提供便利，营造亲才、扶才、安才、敬才的良好环境。此举是河北贯彻人才强省战略的重大成果。今后，可以参照"人才家园"工程，在发展潜力较大的地区，深入开展增强人才吸引力的项目建设。

（五）完善人才流动政策，实现错位互补

河北中低端人力资源丰富，中低端人才密集，京津地区高校、科研院所众多，高智人才密集。因此，河北要更积极地搭建更广阔的人才交流平台，实现京津冀三地人才的错位互补，引导人才在区域内产业间的合理流动，以打破人才区域流动的体制机制障碍，缓解目前区域人才特别是高级人才的供求关系，为京津冀一体化和环首都经济圈发展提供人才智力支持。同时，要尽快全面实现河北与京津人才的对接，还要在人才引进政策上做文章，可探索研究出台更人性化的人才政策，在引进高端人才方面，给予更优厚的待遇和条件。

---

① 桂昭明：《京津冀人才发展一体化的思考》，《第一资源》2011年第3期。

第五节 京津冀区域人才特区建设的现实困境与路径选择*

人才试验区是我国人才工作的重大创新，2010年6月颁布的《国家中长期人才发展规划纲要（2010—2020年）》明确提出，鼓励地方和行业结合自身实际，建立与国际人才管理接轨的人才试验区。随后出台的"十二五"规划也将人才创新管理和服务作为今后五年的重要建设工程。人才特区是地方政府在建设人才试验区过程中的有益探索和成功实践，随着我国各地区人才特区的相继建立，如何借鉴长三角、珠三角区域人才特区的成功建设经验，对于加快京津冀地区的人才特区建设有重要的推动作用。

一 人才特区的概念及特点

（一）人才特区的内涵界定

人才特区概念源起于经济特区，由樊作礼在2000年首次提出并使用的，深圳在2001年首先践行人才特区的理念，积极探索和构建新型人才特区。无论从学术还是实践层面都未对人才特区概念进行明晰的界定。曾佳妮将人才特区定义为：人才工作的特殊区域，即在特定的区域内，人才工作的政策保障、体制建设、机制运行、资金投入、环境营造、工作内容和工作模式等都比区域外更具备优先性和特殊性[1]；罗振洲认为，人才特区是以生产要素中的劳动力要素作为核心要素，将其他生产要素诸如土地要素、资本要素、企业家才能要素、技术要素和信息要素等进行有机融合，以市场机制为主导，通过政府引导和相关政策支持所形成的特定区域[2]；江苏和中关村等区域将人才特区定义为：在特定区域实行特殊政策、特殊机制、特事特办，率先在经济社会发展全局中确立人才优先发展战略布局，构建与国际接轨、与社会主义市场经济

---

* 作者：佟林杰　燕山大学经济管理学院博士研究生；孟卫东　燕山大学经济管理学院教授、博士生导师。本节原载《经济与管理》2015年第5期。

[1] 曾佳妮：《高校"人才特区"建设：以创新为动力》，《中山大学学报论丛》2007年第11期。

[2] 罗振洲：《我国人才特区发展状况研究》，《第一资源》2012年第4期。

体制相适应、有利于科学发展的人才体制机制。①

综合我国地方政府的人才特区建设实践以及学术界研究的理论成果，本书将人才特区定义为：在特定的空间范围内，通过制定和实施一系列优惠政策、创新人才管理体制以及完善人才服务体系等措施，以实现人才集聚和创新为战略目标的区域建设。京津冀区域人才特区的建设有利于区域人才管理模式的创新，为京津冀区域发展提供坚实的人才集聚保障，同时有利于京津冀区域人才规模、质量以及结构的优化和提升。此外，京津冀区域正处于经济发展的转型时期，经济发展模式还面临"转而不变"的困境，而人才特区的建设为区域经济发展模式转型提供了良好的契机，京津冀区域人才集聚和磁场效应与经济发展方式的契合以及匹配将推动京津冀区域由"污染型"向"生态型"经济发展模式转变。

（二）人才特区的特点

我国地方和区域人才特区的建设方兴未艾，从目前我国人才特区的建设实践情况来看，主要呈现出三个特点：

1. 建设模式的螺旋性

三螺旋理论是由美国管理学家埃茨科威茨提出的，其理论重点是在政府、高校和企业三方的相互作用下实现区域创新的发展。而我国人才特区的建设呈现出三螺旋性的特点：首先，人才特区建设的市场主导性。市场在资源和要素的配置过程中起着决定性的作用，人才资源也不例外，因此，区域人才特区的建设需要以市场为主导，充分发挥市场的资源配置和优化作用。其次，政府的引导性和支撑性。政府作为市场失灵的有效补充，对于人才特区建设的规范和调控作用显而易见，因此，在区域人才特区的建设过程中，要充分考虑地方政府的规范和引导作用。此外，区域人才特区的建设数量和质量与地方政府的经济发展水平呈正相关关系，这也就导致了我国人才特区建设区域失衡。最后，区域高校的基础性和辅助性。高校是人才培养和集聚的摇篮，区域人才特区的建设要以区域高校为基础和支撑，在注重区域内人才选拔和培养的前提下，加大区域人才引进和整合力度。

---

① 苗月霞：《我国地方政府"人才特区"建设研究》，《中国行政管理》2012年第10期。

2. 建设内容的特定性

人才特区建设内容的特定性主要体现在两个层面：一是物理空间的特定性。人才特区的建设必须有特定的物理边界，各项优惠政策、制度以及法规等在此物理边界范围内合法有效，而且人才特区的建设需要以特定的机构和组织为建设的核心或载体，并在此基础上不断发展壮大。二是辐射范围的特定性。由于人才特区建设处于起步阶段，各项配套设施和保障制度的不完善以及人才构成的复杂性和动态性局限了区域人才特区建设的系统性和辐射服务范围及领域的特定性。

3. 特区建设的特色化和多元化

由于我国各地方经济发展水平、文化素质以及产业类型的差异性导致我国人才特区建设的地域性明显，呈现出多元化发展的状态。但是，从本质上看，区域人才特区建设要与地方产业结构、经济发展方式、受教育程度以及人才生态承载力等多方面相匹配，因地制宜地发展和建设区域人才特区。根据人才特区的发展模式可以将人才特区建设归纳为园区式、基地式、政区式、互动式、协同式以及依附式等多种发展模式，人才特区建设和发展模式的多元化趋势明显。

二 京津冀区域人才特区建设的现实困境

（一）京津冀区域人才特区建设的现状

京津冀区域范围内相对于河北而言，京津两地的人才特区建设时间较早，而且成效显著。京津两地分别依托国家"千人计划"项目以及地方人才引进和培养工程，通过制定和完善人才激励及保障制度，实现本地区人才的重点培养以及外部人才的引进。北京2011年引进人才4962人，其中，海外高层次人才436人；天津滨海新区2011年高层次从业人员达到1.5万人，其中，国家"千人计划"65人，人才密度高达36.7%。相对于京津区域人才特区建设的如火如荼局面而言，河北人才特区建设略显惨淡。河北2011年提出建设环首都人才特区、曹妃甸人才特区、渤海新区人才特区以及冀中南人才特区，并陆续出台包括资金支持、政策保障以及环境优化等多项引才引智政策，但是，依然存在人才总量不足、高层次人才欠缺以及人才结构和分布不合理等多方面的问题。因此，如何通过京津冀区域人才特区的协同建设，实现区域人才特区建设的生态平衡是京津冀区域人才特区建设重点关注的问题。

（二）京津冀区域人才特区建设困境

综观京津冀区域人才特区建设的现状，虽然京津冀各地人才特区建设都取得了一定的成效，但是，从长远来看，京津冀区域人才特区发展和创新困难重重，其面临的困境主要体现在三个方面：

1. 人才特区建设定位和理念滞后

理念决定思路，思路决定质量。京津冀区域人才特区建设应以人才高度集聚、管理体制创新、活跃创新氛围以及推进产业发展为其基本定位和指导理念。但是，从目前的建设现状来看，京津冀区域曲解和偏离了人才特区建设的初衷和理念，区域人才的培养和引进是实现人才集聚效应的过程和手段，而不是区域人才特区建设的最终目标。京津冀区域各级政府将高层次人才引进作为本地区的重点工程来实施，但对于人才引进后的使用和创新则集体忽略，从而造成了京津冀区域人才密集度与人才贡献度的矛盾，造成人才特区建设的浪费和闲置现象。此外，京津冀部分地区对于人才特区建设的重视程度不足，并未真正认识到人才特区建设的重要性，仅仅是出于执行上级政策而进行人才特区的建设，在资金支持和政策倾向方面，给予人才特区建设适当的优惠，而对于人才的使用、管理以及评价等方面则选择性忽略，从而影响人才效益的发挥，造成严重的人才浪费现象。

2. 人才特区间的同质化竞争严重

人才特区的同质化竞争体现在两个层面：首先，区域人才特区间的同质化竞争。目前，我国大部分地区都建立了人才特区，而且各地区人才特区建立都是以吸引高层次人才、推动地区产业发展为目标，从而造成各地区人才特区的特色化发展程度较低。此外，根据相关部门调查数据，截至2012年年底，京津冀区域共有人才特区45个，北京拥有包括中关村人才特区在内的41个人才特区，天津有3个，河北仅有1个。从京津冀区域人才特区的分布状况来看，区域内人才特区的建设与发展存在严重失衡，容易导致人才的闲置和浪费。其次，区域内人才特区的同质化竞争。衡量人才特区的同质化标准主要是人才的密度与产业经济总量的匹配程度比例。而从京津冀的人才特区的配置情况来看，北京的人才特区间由于人才、资金、技术设备以及产业支持等多方面的同质化竞争较为严重，而津冀地区由于人才特区的数量、规模与地区产业规模比例不协调，从而导致人才特区的经济辐射和带动能力不足。

3. 人才创新载体建设体系的不健全

人才特区效用的发挥要以人才创新为依托,而人才创新的前提和基础要以人才创新机制、资金支持和制度规范为载体。[①] 从宏观层面来看,京津冀区域人才创新载体建设体系的不完善是制约三地人才创新的重要因素。首先,人才创新机制的不健全。京津冀区域现有的人才激励、分配、评价以及创新机制已经滞后于社会经济的发展节奏,而且以政府、企业和高校为主导的三螺旋创新体系还未完全形成,人才特区的人才集聚效用不明显,从而限制了人才创新工作的开展。其次,人才市场配置机制的不成熟。近年来,京津冀区域积极推行人才资源配置的市场化改革,市场机制不断完善,与区域产业经济发展相适应的人才管理和调控机制不断健全,但是,由于京津冀区域产业结构层次的雷同性导致专业技术高层次人才的过度集聚,包括管理、研发以及服务等其他领域的高层次人才比较匮乏,从而导致京津冀区域人才结构层次的畸形发展,京津冀区域人才配置的市场化程度还需进一步提高。最后,人才创新服务功能的缺位。人才信息服务功能的缺位,京津冀区域人才数据库的建设相对滞后,人才信息的引导、更新以及查询机制的不健全致使未能及时准确地实现人才信息的互联互通,导致人才与产业之间的信息失衡,增加了隐性交易成本。此外,人才创新相关法律、法规、制度等要加大政策执行力度,并进一步优化人才创新的环境,从而实现人才特区建设的良性循环。

三 京津冀区域人才特区建设的路径选择

京津冀区域人才特区的建设与发展要以国内外先进地区的人才特区和人才集聚模式为借鉴,以政府引导、企业协同和高校培养的三位一体的人才特区建设为发展模式,实现京津冀区域人才特区的科学配置和效用最大化。

1. 理念重构,实现人才自发集聚

首先,理念问题是人才特区建设的先导性问题。京津冀区域人才特区的建设和发展理念要从宏观的文化层面、具体的人才观念内涵到社会的多层面进行重构,构筑以"人本"和"创新"为基本理念的文化走

[①] 赵全军、罗双平:《人才特区:内涵、动因及实践特点》,《学习与探索》2013年第4期。

向，打造与京津冀区域产业发展相契合的文化环境。牢固树立科学的人才观，京津冀三地政府要将人才放到优先发展的战略位置，在追求经济高增长的同时，重点支持人才特区和人才聚集区的建设与发展。

其次，制定科学的发展规划。良好的发展规划是人才特区建设的良性竞争的前提和基础，为实现科学合理的人才特区布局，京津冀区域政府要通过基层调研、专家咨询以及人才特区建设研讨会等形式厘清人才供需现状，在此基础上制定人才特区建设的五年或十年规划，并将目标细化，实现人才特区建设的稳步推进。

最后，创新人才引进机制。高层次人才是区域自主创新和产业发展的核心力量，因此，京津冀区域要不断加大人才尤其是高层次人才的引进力度。通过建立人才引进专项基金、制定相关优惠政策以及组织大规模的海外招聘等方式，加快引进京津冀地区经济发展急缺人才，实现产业集聚带动人才集聚、人才集聚促进产业集聚的双螺旋互动发展模式。

2. 搭建载体，健全人才特区运行机制

为了实现人才特区的人尽其才，地方政府、产业和高校三方应协同配合，积极搭建人才创新的载体，构建三位一体的人才创新和使用平台。首先，政府的基础性作用。由于市场在人才资源配置过程中发挥着决定性作用，因此，政府作为市场失灵的补充角色发挥着基础性作用。政府要在人才优先发展理念的指导下制定人才特区建设的发展规划，同时完善人才管理、使用、评价、引进以及创新等多方面的制度，以保障人才特区的正常运转。其次，提升产业层次，增强人才吸引力。高技术和高层次的产业聚集区对于高层次人才的吸引力较强，因此，京津冀区域要以区域资源整合为切入点，推进优势产业的科学布局，搭建人才集聚平台，构建人才—产业、人才—项目创新以及人才集群带动产业集群的发展模式。同时，以京津冀区域现有的科技和产业园区为依托和载体，在企业提高引智资金、完善相关配置设施的基础上，充分挖掘京津冀区域各类园区人才载体的服务特性和创新孵化功能，搭建人才创业发展平台，从而吸引国内外高层次人才到园区进行创业发展。最后，构建京津冀区域人才自主培养平台。京津冀区域要以区域内的高等院校和科研机构为载体，不断完善高层次人才的自主培养体系建设。加大对区域内高校的政策和资金支持力度，不断提升高校的人才培养和科研创新能力水平，以建设国际高水平大学为目标。

3. 制度完善，提升人才特区使用效益

人才特区建设的目的不仅仅是吸引人才集聚，更重要的是要发挥人才集聚的效用，推动相关产业和社会经济的不断发展，因此，人才特区的制度规范就显得尤为重要。首先，健全人才管理和服务机制。加快建立区域人才供需预测体系，积极引导人才的培养和引进，合理调控人才构成比例和结构层次，实现人才的多样性和多学科性发展。加快京津冀区域人才资源配置的市场化程度，支持人才中介服务机构的发展，加快京津冀区域人才市场的开放程度，不断健全人才信息服务共享网络，加快京津冀区域高层次人才数据库建设，实现人才信息资源的共用共享。[1] 其次，完善人才创新激励机制。设置专门的人才特区创新基金，鼓励和支持具有独立知识产权、科技含量高、市场潜力较大的项目研发和创新。同时，要建立科学合理的人才创新利益分配制度，以保障创新人才的知识产权和合法利益，对于具有高风险或高收益的创新研究项目，要制定科学的风险共担和利益分配体系，实现人才创新的收益分配多元化和薪酬待遇市场化目标。最后，建立人才效用评价机制。对于引进和培养的高层次人才，实行聘任制管理，制定相应的考核和评价制度，以个人共享度和效益产业为衡量指标，对于考核不合格人员可采取警告、扣除奖金等惩罚措施，对于屡次考核不合格人员可予以辞退，从而保证人才特区内人才的良性竞争和生态平衡。

4. 优化环境，实现人才特区持续创新

现阶段人才的竞争很大程度上取决于服务和政策的竞争，随着京津冀区域人才特区建设步伐的不断加快，对于人才资源的争夺也日趋激烈，而且区域环境的优化也有利于人才创新的积极性和主动性，从而实现区域人才的可持续创新。一方面，完善区域创新环境。通过调整人才特区的功能定位、业务范围等，促进人才特区的职能多元化，由单纯向企业提供智力输出向市场培育、创新体系培育以及无形资产培育等方面转变，提升人才特区的附加值，扩大人才特区的社会和产业影响力。另一方面，要优化人才特区的生活环境。生活环境的优化不仅仅包括生活条件、交通、通信以及绿化等基础设施的优化，而且还包括以精神生活

---

[1] 佟林杰、孟卫东：《环渤海区域人才共享的问题与对策研究》，《科技管理研究》2013年第21期。

为主导的文化环境优化以及以医疗保障等为主体的服务环境的优化,要为人才的使用和创新营造良好的生活及服务环境。

第六节 京津冀医疗卫生事业协同发展的政策建议[*]

推动京津冀协同发展是一个重大国家战略,战略的核心是有序疏解北京非首都功能,调整经济结构和空间结构,促进区域协调发展,形成新的增长极。对京津冀区域进行科学的功能定位,明确各自在国家和区域发展大局中的"角色"和"职责",进而实现合作共赢,走出一条内涵集约发展的新路子。

医疗卫生事业协同发展既是京津冀协同发展的重要领域和内容,又是京津冀协同发展的重要保障和手段。在京津冀协同发展背景下,优化区域医疗资源布局,发挥比较优势和资源禀赋,将京津优势医疗卫生资源直接疏解到河北,由被动输出转为主动疏解,从而实现疏堵结合、标本兼治,缓解京津就医压力,提升医疗服务水平。

一 京津冀医疗卫生事业协同发展现状

京津冀土地面积21.6万平方千米,占全国的2%;2013年总人口达10919.6万,占全国的8%;地区生产总值达62172.2亿元,占全国的11%,在国家发展中占重要一极。京津冀地缘相接、人缘相亲、地域一体、文化一脉,历史渊源深厚,交往半径适宜,具备医疗卫生事业协同发展的基础和条件。

（一）河北的基本情况

河北与京津相比,卫生事业发展水平整体居于下游,在保障居民医疗卫生服务需求上还存在一定差距。统计数据显示（截至2013年年底）,京津冀共有卫生机构93323个（含村卫生室）,北京10141个,天津4696个,河北78486个,河北占84.1%;三地共有医院2248个,北京647个,天津333个,河北1268个,河北占56.4%;三地医疗机

---

[*] 作者:武云秀 河北省卫生和计划生育委员会流动人口服务管理处处长。本节原载《经济与管理》2016年第1期。

构床位共48.4万张，北京12.3万张，天津5.8万张，河北30.4万张，河北占62.7%；三地医院床位共38.5万张，北京11.5万张，天津4.9万张，河北22.0万张，河北占57.3%；三地医疗机构诊疗人次共70328.0万人次，北京20500.0万人次，天津10545.7万人次，河北39282.3万张，河北占55.9%；三地医院诊疗人次共31074.8万人次，北京14707.1万人次，天津6305.6万人次，河北10062.1万人次，河北占32.4%；三地医疗机构拥有执业医师数共232472人，北京85819人，天津32059人，河北114594人，河北占49.3%；三地医院拥有执业医师数共152468人，北京57658人，天津21391人，河北73419人，河北占48.2%。截至2013年8月，北京有三甲医院30家，天津有三甲医院17家，河北有三甲医院32家。

按照北京2114.8万人、天津1472.2万人、河北7332.6万人，河北占67.2%的人口规模，河北省每千人口床位、执业（助理）医师、注册护士数量远低于京津，医学大家、高层次卫生人才、学科带头人严重不足。北京、天津作为优质医疗卫生资源高度聚集地，汇聚了全国优秀的医院及研究机构等公共服务资源，长期以来，吸引大量外地病患前来就医。据统计，2013年，北京医疗机构中就诊的外地患者接近一亿人次。目前，每天有超过15万的河北患者在北京就医，约占北京外来就医总人数的23%。

（二）协同发展的现状

截至2014年年底，河北与京津医疗卫生管理部门之间签署合作协议4个，248家二级以上医疗机构与京津开展了377项不同层次的合作，其中，在建或完成项目17项，签约或意向项目360项；与北京合作335项，与天津合作42项。合作范围涵盖医疗救治、疾病预防、血液保障、卫生应急、健康养老等多个领域。在医保方面，京冀人社部门签署了医疗保险合作相关协议。此外，围绕申办2022年北京冬季奥运会，京冀就快速提升张家口地区医疗服务水平达成共识，支持张家口建设3—4所基础较好的医院。廊坊被国家中医药管理局确定为京冀中医药一体化协同发展试点。

（三）探索出的合作模式

京津冀三地通过合作医院、合作建科、远程会诊、定期派驻专家会（座）诊、定期选派医务人员到合作单位进修、双向转诊、科研教学等以医疗机构合作为主的多种形式，推进了医疗卫生事业的协同发展，并已探索形成了一批多途径、多形式、多层次的医疗协同发展模式。

1. 传统合作模式

京津方面专家到河北进行技术帮扶、学术交流、远程会诊以及联合开展课题研究；河北选派医务人员到京津进行学习培训。目前河北与京津合作大多为此种模式，且呈迅速增多态势。

2. 共建共管模式

双方在资产所有权和经营权分离的基础上开展紧密合作。如北京朝阳医院与燕达集团共建河北燕达医院，石家庄市第四医院、河北计划生育科学技术研究院与北京乐仁堂共建生殖妇产专科医院。这种模式实现了河北"硬件"和京津"软件"优势的生动组合，具有推广价值。

3. 集团化管理模式

河北医院加入到北京的医疗集团，合作内容更为直接和深入。如河北省儿童医院加入北京儿童医院集团。这种模式使河北患者能够以直通车方式得到北京高端优质医疗服务，同时也能有效地提高河北省医疗水平，是可持续、能共赢的合作模式。

4. 优势专科引进模式

河北省内医疗机构借助京津的人员、技术和设备等优质资源，建立起在某区域内有一定优势的特色专科。如张家口市中医院与北京中医药大学东直门医院开展肾病、脑病专科合作，承德滦平县中医院与北京中医医院开展肝病、脾胃病、风湿免疫科等专科合作，保定易县中医院与中国中医科学院广安门医院合作建设糖尿病防治重点专科。

5. 建设分院或实施托管模式

通过建设北京医疗机构分院或实施托管，直接分享北京医疗技术水平。如保定传染病医院与北京佑安医院合作，现已挂佑安医院保定分院的牌子。保定儿童医院与北京儿童医院达成了托管协议。

6. 一体化管理模式

三地共建突发事件卫生应急合作机制，在疾控工作方面实行信息、技术、物资等资源共享，建立"一体化"合作平台。三地血液应急联动保障机制，均属于此类。

（四）下一步合作意向

河北在比较京津各医院学科优势的基础上，根据各医院学科及专业优势，对各合作项目进行了统筹安排，从各三级医院申报的232个合作意向中遴选出合作项目93个，合作对象包括国家卫计委直属医院12家、北京所辖医院、大学或医疗集团22家、天津所辖医疗机构5家，涉及科室或学科范围达20余个，每家京津合作医院对接河北各医院数量平均为1.7个、开展合作项目数量平均为2.4个。合作形式主要包括科室间合作及医院间全面合作两种，其中，有科室间的合作项目68个、医院间全面合作的项目25个，院间合作项目涉及河北省医院23家、京津医院17家。此外，与北京有3个教学研究机构或医疗集团的合作项目正在推进。

二 存在问题

当前，深入推进京津冀协同发展战略，有机整合三地医疗卫生资源，做好区域医联体工作，还面临着很多的问题和困难，主要表现在五个方面：一是政策规定不统一问题。京津冀三地在卫生资源配置标准、管理体制机制等方面差异显著。城镇职工和居民医保、新农合等医保统筹层次、保障水平、报销比例、管理制度等差异较大，支持社会办医、社会资本参与公立医院改革等政策有待衔接。二是卫生信息共享不畅问题。卫生信息化总体滞后，业务管理多头运行、各自为政。以新农合为例，北京没有全市联网，无法与河北对接。城镇职工、居民医保和新农合收费系统各为专网、结算困难。医疗机构间缺乏信息共享渠道，临床检查检验结果互认以及医疗文书、医疗责任等不能有效互通。三是协同机制未确定问题。统筹协调多地区、多部门、多行业的支持保障、管理运行、互动共赢等机制亟待建立健全。四是医疗标准不一致问题。河北医疗服务价格与国家2012年版规范大体接近，但远远低于京津现行标准。五是医疗水平差距悬殊问题。河北医疗卫生资源总量、服务能力等整体发展水平与京津两地差距较大。

破解京津冀医疗卫生事业协调发展的困难和障碍，既是推动协同发展的必然环节，也是京津冀三地亟待解决的共同课题，需要三地协力合作，破除壁垒，搭建平台，积极向拓宽领域、提高层次、健全机制方面推进。

三 政策建议

推进京津冀医疗卫生协同发展是一项重大改革和浩繁的系统工程，对于阻碍协同发展的特殊矛盾和特殊问题，要明确原则，突出重点，有针对性地予以解决。

（一）协同发展需要坚持的原则

1. 强化协调发展，优化机制形成合力

发挥政府主导作用，增强京津冀医疗卫生事业发展一体性；发挥规划引领作用，整体推进和构建以医疗卫生、公共卫生、健康产业和技术交流为主体的发展布局；发挥政策驱动作用，调动社会资本参与医疗卫生协同发展。

2. 立足自身发展，固本强基提升能力

以筑牢网底和强化县级为重点，扩大卫生资源总量；以做强重点专科和打造精英团队为跳板，强化优质资源辐射和带动；以实施对口帮扶和人员培训为抓手，引导现有资源逐级下沉。

3. 注重借势发展，吸附承载挖掘潜力

立足河北医疗体系现状，明确河北医疗服务能力的提升空间和京津医疗功能的疏解空间；丰富合作方式、拓展交流平台，配合北京城市就医压力疏解；积极对接京津优势专业，积极引进人力、技术和管理等优质资源。

4. 突出特色发展，优势互补增强活力

整合河北优势医疗资源，出台配套助推政策，制定专项规划，推进区域医疗中心建设、特色医疗专科打造、拔尖人才培养和卫生计生骨干储备，打造具有河北省特色的医疗服务品牌。

（二）需要抓住的重点

1. 坚持规划引领与结构调整相结合，推进资源合理布局

在贯彻落实国家统一规划、京冀"6+1"合作文件、津冀协同发展五项协议和三地医疗卫生协同发展规划的基础上，编制实施卫生资源配置标准、区域卫生规划和医疗机构设置规划，结合河北产业结构调整，推进以京津为聚集区的医疗资源布局优化，建立区域医疗中心，搭建功能承接和吸附平台。同时，结合各地区域位置特点，合理划分功能区域，搭建医疗卫生功能承接平台。

2. 坚持服务京津与发展河北相结合，打造互利共赢格局

继续深入组织落实原卫生部与河北省政府《关于共同促进河北卫生事业改革发展的框架协议》以及京冀《卫生合作框架协议》，努力推进合作事项拓展、合作项目延伸和体制机制深化。积极推进河北省直医疗

单位与京津大型医院开展业务对接，并组织市县两级本着业务对口、实力对等的原则，与京津有关医疗单位深化全方位合作。根据河北三级医院学科及专业优势和实际需要，对合作项目进行统筹，争取国家和京津卫生计生部门的大力支持。促进三地在设立分院、组建联合体和项目共建、技术协作和人才培养等方面，进一步拓展合作范围。

3. 坚持整体谋划和重点突破相结合，承接京津医疗功能

抓好区域医疗中心建设，打造一批具有河北特色品牌的重点临床专科。加强人才培养，以河北医学拔尖人才培养和医学骨干储备为着力点，切实加强卫生人才队伍建设阶梯储备。同时，强化转诊病种分析，增强功能疏解针对性，将河北三级医院和环京二级医院转诊前10个病种作为发展的重点，每个病种确定三家以上医疗机构作为特色专科的打造基地，依托京津技术支持提高服务能力和水平，有针对性地就地消化转诊京津人数。以京张联合申办2022年冬奥会为契机，抓住合作共建机遇，探索合作新模式，进一步承接力度，全面提升奥运医疗保障能力，推动京冀区域医疗卫生的共同发展。

4. 坚持长远布局与项目先行相结合，提升整体医疗水平

一是着眼长远，编制实施《河北省医疗卫生计生服务体系发展纲要（2016—2020年）》，以及卫生计生服务体系项目库，统筹人口流动性加大、老龄化加速、疾病谱变化等社会问题，引导医疗服务体系均等化、多元化、立体化发展；积极推进卫生信息共享互通，以医疗卫生信息共享、远程会诊、医疗设备共享、一体化预约和诊疗服务为重点，推进京津冀三地医疗卫生信息共享，促进京津冀区域内医疗技术交流和合作。

二是立足当前，实施项目突破，抓紧与京津协商确定一批新的合作项目，重点推进燕达医院与北京朝阳医院合作，涿州市医院与解放军301医院共建保障基地等重点项目，以点带面整体推进；进一步加强吸附机制建设，尽快完善省内分级诊疗制度、京津冀区域间疑难重症会诊等制度，引导优质医疗资源向基层倾斜，努力压减转诊京津患者数量。

（三）具体措施

1. 进一步强化沟通，尽快搞好规划和政策的对接

加强组织保障，成立京津冀三地医疗卫生协同发展领导小组及工作组协调协同发展事宜。三地按照国家整体规划，强化与对口单位的协调

和沟通，科学谋划区域医疗卫生功能布局，定期解决各项具体问题，积极稳妥地推进合作项目，搭建医疗卫生功能承接平台，确保能够及时承担京津转移人群的看病就医需求，有效疏解京津医疗机构的医疗压力。

2. 进一步创新驱动，优化协同发展环境

按照"有效对接、有力支撑、有益协同"原则，深入研究合作办医、公共卫生、技术支持、规划对接等政策，尽快建立医疗卫生协同发展政策框架体系。建立高层次人才引进和科研协作优惠政策，加强重点学科和临床专科建设；推进医保制度衔接，对接国家信息平台，实现互联互通、数据共享；健全完善社会办医政策，充分释放社会办医潜能。

3. 进一步探索经验，不断打造京冀医疗卫生合作新典范

目前，三地医疗合作已积累了初步经验，实现了良好的开端。积极创造宽松的政策，不断吸引更多的大型医院以各种形式入驻河北，进一步调动三地医疗卫生机构参与合作的积极性，努力实现互利共赢。继续引导有基础、有条件的医院与首都三甲医院开展实质性对接合作，整体提升京津冀地区医疗卫生服务能力，努力开创医疗卫生合作的典范。

京津冀医疗卫生事业的协同发展为解决河北优质医疗资源不足、配置不合理、核心竞争力不够等问题提供了新思路和方向。河北应站位全局，找准定位，以构建合作的长效机制为抓手，努力推动三地医疗卫生事业朝着目标同向、措施一体、作用互补、利益相连的路子走下去，丰富既有承接项目，抓好对等合作，发挥区域优势，主动开展对接。抓好特色打造，增强辐射，在疏解功能、优化服务中深度融合，持续推动京津冀三地医疗卫生事业均衡协调发展。

第七节 改革户籍附加福利是京津冀协同发展的关键[*]

一 户籍附加福利及其改革的紧迫性

2015年5月3日，《京津冀协同发展规划纲要》出台，习近平总书

---

[*] 作者：步淑段 河北地质大学会计学院教授；宁金辉 河北地质大学会计学院硕士研究生。本节原载《经济与管理》2016年第1期。

记指示，要疏解北京非首都功能。要疏解北京非首都功能，就必然牵涉人员流动和产业转移，而人员流动和产业转移的最大障碍是户籍福利。为了能够永远享有户籍附加的各种福利，外边的人拼命冲进去，里面的人打死也不出来！京津冀户口附加的各种福利人为地割断了各种不同地方居民的相互进入通道，严格阻碍了人才和人力的自由迁移，资金、技术等要素的优化配置和产业的随心转移，加深了人们享受公共服务的不公平感和被歧视感，从而影响了社会和谐和生产力的协同发展。在当前转移支付效果不佳和生态补偿机制隔靴搔痒的情势下，更加激化了京津冀户籍福利望尘莫及者的心理焦虑。因此，弱化或者剥离或公平化附加在户口上的福利待遇，建成一套便于劳动者自由迁徙的新型户籍制度，才能为京津冀一体化消除心理障碍。

中国新闻周刊网 2013 年 9 月报道，北京户口有 80 多项福利：就业、工资待遇、买房、买车、教育、婚姻、生育、医疗、养老、交通、公园休闲、买便宜飞机票、可以看高水平演出、消息灵通，等等。据测算，有北京户口买房至少省 46 万元，读书至少省 8 万元，生孩子省 5 万元，考入北京大学的概率比外省高 41 倍，北京户口黑市价格 20 万—72 万元不等，等等。2013 年 2 月王聘在《济南日报》发表评论说城乡户籍福利有 60 多种不平等。据何诗昌等学者就城乡劳动力市场户籍福利歧视统计分析，外来劳动力养老保险的享有比例低于本地劳动力 60%，失业保险和医疗保险的享有比例比本地劳动力低 37% 和 42%。这些差异除劳动力个人特征的差异外，可能都来自对外来劳动力的歧视。

居民福利有户籍福利和非户籍福利、农村福利与城市福利之分，也有经济福利、社会福利、生态福利和政治福利之别。户籍福利大多是靠政府财政补贴取得的经济福利（如购买保障房、五险一金补贴等）、靠政府强制力取得的那部分社会福利（如教育福利、就业福利等）和政治福利（如选举权和被选举权等）。非户籍福利大多是生态环境福利和靠市场调节取得的那部分社会福利。现行户籍制度决定了户籍附加福利有两种不平等：一是农业户口和城镇户口承载的利益不平等，农民进城后难以享受城市居民的福利待遇，城里人到农村难以合法购置土地和房产；二是北京户籍人口与非户籍人口承载利益不平等，非户籍人口虽然也为北京市发展做出了不可替代的巨大贡献，但是往北京迁移，取得户籍都难，更不用提享受与北京市人口同等待遇。而户籍居民却可以排他性地享受着附着在户籍上的诸多福利。最苦的是已经开放户籍的河北中小城市居民，作为京畿之地，既没有京津的各种优厚待遇，也没有农村人口固有福利，还要承受京津人口蜂拥买房带来的高房价的痛苦。户籍福利既得利益者不愿意离开所在地使户籍福利的优越感越来越强，外部人千方百计冲进去也使户籍福利的诱惑魅力十足。

二 户籍附加福利不平等的原因

京津城市与农村、河北中小城市户籍附加福利的不平等感产生的原因主要是社会经济发展存在的巨大差距、历史上政策倾斜的习惯性依赖和户籍附加福利既得利益者的特殊地位。京津社会经济发展水平高，户籍含金量高，享有更大决策自主权、更多社会资源、更多发展空间、更高的收入水平和消费水平、获取更多就业机会和外部信息、更多的出行便利度和国家重大活动参与度等。京津户籍具有的极高特权价值和福利价值，自然诱导人们崇拜和蜂拥而至，京津自然拿户籍待价而沽。而京津这种特权价值和福利价值并不是由京津居民勤劳所创造，而是历史原因和政府强制力限制形成的，因而就不能被京津户籍人口所独占，应该与所有在京津工作并纳税的人公平分享。京津存量人口及其福利刚性决定了财政支出的惯性增长，政府难以甩掉低素质的存量人口包袱，只能在增量人口上做文章，把大量外来人口挡在户籍福利之外。由于担心各种福利外流和财政资金吃紧，严格控制人口，因此，京津户籍改革举步维艰。

新中国成立以来，我国一直实行农业户口和非农业户口制度，户籍附加福利差距较大且各具特色，农民享有土地承包权、宅基地使用权的转让出租、分享征地补偿金、集体收入分红、宽房大院、各种惠农补贴和免缴农业畜牧税以及随时随地到城乡打工挣钱的自由。城里人难以到农村取得宅基地和盖房权。因此，在经济比较发达的京津石唐等大城市周围农村出现了"农民公务员"、考上大学、参军、农民工等不再迁出户口等"逆城市化"现象。京津人不愿意外来人口分享他们固有的户籍福利，就像富裕的农村人不愿意让城里人来落户分享他们土地收益一样。法律对城市人到农村买房买地的约束，既保护了农民农田的承包权利和宅基地的内部低价转让权，也让农民失去了土地在城乡自由流动中的高溢价收入。

三 改革户籍附加福利不平等的对策

户籍制度改革最根本要解决城乡居民福利均等化和宪法赋予城乡双向迁徙权力的自由化。户籍附加福利的平等解决既可以是拉平也可以是取消。取消户籍附着的各种福利不太现实。如果大城市居民户籍福利逐渐靠市场靠社会化途径实现而非靠政府财政补贴和强权解决，如果福利具有可携带性，如果福利现在放弃以后可以轻松获得，如果农村和中小城镇的非户籍福利远远大于户籍福利的吸引力，那么附加于户籍上的特权式福利将自然不会有交易价值。

（一）改革从中小城镇开始

改革的大方向应该是实现户口一元化，拉平城乡居民各种福利待遇，实现福利供给的普惠制。由于京津户籍福利的黏附性和改革阻力较大，隐型政策是在脏乱差工作上吸纳外来人口，在高大上社会福利上排斥外来人口。京津的集聚经济效应越来越小于拥挤效应，学者研究发现，最优城市规模应该在100万—400万人，未达到或超过这一区间都将陷入低效率。我国100万—400万人这一经济效益最优区间的城市数量明显不足。所以，改革顺序应该从改革河北中小城镇开始，再逐步过渡到河北大城市和北京、天津等特大城市。

（二）提高各种非户籍福利

城市人才、资金和技术不能有效进入农村，农村想集约化、现代化、城镇化、信息化是不可能实现的，也不能真正解决京津的"大城市病"。通过国家层面的发展规划和财政支持，加大京津周围的河北中小城镇和美丽乡村的"七通一平"等基础设施投资，实现公共设施的全覆盖，丰富中小城市文体娱乐活动内容，提高博物馆、图书馆档次，建设更多免费公园、水系、绿色走廊等活动场所，改善中小城市生态环境，在空气质量、饮水食品安全和宜居宜业上下大力气，鼓励各类事业单位和中介机构尤其是大学、医院、养老机构、科研院所、金融机构、剧院、大型购物中心和网店到中小城镇安营扎寨，提高中小城镇居民的政治地位，选举更多中小城镇村民当人大代表和政协委员，用青山绿水蓝天、交通便利快捷、物美价廉丰富等非户籍福利吸引人财物信息和"三高六新"企业聚集，减少城市户籍吸引力，降低京津居民的天然优越感，吸引京津居民和农村居民到河北中小城镇安居乐业，构建京津和河北中小城市产品要素的双向流动机制，居民在京津冀任何地方购房居住，都可以享受当地所有福利。京津出现城市病，河北中小城镇郊区相对发达后就会出现真正的"逆城市化"，进而带动人才、资金、技术、市场、信息主动转移河北和京津再城市化。

（三）依靠市场化改革把户籍福利逐步转化为非户籍福利

政府应该按照外来人口对户籍福利的迫切程度分批分期逐渐把户籍福利转变为非户籍福利。比如，只要外来人口有固定住所和稳定工作收入，就应该赋予他们的子女从幼儿园到大学教育与城市原著居民子女同等的机会和权力，部属高校不要再按照地区分配招生名额，改为按照人口或者高考人数分配，实现分数面前人人平等。尽快将那些需要付费才能获得的五险一金福利与户籍脱钩，无论有无城市户口，只要参加各种社会保险系统、符合相关缴费和年限要求，就应该享受相同的福利保障，把大统筹的医疗与养老保险改为新加坡式的个人账户积累模式。在招生就业、购买保障房、公共卫生等方面，对存量居民和增量居民提供基本相同的资格和机会，保障房只搞公租房，只保居住，不给产权，取消反市场的限购政策。逐步向外来人口开放城市各种社会资源和公共服务。比如中央转移支付不要再按照户籍所在地拨付而要按照流动人口常住地和工作地拨付，以解决支付投向和人口流向不一致问题。政府改变补贴教育的方式，由补贴学校与老师改为通过学券的方式补贴学生，可以向流动人口发放义务教育券和公共卫生服务券，带到流向地政府。也可以实行京津冀三地流动人口积分入学、积分高考、积分医保等过渡措施，最后实现京津冀三地积分互认。

（四）农村就近城镇化，以土地出让换取城市福利不可取

土地制度不改革，其他制度都是表象。重庆农村居民的 21 项户籍福利政策中，最具含金量的 9 项均与土地直接相关。有的学者建议，农民出让土地及其指标，换取城市户口和各种福利，笔者认为，一是不可取。因为在农业用地转化为非农建设用地过程中，不是一个平等的协商的产权交易过程，它并没有解决由于历史原因给农民造成的权利限制、福利剥夺以及给城镇户籍形成的福利溢价问题，反而是对农民的第二次剥夺，制造第二次不公平。二是行政说了算，村干部越俎代庖，它只是实现了地方政府利益的最大化。各级政府要继续加大对农村的免税和补贴政策的同时，农民转市民享受城镇居民保障待遇和城镇居民权力，是不以放弃农村土地使用权力挂钩的。政府要依靠市场力量规划实施覆盖

城乡的地下管网设施，尤其是污水处理系统和垃圾处理系统的城乡统筹建设。建立土地公平交易机制和土地承包权、宅基地、林地、草地弹性退出机制。条件成熟后再实行农村人口对城市保障房和城市人口对承包地、宅基地的购买权力。

（五）国外社会经济发展不平等的对策借鉴

英国在1903年前后建立完整的城乡规划体系，1946年通过《新城法》，在伦敦市中心50千米的半径内，建立8座卫星城、田园城市、乡村城市，缩小了城乡差距。美国20世纪二三十年代，大力发展农业规模化经营、加大对农业直补力度，高度重视农民科技教育和职业培训、加大农村基础设施建设投资力度、出台鼓励企业和居民前往农村、郊区的税收优惠政策，助推城乡统筹发展。德国在19世纪80年代逐步推行城乡社会保障一体化制度。法国20世纪60年代在巴黎市中心开征"拥挤税"，对搬迁至郊区的企业给予60%的搬迁补偿费。另外，日本的立法推进战略、韩国新村运动举措等经验都值得京津冀借鉴。